Gartenschönheit
oder *Die Zerstörung von Mitteleuropa*

Bibliothek Janowitz

Herausgegeben von Friedrich Pfäfflin

Gartenschönheit
oder
Die Zerstörung von Mitteleuropa

Sidonie Nádherný
Briefe an Václav Wagner
1942–1949

MIT DOKUMENTEN
HERAUSGEGEBEN VON
FRIEDRICH PFÄFFLIN UND
ALENA WAGNEROVÁ

WALLSTEIN VERLAG

KURT KROLOP GEWIDMET

Inhalt

Friedrich Pfäfflin

Gartenschönheit
oder Die Zerstörung von Mitteleuropa

Hilferufe, Bitten um Beistand, Klagen über Vorgänge, die alle Vorstellungen übersteigen; dazwischen Erlasse, Verordnungen, Verfügungen, Verlautbarungen, Plakatanschläge, Protokolle, Statistiken und Vollzugsmeldungen der Protektoratsverwaltung bis 1945; danach dann Verlustrechnungen, vergebliche Anträge zur Behebung von Kriegsschäden, Aussagen von KZ-Häftlingen des Janowitzer Arbeitslagers, Beschlüsse der tschechoslowakischen Nationalausschüsse zur endgültigen Enteignung, ein Testament, ein Fluchtbericht, zuletzt die Bescheinigung des Todes.

Überliefert sind neben den Janowitz betreffenden Dokumenten der wechselnden militärischen und politischen Behörden 120 Briefe und Postkarten von Sidonie Nádherný von Borutín (1885-1950) an den Prager Denkmalpfleger Václav Wagner (1893 bis 1962) in den Jahren 1942 bis 1949. Dazu kommen einige Briefe an Dritte. Das sind keine literarischen Zeugnisse, sondern Dokumente der Zerstörung eines Ortes, an dem ein Vierteljahrhundert vorher Karl Kraus (1874-1936), geschützt von der Mauer des Schlossparks von Janowitz, an den ›Letzten Tagen der Menschheit‹ gearbeitet hatte. Hier, in Janowitz, hatte er am 13. September 1933 das Gedicht ›Man frage nicht‹ niedergeschrieben, in dem der Beredte mit Schweigen auf »jene Welt« antwortete, die »Deutschland erwache!« auf ihre Fahnen geschrieben hatte. Als die Welt aus dem bösen Traum des tausendjährigen Reiches erwacht war, hatte sich Mitteleuropa, hatte sich die Welt verändert.

Janowitz und seine Besitzerin kannten bessere Tage. Im tschechischen Janowitz/Vrchotovy Janovice, einem 60 Kilometer südlich von Prag gelegenen Schloss mit seinem 16 Hektar großen englischen Garten, hatten die Baronin und ihre Brüder Johannes (1884-1913) und Karl (1885-1931) zwischen 1907 und 1911 dreimal Rainer Maria Rilke (1875-1926) empfangen, mit dem »Sidie«

bis zu seinem Tod, 1926, zwanzig Jahre in Verbindung geblieben war und den sie unterstützte. Hier hatte sie an Weihnachten 1913 Karl Kraus und Adolf Loos (1870-1933) erstmals zu Gast. Der Architekt Loos als Reisebegleiter von Kraus war unter dem Vorwand angereist, Franz Ferdinand d'Estes nahegelegenes Schloss Konopiště besichtigen zu wollen, was ihm von der Schlossverwaltung des österreichischen Thronfolgers verweigert worden war. Karl Kraus führten andere Gründe ins Böhmische. Der 39-jährige war im September 1913 in Wien der 27-jährigen Baronesse vorgestellt worden und beide hatten sich Hals über Kopf ineinander verliebt. Er habe ihr »ein neues Reich eröffnet«, gestand sich »Sidi«, wie *er* sie nannte, in ihrem Tagebuch nach der ersten Begegnung. Er leitete ihren Vornamen Sidonie vom hebräischen »Zidon«, der »Fischerin, Jägerin« ab und die Abkürzung übersetze er sich nach der »von arabischen Stämmen anerkannten Anrede« Sidi mit »Herr«, wie er in einem Brief vom 23./24. September 1915 erklärte. Beide verband über mehr als zwei Jahrzehnte eine leidenschaftliche, wechselvolle Beziehung.

Schloss Janowitz, seiner Herrin und seinem Park waren zwischen 1916 und 1920 fünf Bände der ›Worte in Versen‹ von Karl Kraus gewidmet: Der erste mit der förmlichen Widmung »Sidonie Freiin Nadherny von Borutin zu eigen«; der zweite »Dem Park von Janowitz«; der dritte »Der Hörerin«; der vierte »Dem Tag von Vallorbe«, den sie mit Karl Kraus an einem Bergsee im Schweizer Jura verbracht hatte; der fünfte, nach zeitweiliger Trennung, »Den Verlassenen«. Hier, in Janowitz, verbrachten Dora Gräfin Pejačević (1885-1923), die kroatische Komponistin und Geigerin, der Trakl-Freund und Herausgeber des ›Brenner‹, Ludwig von Ficker (1880-1967), die Schriftstellerin Mechtilde Lichnowsky (1879-1958) oder Gräfin Mary Dobrženský (1888-1970), die Förderin von Rilke und Musil, Sommerwochen in der geselligen Runde mit »Sidi«, ihrem Bruder Charlie und mit Karl Kraus.

Nach Kraus' Tod, 1936, fiel Sidonie Nádherný in eine tiefe Trauer über den verlorenen Freund, der ihr Janowitz vergeblich als »Insel« gegen den Wahnsinn der Welt, als »Paradies« vorgestellt hatte und dem sie *ein* Versprechen schuldig bleiben musste: ihn in dem von ihm geliebten Park zu begraben. Jetzt wurde ihr die Einsamkeit bewusst – sie hatte die überlebt, die ihr nahe waren: ihren Bruder Johannes, der sich 1913 in München das Leben genommen hatte; ihren Verlobten, den italienischen Grafen Carlo Guiccardini, mit dem sie befreundet blieb, nachdem sie ihn 1915, Tage vor der Hochzeit, verlassen hatte und der dann auch freiwillig aus dem Leben schied († 1927); den Zwillingsbruder Karl oder Charlie, der nach einer Blinddarmoperation starb († 1931); den Grafen Maximilian Thun und Hohenstein († 1935): mit ihm war sie 1920 eine »standesgemäße« Ehe eingegangen, der nur kurze Dauer beschieden war. Dann kehrte sie zu Karl Kraus zurück. Geblieben war ihr über mehr als vier Jahrzehnte die irische Kinderfrau und Gesellschafterin, Mary Cooney (1855-1942), die in den dreißiger Jahren, inzwischen pflegebedürftig, in der Prager Wohnung der Nádhernýs, in der Karmelitergasse lebte; nach der deutschen Okkupation der Tschechoslowakei holte Sidonie Nádherný sie am 6.6.1939 zum Sterben wieder nach Janowitz zurück und beerdigte sie neben den Gräbern der Familie im Janowitzer Park. »Ich gab ihr alle Bilder ihrer Lieben mit u. Gospel u. Gebetbuch ihres Vaters«, schrieb Sidonie Nádherný auf; es sind Blätter mit ergänzenden Aufzeichnungen zu ihren Tagebüchern, die sich im Státní oblastní archiv Prag erhalten haben.

Bedrückend wurden in den dreißiger und vierziger Jahren ihre finanziellen Verhältnisse, die nicht mehr von Karl Kraus ausgeglichen werden konnten. Schon 1937 notierte sie: »Böhm. Tafelbilder verkauft.« Sie allein war nun verantwortlich für Schloss und Park und die Verwaltung der Wälder und Gutsbetriebe. Dem Park, den die Geschwister stets mit Aufmerksamkeit gepflegt hatten, kontrollierte seit 1922 zweimal jährlich der Dendrologe, Gartenarchitekt und Schriftsteller Camillo Schneider (1876-1951), um ihm seine angemessene Gestalt als Landschaftspark zurückzugeben. Schneider war über zwanzig Jahre Herausgeber der maßgeblichen Zeitschrift, ›Die Gartenschönheit‹, in der auch über den Park von Janowitz berichtet worden war – und der Schönheit dieses Gartens, seiner stilgerechten Form und seiner aufwendigen Pflege opferte Sidonie Nádherný nun alle ihr zur Verfügung stehenden Mittel – sie hatte einen »grünen Daumen« und sie hatte sich autodidaktisch zu einer kenntnisreichen Botanikerin entwickelt.

Das kunstvolle Zusammenspiel der von Menschenhand geordneten Natur von Wasser, Wald und Wiesenplänen wurde in den Jahren 2000 bis 2007 wieder hergestellt. Der üppig blühende Terrassengarten über dem Plattenhof im unteren Teil des Parks und das Anfang der 1930er Jahre von Herbert Graf Schaffgotsch (1860-1943) mit Kennerschaft angelegte »Alpinum« waren nicht mehr zu rekonstruieren. In diesem Steingarten hatte Schaffgotsch seltene Alpenpflanzen zur Blüte gebracht.

Die hier mitgeteilten Briefe und Dokumente haben vor allem *ein* Thema zum Gegenstand: die Zerstörung von Mitteleuropa durch die »Erledigung der Rest-Tschechei« (so Hitlers Geheimbefehl) im März 1939 nach dem vorausgehenden Münchner Abkommen, dem »Münchner Diktat« vom September 1938, das ohne tschechische Beteiligung auf britisch-italienische Vermittlung, der Beschwichtigungspolitik gegenüber Hitler, zustande kam: Hitler, Mussolini, Chamberlain und Daladier einigten sich auf die Abtretung der überwiegend deutschsprachigen tschechischen Grenzgebiete an das Deutsche Reich. Es war der Todesstoß für die junge, multinationale Republik, denn nun erhoben auch Polen und Ungarn Gebietsansprüche. Der Dichter Camill Hoffmann (1878-1944), von 1920 bis 1938 Presse-Attaché der Tschechoslowakischen Botschaft in Berlin und Zeuge der demütigenden Politik Hitlers gegenüber Beneš', notierte in seinem ›Politischen Tagebuch‹ am 15. März: »Der tschech. Staat hat aufgehört zu sein.« Die russische Befreiung 1945 – nach den militärischen Festlegungen der politischen Einflusszonen in Teheran und Jalta – machte das Land zum sowjetrussischen Satelliten. Die kommunistische Machtübernahme von 1948 durch Klement Gottwald und seine stalinistische Diktatur bis 1953 befestigten einen Zustand, der die Tschechoslowakei für zwei weitere Generationen fremden Mächten unterwarf.

Als 1968 der Prager Frühling Hoffnungen auf einen demokratischen Sozialismus weckte, marschierten Truppen des War-

Sidonie Nádherný (1939).
Fotografie aus der Sammlung von Gillian Lobkowicz (Privatbesitz).

schauer Pakts in die ČSSR ein und erstickten den Frühling unter Panzerketten. Truppen der Volksarmee standen im nördlichen Grenzgebiet des Landes zum Eingreifen bereit; ihr vorgesehener Einsatz wurde aus historischen Gründen vermieden.

In der Geschichte von Janowitz fokussieren sich die demütigenden Ereignisse auf der politischen Bühne wie in einem Brennspiegel: Mit der Enteignung und Vertreibung der deutschsprachigen Tschechin durch die Anlage des »SS-Truppenübungsplatzes Beneschau«, dem späteren »SS-Truppenübungsplatz Böhmen« und seiner geopolitischen Hintergründe einer Germanisierung des Landes in den Jahren 1942 bis 1945; mit der Einrichtung eines Außenlagers des Konzentrationslagers Flossenbürg zur Unterstützung der Janowitzer Garnison in den Jahren 1944 und 1945; mit der Ausplünderung der Befreiten durch die Rote Armee; mit der Verwaltung und Nutzung des Truppenübungsplatzes als ehemaligem »Reichs-Besitz« durch sowjetisches und tschechoslowakisches Militär in den Jahren 1945 und 1946; mit den juristisch verfolgten Vorwürfen einer Kollaboration der Deutschsprachigen mit den Deutschen während der Protektoratszeit 1948; mit der erneuten Enteignung ihres Besitzes durch das am 11.7.1947 eingebrachte »Gesetz über die Revision der Bodenreform des Jahres 1919«, das am 21. März 1948 vom kommunistischem Regime unter Klement Gottwald als Gesetz verabschiedet wurde und das die Größe der landwirtschaftlich genutzten Betriebe auf 50 ha festsetzte. 1919 hatten die Nádhernýs von ihrem Land mit 1077 Hektar insgesamt 360 Hektar abgeben müssen; nun wurde der Besitz von 717 Hektar auf 50 Hektar auf 1/14tel dezimiert.

Sidonie Nádherný hat sich sieben Jahre lang mit Unterstützung Václav Wagners gegen deutsche, russische und tschechische Maßnahmen gewehrt, um Schloss und Park vor der Zerstörung zu schützen. Wie sie das Arrangement Englands, Frankreichs und Italiens mit Hitler erlebte, steht in ihren Tagebuchnotizen (Státní oblastní archív, Praha): »Vom 19. Sept. – 1. Okt. [1938] eine traurige, erregte Zeit. Verrat Frankreichs u. Englands, Mobilis[ierungen], Kriegsvorbereitungen (versteckten viel in

Lokajna [dem Dienerzimmer] u. Bibl[iothek]), dann Preisgabe u. Verlust aller Grenzen, am 1. Okt. rückten die Deutschen zum Raub ein, bald folgten Polen u. Ungarn. Beneš dankte ab am 5. Okt[ober], am 9. Okt[ober] bekam Slowakei Autonomie. … Hinter uns ein Jahr voll Leid, Verlust u. Enttäuschung, vor uns düstere Zeiten, wenn das Hitler-Regime nicht zertrümmert wird. Neuer Présid[ant] Hácha. 1939 … Am 15. März rückte deutsches Milit[är] ein, wir wurden entwaffnet, Hitler kam, das Protektorat wurde ausgerufen u. seither nichts als Leid, Verbrechen, Mord, Gefängnis. Universitäten werden geschlossen, Studenten in Massen ermordet, gemartert u. abgeführt. …«

Sidonie Nádhernýs Tagebuchblätter erwähnen auch die persönlichen Folgen, die das Reichsprotektorat Böhmen und Mähren schon im Sommer 1939 für sie hatte: Die Zwangsverwaltung tschechischer Unternehmen oder landwirtschaftlicher Betriebe ab einer bestimmten Größe erreichte das ländliche Janowitz. »Hier war deutsches Militär einquartiert vom 19. März bis 6. April (4 Offiziere, etwa 20 Mannschaft[en], Hof voll mit milit. Autos, Motorcycles etc. Endloser Lärm). … Im Juli musste d. Pächter Pešek alles dem Zwangsverw[alter] Dr. Musil übergeben; seither Pachtobjekt unter Zwangsverwaltung.« Das betraf den Janowitzer Karlshof mit den Meierhöfen Podolí und Voračice, welche die jüdische Familie Pešek in zweiter Generation gepachtet hatte: Arthur Pešek, seine Frau Bedřiška und ihre Söhne Jiří und Ivan. »Jetzt bin ich ganz allein«, notierte Sidonie Nádherný, »Pešeks mussten am 17.3.[1942] fort, am 16.3. läuteten die Kirchenglocken z. letzten Mal, wurden dann abgenommen.«

Die Familie Pešek kam zunächst ins Sammellager Votice 182 und wurde von dort am 8. September in das Ghetto Theresienstadt/Terezín transportiert. Der Sohn Ivan wurde am 6.9.1943 nach Auschwitz deportiert, Jiří am 28.9.1944, der Vater am 6.10.1944. Jiří kam von Auschwitz aus im Januar 1945 noch in die vom Konzentrationslager Dachau geführten Außenlager in Kaufering III und IV. Nach dem Todesmarsch von Kaufering ins Hauptlager Dachau verstarb der erst 22-jährige zehn Tage nach der Befreiung. Nur die Mutter, Bedřiška Pešková, überlebte in Theresienstadt.

Dr. Václav Wagner war bis Anfang 1942 Leiter des Prager Staatlichen Denkmalschutzamtes. Dann wurde er durch einen deutschen Kollegen, Wilhelm Turnwald, 1944 von einem Mitarbeiter unter dem sprechenden Namen »Kühn« in die Reihe der Mitarbeiter zurückgestuft. 1945 kam Wagner zwar in sein altes Amt als Leiter zurück. Als er aber 1949 unter Vorwänden verhaftet und bald darauf in einem politischen Prozess verurteilt wurde, floh Sidonie Nádherný außer Landes, weil sie befürchten musste, dass ihre Briefe bei ihm gefunden würden. Ihr blieb noch ein Jahr Lebenszeit in England, aufgenommen von Freunden, die gleichfalls vertrieben waren; sie wurde unterstützt von den wöchentlichen Zuwendungen des Tschechoslowakischen Flüchtlingsfonds, einer Gründung der Britischen Regierung vom 21.7.1939 zur Rettung von Nazigegnern und Juden nach Hitlers Einmarsch in Prag am 15.3.1939 und der Errichtung des »Reichsprotektorats Böhmen und Mähren« am 16.3.1939: Das »Appeasement« war mit Geld nicht aus der Welt zu schaffen.

Die Verbindung zwischen Sidonie Nádherný und dem Denkmalpfleger Václav Wagner stiftete vermutlich die Historikerin Anna Masaryková, die Enkelin des ersten tschechoslowakischen Präsidenten, Tomáš Garrigue Masaryk. In ersten Briefen ging es um Rettung der historischen Glocken der Janowitzer Schlosskapelle. Wagner wurde im Folgenden um Hilfe für kleinere Reparaturarbeiten am Schloss gebeten. Er kümmerte sich um die Restaurierung der Orgel in der Schlosskapelle, bald aber auch um Schätzungen für Schmuck und Bilder, deren Erlöse von der Schlossherrin dringend benötigt wurden.

Als Sidonie Nádherný im Dezember 1942 das von Václav Wagner tschechisch und deutsch herausgegebene Werk ›Barock in Böhmen‹ (1940) kennengelernt hatte, war fortan nicht mehr nur vom »Schutz« ihrer Angestellten durch das Denkmalschutzamt vor einer Einberufung die Rede. Dem geliebten Leonbergerhund Bobby, den sie im April 1937 in Wien erworben hatte, musste, um seine Fütterung zu sichern, das Prädikat eines Wachhundes von Amts wegen bescheinigt werden. Wagner leistete Beistand.

In Wagners Bildband war auf Tafel 41 das von Theodor Dallinger 1762 mit Fresken ausgemalte Janowitzer Stiegenhaus

Václav Wagner (um 1945).
Fotografie aus dem Nachlass Václav Wagner
(Památník národního písemnictví Praha, Literární archiv).

über dem Parapet mit Figuren der vier Jahreszeiten abgebildet. Nachdem die Pläne für den SS-Truppenübungsplatz Beneschau bekannt geworden waren – das Tagebuch notiert »Gerüchte dass Herbst 43 wir alle enteignet werden u. fort müssen« –, bemühte sich die Schlossherrin um den »Denkmalschutz« für Schloss und Park: Es gehe darum, wie die Gärtnerin Nádherný am 20.1.1943 schrieb, »die Schönheit des Parks weiterzuerhalten, denn in der Entwicklung u. im Wachstum darf – wie bei Menschen und allem Lebenden – nichts vernachlässigt werden«.

Das schreibt sie im Januar 1943; es waren die Tage, in denen sich im fernen Stalingrad der Zweite Weltkrieg entschied.

Die Zwangsverwaltung schaltete und waltete in ihren Besitzungen nach Belieben: Im Mai 1943 beklagte sich Sidonie Nádherný über unangekündigt durchgeführte bauliche Veränderungen an den Wirtschaftsgebäuden, die dem Schloss gegenüberliegen. Sie wurden zu Panzerreparaturwerkstätten umgebaut. Erst als Sidonie Nádherný das Schloss räumen musste, überließ ihr der Zwangsverwalter Musil eine große Scheune in ihrem westlich von Janowitz auf einer Anhöhe gelegenen Meierhof Voračice, der nur wenige Schritte von der Grenze des Truppenübungsplatzes entfernt lag. Dort bezog sie von März 1944 bis Sommer 1946 ein Kätnerhäuschen ohne Strom und ohne fließendes Wasser.

Die Enteignung ihres Besitzes hatte also lange vor der erzwungenen Räumung des Schlosses im März 1944 begonnen: Am 6.5.1943 war von der entschädigungslosen »Übernahme der Jagdreviere« die Rede; dabei war die SS bereit, die bisherigen Heger an jeweils anderen Orten zu übernehmen und einzusetzen. Diebstähle in den Nádherný'schen Karpfenteichen durch deren »Bewacher«, die SS, und die Beschlagnahmung des Viehs im Juni 1943 verliefen parallel zur Anfertigung eines »Verzeichnisses aller Gebäude und Güter«. Fast belustigt stellte die Schlossbesitzerin gegenüber Wagner in der in Böhmen geläufigen umgangssprachlichen Wendung fest: »Nur auf mein Schwein wurde vergessen!« Im Oktober 1943 bezifferte Sidonie Nádherný die in diesem Jahr entstandenen Schäden durch fehlenden Pachtzins und Verluste bei der Teichwirtschaft auf 120 000 Kronen. (Um die Relation dieser Summe einschätzen zu können: Unmittelbar vor der Besetzung des Landes bezog ein Post- oder Bahnbeamter mit Familie monatlich 600 bis 800 Kronen, wie Milena Jesenská in einem Zeitungsartikel 1938 feststellte).

Was erfuhr Sidonie Nádherný vom Kriegsverlauf, von den Geschehnissen an den Fronten? Woher hatte sie ihre politischen Informationen? In den Briefen ist öfters von Besuchen von Franz, Fränzi oder František Schwarzenberg (1913-1992) die Rede, dem enteigneten Schlossherrn von Nalžovice, der 1939 zusammen mit Hugo Strachwitz (1900-1978) jenes Schreiben verfasst hatte, in dem sich die in der Tschechoslowakei »ansässigen Adelsfamilien« gegenüber ihrem Präsidenten Edvard Beneš ausdrücklich »zur tschechischen Nation« bekannt hatten, »mit der ihre Vorfahren über Generationen hinweg lebten, Rechte und Pflichten, Gutes und Böses teilend«. Für die Familie Nádherný hatte der Vetter Erwin (1876-1944), Gutsbesitzer in Chotovin/Chotoviny bei Tábor unterschrieben; er war promovierter Jurist, Mitglied der tschechischen Sektion des Landeskulturrates und Vizepräsident des tschechischen Verbandes der Großgrundbesitzer. Hat Sidonie Nádherný durch Schwarzenberg, der Kontakte zur Londoner Exilregierung unterhielt, von den Schicksalen der Familien Kinský und Mensdorff erfahren? Wurde sie allein durch Václav Wagner, der viel im Lande unterwegs war, über die Familie Paar unterrichtet, oder durch ihren Jugendfreund Othmar Kolowrat (1891-1966), dessen Mitteilungsbedürfnis sie freilich auch fürchtete? Bemerkenswert ist jedenfalls ihre Entscheidung, im Sommer 1943 als Jaroslav Žák, ein Heger der Nádherný'schen Wälder starb, darauf zu bestehen, »während des Krieges« keinen Nachfolger anzustellen; sie wies Wagners Vorschläge entschieden zurück, in der Erwartung, dass es nicht nur eine Zeit »nach dem Krieg« gäbe, sondern auch eine Zeit *nach* dem Protektorat.

Für das Jahr 1943 hat sich im Tschechischen Nationalmuseum Prag ein Taschenkalender von Sidonie Nádherný erhalten, der neben Einträgen über Besucher oder Reisen zu Freunden nach Prag knappe Notizen über den Kriegsverlauf in der Sowjetunion und Italien enthält, sparsam genug, oft sind es nur Ortsnamen, die aber nahelegen, sie könnte sich noch durch andere

Quellen unterrichtet haben als durch zensierte Nachrichten der Protektoratsregierung. Briefliche Mitteilungen legen immer wieder nahe, sie habe Radio hören können, obwohl das Schloss erst nach ihrer Vertreibung an das Stromnetz angeschlossen war.

Nachdem die Räumung von Janowitz im Juni 1943 durch Plakatanschlag bekannt gemacht worden war, richteten sich alle Anstrengungen auf die Sicherung des Schlosses mit einer ausdrücklichen »Denkmalschutzurkunde« durch Václav Wagner und einer Erklärung zur Denkmalwürdigkeit des Parks durch den Vorstand des Botanischen Instituts und Direktors des Botanischen Gartens der Deutschen Universität Prag, Adolf Pascher (1881-1945). Elsa Bruckmann, geborene Prinzessin Cantacuzène (1865-1946), eine Cousine Sidonie Nádhernýs, die Janowitz einmal besucht hatte, sollte im Mai 1943 für eine direkte Vorsprache bei Adolf Hitler gewonnen werden. Ihr Mann, der Münchner Verleger Hugo Bruckmann, gehörte als Financier der ersten Stunde zu den Förderern der NSDAP und Adolf Hitlers. Ihr wird nachgesagt, sie habe Hitler in ihrem berühmten Münchener Salon gesellschaftliche Manieren beigebracht. Sie habe ihn salonfähig gemacht. Die Überlegungen zu dem Schritt, ihre Vermittlung zum Führer und Reichskanzler zu erbitten, zogen sich hin. Als der Brief endlich geschrieben wurde, hielt sich die Empfängerin in der Schweiz auf, ob auf Dauer, konnte nicht in Erfahrung gebracht werden. Eine Zeitlang erwog Sidonie Nádherný, dem Reich einen Tausch vorzuschlagen: Sie dachte darüber nach, Schloss und Park dem Reich zu schenken, wenn man ihr beides »als Eigentum« auf Lebenszeit überließe. Solche verzweifelten Überlegungen vom Oktober 1943 wurden indessen aufgegeben wie auch der Versuch, Otto Meißner, den Staatsminister und Chef der Präsidialkanzlei des Führers und Reichskanzlers, um eine Fürsprache bei der Standortkommandantur in Beneschau/Benešov zu bitten (Januar 1944).

Während sich Sidonie Nádherný durch immer fadenscheinigere Versprechungen über den Schutz ihres Eigentums hinhalten ließ, musste sie einer Sekretärin der Standortverwaltung ein Bestandsverzeichnis ihres Besitzes »zwecks Enteignung« in die Maschine diktieren. »Und mein Garten – «! Der Gedankenstrich ist das Zeichen einer unaussprechbaren Verzweiflung. Angehörige der SS vermaßen ohne anzufragen unter ihren Augen die Zimmer des Schlosses zur künftigen Unterbringung von Militärpersonen, während ihr gleichzeitig andere »Zuständige« versicherten, dass sich ihr Haus dafür keineswegs eigne. Der deutsche Direktor des Prager Denkmalschutzamtes, der Wagner abgelöst hatte, Karl Friedrich Kühn, widerriet allen Anstrengungen, die kunsthistorisch wertvollen Holzskulpturen im Stiegenhaus des Schlosses vor einer Einquartierung zu bergen. Am 5.2.1944 entschied »Berlin«, was wie eine schnöde Ausrede klingt, das Schloss selbstverständlich mit Soldaten zu belegen. Während die Einwohner von Janowitz-Dorf bis Ende Februar 1944 alle Häuser besenrein mit funktionierenden Beleuchtungen bei Schlüsselübergabe hatten räumen müssen, gewährte man der Baronin noch eine kleine Frist: Sie musste ihr Schloss bis zum 15. März verlassen und nach Voračice umziehen. Dieser Aufschub blieb nicht ohne Folgen.

Im März 1944 – man muss sich den Zeitpunkt vor Augen halten – beginnt die Rote Armee auf 1 100 km Breite ihre Frühjahrsoffensive – die Süd-Ukraine und Galizien werden zurückerobert. Nach der Befreiung der 872 Tage belagerten Stadt Leningrad am 27.1.1944, deren Opferzahlen die von Stalingrad überstiegen, rückt die Rote Armee bis April in verlustreichen Schlachten im Baltikum vor. Hitler entgeht einem Attentatsversuch. Im besetzten Griechenland beginnt die Deportation der Juden. Die 5. US-Armee steht in Mittelitalien. Nach Italien, das im September 1943 nach Geheimverhandlungen zu den Alliierten übergegangen war und daraufhin von der Wehrmacht besetzt wird, verhandelten Ungarn und Rumänien mit den Alliierten. Am 19. März fallen acht deutsche Truppen- und Sondereinheiten der SS unter Adolf Eichmann in Ungarn ein; sie beginnen sofort mit der Deportation der Juden. Alliierte Bomberflotten fliegen schwere Angriffe auf Berlin, Frankfurt am Main, Essen, Oberhausen und Nürnberg; am 17. März wird Wien erstmals bombardiert.

Ein ausführlicher Brief von Sidonie Nádherný an Václav Wagner, unmittelbar vor dem Umzug, war für längere Zeit ihre letzte

Nachricht. Die Dokumente der Aussiedlungskommission des Prager Innenministeriums äußerten sich in einer Sprache, in der sich die Adjektive »restlos«, »reibungslos«, »planmäßig« mit den Substantiva »Aktion«, »Durchführung« oder »Räumung« in erkennbarem Eigenlob für den termingerechten Vollzug der Vertreibung verbanden: Da gibt es ein »Protokoll der Uebergabeverhandlung« der Gemeinden der Evakuierungszone V; ein »Protokoll über die Uebernahme« der Evakuierung von Janowitz; den »Sonderbericht über die restlose Durchführung der ganzen Aktion« zur »Errichtung des SS-Truppenübungsplatzes Böhmen«; das Protokoll der »kommissionellen Uebergabe des geräumten Schlosses der Baronin Sidonie Nádherná« oder den »Bericht über die Uebergabe des geräumten SS-Truppenübungsplatzes ›Böhmen‹«. Dass sich dabei jemand *über*nommen haben könnte, kam niemand in den Sinn. Aus 65 Gemeinden mit 144 Ortschaften wurden 8619 Familien mit insgesamt 30986 Personen »ausgesiedelt«. Die Aussiedlungskanzlei rühmte sich der geschaffenen »Ersatzexistenzen« und der »neuen Erwerbsquellen«, die sie den Vertriebenen vermittelt habe. Was man im damaligen Rüstungswettlauf und der rücksichtslosen zwangsweisen Requirierung und Rekrutierung von Arbeitskräften im besetzten Europa darunter verstehen musste, hatte mit dem Begriff der vorgegaukelten Fürsorge für Vertriebene nichts gemein.

Als Sidonie Nádherný sich am 13.5.1944 bei Wagner wieder meldete, berichtete sie aus Voračice: »seit 1. April habe ich den Hof in Regie«. Die Zwangsverwaltung war aufgehoben. Sie war auf sich allein gestellt, entschädigungslos. Anderthalb Monate später teilte sie mit, der Besuch der Familiengräber im Park sei ihr verwehrt worden. Seit 1. Juni lägen »Soldaten« im Ort, den sie von dem höher gelegenen Voračice aus einsehen konnte: »Der Schlossplatz ist von Panzerwagen durchwühlt.« Sie beobachtete mit Sorge, dass im Schloss elektrisches Licht brenne, was es bis dahin nicht gab, hörte von der Einrichtung eines Lagers für »Zuchthäusler, Juden, Mischlinge« (13.8.1944): Durch solche Bezeichnungen wurden Gefangene gegenüber der Bevölkerung charakterisiert, mit denen jeder Kontakt zu vermeiden war, wollte man sich selbst nicht in Gefahr bringen. Die 100 bis

200 Häftlinge aus aller Herren Länder vom Konzentrationslager Flossenbürg bauten Baracken für die Einheiten der SS-Panzer- und Sturmgeschütz-Schule Janowitz; sie waren zum Wegebau eingesetzt und arbeiteten auf den benachbarten SS-Höfen, mit denen Heinrich Himmlers Germanisierungsprogramm befestigt werden sollte.
Die Häftlinge dieses Lagers wurden im April 1945 in westliche Richtung, dann mit der Bahn nach Norden in Richtung Prag und am 1. Mai 1945 schließlich mit anderen Gefangenen in fast 100 Güterwagen nach Süden abtransportiert. Der Weg zur »Alpenfestung« war durch die rasch vorrückende russische Armee blockiert. Deshalb wurde der Zug zunächst in Olbramovice angehalten, dann nach Westen auf die Nebenstrecke Olbramovice – Sedlčany geschoben und dort abgestellt, nur wenige Kilometer von Janowitz entfernt. Als die Türen der Güterwagen geöffnet wurden, kam es zu einem Massaker durch die im nahen Votice noch immer stationierte Waffen-SS, bei dem 109 Menschen umgebracht wurden.

Am 8. Mai 1945 fand der Zweite Weltkrieg durch die bedingungslose Kapitulation der Wehrmacht sein Ende. Vom Prager Aufstand, von der Erhebung des tschechischen Widerstands am 5. Mai gegen die deutsche Besatzung nach dem Radio-Aufruf Zdeněk Mančals, von den Kämpfen um das Prager Rundfunkgebäude, der Besetzung der Gebäude der Gestapo und der Sicherheitspolizei in Prag, der Festnahme des Ministerpräsidenten der Protektoratsregierung, Richard Bienert, von den Barrikaden in Prag und der Störung der Kommunikationsverbindungen sowie der Strom- und Wasserversorgung, von den Kämpfen der Wehrmacht und Verbänden der Waffen-SS erfuhr Sidonie Nádherný in Voračice nichts. Nach dreitägigen Kampfhandlungen, an denen sich auf Seiten der Aufständischen auch Einheiten der Russischen Befreiungsarmee unter Andrei Andrejewitsch Wlassow beteiligten, gelang es in Vereinbarungen mit dem deutschen Militärbefehlshaber und Kommandanten von Prag, Rudolf Toussaint, einen Waffenstillstand gegen freien Abzug der Besetzer nach Westen zu vereinbaren. Am 4. Mai war Bratislava gefallen. Am 8. Mai rückten Einheiten der 1. Ukrainischen Front der Roten Armee in Prag ein, am 9. Mai unterstützt von sowjetrussischen Einheiten, die nach der Besetzung von Berlin (2. Mai) nach Süden vorgestoßen waren; die 3. US-Armee unter Panzergeneral George Smith Patton, die rasch durch Süddeutschland vorgerückt war, hatte vereinbarungsgemäß bei Pilsen haltgemacht. Janowitz und der Truppenübungsplatz Böhmen werden am 8. Mai von russischen Truppen erreicht. Generalmajor der Waffen-SS, Alfred Karrasch, Kommandeur des SS-Truppenübungsplatzes Böhmen, setzte sich am selben Tag nach Westen ab. In der Nacht vom 8. auf den 9. Mai räumten die letzten SS-Einheiten fluchtartig das Platzgebiet.

Sidonie Nádherný berichtete Václav Wagner am 10. Mai von einem ersten Besuch in Schloss und Park: Sie habe gestern einen »russ. Offizier im Schloss« getroffen, »alle Eingänge waren bewacht, heute ist er fort, nichts wird bewacht«. Und damit nahm die Zerstörung ihren Fortgang. Alles was Sidonie Nádherný, aber auch die Pächter des Hofes Voračice, hatten retten können, war nun als vermeintlicher Besitz des Feindes der Plünderung ausgesetzt – Vieh, Pferde, Hafer, Heu, Auto, Kutsche, Schmalz, Eier, Geflügel, Uhren wurden aufgeladen, die Wiesen abgeerntet, der frische Klee gemäht. Jetzt wurden an den Skulpturen im Stiegenhaus des Schlosses, deren Abtransport der deutsche Denkmalpfleger Karl Friedrich Kühn verhindert hatte, Stücke abgebrochen, die Öfen aus der Barockzeit wurden zerschlagen, Fenster aus den Laibungen gerissen. Einmal schossen russische Soldaten durch verschlossene Türen auf die Familie des Janowitzer Fischmeisters Joseph Marvan, ohne jemanden zu verletzen; die Familie floh aus dem Ort.

Der Park war durch Kettenfahrzeuge verwüstet, die an mehreren Stellen die Parkmauer niedergewalzt hatten. Es war jene Mauer, die Karl Kraus im Sommer 1914 vor dem ersten Völkermorden in der ›Fackel‹ Nr. 400-403 als Bastion der Schöpfung gegen die Zerstörung der Welt beschrieben hatte: »Ich weiß und bekenne … als unwiderrufliches Programm: daß die Erhaltung der Mauer eines Schloßparks, der zwischen einer fünfhundertjährigen Pappel und einer heute erblühten Glockenblume alle

Wunder der Schöpfung aus einer zerstörten Welt hebt, im Namen des Geistes wichtiger ist als der Betrieb aller intellektuellen Schändlichkeit, die Gott den Atem verlegt!«

Die Rote Armee befreite ein von Deutschen besetztes Land; der Truppenübungsplatz galt als unmittelbares Reichsgebiet – die Befreiten aber waren Tschechen, nicht die deutschen Okkupanten; die Befreiten hatten zu leiden. Sidonie Nádhernýs Klagen rissen in den nächsten Wochen nicht ab: Die SS hatte Möbel im Schloss zurückgelassen, sie hatte die Baracken im Dorf (und möglicherweise auch im unteren Schlosspark) fluchtartig verlassen. Lag es nicht auf der Hand, dass die zurückkehrenden Dorfbewohner und andere zwischen ehemals militärischen Hinterlassenschaften und Schlossbesitz nicht unterscheiden konnten? Das Schloss, bis zur Enteignung hermetisch als Privatbesitz gehütet, stand plötzlich für jedermann offen. Das Truppenübungsplatzgelände war zudem unsicher geworden wegen zurückgelassener Munition, die auch im Teich hinter dem Tor vermutet werden musste. Dem Chaos war nicht beizukommen.

Sidonie Nádherný, die aus Protest ihren Namen seit 1938 tschechisch geschrieben hatte – »Nádherná« –, bemühte sich jetzt, auch ihre Briefe in tschechischer Sprache zu schreiben (was im Textteil durch eine andere Schrifttype kenntlich gemacht ist, denn dabei handelt es sich um Übersetzungen aus dem Tschechischen, einmal auch aus dem Englischen). Sie war sich dabei unsicher und wich immer wieder ins Deutsche aus. »Hoffentlich befremdet Sie nicht die deutsche Sprache; sie ist aber nicht nur Hitler's, sondern auch Goethe's« Sprache (3.6.1945). In diesem Brief ist auch die Rede davon, dass nun das russische Militär in Janowitz durch tschechoslowakisches ersetzt werde. Auch von der tschechoslowakischen Brigade, »unseren Westsoldaten«, ist einmal die Rede – das war die tschechische Exilarmee, die von England und Frankreich zum Kampf gegen Hitler ausgerüstet worden waren (10.9.1945).

Im Sommer 1945 rückten also tschechoslowakische Truppen ins Schloss und in die verlassenen Panzerreparaturwerkstätten des Karlshofes ein. Das höchste Organ, das sich zunächst im französischen und dann im englischen Exil nach dem Vorbild von 1918 unter Edvard Beneš' Exilregierung in London gebildet hatte, der Tschechoslowakische Nationalausschuss, übernahm die politische Führung des Landes. Ausschüsse auf Bezirksebene und örtliche Nationalausschüsse versuchten das Leben im Land zu reorganisieren. Sidonie Nádherný sah sich schon im Sommer 1945 mancher Willkür eines revolutionär gestimmten Ortausschusses ausgesetzt, der über ihre Gebäude nach eigenem Gutdünken verfügte – sie vermutete bald eine kommunistische Unterwanderung dieses Ausschusses, dem sie früh schon mit Überlegungen zu begegnen suchte, den in seinen Baulichkeiten heruntergekommenen Karlshof zu verkaufen (31.10.1945).

Václav Wagner und das Staatliche Amt für Denkmalschutz sahen sich nun erneut von der Janowitzer Schlossbesitzerin zur Ausstellung eines Schutzbriefes für Schloss und Park als »Museum« angegangen. Sie drang darauf, die entstandenen Schäden durch Kostenvoranschläge beziffern zu lassen. Sie verhandelte mit Architekten und Gärtnern, aber die ihr zugewiesenen Entschädigungszahlungen deckten bei weitem nicht die Auslagen zur Beseitigung der Schäden. Statt der beantragten 250 000 Kronen erhielt sie lediglich 160 000 Kronen; zu bezahlen waren aber Rechnungen in Höhe von 350 000 Kronen. Es kam in den Briefen an Wagner, der wieder als Direktor in sein Amt eingesetzt worden war, zu einer verschärften Tonlage – aus Verzweiflung. Was denkmalschutzwürdig sei, wurde von den Parteien, darunter auch von den Nationalausschüssen, je verschieden ausgelegt. Beim Kreis-Nationalausschuss stellte sie im Sommer 1947 schließlich den Antrag auf 172 700 Kronen Kriegsschäden. 25 000 Kronen waren ihr bis dahin ersetzt worden. Im März 1948 beschloss die Regierung, den Großgrundbesitz an landlose Bauern und Kleinbauern zu verteilen, wie es das »Gesetz zur Revision der Bodenreform des Jahres 1919« vorsah. 876 000 Hektar Land wurden verteilt. Mit kurzfristigen Ergebnissen, denn ab 1949 begann die Kollektivierung der Landwirtschaft mit ihren politischen, wirtschaftlichen, sozialen und ökologischen Folgen: Landbesitz wurde Staatsbesitz. Das Land gehörte nun den Bauerngenossenschaften.

Der erste Brief aus dem vom Militär geräumten Janowitz datiert von 1.9.1946 – Sidonie Nádherný konnte nicht mehr ins Schloss zurückkehren; es blieb durch die verursachten Schäden unbewohnbar. Die Schäden wurden protokolliert, ergebnislos. Sie kam zunächst in der Pächterwohnung der ehemaligen Wirtschaftsgebäude des Karlshofes unter. Mit Elan nahm sie sich die notwendigen Reparaturen im Schloss und die Wiederherstellung des Parks vor. Sie versuchte Jan Mrázek, einen Gärtner, der viele Jahre in den Waidhofner Rothschild-Gärten gearbeitet hatte, für ihren Park zu gewinnen. Seine Anstellung kam nicht zustande, vermutlich aus finanziellen Gründen. Als ihm Sidonie Nádherný, wohl im Frühjahr 1947, wieder begegnete, versicherte sie ihm ihr Vertrauen, ihre Zuneigung: »Denn, sollten sie mir alles nehmen, die Hauptsache ist, zu wissen, dass in dieser Flut von Schlamm, Niedertracht, der Zerstörung der kulturellen und menschlichen Werte, ein Mensch wie Sie lebt.«

Ihre Handlungen, Bitten, Anweisungen nahmen nun aber auch zunehmend irreale Züge an: Zur Wiedereinweihung der Schlosskapelle, von deren Rolle in ihrem Leben bisher nur im Zusammenhang mit der Renovierung der Orgel (1943) die Rede gewesen war, wünschte sie sich die Anwesenheit des mit Wagner vertrauten Josef Beran (1899-1969), dem von Papst Pius XII. 1946 nach Haft und Lagerhaft im Gefängnis Pankrác, in der Kleinen Festung von Theresienstadt und im KL Dachau ernannten Erzbischof von Prag (August 1947). Hat Wagner ihr dieses Vorhaben ausgeredet? Es kam nicht zustande. Noch im gleichen Monat trug die Hundenärrin Wagner die Bitte vor, einen 1947 in der amerikanischen Zone Deutschlands gekauften Leonberger-Welpen über die amerikanische Legation in Heidelberg in die Tschechoslowakei einzuführen. Auch dazu kam es nicht.

Im Dezember 1947 war von der Wohnung im ehemaligen Forsthaus außerhalb der Parkmauern die Rede, die sie mit mehreren Parteien zu teilen habe: »Im Schloss werde ich wahrscheinlich nie mehr wohnen können, es wird kein Geld geben, um alles zu reparieren und meine jetzige Wohnung ist angenehm, gleich bin ich im Park.«

Als der 1939 nach London und inzwischen in die USA emigrierte Freund Max Lobkowitz (1888-1967), der Chef des Fürstlichen Hauses, der seine Titel 1918 abgelegt und seinen Namen fortan tschechisch geschrieben hatte – »Lobkowicz« – die Weihnachtstage 1947 in Janowitz bei Sidonie Nádherný verbrachte, fielen grundsätzliche Entscheidungen: Das Vorhaben Sidonie Nádhernýs, diesen Berater und Freund, den Freund und Leser von Karl Kraus, testamentarisch zum Erben ihres Besitzes einzusetzen, wurde aufgegeben. Lobkowicz war als Mitarbeiter der tschechoslowakischen Exilregierung von den Deutschen enteignet worden. Jetzt stand seine Enteignung durch die tschechoslowakische Bodenreform bevor. Sie bestimmte deshalb im März 1948: Die Britische Botschaft in Prag und der Prager Anwalt von Karl Kraus, Jan Turnovský (1894-1963), werden zu Erben von Janowitz bestellt – die Verfügung blieb in der Folge ohne jede Beachtung durch die tschechoslowakischen Behörden. Das Václav Wagner von Jugend auf vertraute Museum in Patzau/Pacov – Wagners Mutter stammte aus Pacov – wurde zur Verwahrung der beweglichen Habe von Sidonie Nádherný bestimmt (Dezember 1948); auch diese Festlegung blieb unbeachtet, nachdem ihr Tod bekannt geworden war. Die in den folgenden Monaten vorgenommenen Verlagerungen von besonders wertvollen Gegenständen aus ihrem Besitz in westliche Botschaften, die Einlagerung der Karl Kraus und Rainer Maria Rilke betreffenden Teile der Bibliothek in die Königlich Niederländische Botschaft in Prag, zeigte ohne jeden Zweifel: Sidonie Nádherný bereitete ihre Emigration nach England vor, wo die Freundinnen Mary Gräfin Dobrženský und Mechtilde Fürstin Lichnowsky lebten.

Im Februar 1944 hatte Sidonie Nádherný mit den Deutschen einen gesonderten Umzugstermin aus Janowitz nach Voračice ausgehandelt – war das nicht nur durch ihre Kollaboration erklärbar? Der Kreis-Nationalausschuss von Seltschan/Sedlčany wies in einer Gerichtsverhandlung zunächst zwar strafwürdige Handlungen »in der Zeit der erhöhten Bedrohung der Republik« ab (September 1948), aber nur weil »diese Beschuldigung … nicht bewiesen« werden konnte. Es war also ein Freispruch, der am 2.12.1949 vom Kreis-Nationalausschuss Votice in erneuter Verhandlung mit der Verurteilung der »Eigentümerin des Großgrundbesitzes in Vrchotovy Janovice« wegen »aktiver Unterstützung der Okkupanten« und mit der Konfiszierung ihres »landwirtschaftlichen Besitzes ... zum Zwecke der Bodenreform« korrigiert wurde.

Die Beschuldigung: Sie habe beim Umzug des Schlosses von Janowitz nach Voračice zugelassen, dass Václav Prachař, ein tschechischer Arbeiter, von einem deutschen Gendarmen geohrfeigt worden sei, nachdem Prachař »es ablehnte, alleine schwere Möbelstücke zu tragen«.

Doch Sidonie Nádherný hatte ihr Land bereits drei Monate vorher, am 9.9.1949, verlassen und war über die Bundesrepublik Deutschland nach England geflohen.

Ein Jahr später, am 30.9.1950 erlag sie im Harefield Hospital Uxbrigde in Denham in Buckinghamshire, einer kleinen Gemeinde nördlich von London, im Alter von 64 Jahren einem Krebsleiden. An ihrem Sterbebett saß Lady Sarita Vansittart, die Gattin jenes Diplomaten und Schriftstellers Sir Robert Gilbert Vansittart 1st Baron of Denham (1881-1957), der im Foreign Office der schärfste Kritiker der britischen Appeasement-Politik war. Bis 1937 diente er seinem Land als Chief Diplomatic Adviser im Außenministerium; dann schob ihn Chamberlain auf einen eigens für ihn geschaffenen, einflusslosen Posten ab. »Ich war im Harefield Hospital als sie starb«, schrieb Lady Vansittart an den Schriftsteller Bedřich Rohan am 21.6.1982, »sie war, das werden Sie wissen, eine nahe Freundin meiner Ur-Freundin Gillian Lobkowicz«, der Gattin von Max Lobkowicz. Lord und Lady Vansittart wurden 1957 und 1985 auf jenem Friedhof der St. Mary's Church in Denham beigesetzt, auf dem Sidonie Nádherný 1950 beerdigt wurde.

Der Janowitzer Besitz mit rund 700 Hektar wurde aufgeteilt. Das Kreisgericht Votice stellte am 28.12.1951 die »Strafsache gegen Sidonie Nádherná-Thunová für die Straftat des Verlassens der Republik« ein: Dass sie seit 1920 von Graf Maximilian Thun-Hohenstein getrennt, seit 15.9.1933 von ihm geschieden und lt.

Erlass vom 24.11.1933 ihren Mädchennamen wieder zu führen berechtigt war, blieb dem Gericht unbekannt. Die Begründung der »Straffindungskommission des Kreisnationalausschusses Sedlčany« für die Einstellung des Verfahrens war einleuchtend: »weil die Beschuldigte gestorben ist«. Eine Revisionsmöglichkeit blieb immerhin offen: »Gegen diesen Beschluss kann man«, so hieß es da lakonisch, »innerhalb von drei Tagen ... eine Beschwerde einlegen, adressiert an das Bezirksgericht Prag«.

Geschichten enden gelegentlich anders, als es die komplizierten lebensgeschichtlichen Verhältnisse im letzten Jahrhundert eigentlich erwarten lassen. Am 25.5.1999 wurden die sterblichen Überreste von »SIDONIE NÁDHERNÁ / PANÍ NA JANOVICÍCH / NAROZENÁ V JANOVICÍCH / DNE 1.12.1885 / ZEMŘELA V HAREFIELDU / DNE 30.9.1950 / POCHOVÁNA V JANOVICÍCH / DNE 25.5.1999« in einem feierlichen Akt in die Grablege ihrer Familie im Park von Janowitz überführt. So steht es auf ihrem Grabstein, der manchmal von Blumen geschmückt ist.

Sidonie Nádherný
Briefe an Václav Wagner
und andere Dokumente
1942-1949

Am 16. März 1939 war nach der Besetzung des Landes durch die Wehrmacht am Vortage das »Reichsprotektorat Böhmen und Mähren« als »autonome Verwaltungseinheit« unmittelbar in das Gebiet des Großdeutschen Reiches einbezogen worden. Vorausgegangen waren nach dem mit Großbritannien und Frankreich unter Vermittlung Italiens abgeschlossenen sogenannten »Münchner Abkommen« vom 29./30.9.1938 die Annexion der überwiegend deutschsprachig besiedelten böhmischen Grenzgebiete als »Reichsgau Sudetenland« durch das Deutsche Reich. Vom Reich annektierte Gebiete in Südböhmen und Südmähren wurden benachbarten reichsdeutschen Verwaltungsgebieten zugeschlagen. Die multinationale, am 28. Oktober 1918 begründete Republik Tschechoslowakei, fand mit dem »Münchner Diktat« ihr Ende, denn im Oktober 1938 besetzte Polen Teschen, im November 1938 Ungarn die mehrheitlich ungarisch-sprachigen Gebiete der Slowakei und die Karpatho-Ukraine. Die Slowakei erhielt am 14. März 1939 als deutscher Satellitenstaat eine Scheinautonomie.

Zum Satzbild: Die deutsch geschriebenen Briefe Sidonie Nádhernýs an Václav Wagner enthalten in den ersten Jahren tschechische Begriffe, einzelne Ausdrücke oder termini technici, deren »Übersetzung« der Schreiberin nicht gegenwärtig waren oder die sie bewusst mit dem fremden Ausdruck auszeichnen oder hervorheben wollte. Diese tschechischen Einsprengsel werden in einer von der Grundschrift abweichenden Schrifttype, einer Groteskschrift, übersetzt wiedergegeben wie, in den Jahren nach 1945, die tschechisch geschriebenen Schriftstücke, die sich nun mit deutschen termini zu behelfen suchten. Sie unterschreibt in der tschechischen Form ihres Namens – »Nádherná«. Die deutsche und die tschechische Benennung des Ortes »Janowitz« oder »Vrchotovy Janovice« wechseln unter den nämlichen politischen Gegebenheiten.

Wirtschaftsgebäude und Schloss Janowitz von Osten (September/Oktober 1929).
Fotografien: Herbert Graf Schaffgotsch (Privatbesitz).

Schloss Janowitz von Osten mit den »Balcons«. –
Auffahrt von Norden (Juni 1930).
Fotografien: Herbert Graf Schaffgotsch (Privatbesitz).

Im Park. – Weide am Teich hinter dem Tor (August 1930).
Fotografien: Herbert Graf Schaffgotsch (Privatbesitz).

Großes Alpinum. – Terrassengarten (August 1930/August 1929).
Fotografien: Herbert Graf Schaffgotsch (Privatbesitz).

1942

Die Bedrohung. Am 27. September 1941 war der von Hitler am 15. März 1939 bestellte Reichsprotektor Konstantin von Neurath, 1932 bis 1938 deutscher Außenminister, beurlaubt worden. Entbunden von diesem Amt wird er erst im August 1943. An Neuraths Stelle tritt als »Stellvertretender Reichsprotektor von Böhmen und Mähren, SS-Gruppenführer und General der Polizei«, Chef des Reichssicherheitshauptamtes (RSHA), Reinhard Heydrich. Er war 1941 von Göring mit der »Endlösung der Judenfrage« beauftragt worden, leitet am 20. Januar 1942 die Berliner »Wannsee-Konferenz«. Sein Ziel: Die Ausbeutung der wirtschaftlichen Kraft des Landes für die Rüstung sowie dessen Germanisierung durch die Anlage von Truppenübungsplätzen in rein tschechischen Siedlungsgebieten. Beiden Vorhaben widmet er sich mit äußerster Brutalität. Am 4. Juni 1942 stirbt Heydrich an den Folgen eines Attentats durch exiltschechische Agenten. In den Briefen finden dieses Ereignis und seine drakonischen Vergeltungsmaßnahmen keinerlei Andeutung. Der Grund: die deutsche Briefzensur.

Am 10.1.1942 wendet sich Sidonie Nádherný erstmals hilfesuchend an den Leiter des staatlichen Denkmalamts in Prag, Václav Wagner. Einen Tag später stirbt in Janowitz Mary Cooney, ihre Gesellschafterin seit Jugendtagen

[1] Sidonie Nádherný, Vrchotovy Janovice, an Václav Wagner, [Praha] B 10 1.1942 (Památník národního písemnictví, Praha)

Sehr verehrter Herr Doktor!

Heute schrieb mir A[nna] M[asaryková] über ihre Unterredung mit Ihnen und danke ich Ihnen aufrichtigst, dass Sie sich meiner armen Glocken annehmen wollen. Da ich hier so weltfern lebe, und sich so vieles verändert hat, wusste ich nicht, ob Sie noch im Amt sind, sonst hätte ich Ihnen gleich geschrieben. Ich habe ein Gesuch an das Denkmalsamt geschickt, ich fürchte aber unvollständig und handschriftlich, daher lege ich bei, was ich dem Bezirksamt in Sedlčany sandte. Ich weiss nämlich nicht, wohin man sich wendet und was ich unternehmen soll.

Es hat auch der Kirchturm eine Uhr, die auf die grosse Glocke aus dem 15. Jh. schlägt und ich erfahre, dass diese in die Kategorie D eingereiht wurde (sie wiegt 300 kg). Also entfällt diese Möglichkeit, die Schlossuhr als *einzige* in der Gemeinde anzuführen.

Sollten etwa Formulare um Ansuchen der Belassung vorliegen, wäre ich um Einsendung zwecks Ausfüllung sehr dankbar. Ich habe nichts erhalten als den »Meldebogen für Bronzeglocken« von d. Bezirksbehörde.

Entschuldigen Sie, dass ich nicht tschechisch schreibe, was ich viel lieber täte – würde ich auf mein Herz hören –, leider fehlen mir viele tschechische Ausdrücke, so dass ich es mir nicht zutraue

In aller Achtung –

Ihre

Sidonie Nádherná

[2] Sidonie Nádherný, Vrchotovy Janovice, an Václav Wagner, [Praha] B 25.1.1942 (Památník národního písemnictví, Praha)

Sehr verehrter Herr Doktor!
Beiliegend vom Steinmetz der Kostenvoranschlag des Steinmetz für die Steinplatten oben am Geländer des Balcons. Für mich wäre die Sache viel zu teuer, die Frage also ist: wie viel davon würde das Denkmalamt zahlen? Dazu käme noch die Baumeister-Maurer-Rechnung, die Ziegeln, Isolation, Beton u.s.w. Wie ist der Vorgang? Gibt das Denkmalamt den Auftrag zur Arbeit oder ich? Der Steinmetz möchte es gerne gleich wissen, da er jetzt im Winter Zeit hätte, die Platten vorzubereiten. Die Stärke derselben besprachen wir mit höchstens 10 cm, eigentlich dachte ich 8 cm wie auf d. Brücke, damit sie nicht zu schwer wirken, aber er meinte, das gäbe mehr Arbeit. Was glauben Sie? Ferner: Was halten Sie von der Grösse der Platten? Scheinen sie Ihnen nicht zu gross? Oder ist das vorteilhafter, damit weniger Verbindungszement? Man könnte ja eine andere Einteilung machen. Die Pfeiler sind genau an der Stelle wie heute, die Ungleichheit (der Balkon geht paralell [!] mit dem Gebäude, also in die Runde) ist ganz nett. Man könnte auch 3 statt 2 Platten zwischen die Pfeiler legen.

Bitte überlegen Sie, u. schreiben Sie mir darüber. Links giengen vielleicht 2 Platten, da das Geländer dort schmäler, aber ich weiss nicht, ob die anderen nicht zu gross sind?

Also bitte um baldigste Antwort der verschiedenen Fragen. Ich dachte nicht, dass es so theuer sein würde.

Wir haben ja auch noch die Reinigung des Plafonds in meinem kl[einen] Salon vor, ich weiss nicht, was das kosten würde. Ich muss das leider immer bedenken, da die Zinsen der Verlassenschaftsschuld mich schwer belasten. Sonst würde ich keine Grenzen kennen in Ausgaben zur Verschönerung unseres Janovice!

Mit den besten Empfehlungen Ihre aufrichtige

Sidonie Nádherná

Im Februar 1942 beginnt Reinhard Heydrich in enger Abstimmung mit Heinrich Himmler, dem »Reichsführer-SS«, mit der konkreten Durchführung eines seit 1939 bestehenden Planes: Der »Umvolkung«, der Zerstörung rein tschechischer Siedlungebiete durch militärische Anlagen, im vorliegenden Fall mit der Planung eines SS-Truppenübungsplatzes Beneschau »zwischen der Moldau, der Sasau, der Eisenbahnstrecke Prag–Beneschau–Tabor, der Eisenbahnstrecke Olbramowitz-Seltschan. … Die Entscheidung über die Einbeziehung von Schloss und Park Konopischt bei Beneschau behalte ich mir vor«, schreibt Heydrich an Himmler am 21.2.1942. Hier wie andernorts werden in den kommenden Jahren zehntausende Menschen umgesiedelt. Die Vorstellungen des Reichsführers, die Anlage bereits im März 1942 mit scharfer Munition benutzen zu können, lassen sich nicht durchführen. Aus Gründen fehlender Transport- und Benzinkapazitäten, aber auch wegen fehlender Geldmittel und wegen des befürchteten Widerstands der Bevölkerung muss die Aussiedlung in verschiedene »Räumungszonen« aufgeteilt werden.

Der SS-Truppenübungsplatz »Beneschau«. Der anonyme Kartograph skizziert die Aussiedlungszonen, Sperrgebiete und Bezirksgrenzen und verwendet durchweg deutsche Ortsnamen (Okresní úřad Benešov).

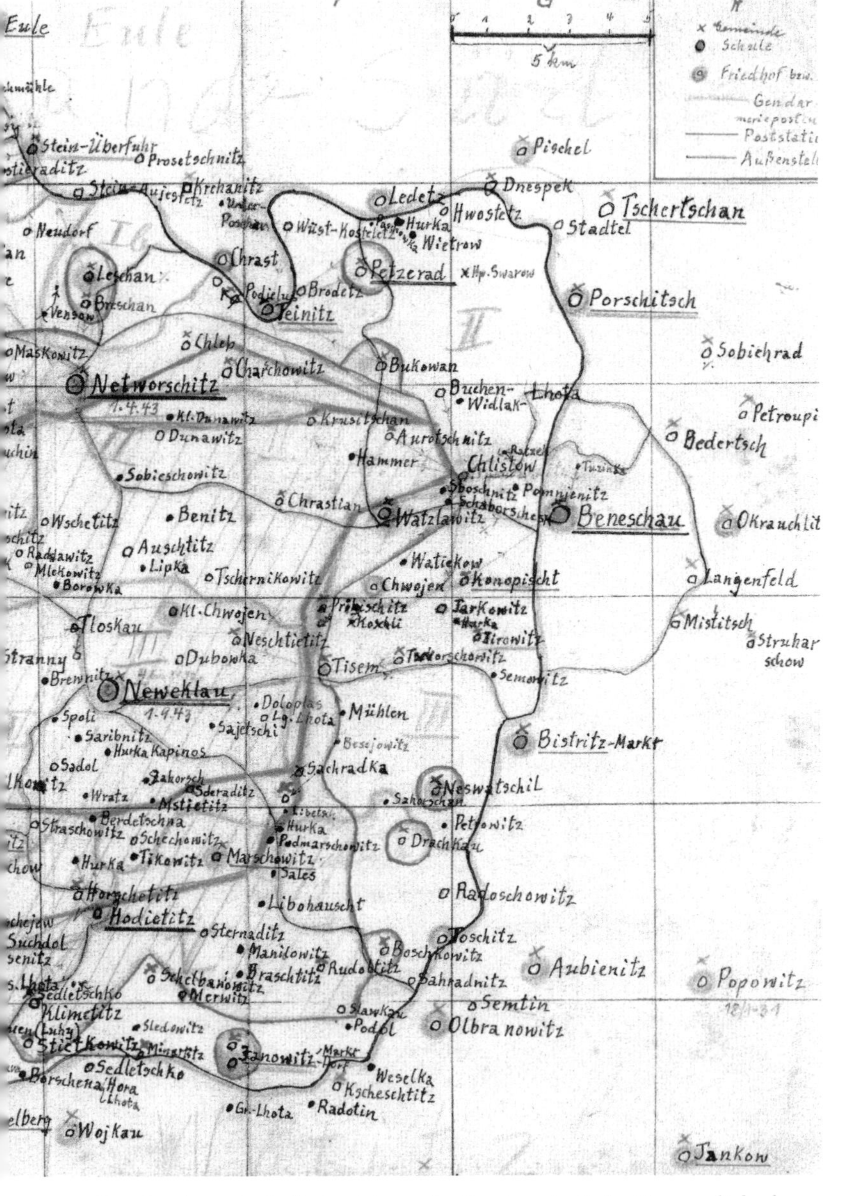

Der Ort Janowitz befindet sich unmittelbar innerhalb der Grenze; links davon Seltschan/Sedlčany; rechts: Olbramowitz/Olbramovice.

[3] Ministerium des Innern, Prag
Protokollnotiz, die »Erweiterung der T[ruppen-]Ue[bungs-] P[lätze]« Milowitz, Kammwald, Wischau, Beneschau betreffend. »Lagebericht zu 10.II.1942.« (Státní ústřední archív v Praze)

Beneschau
Bei dem oben erwähnten Besuche des Referenten im Bodenamte am 9. d. Mts. hat Herr Abteilungsleiter Stübel mitgeteilt, dass noch in diesem Jahre mit der Errichtung eines neuen Truppenübungsplatzes im polit. Bezirk Beneschau gerechnet werden muss. Der betreffende Antrag ist schon den Militärbehörden in Berlin zur Genehmigung vorgelegt worden. Die Namen der Gemeinden, welche zu diesem Zwecke geräumt werden sollten, wurden bis jetzt noch nicht mitgeteilt, und auch der Aussiedlungstermin ist nicht bestimmt worden. Es soll sich um einen Plan grösseren Umfanges handeln.

[4] Der Kommissarische Leiter des Bodenamtes Sektion IX des Ministeriums für Landwirtschaft an das Ministerium des Innern, Prag
B 3.3.1942 (Státní ústřední archív v Praze)

Betr. Truppenübungsplatz Beneschau

Der stellv. Reichsprotektor in Böhmen und Mähren, SS-Obergruppenführer und General der Polizei Heydrich hat in Anerkennung wichtiger militärischer Gründe der Anlage eines Truppenübungsplatzes bei Beneschau zugestimmt mit der Massgabe, dass während der Kriegszeit nur ein bestimmter Teil des vorgesehenen Gebietes tatsächlich für militärische Zwecke in Anspruch genommen wird.

Mit Erlass R[eichs] Pr[otektorat] B[öhmen] M[äh]r[en] 191/42 – I 8 RO 477/305/02 g vom 21.2.1942 wurde das Bodenamt mit der Durchführung aller Massnahmen beauftragt, die einen rechtzeitigen Ankauf und die fristgemässe Räumung des T.Ue.P.-Beneschau gewährleisten. Ferner ist das Bodenamt beauftragt, das Ministerium des Innern mit den notwendigen Weisungen zu versehen.

Wie in den bisherigen Verfahren zur Erweiterung der Truppenübungsplätze im Protektorat, ist auch bei der Anlage des Truppenübungsplatzes Beneschau eine »Aussiedlungskanzlei« des Ministeriums des Innern in Beneschau zu errichten, mit dem Auftrag, den Einwohnern des Räumungsgebietes vorübergehende oder dauernde Unterkünfte zu beschaffen, die Gründung einer neuen Existenz zu ermöglichen und gleichzeitig alle Massnahmen zu treffen, die eine störungsfreie und termingemässe Räumung des Platzgebietes sicherstellen.

Die persönlichen und wirtschaftlichen Verhältnisse aller von der Räumung betroffenen Platzeinwohner werden durch mich ermittelt. Ferner werde ich für eine rechtzeitige Auszahlung der Entschädigungsbeträge Sorge tragen.

Bis zum 15. September 1942 ist die Räumung folgender Ortschaften im politischen Bezirk Beneschau, Gerichtsbezirk Neweklau, durchzuführen.

Gemeinden Krinian, Teletin, Hoch-Aujest, mit dem Ortsteil Wietrow, Tuchin mit dem Ortsteil Lhota, Maskowitz, Blaschenitz mit dem Ortsteil Mieraschin, Paleschitz, Jablonna mit dem Ortsteil Nebschitz, Rabin mit dem Ortsteil Louti und Nedwies.

Vensow (zu Gemeinde Breschan – außerhalb)

Im eigenen Interesse der Aussiedler ist vorzusehen, dass weder ein vorübergehender noch dauernder Zuzug in eine der in der Anlage aufgeführten Ortschaften erfolgt.

Alle vom Ministerium des Innern im Zusammenhang mit diesem Auftrag geplanten Anordnungen und Massnahmen bitte ich vorher im Einvernehmen mit meinem Beauftragten zu erörtern.

Die Errichtung der Aussiedlungskanzlei des Ministeriums des Innern in Beneschau bitte ich so bald als möglich zu veranlassen und mich hierüber zu verständigen.

Im Auftrage:
gez. Dr. Münnel [Männel?]

Gleichzeitig mit dem Räumungsbeschluss wird für die Gemeinden in den Gerichtsbezirken Beneschau, Wotitz und Seltschan, die außerhalb des Truppenübungsplatzes liegen, vorsorglich der »vorübergehende oder dauernde Zuzug von T.Ue.P.-Aussiedlern Beneschau untersagt«.

[5] Reichssicherheitshauptamt, Berlin, an SS.U.Stuf. Barnekow, Prag zur Weiterleitung an Gruf. Frank
D/an SS-Obergruppenführer und General der Polizei Heydrich, Berlin
T 5.3.1942 (Státní ústřední archív v Praze)

OBERGRUPPENFUEHRER, DER REICHSFUEHRER SS HAT DIE FERTIGSTELLUNG DES SS-TR[UPPEN]UEB[UNGS]PL[LATZES] BENESCHAU IM PROTEKTORAT BIS ZUM 20.3.42 BEFOHLEN, DAMIT DORT IM FRUEHJAHR EINE SS-DIV[ISION] AUFGEFRISCHT WERDEN KANN. ICH DARF SIE BITTEN, ALS STELLVERTR[ETENDER] REICHSPROTEKTOR DEN BEFEHLSHABER DER WAFFEN-SS BEI SEINER AUFGABE MIT ALLEN MOEGLICHEN MITTELN ZU UNTERSTUETZEN:

HEIL HITLER – KRUEGER
SS-GRUPPENFUEHRER UND GENERALLEUTNANT DER WAFFEN-SS – – – + + ' ' =
GEZ. WERTH. +

[6] Reichsführer SS, Heinrich Himmler, an SS-Gruppenführer Frank, Prag
Blitz-FS 7.3.1942 (Státní ústřední archív v Praze)

Fernschreiben erhalten. Durch Umlegung der in Frage kommenden Verbände auf freigewordene andere Truppenübungsplätze erübrigt sich kurzfristige Räumung innerhalb von 12 Tagen. Ich habe jedoch an das SS-Führungshauptamt den Befehl gegeben, den Truppenübungsplatz beschleunigt herstellen zu lassen, so daß er im großen Rahmen am 15. Mai verwendbar ist.

gez. H. Himmler

[7] SS-Gruppenführer Frank, Prag, an SS-Obergruppenführer Heydrich, Berlin. Entwurf für eine Antwort an den Reichsführer-SS, Heinrich Himmler
Fernschreiben 11.3.1942 (Státní ústřední archív v Praze)

Lieber Kamerad Heydrich!
Nachstehend gebe ich den befohlenen Entwurf eines FS an den Reichsführer-SS wegen des SS-Übungsplatzes Beneschau durch:

Reichsführer.

Nach meiner Rückkehr vom Urlaub hat mir SS-Gruf. Frank die Angelegenheit SS-Übungsplatz Beneschau vorgetragen. Auf Grund Ihres FS vom 27. v. Mts. an SS-Brigadeführer v. Treuenfeld, in dem die Bereitstellung des Übungsplatzes bis zum 20. d. Mts. befohlen wurde, wurden sofort sämtliche Schwierigkeiten mit dem OKW aus dem Wege geräumt und dessen Widerstand beseitigt. Ferner wurde vom Amt des Reichsprotektors das gesamte [Wiederholung: das gesamte] Gebiet im Ausmasse von rund 40.000 ha für die Zwecke des Übungsplatzes zur Verfügung gestellt. Alle Vorarbeiten wegen der Unterbringung einer Mot. Division, Evakuierung [!] von 25.000 Tschechen, Räumung und Übersiedlung des im Gelände des Übungsplatzes gelegenen Lungensanatoriums Prosetschnitz mit 300 Kranken usw. wurde begonnen. Die gewaltigen politischen Konsequenzen erforderten die Klarstellung folgender Fragen durch SS-Gruf. Juettner:

Frage 1: Ist es richtig, dass SS-Übungsplatz Beneschau für »Übungen im verstärkten Infanterieregiment einschliesslich Artillerie bis 10 cm Langrohr (einschliesslich) im scharfen Schuss« bis zum 20.3.42 fertiggestellt werden soll.

Frage 2: Beschleunigte Räumung des durch Frage 1 bedingten Gebietes erfordert erhöhte Kosten. Sofortige Überweisung eines Vorschusses von etwa 20 Millionen Reichsmark muss gewährleistet sein.

Frage 3: Termingemässe Räumung erfordert Aussiedlung von etwa 25.000 Menschen innerhalb von 12 Tagen. Hierzu grössere Mengen Betriebsstoff erforderlich, deren Erstellung vom SS-Führungshauptamt gewährleistet sein muss.

Diese Fragen sind Gruf. Juettner durch das FS vom 5.d.Mts. mit der Unterschrift von Gruf. Frank übermittelt worden. Vor dem Eingang einer Antwort traf Ihr FS vom 7.d. Mts. ein, mit dem der Termin zur Fertigstellung des Übungsplatzes auf den 15.5. d.J. verlängert wurde. Bis heute sind die von Gruf. Frank an Gruf. Juettner gerichteten Fragen mit Ausnahme der Frag [!] 1 unbeantwotet geblieben. Auf Frage 1 antwortete Gruf. Juettner am 9. d.Mts., dass von 15.5. d.J. an der Platz für Übungen im verstärkten Infanterieregiment einschliesslich Artillerie 10 cm Kanonen im scharfen Schuss zur Verfügung stehen muss. Ohne klare Beantwortung der übrigen Fragen lässt sich nun bei Aufwendung aller mobil zu machenden Kräften [!] weder in den Arbeiten fortfahren noch ihre Beendigung zum 15.5. d.J. garantieren. Zur Evakuierung von 25.000 Tschechen werden rund 1 Million Liter Benzin, 300 Lastkraftwagen und 20 Millionen Reichsmark Barvorschuss dringend benötigt, die aus dem hiesigen Raum nicht zu beschaffen sind.

In politischer Hinsicht muss mit folgenden Konsequenzen gerechnet werden: der Feindfunk wird tagelang die Evakuierung der Tschechen propagandistisch auswerten. Die bevorstehende Herabsetzung der Lebensmittelrationen fällt zeitlich mit der Evakuierung zusammen. Ernährungsmässig verliert das Protektorat 20.000 Tonnen Getreidefrucht, mit deren Aufbringung das Reich belastet werden muss.

Reichsführer, Sie wissen, dass sowohl Gruf. Frank als auch ich sofort jedem Ihrer Befehle nachkommen. Ich bin bereit, im vorliegenden Falle alle politischen Konsequenzen zu tragen bzw. zu parieren und werde den Termin einhalten. Ich bitte Sie jedoch, da von Gruf. Juettner bisher eine klare Beantwortung der Fragen nicht zu erreichen war, selbst bei diesem das Notwendige zu veranlassen.

Heil-Hitler – Ihr gez. Frank
SS-Gruf.

[8] Ministerium des Innern, Prag, an die Bezirksbehörde Beneschau Schnellbrief 13.3.1942 (Státní ústřední archív v Praze)

Das Ministerium des Innern trägt der dortigen Behörde auf, in den Gemeinden [...] eine Kundmachung nach dem Muster herauszugeben, das im versiegelten, als »Geheim« bezeichneten Umschlag beigefügt ist. Dieser Umschlag darf erst auf fernmündliche Weisung des Ministerium des Innern geöffnet werden. Diesen Fernanruf muss sich Herr Bezirkshauptmann unverzüglich durch Rückanruf verifizieren.

Der Abdruck der Kundmachung ist dem Ministerium des Innern, der Landesbehörde Prag, dem Abwandererfürsorgeinstitut in Prag II. Wladislausgasse 15, sowie dem kommissarischen Leiter des Bodenamtes [...] zur Kenntnis vorzulegen.

Gleichzeitig wird die Bezirksbehörde angewiesen, im dortigen Amtsgebäude bzw. in einem anderen Gebäude in Beneschau 2-3 Räume für die Bediensteten der Aussiedlungskanzlei unverzüglich zur Verfügung zu stellen.

[9] Der Reichsprotektor in Böhmen und Mähren, Prag-Burg, an SS-Gruppenführer und Generalleutnant der Waffen-SS Jüttner, Berlin, SS-Führungshauptamt (Geheim!)
B 21.3.1942 (Státní ústřední archív v Praze)

Lieber Jüttner!
Hinsichtlich des Befehls vom Reichsführer-SS, den Truppenübungsplatz Beneschau bis 15. Mai 1942 derart zu räumen, dass Übungen im verstärkten Regiment mit scharfem Schuss abgehalten werden können, haben sich schwerwiegende Ernährungs- und Transportfragen ergeben.

Ich halte mich für verpflichtet, dem Reichsführer-SS persönlich hierüber Vortrag zu halten. Ich stelle Ihnen anheim, bei diesem Vortrag zugegen zu sein.

Weitere Nachricht erfolgt, sobald der Zeitpunkt des Termins feststeht.

Heil Hitler!
SS-Obergruppenführer und
General der Polizei
[Heydrich]

[10] Der kommissarische Leiter des Bodenamtes Sektion IX des Ministeriums für Landwirtschaft, Prag, Stübel, an das Ministerium des Innern, zu Hd. von Herrn Rat Dr. Ševčik, Prag
B 28.3.1942 (Státní ústřední archív v Praze)

Betr. Räumung Zone I T.Ue.P.-Beneschau

Ich beziehe mich auf meine Besprechungen mit Herrn Dr. Ševčik vom 27. Mts. und bitte zur Vorbereitung einer reibungslosen Aussiedlung der Zone I des T.Ue.P.-Beneschau folgendes zu veranlassen:

1. Zuweisung eines landwirtschaftlichen Sachbearbeiters an die Aussiedlungskanzlei Beneschau.
   Da Benzin für die Räumung des T.Ue.P.-Beneschau nicht zur Verfügung steht, lässt sich die Räumung nur durch die Stellung von Gespannen durchführen. Um bei der Anordnung der Gespannstellung den Belangen der Landwirtschaft so weit als möglich Rechnung tragen zu können, erscheint mir die federführende Bearbeitung aller mit der Gespannstellung in Zusammenhang stehenden Fragen durch einen sachverständigen Landwirt unerlässlich.
2. Zuweisung ausreichend motorisierter Gendarmerieabteilungen. Ueber den Personalbedarf im einzelnen wird das Ministerium des Innern m[einer]s[eits] laufend unterrichtet. Die augenblicklich eingesetzte Abteilung erscheint zunächst ausreichend. Mit Rücksicht auf den Charakter des diesmaligen Aussiedlungsverfahrens (statt Benzintransporte Pferde- und Kuhgespanne) sind schon jetzt die notwendigen Vorbereitungen zu treffen, dass die Gendarmerieabteilungen über genügend Krafträder verfügen, um sowohl ihren Aufgaben im eigentlichen Räumungsgebiet wie auch in den Aufnahmeortschaften gerecht werden zu können.

Ueber das von Ihnen Veranlasste bitte ich mir bis zum 8.4. zu berichten.

Im Auftrage
gez. Stübel

Judenverfolgung im Protektorat. Im März 1939 wird die Zahl der im Protektorat lebenden jüdischen Bürger auf 118 000 geschätzt. Zunächst lassen die Verfolger im Juni 1939 – die Massnahme ist auch das hier beschriebene Muster gegenüber der tschechischen Bevölkerung – allen Besitz sicherstellen, bzw. jede freie Verfügung untersagen. Dann werden bis 31.3.1941 alle »jüdischen Betriebe enteignet oder geschlossen«; Vermögensverwalter der Schließungen ist der »Anfang 1940 begründete ›Auswanderungsfonds für Böhmen und Mähren‹«. Der Vermögensverwalter erlegt später »die nötigen Zuschüsse für das Lager in Theresienstadt«. Es folgen Einschränkungen bei Reisen, im öffentlichen Straßenverkehr, in allen Lebensbereichen. Am 19.9.1941 erläßt Heydrich für das gesamte Reichsgebiet, also auch das Protektorat, die ›Polizeiverordnung über die Kennzeichnung der Juden‹ durch den gelben Stern. Der Jüdischen Kultusgemeinde Prag als »Zentralstelle«, seit 14.3.1940 von den Verfolgten zur Zusammenarbeit gezwungen, werden die Provinzgemeinden unterstellt: Sie sammeln ihre Mitglieder. Sie werden »nach Beginn der Deportationen … am 27.3.1942 … aufgelöst«. (H. G. Adler, Theresienstadt. Das Antlitz einer Zwangsgemeinschaft. Geschichte Soziologie Psychologie. Tübingen: J. C. B. Mohr (Paul Siebeck) [2]1960, S. 3-15.

Am 17.3.1942 wird auch die jüdische Pächtersfamilie Pešek des Nádherný'schen Karlshofes beim Schloss Janowitz in das Sammellager Votice/ Wotitz 182 eingewiesen: Das sind Arthur, dessen Vater schon Pächter des Karlshofs gewesen war, seine Frau Bedřiška Pešková und die Söhne Jiří und Ivan. Von dort werden sie am 8.9.1939 in das Ghetto Theresienstadt überführt. Arthur Pešek und seine Söhne werden zu verschiedenen Zeiten nach Auschwitz deportiert. Nur der 22-jährige Jiří überlebt Auschwitz; am 10.10.1944 »überstellt« ihn die Lagerverwaltung nach Dachau, in dessen Aussenlager Kaufering III, nördlich von Landsberg am Lech; von dort wird er am 8.3.1945 in das Kaufering-Lager IV bei Hurlach überwiesen. Als Kaufering geräumt wird, treten die Häftlinge ihren Todesmarsch ins Konzentrationslager Dachau an. Jiří Pešek stirbt elf Tage nach der Befreiung in Dachau (KZ-Gedenkstätte Dachau. Stiftung Bayerische Gedenkstätten. Lagerbuch Kaufering III, S. 60).

Der Gutshof von Sidonie Nádherný, der Karlshof steht unter Zwangsverwaltung; s. Anm. zu [80].

[11] Sidonie Nádherný, Vrchotovy Janovice, an Václav Wagner, Praha XII, Máchova 27
K 29.3.1942 (Památník národního písemnictví, Praha)

Sehr geehrter Herr Doktor!
Freute mich *sehr* über Ihr liebes Telegramm. Da ich aber möchte, dass der Park nicht gar zu winterlich aussieht, sondern zu grünen anfängt, erlaube ich mir, erst Monatsende vorzuschlagen, denn ich fürchte, in 14 Tagen dürfte er noch traurig aussehen; er ist momentan noch immer nicht schneefrei, wenn auch schon auf den Wiesen Primeln u. Schneeglöckchen blühen. – Mit den besten Empfehlungen Ihre

Sidonie Nádherná

[12] Aussiedlungskanzlei des Ministeriums des Innern mit dem Sitze in Beneschau, z.Z. in Networschitz, an alle Bezirksämter im Lande Böhmen /Zu Händen des Herrn Bezirkshauptmannes.
Runderlass 29.4.1942 (Státní ústřední archív v Praze)

Betrifft: Aussiedlungsaktion Beneschau; Sicherung der Ersatzexistenz für Aussiedler.

Die mit dem Erlass des Ministeriums des Innern vom 12.III.1942, Z.B-2156-11/3-42 II/2 errichtete Aussiedlungskanzlei des Ministeriums des Innern in Beneschau, z.Z. in Networschitz, welche unter anderem auch zur Sicherung der Ersatzexistenz für Aussiedler-Landwirte, die ihre Liegenschaften zum öffentlichen Zwecke abtreten, beizutragen hat.

Zu diesem Zwecke bestrebt sich die Aussiedlungskanzlei, jene Liegenschaften, die zum Verkauf oder Pacht vorhanden sind, zu sichern.

Weil die bisherigen Verfügungen es nicht sichern, dass alle Liegenschaften event. auch Häuser, welche sich zum Verkauf oder Pacht anbieten, unterfangen werden, ist es notwendig, dass in dieser Sache die Bezirksbehörden direkt mitwirken.

Diese sind nach geltenden Vorschriften zur Verhandlung des Verkaufes oder Pachtes der Liegenschaften und Häuser zuständig.

Nach der Sachlage und im Sinne der geltenden Rechtsvorschriften ist es im öffentlichen Interesse, dass die zum Verkauf oder zum Pacht [!] oben angebotenen Objekte in erster Reihe den Aussiedlern zur Verfügung gestellt werden, und dass die diesbezüglichen Kauf- und Pachtverträge nicht genehmigt werden, solange sich für diese die Aussiedler interessieren.

Mit Rücksicht darauf ersucht die Aussiedlungskanzlei, dass die Bezirksbehörde

1./ Ueber sämtliche Kauf- und Pachtverträge /Landwirtschaftsliegenschaften und Wohnhäuser/, die zur Genehmigung vorgelegt wurden, der Aussiedlungskanzlei in Beneschau, z.Z. in Networschitz einen Bericht vorzulegen haben und zwar auf dem beigeschlossenen Vordruck für jeden Fall getrennt.

2./ Die Verkäufe und Pachte nicht solange zu bewilligen, soweit die Aussiedlungskanzlei nicht mitteilt, dass aus den Reihen der Aussiedler für diese kein Interesse mehr [be]steht.

Der Dienststellenleiter:
Dr Šrajer v.r.

[13] Sidonie Nádherný, Vrchotovy Janovice, an Václav Wagner [Praha] B 7.5.1942 (Památník národního písemnictví, Praha)

Sehr verehrter Herr Doktor!
So sehr ich mich auf Ihren lieben Besuch freue, den ich für jetzt vorgeschlagen hatte, hat der Park durch die anhaltende Kälte noch immer ein so winterliches Bild u. sind die Zimmer noch so kalt, dass ich glaube Sie bitten zu sollen, erst in etwa 14 Tagen zu kommen, damit der Park schon etwas grün u. einladend aussieht, und man Land u. Wärme geniessen kann. Ich erwarte also dann Ihre Ansage u. werde mich sehr freuen, Ihnen mein geliebtes Heim zeigen zu dürfen.

Mit den besten Empfehlungen Ihre

Sidonie Nádherná

[14] Sidonie Nádherný, Vrchotovy Janovice, an Václav Wagner, [Praha] B 20.5.1942 (Památník národního písemnictví, Praha)

Sehr verehrter Herr Doktor,
Vielen Dank für Ihre freundlichen Zeilen u. bedaure ich so sehr, dass Sie krank waren, das Schwere erscheint einem dann noch unerträglicher. Jetzt ist der Park in seinem jungen Grün bezaubernd u. schlage ich vor, dass Sie Sonntag den 31. hier verbringen u. zwar so, dass Sie am Samstag kommen u. hier übernachten, denn zwischen Zügen ist es zu gehetzt u. anstrengend, besonders da Sie leider von der Haltestelle Janovice zu Fuss gehen müssten, zwar nur 10 Min., aber besonders wenn Sie mit dem Herzen zu thun hatten, wären beide Wege an einem Tag zu mühsam u. leider verfüge ich über kein Fuhrwerk. Ich schlage dieses Datum vor, weil gerade dann die Azaleen in Blüte sein werden u. ist ihr Farbenmeer stets eine Sehenswürdigkeit.

Der Lokalzug Olbramovice – Sedlčany hat stets* Anschluss zu den Prager Zügen u. ist Janovice gleich die erste Haltestelle. –

Und nun zu beilieg[endem] mich niederschmetternden Dokument, das ich soeben erhielt (bitte gelegentlich retour). Ob da wohl noch etwas zur Rettung möglich wäre? Ich dachte, dass auch bei Gruppe C die Glocken einem vorläufig verbleiben u. nicht gleich abgeführt werden müssen. (Es handelt sich um die zum Uhrwerk gehörende Glocke aus d. Zeit des Besitzers Graf z Wrtby, 1688.) Ich werde sie also am 27. absenden, wenn ich bis dahin von Ihnen nichts höre. Dass sie im Denkmalsamt aufbewahrt werde, geht wohl nicht? (Denn in der Sammelstelle ist sie gewiss auf immer – wie so manches teure Gut – verloren.)

Mit den besten Empfehlungen u. der Hoffnung eines baldigen Wiedersehens Ihre aufrichtige

Sidonie Nádherná

* mit wenigen Ausnahmen

·

In einer Protokollnotiz vom 29.5.1942 des Ministerium des Innern, Prag, werden für die Aussiedlung bis 15. September 1942 folgende Schätzungen veranschlagt: für die Stadt Beneschau: 6 967 Personen. Für weitere Aussiedlungen werden aus dem Kreis Neweklau 29 378 Personen erfasst; aus dem Kreis Jílové 2 644 Personen; aus dem Kreis Beneschau 16 844 Personen; aus dem Kreis Wotiz – darunter Vrchotovy Janovice mit 2 511 Einwohnern – insgesamt 6 995 Personen; aus dem Kreis Seltschan 18 008 Personen.

Weitere Unterlagen für das Jahr 1942 sind vermutlich verloren, denn die Dokumente der Vertreibung setzen erst wieder mit einem ›Bericht zur Lage‹ vom 7.1.1943 ein.

[15] Sidonie Nádherný, Vrchotovy Janovice, an Václav Wagner, [Praha] B 21./22.7.1942 (Památník národního písemnictví, Praha)

Sehr verehrter Herr Doktor,
Ihr lieber Besuch ist so schnell verflogen u. da es mir eine solche Freude war, Ihnen, der mit so viel Interesse u. Verständnis teilnahm, mein geliebtes Heim zu zeigen, drängt es mich anzufragen, ob Sie nicht am kommenden Sonntag wiederkommen möchten. (Es gibt einen bequemeren Zug – falls das Frühaufstehen zu anstrengend – der nach 12 U[hr] hier ist.) Vom Park haben Sie nur einen Bruchteil gesehen u. Vieles nur in Eile. Wenn es Ihnen kein Opfer ist, wäre mir Ihr Kommen eine wirkliche Freude u. willkommene Unterbrechung meiner Einsamkeit. U. wenn man etwas auf unsicher hinausschiebt, kommt es dann nicht dazu. Also schreiben Sie, dass ich Sie erwarten darf.

Ausserdem möchte ich Ihnen sehr gerne einige kleine Schmuckstücke mitgeben u. Sie um die grosse Gefälligkeit bitten, jenen d. Interessenten zu fragen, welche Preise er zahlen würde. Dies zu erfahren, wäre ich sehr froh. Ausserdem hätte es den Vorteil, dass Sie wiederkommen würden, mir den Schmuck zurückzubringen u. wir würden dann besprechen, welches Stück zu verkaufen wäre. Dann würden Sie mir wieder das Geld bringen – kurz, es ergäbe sich ein regelrechter Sommer-Sonntags-Verkehr, meinerseits sehr wünschenswert u. erfreulich, denn den Sonntag hier empfinde ich immer besonders traurig. Freilich weiss ich nicht, ob Sie nicht Ihre Sommer-Sonntage auf bessere Art verbringen.

Wäre Ihnen Ihr Kommen am Sonntag ganz unmöglich (vielleicht haben Sie gerade »Dienst«!), könnte Ihnen mein Oberförster, der am 28. nach Prag fährt, den Schmuck bringen, nur wird ihm wenig Zeit bleiben, da er an einer Forstversammlung teilnehmen muss, u. ausserdem befürchte ich, dass das Denkmalamt für eine solche vertrauliche, private Angelegenheit, bei der Zeugen nicht erwünscht sind, nicht der richtige Ort wäre.

Wenn jener Bilderkenner, den Sie nannten, einmal nachmittags herkäme, sich den v[an] Dyck anzusehen, was glauben Sie würde er für das Herkommen verlangen? Könnten Sie ihn fragen, ohne mich zu nennen? Denn ich möchte nicht, dass mein Besitz des Bildes bekannt wird (Sie können sich denken, warum!), u. vielleicht würde er [auf dem Rand: die Sache nicht diskret behandeln.

Mit den besten Empfehlungen u. der Hoffnung eines Wiedersehens am Sonntag. Ihre aufrichtige

Sidonie Nádherná]

[16] Sidonie Nádherný, Vrchotovy Janovice, an Václav Wagner, [Praha] B 4./5.8.1942, 12.30 nachts (Památník národního písemnictví, Praha)

Sehr verehrter Herr Doktor!
Versprochenermassen teile ich Ihnen mit, dass es Allen in Kalod. gut geht, auch meine Cousine beklagte sich über deren langes Schweigen, wäre aber etwas nicht in Ordnung, hätte sie es erfahren. Diese meine erste kurze Abwesenheit von hier seit bald 3 Jahren war sehr unerfreulich, denn ich erlebte in Chotovin eine schreckliche Unwetter-Katastrofe [!]: kaum hatte ich nach meiner Ankunft um 4 U[hr] den Park besichtigt, gieng um 5 U[hr] ein fürchterliches Gewitter los mit einem Orkan u. einem Hagelschlag solchen Ausmasses, wie ich ihn noch nie gesehen. Es dauerte 20 Minuten, die ganze Landschaft lag weiss da wie schneebedeckt, man watete durch Eismassen, auf den Feldern, wo am folgenden Tag der Ernteschnitt hätte anfangen sollen, war überhaupt kein Getreide mehr zu sehen, von Kartoffeln sah man nur laublose Stengel, das ganze Gemüse u. Obst vernichtet u. die Hälfte des Parks umgelegt, ein Baum lag über dem anderen, entwurzelt oder gebrochen, ein trostloser Anblick; auch Teile der Wälder fielen dem Sturm zum Opfer. Als ich um 8 U[hr] wegfuhr, war noch immer alles weiss, die Zugpassagiere staunten über die Eismassen. Schon bei der nächsten

Stazion [!] stand das Getreide wieder schön aufrecht u. als ich, schon bei Dunkelheit, per Rad von Olbram[ovice] herfuhr, in die traute Stille, glaubte ich fast, einen bösen Traum gehabt zu haben; auch heute noch scheint mir das gestern Erlebte unwirklich. Wie jedes Mal empfand ich wieder die Rückkehr nach meinem geliebten Janowitz wie ein Fest, mein Herz klopfte bei dem Wiedersehen, streichelnd u. liebkosend das Altgewohnte u. immer wieder Neue, nie zu Ende Gesehene.

Vergessen Sie nicht, ich erwarte Sie am Sonntag den 16., Sie müssen sich hier zu hause fühlen. Das nächste Mal erwarte ich viel mehr Klavierspiel. (Übrigens, das Klavier betreffend: Im Dorf gieng es von Mund zu Mund: »Die Soldaten sind schon im Schloss und spielen schon auf dem Klavier«! (Die angekündigten Offiziere sind noch nicht gekommen.)

Gute Nacht. Bobby hat sich eng an mich geschmiegt u. liegt auf meinen Füssen, obzwar er unter dem Tisch kaum Platz findet.

Mit herzlichem Gruss Ihre

Sidonie Nádherná

Das Problem: Brückengeländer in der Landschaft muss ich mit Ihnen noch genauer besprechen.

[auf dem Rand: Soeben hat Bobby mich u. das Sofa so weit vom Tisch geschoben, dass ich ohnedies nicht mehr schreiben könnte!]

[17] Sidonie Nádherný, Vrchotovy Janovice, an Václav Wagner, [Praha] B 8./9.8.1942 (Památník národního písemnictví, Praha)

Sehr verehrter, lieber Herr Doktor,
Es macht mich glücklich, dass Sie Janovice lieben u. sich hier zu hause fühlen; ich hoffe, dass Sie es mir beweisen werden u. im Herbst so oft als irgend möglich uns besuchen werden. Ich erwarte Sie gleich nach Ihrer Rückkehr.

Unser Bobby! Denke ich an die Gefahr, die ihm droht, steht mein Herz still. Meine ganze Hoffnung setze ich auf Ihren Schutz, für den ich Ihnen nicht genug danken kann. Ich freue mich, dass auch Sie ihn ins Herz geschlossen haben, denn er ist ein Bestandteil von Janovice. Ich hoffe sehr, dass Sie es einrichten können, über Nacht zu bleiben, um sich noch mehr hier einzule-

Sidonie Nádherný und Bobby (1936 aufgenommen in Wien bei Moritz und Margarethe Chlumetzky-Bauer; Oblastní archív Praha, Fond Velkostatek Vrchotovy Janovice).

ben, denn Sie kommen immer auf viel zu kurz. »Short, but sweet« sagen die Engländer, sweeter aber wäre, blieben Sie länger.

Es freute mich, daß Sie tschechisch schrieben, was ich viel lieber lese als deutsch; ich verstehe jedes Wort, nur kann ich mich leider im Tschechischen nicht so ausdrücken, wie ich möchte, es fehlen mir Worte – und erst Grammatik! Durch meinen jahrelangen, fast ausschliesslichen Verkehr mit dem in die Sprache verliebten u. unvergleichlichen stilistischen Künstler Karl Kraus verehre ich jede Sprache so sehr, dass es mir weh tut, sie zu verletzen.

Ich hoffe, dass Sie sich in diesen 14 Tagen gut ausruhen und erholen werden u. dass nicht gerade jetzt das Wetter kühl u. regnerisch sein wird.

Und nun – gute Nacht! Es ist 2 ½ Uhr. Bobby u. ich senden viele, viele Grüsse. Nur ich – und nicht Sie – habe zu danken für die so liebe Unterbrechung meiner Einsamkeit und für Ihr immer willkommenes Hiersein.

Ihre aufrichtige

Sidonie Nádherná

[18] Sidonie Nádherný, Vrchotovy Janovice, an Václav Wagner, [Praha]
B 15.8.1942 (Památník národního písemnictví, Praha)

Sehr verehrter Herr Doktor!
Ich bin sehr traurig, dass Sie morgen nicht kommen, auch Graf Othmar Kolowrat, der hier ist, hatte sich sehr auf Sie gefreut; wir erwarten Sie bestimmt am nächsten Sonntag. Die Abschätzung der drei Stücke hat mich sehr interessiert, es ist rührend von Ihnen, dass Sie sich damit bemühen.

Jetzt warte ich auf die Bestätigung wegen der Hunde, meine einzige Hoffnung meinen Bobby zu retten; denn Flucht oder Angst kennt er nicht, er erschrickt vor nichts, denn er ist voll Zutrauen den Menschen gegenüber, er kennt nur Liebe, die er stets bekam u. reichlich gab. Der Gedanke, dass man uns trennen könnte, ist nicht auszudenken.

Also bitte: am kommenden Sonntag keinen Dienst, keine Commission, keine Sportunternehmung, sondern: Janowitz! Es wartet mit Bobby u. mit Ihrer aufrichtigen, Sie herzlich grüssenden [!]

Sidonie Nádherná

Bezirksbehörde in Beneschau.

G. Z. 325/42-Präs. Beneschau, den 14. März 1942.

Kundmachung.

Nach Art. 3 des Gesetzes vom 14. Juli 1927 Z. 125 Slg. ordne ich folgendes an:

Infolge der Errichtung des Truppenübungsplatzes Beneschau sind die Bewohner der Gemeinden KRNAN, TELETIN, HOCH-AUJEZD mit dem Ortsteil WIETROW, TUCHN mit dem Ortsteil LHOTA, MASKOWITZ, BLASCHENITZ mit dem Ortsteil MIERSCHIN, DALESCHITZ, JABLONNA mit dem Ortsteil NEBSCHICH, RABIN mit den Ortsteilen LOUTI und NEDWIES sowie des Ortsteils WENSOW (aus der Gemeinde Braschen) verpflichtet, bis

zum 15. September 1942

I. In alle Gemeinden des Gerichtbezirkes Neweklau
mit Ausnahme der Ortschaften: Teinitz a. d. S., Trebsin.

II. In folgende Gemeinden (mit ihren Ortsteilen) des Gerichtsbezirkes Beneschau
Gemeinden: Konopischt, Watzlawitz, Bukowan, Aurotschnitz, Pribischitz, Tisem, Tworschowitz, Neswatschil, Jirowitz.

III. In folgende Gemeinden (mit ihren Ortsteilen) des Gerichtsbezirkes Wotitz
Gemeinden: Boschkowitz, Rudoltitz, Janowitz-Markt, Drachkau, Minartitz, Ortsteil: Slawkau (Zur Gem. Kscheschitz).

IV. In folgende Gemeinden (mit ihren Ortsteilendes Gerichtsbezirkes Seltschan
Gemeinden: Raditsch, Kschepenitz, Suchdol, Nalschowitz, Wosetschan, Knowitz, Prossenitzer Lhota, Sestraun, Stietkowitz, Dublowitz, Pritschau, Chramost, Hrachow, Lichau, Swirotitz, Podhaj b. Nalschowitz.

Der Bezirkshauptmann
Rat der polit. Verwaltung:

Okresní úřad v Benešově.

Čj. 325/42-pres. V Benešově dne 14. března 1942.

Vyhláška.

do 15. září 194?

I. Všechny ... neveklovského

II. Ze ...
tyto obce ... Václavice, Bukovany, Úročnice, Přibyšice, Tis... ...vořlovice, ...

III. Ze soudního okresu votického
tyto obce i s jejich osadami: Obce: Božkovice, Rudoltice, Vrchotovy Janovice, Drachkov a Minartice. Osada: Slavkov (z obce Křešice).

IV. Ze soudního okresu sedlčanského
tyto obce i s jejich osadami: Obce: Radič, Křepenice, Suchdol, Nalžovice, Osečany, Křovice, Prosenická Lhota, Sestrouň, Štěthovice, Dublovice, Příčovy, Chramosty, Hrachov, Líchovy, Zvírotice, Nalžovické Podhájí.

Okresní hejtman
rada politické správy:

»Kundmachung« vom 14.3.1942, unter Berufung auf Art. 3 des Gesetzes vom 14.7.1927[!], zur Aussiedlung von Gemeinden zum 15.9.1942. – Der »vorübergehende oder dauernde Zuzug« ist u.a. in der Gemeinde »Janowitz-Markt« untersagt (s.u. III). »Vergehen gegen diese Bestimmungen werden mit Geldstrafen bis zu 5000. K oder Gefängnis bis 14 Tagen bestraft.« (Okresní úřad Benešov).

[19] Sidonie Nádherný, Vrchotovy Janovice, an Václav Wagner, Máchova 27, Praha XII
K 1.10.1942 (Památník národního písemnictví, Praha)

Sehr verehrter Herr Doktor, Das Wetter ist so schön, könnten Sie nicht womöglich schon Samstag kommen u. übernachten? Ich habe mir ausgerechnet, dass Sie von Ihrem Urlaub schon zurück sein werden. Oder ist »Dienst« am Sonntag? Vielen Dank für die liebe Karte aus Potštejn, gewiss haben Sie das schöne Wetter sehr genossen u. hoffentlich sich ausgeruht und erholt.

Mit bestem Gruss Ihre aufrichtige

Sidonie Nádherná

Ich habe leider ganz vergessen, zum Namenstag zu gratulieren.

[20] Sidonie Nádherný, Vrchotovy Janovice, an Václav Wagner, [Praha]
B 8.10.1942 (Památník národního písemnictví, Praha)

Lieber, verehrter Herr Doktor,
Sie haben eine herrliche, energische Bestätigung verfasst! Ich musste lachen über den fast drohenden Ton. So geschützt von allen Seiten kann mir nichts mehr geschehen! Sie sind mein steter Retter in der Not. Von *Herzen* Dank. Auch dass Sie daran dachten, den Abzugsposten zu erwähnen.

Aber was Sie mir sonst berichten ist unglaublich u. empörend. Und wie bedrückend für Sie, contre coeur handeln zu müssen. Und dazu die Sorge, Ihre Zimmer nicht erwärmen zu können, das ist sehr arg. Man kann nur beten, dass es kein strenger Winter wird. Bis jetzt ist es unglaublich warm.

Heute, Sonntag, vermisste ich Sie sehr u. war es sehr einsam. Zum Trost hat es auch diesen Sonntag geregnet. Ich arbeitete einiges im Garten u. kam buchstäblich triefend nach hause. Mein Mantel war zentnerschwer. Bobby liess ich in der Einfahrt, er wäre zu nass geworden.

Architekt Korecký hat mir sehr lieb geschrieben, ich lasse ihn herzlich grüssen u. werde demnächst antworten.

Ich erwarte Sie *sehr* bald!

Wissen Sie, was mir eine grosse Freude wäre? Wenn Sie den Weihnachtsabend und die Feiertage hier verbrächten. Natürlich Weihnachten, wie ich es stets tue, *ganz ignorieren*. Wir könnten aber bei Kaminfeuer u. Kerzenlicht soupieren. Ich werde ganz allein sein. Bitte überlegen Sie sich das, u. sagen Sie ja! Ich verspreche Wärme. – Noch einmal innigen Dank für die sofortige rettende Erledigung u. herzlichste Grüsse von Ihrer aufrichtigen

Sidonie Nádherná

Ihr Denkmalschutz für Bobby hat schon Früchte getragen. Das Bezirksamt sandte mir *einen* Bezugsschein für Futter für 2 Wachhunde (90 kg Gerstenschrot für 3 Monate, sie werden für das Schwein gut sein).

[21] Sidonie Nádherný, Vrchotovy Janovice, an Václav Wagner, [Praha] B 17.10.1942 (Památník národního písemnictví, Praha)

Sehr verehrter, lieber Herr Doktor!
Welch eine Überraschung! Und welch ein Glück, dass es so Schönes gibt! Unzerstörbar auch dann, wenn es der Vernichtung verfiele, denn was Geist und Kunst geschaffen, kann nie verlöschen, es sind ewige Werte, die eingebrannt bleiben in unser tiefstes Wesens Wissen, Fühlen und – Sehnen. Sie lenken uns unbeirrt durch die Leichenfelder des Wahnsinns zu immer höherer Erfüllung eines Diktats, das nicht zeitgebunden ist, sondern seit Ursprung gewesen. Und wie schön, dass – liegt auch so viel in Trümmern – *diese* Zeugen einer grossen, starken Zeit noch bestehen, die man, auf die herrlichen Bilder blickend, wieder erlebt und so intensiv, dass der Sinn sich von der wehmütigen Trauer abzuwenden vermag, in einem Zeitalter zu leben, ferne jener Harmonie u. jenem Segen, und in dem jedes Schaffen u. jede Freude erstickt sind.

Es beglückt mich, dass in der Sammlung Ihres prachtvollen Buches auch ein Stück *meines* Paradieses eingereiht und dort verewigt ist. Sie haben mir mit dem Buch u. mit den lieben, es begleitenden Zeilen eine grosse Freude bereitet, ich weiss garnicht, wie zu danken.

Ich bewundere auch die Aufnahmen u. würde es mich sehr freuen, wenn Sie Ihren Freund Korecký einmal mitbringen würden, so lange die Bäume noch Blätter haben; natürlich zum Essen; bitte grüssen Sie ihn von mir. Jedenfalls schreibe ich Ihnen, sobald der grosse glühende Abschied der Natur, ehe der Winterschlaf eintritt, seinen Höhepunkt erreicht haben wird. Zwar gibt es schon überall eingesprengt blutrote Blätter, aber in der Mehrzahl sind die Bäume noch grün. Aber haben Sie einen freien Tag, dann kommen Sie, ist der Himmel blau, auch ohne dass ich schreibe. Ein Anruf oder Telegr[amm] in der Früh genügt, um das Mittagessen bereit zu finden.

Ich hätte gleich geschrieben, ich bin aber mit den Abfischungen beschäftigt u. am Abend zu müde, eine Feder in die Hand zu nehmen. Mit allerherzlichstem Dank u. den besten Grüssen Ihre aufrichtige

Sidonie Nádherná

[22] Sidonie Nádherný an Václav Wagner, [Praha]
K 28.10.1942 (Památník národního písemnictví, Praha

Sehr verehrter Herr Doktor,
In 2-3 Tagen dürfte die Herbstfärbung ihren Höhepunkt erreicht haben, dann werden bald die Blätter fallen. Vielleicht kommen Sie also am Sonntag – oder wann immer – zum Essen, würde mich sehr freuen. Mit oder ohne Arch[itekt] K[orecký].

In Eile zwischen 2 Abfischungen.

Beste Grüsse,
Sidonie Nádherná

[23] Sidonie Nádherný, Vrchotovy Janovice, an Václav Wagner
B 1./2.11.1942 (Památník národního písemnictví, Praha)

Sehr verehrter, lieber Herr Doktor,
Am Abend nach Ihrer Abfahrt erfuhr ich, dass hier überall die Dienstmädchen einberufen werden u. bin ich nun sehr besorgt, dass man mir nicht meine einzigen 2 Mädchen nimmt. Ich glaube zwar, gehört zu haben, dass wenn man das 55. Lebensjahr überschritten hat, ein Dienstmädchen einem belassen wird. Aber ich wäre Ihnen sehr dankbar, wenn Sie mir wieder ein rettendes Denkmalamtsschreiben zusenden würden, u. zwar möglichst rasch, denn die Einberufungen kommen sehr plötzlich. Seit Mai habe ich ohnedies keinen Hausdiener mehr, u. im September bekanntlich entliess ich Diener u. Köchin. Das Schreiben also müsste so gehalten werden (nämlich für das Arbeitsamt), dass die event[uelle] Möglichkeit, im Frühjahr einen Hausdiener – den ich sehr brauchen würde – aufzunehmen, offengelassen wird (ein Mann zur Bewachung des Hauses).

Ich denke mir, die Bestätigung müsste etwa wie folgt verfasst werden:

»Dass das Schloss unter Denkmalschutz u.s.w. steht und dass zur ausschliesslichen Reinhaltung u. Beaufsichtigung der unter Aufsicht des Denkmalamts gestellten reichhaltigen Kunstschätze des grossen Stiegenhauses und der Privatmuseumsräume zumindest ein Dienstmädchen dringend erforderlich u. im öffentlichen Interesse!! ist. Zur Bewachung derselben vor Einbruch wird eindringlichst empfohlen, dass wenigstens zwei Dienstpersonen in dem grossen Hause, das nur von der Besitzerin bewohnt wird, gehalten werden.«

Dies nur ein Vorschlag, Sie werden am besten wissen, wie die Bestätigung zu lauten hat. Ich würde dann ein Gesuch beilegen, dass, da ein Mädchen ausschliesslich zur Reinhaltung der Kunstschätze verwendet werden muss, mir für meine persönliche Bedienung u. zum Kochen, Waschen u.s.w. nur ein Mädchen verbleibt.

Ich muss Ihnen nicht sagen, wie dankbar ich Ihnen für Ihre liebenswürdige Hilfsbereitschaft bin.

Am Rückweg durch den Park erinnerte ich mich zu meinem Verdruss, ganz vergessen zu haben, Ihnen u. dem Architekten K[orecký] die bereitgehaltenen Äpfel mitzugeben; bitte sagen Sie ihm mit vielen Grüssen, wie sehr ich dies bedaure.

Bitte besuchen Sie mich bald wieder! Die Sonntage sind so einsam. Sie stören *nie*. Ihr [auf dem Rand: Kommen ist immer nur eine Freude. Und vielleicht bringen Sie den Schmuck mit, bis Sie wiederkommen? – Mit den herzlichsten Grüssen Ihre

Sidonie Nádherná]

[auf dem Rand: Es ist Mitternacht, der Himmel voll Sterne. Ich kann es ihm nicht verzeihen, dass er tagsüber so grau u. mürrisch blieb und ich werde morgen die Sonne sehr vorwurfsvoll anschauen.]

[24] Sidonie Nádherný, Vrchotovy Janovice, an Václav Wagner, Máchova 27, Praha XII
K 15.11.1942 (Památník národního písemnictví, Praha)

Sehr verehrter Herr Doktor!

Für Ihre liebenswürdigen Zeilen vielen Dank u. wäre ich glücklich, wenn die Rettung gelänge. Ich hänge so sehr an Allem hier und fühle mich damit verwachsen; es gibt keinen Stein hier, der meinem Herzen nicht teuer wäre. Mit bestem Dank und mit herzlichen Empfehlungen

Ihre

Sidonie Nádherná

[25] Sidonie Nádherný, Vrchotovy Janovice, an Václav Wagner, [Praha] B 20.11.1942 (Památník národního písemnictví, Praha)

Sehr verehrter, lieber Herr Doktor,
Wie schön, dass Sie zu Weihnachten herkommen werden, ich fürchtete, Sie würden »nein« sagen, weil Sie mir nicht trauen würden, dass ich diese Devise consequent durchführe, nämlich das vollkommene Ignorieren von Allem, was seit Kindheitstagen damit zusammenhängt. Seit dem Tode meines Zwillingsbruders – also schon 11 Jahre – meide ich dieses »Familienfest«, einst mir so theuer, und will nicht daran erinnert werden, umsomehr dieses kommende, an dem ich zum 1. Mal ohne meiner [!] liebevollen alten Engländerin, die mir Mutterstelle vertrat, vollkommen allein sein werde. Da Sie ebenso vereinsamt sind und zu den wenigen Menschen gehören, die darin genau so empfinden wie ich, könnte ich mir keinen willkommeneren Teilnehmer dieser Devise denken; besonders, da wir einander neu sind u. keine gemeinsamen Erinnerungen haben. In den ersten Jahren verreiste ich, irrte in fremden Orten herum, einmal war ich im Zug, einmal im Schiff, aber ich kam darauf, dass ich dieses »Fest« am besten hier zu hause ignorieren kann. Freilich war immer meine mütterliche Freundin zugegen u. wäre es diesmal sehr einsam für mich, deshalb bin ich Ihnen dankbar, wenn Sie kommen u. ich hoffe, Sie bleiben die 3 Feiertage in wirklicher Ruhe u. vollkommener Entspannung hier. Wenn es auch Ihnen angenehm ist, bin ich umso glücklicher.

Es ist sehr lieb von Ihnen, sich so um unser liebes Janovice zu kümmern und ich hoffe, dass mein Buchhalter (früher Buchhalter bei Max Lobkowicz, jetzt bei der Zwangsverwaltung, beziehungsweise den Enteignern), ein sehr eifriger u. gewissenhafter Mensch, Sie nicht allzu sehr mit überlangen Briefen plagt, von denen er nicht abzubringen ist, so gut er es auch in meinem Interesse meint. Dabei ist er selbst mit Arbeit überlastet, aber dies ist gewiss auch so ein armes Denkmalsamt, das aus seinen Räumen gewaltsam hinausgeworfen wird und in unfertige, unwirtliche u. kalte übersiedeln muss! Die Steuerrevision wurde heute abgeschlossen, die Herren waren sehr zuvorkommend, sind aber vom Finanzminist[erium] abhängig, wo ein deutscher Amtsleiter sitzt und die Denkmalamtsgesetze nur insoweit anerkennen will, als sie mit denen des Reichs übereinstimmen, also weniger benevolent, besonders dann, wenn das geschützte Objekt bewohnt wird und der Öffentlichkeit unzugänglich ist. Da also die Abzugsposten nur in beschränkterem Mass anerkannt werden, werde ich 10.000 K nachzahlen müssen. Im Übrigen, wenn ich das Wort »Steuer« höre, wird mir wirr im Kopf; die Berechnungs-Methoden sind mir ein vollkommenes Orakel – wie alles, was mit Zahlen zusammenhängt.

Also au revoir am übernächsten Sonntag, erwarte noch Nachricht. Vielleicht finden Sie Otti Kolowrat hier. (Er schrieb mir, Kinskys aus Kostelec müssen das Schloss demnächst verlassen.) Freilich, es wird nicht Herbst, sondern Winter sein. Es war schon eine leichte Schneedecke über der Landschaft; sie sieht so kalt aus u. hält doch die Pflanzen warm u. schützt sie mütterlich – wie eine Henne ihre Küchlein – vor dem rauhen Frost; da aber dieser wieder aufgehört hat, hat auch sie sich entfernt.

Herzlichst grüsst in der Hoffnung eines baldigen Wiedersehens Ihre

Sidonie Nádherná

[26] Sidonie Nádherný, Vrchotovy Janovice, an Václav Wagner, [Praha] B 30.11.1942 (Památník národního písemnictví, Praha)

Sehr verehrter Herr Doktor,
Wie traurig zu denken, dass Sie Angina haben, aber ich hoffe sehr, dass sie bald vergeht u. dass Sie schnell genesen. Das Wetter war gestern ohnedies grauenhaft, ein kalter Sturm liess die Blätter, die noch immer von den Bäumen fallen, über die harte Schneedecke wirbeln u. tanzen wie rote und gelbe Irrlichter. Ich glaube, um diese wenig einladende Jahreszeit lohnt sich kein Landausflug auf wenige Stunden, hingegen empfehle ich wärmstens, am 24. mittags zu kommen und in Ruhe die folgenden 3 Feiertage hier zu bleiben. Aber mit Schnee zu rechnen, also snowboots oder wenigstens Galoschen, um die Parkwege gehen zu können. Und Stiefel zum wechseln u. überhaupt

warme Bekleidung, denn es ist kalt auf den Gängen. (Die Zimmer natürlich sind warm.)

Mit den besten Grüssen u. Wünschen Ihre aufrichtige

Sidonie Nádherná

[27] Sidonie Nádherný, Vrchotovy Janovice, an Václav Wagner, [Praha]
B 7./8.12.1942 (Památník národního písemnictví, Praha)

Sehr verehrter, lieber Herr Doktor,
Bitte sagen Sie mir, was ich thun soll: Unsere liebe alte Orgel in der Kapelle ist krank, ein Lungenleiden, es geht ihr die Luft aus. Wir wissen nicht, was ihr fehlt. Vielleicht hat eine Maus den Blasebalg verwundet oder ist eine Pfeife nicht in Ordnung. Der Mann, der sie spielt, kennt sich nicht aus u. hat mir geraten, es möge der Organist aus Benešov, der in den nächsten Tagen die Kirchenorgel reparieren soll, sie ansehen u. den Fehler feststellen. Ich weiss aber nicht, ob ich ihm die Orgel zur Reparatur anvertrauen kann, ich kenne ihn nicht. Ich denke mir, er kann sie ansehen u. ich teile Ihnen dann mit, was er meint, lasse aber nichts reparieren, ehe ich von Ihnen nicht höre, ob Sie mir vielleicht einen Sachverständigen senden wollen. Bitte schreiben Sie mir, was Sie vorschlagen; es wäre ja ganz gut, die Orgel ordentlich durch[zµ]sehen u. Mangelhaftes [zu] verbessern (z.B. die Tasten), aber alles in Allem so wenig als möglich, damit nichts am Ton geändert wird. Jetzt aber geht beim Treten irgendwo die Luft aus u. lässt es sich schwer spielen.

Mit den besten Grüssen Ihre aufrichtige

Sidonie Nádherná

[28] Václav Wagner [Tagebucheinträge]
23.-26.12.1942 (Památník národního písemnictví, Praha)

Um ½ 10 mit Dr. Vachulka und Koffer nach Janovice. Frau Baronin kam uns entgegen, Mittagessen, Orgel, Spinett, Orgel in der Kirche, Dr. Vachulka spielte auf beiden Instrumenten ausgezeichnet. Abends verpasste er den Zug nach Soběslav, schlief in meinem Zimmer. Morgens um 7.38 Uhr fuhr er nach Soběslav.

24. Morgens lange geschlafen. Nach der Abfahrt von Dr. Vachulka auf der »Recamiere«. Verpasste vormittags das Telefon nach Prag von Frau Vachulka. Danach ein schönes Mittagessen. Nachmittags alleine auf dem Spaziergang durch den Park, abends am Ende der »Mitternachtsmesse« traf ich mich am Tor mit Frau Baronin, dann bei den Gräbern. Umziehen Smoking und Abendkleid, wunderbares Abendessen, sassen lange.

25. Nicht so lange geschlafen. Auf der ganzen grossen Messe in der Kirche unten. Mittagessen (Fasan). Nachmittags mit Frau Baronin im Park, längerer Spaziergang. Abends Archivalien, wir assen zu Abend erst um ½ 10, sassen lange. Abschied von Frau Baronin, sie kam noch in mein Zimmer mit einer Zigarette.

26. Morgens 7.38 Uhr Abfahrt in der Morgendämmerung nach Olbramovice und dann nach Tabor. Chýnov – Besuch in Bileks Atelier.

[29] Sidonie Nádherný, Vrchotovy Janovice, an Václav Wagner, [Praha] B 31.12.1942 (Památník národního písemnictví, Praha)

Sehr verehrter, lieber Herr Doktor!
Der Dank liegt nur auf *meiner* Seite. Ohne Ihrer lieben [!] Gegenwart wäre es ein sehr trauriges, einsames Weihnachten geworden. Bobby u. ich werden Sie heute am Sylvesterabend sehr vermissen u. werden verlassen vor dem Feuer liegen. Wir werden Ihnen aber in Gedanken die wärmsten Wünsche für die Erfüllung alles dessen senden, was wir uns von dem kommenden Jahr erhoffen. Unter den vielen auch diesen, Sie recht oft bei uns zu sehen.

Mit den herzlichsten Grüssen, auch an die Herren Vachŭlka und Korecký, Ihre aufrichtige

Sidonie Nádherná

Die gesuchten Photographien von Loos habe ich gefunden.

1943

Die Zwangsverwaltung. Die Enteignung der Janowitzer Güter vollzieht sich schleichend. Der Leser erfährt davon eher beifällig. Erst im Sommer 1943 erreicht mit einer »Kundmachung«, einem Plakatanschlag der Räumungstermin zur Anlage des SS-Truppenübungsplatzes auch Janowitz. Sidonie Nádherný versucht, mit Gutachten ihren Besitz als »Museum« zu schützen. – Von militärischen Vorgängen in Europa ist aus Gründen der Zensur nie die Rede: Stalingrad, von vielen als Kriegswende verstanden, bleibt unerwähnt. Aber ein zufällig erhaltener Taschenkalender für 1943 registriert im Lauf des Jahres Kriegsereignisse, die andere Informationsquellen nahelegen als zensierte Tageszeitungen in einem besetzten Land. Hört Sidonie Nádherný den BBC oder Radio Beromünster? Sie vermerkt am 23.1.1943, englische Truppen hätten Tripolis in Nordafrika erreicht. Am 25. Juli hält sie die Einnahme von Palermo fest. Am 17. August: Sizilien in der Hand der Alliierten. Am 23. August: Charkow gefallen. Sidonie Nádherný vermerkt die Landung der Engländer bereits unter dem 2. September in Italien, als die Operation bei Messina noch im Gange ist. Sie protokolliert den Waffenstillstand zwischen Italien und den Alliierten für den 8. September und verzeichnet am 6. November den Fall von Kiew innerhalb von Kampfhandlungen, die bis zum 13. November anhalten. – Andere Taschenkalender sind nicht überliefert.

[30] Sidonie Nádherný, Vrchotovy Janovice, an Václav Wagner, [Praha] B 3.1.1942 [1943] (Památník národního písemnictví, Praha)

Sehr verehrter, lieber Herr Doktor!
Niemand kann besser wie ich Ihnen nachfühlen, wie schmerzlich es sein muss, geliebte Erinnerungen, die immer eine Einheit bildeten, auseinanderreissen zu müssen u. ein nach der theuren Verstorbenen in unverändertem Zustand gelassenes Zimmer nun fremden und vielleicht feindlich gesinnten Menschen, die einem ausserdem Freiheit u. Vertrautheit im eigenen Heim nehmen, überlassen zu sollen. Ich kann mir vorstellen, wie schwer Ihnen diese Tage des Umräumens sein müssen, wobei die damit verbundene Mühe eine viel kleinere Rolle spielt als die wissentliche Entheiligung. So habe ich es bis heute nicht übers Herz bringen

können, irgend etwas in den Zimmern meiner Brüder, sind auch schon 30, beziehungsweise 11 Jahre vergangen, umzustellen, u. alles ist genau so, wie sie es verliessen (ahnungslos, dass sie nicht zurückkehren würden). Kehrten sie zurück, sie fänden alles am gleichen Ort. Dieser Gedanke wirkt beruhigend. Borge ich mir manchmal ein Buch oder dergl. aus, wird es gewissenhaft wieder zurückgegeben, denn nie verliere ich das Gefühl, ihnen Rechenschaft schuldig zu sein. Freilich nicht nur für ihre persönlichen Gegenstände, aber für ganz Janovice. Und da Sie genau so fühlen wie ich (es gibt ja Menschen, die solches lächerlich oder zumindest überspannt finden), tut mir diese Neujahrsüberraschung für Sie besonders leid. Da Ihr Heim nun so ungemüthlich sein wird, müssen Sie es recht oft verlassen und in Ihr »zweites geistiges Zuhause« entfliehen. Bobby u. ich sind ohnedies empört, dass Sie Sylvester nicht bei uns vor dem Feuer verbracht haben, statt in Prag (u. nicht in Potštejn, wie wir dachten) zu sitzen.

Heute ist ein so düsterer Tag mit eisigem Sturm, dass wir das Feuer überhaupt nicht verlassen u. habe ich mir weitere Teppiche davor gelegt. Statt mit dem Bauinventar fortzufahren – ich schiebe diese anödende Arbeit gern hinaus – habe ich mich in die alten Wrtby u. Wratislaw-Schriften vertieft, um mehr Ordnung und Übersicht hineinzubringen, wobei ich mir Anmerkungen für die Vervollständigung meiner Chronik mache (worin ich übrigens erwähne – laut vorgefund[ener] Unterlage –) dass »das obere Stockwerk sammt Dachstuhl im J[ahre] 1836 hergestellt und ›wohnlich eingerichtet‹ wurde, wobei auch der steinerne Balcon umgestaltet wurde«. Ich hatte dies vergessen. Bis Sie wiederkommen (über Nacht), müssen Sie die Chronik lesen. Jetzt suche ich, ob ich etwas über den Plafond finde, aber wahrscheinlich auch 1836 »wohnlich eingerichtet«! Gestern vergass ich wieder die Zeit u. sass bei den Schriften buchstäblich von 4 U[hr] nachm[ittags] bis 3 U[hr] nachts, nur durch Jause und Souper unterbrochen; selbst das Radio vergass ich. – Auf *baldiges* Wiedersehn. S. N.

[auf dem Rand: Schnee gibt es hier keinen, nur Wind. – Ihre arme Bibliothek! Aber vielleicht findet sich dabei ein längst vergessenes liebes Buch.

Ich kann nirgends einen Abreissblock finden, u. weiss dadurch kein Datum.]

[31] Sidonie Nádherný, Vrchotovy Janovice, an Václav Wagner, [Praha] B 5.1.1943 (Památník národního písemnictví, Praha)

Sehr verehrter, lieber Herr Doktor,
Baronin Mladota's Schwester in Wien will ein Familienbildnis, ein sehr reizendes, verkaufen, darstellend ihre Grossmutter u. Schwester (Thun). Es ist ein Aquarell von Clarot (anf[angs] 19. Jh.?). Sie will es in Prag verkaufen, u. Bar[onin] Mladota bringt es von Wien her, man sagt ihr, hier wären bessere Preise zu erzielen. Der langen Rede kurzer Sinn ist der: sie möchte so gerne wissen, wer ihr das Bild so beiläufig abschätzen könnte oder ihr seinen Wert angeben und durch wen es verkaufen, Hořejš? Ich sagte ihr, ich würde Sie um Ihren Rat bitten, weil es mir einfiel, dass vielleicht jener Mitarbeiter der Richtige wäre, nur habe ich sowohl Name wie Adresse vergessen. Soeben fällt mir ein: sie ist bis Sonntag in Prag u. wohnt Ihrem Amt gegenüber, im kl[einen] Auersperghaus, Karmelitská 10. Es wäre sehr lieb von Ihnen, wenn Sie sie aufsuchen würden, um es zu besprechen, sie würde sich sehr freuen (event. telephonisch anfragen, wann Sie zu hause). Sie ist die Besitzerin jenes Spiegels u. Ihnen so dankbar, dass Sie das Vergolden veranlassten. Sie ist meine Nachbarin und lebt in Červený Hrádek. Sie hat eine kl[eine] Photographie des Bildes mit. Sie war heute hier auf d. Durchfahrt nach Prag.

Auf das Herzlichste grüssen

Bobby und seine Gefährtin.

Nach einer über halbjährigen Pause liegen vom Januar 1943 an wieder Akten aus dem Aussiedlungsamt im Staatsarchiv Prag vor: Sie entschuldigen die »ununterbrochene« Amtsführung des Amtsleiters; sie berichten, dass, entgegen aller Befehle und Planungen, nur die in einzelne Etappen aufgeteilte Zone I habe evakuiert werden können; sie beklagen einen durch eine Thrombose gequälten Leiter des Aussiedlungsamtes in Neveklau, Dr. Georg Šrajer. Der Leser mag sich an den Dorfrichter Adam in Kleists ›Zerbrochenem Krug‹ erinnert fühlen, aber Šrajers Wiedereinstellung als Beamter nach dem Kriege ist wohl der Obstruktion geschuldet, die er mit seiner »Krankheit« gegen die Okkupanten ausspielt. Die Bevölkerung auszusiedeln, zu vertreiben und die Arbeitsfähigen der Rüstungsindustrie zuzuführen, das bleibt die zentrale Aufgabe des Amtes.

Die im Folgenden wiedergegebenen »Wöchentlichen Berichte zur Lage« werden in Regestform mitgeteilt; von diesem Verfahren wird nur dann Abstand genommen, wenn die Aussiedlung von Vrchotovy Janovice zum Gegenstand der Erörterungen gemacht wird.

Ein Thema, das auch bei früheren Inanspruchnahmen von Wagners Hilfsbereitschaft bestimmend war: die bedrängte finanzielle Lage der Schlossherrin von Janowitz.

[32] Aussiedlungskanzlei des Ministeriums des Innern mit dem Sitze in Beneschau, Tschertschan, an das Ministerium des Innern, Sachgebiet III-4 /Zu Händen des Herrn Ministerialrat Dr Zaoral/ Prag VII Schnellbrief 7.1.1943 (Státní ústřední archív v Praze)

Betrifft: Errichtung des SS-Truppenübungsplatzes bei Beneschau. Bericht zur Lage.

Zum heute meinem Stellvertreter Dr Hrdlička von dem Herrn Obersektionsrat Dr Bláha erteilten Auftrage erlaube ich mir folgenden Bericht zu erstatten.

1./ der Vorstand der Aussiedlungskanzlei Dr Šrajer amtiert ununterbrochen, ganz regelmässig, teilt alle eingelaufene Post zu, erledigt alle Schriftstücke und aprobiert [!] alle Akte der zugeteilten Angestellten, sodass er für den Gang der Aussiedlungskanzlei volle Verantwortung trägt und durch niemanden vertreten wird. Aus diesen Gründen wurde dem Ministerium des Innern die Erkrankung nicht gemeldet, weil der Obgenannte nur die Trombose [!] hat, sodass er zur Ausübung seiner Funktion des Vorstandes ganz fähig ist. Er ist zwar vorübergehend im Bett zu liegen gezwungen, aber amtiert nicht nur im obangeführten Sinne, sondern auch empfängt in seiner Wohnung regelmässig täglich die Parteien. Zur Zeit der Berichterstattung werden dem Vorstande der Aussiedlungskanzlei von dem behandelnden Arzte die ersten Schritte bewilligt.

2./ Die Aussiedlung der II Etappe wird nach Voraussetzungen und Erfahrungen aus derselben Tätigkeit im Kammwald und aus der Zone I, Ia und Ib durchgeführt. Zur Zeit dieser Berichterstattung sind schon alle Vorbereitungsarbeiten zum Schlussakt der Räumung vorgenommen, d.i.: Vorbereitung des eigenen Räumungsplanes, Sicherung der Beförderungsmittel, Zuteilung der Wohnungen den Nichtlandwirten, Zuteilung der Notunterkunftsräume, Eingriffe zwecks Erwerb der Ersatzezistenzen [!], Evidenz der Angebote, Genehmigungsverfahren bei den Bezirksbehörden bzw. Distriktstellen / Interventionen zu gunsten der Aussiedler u.s.w.

3./ Die Aussiedlung der Nichtlandwirte:

Die Rüstungsarbeiter in der Gesamtzahl von ungefähr 300 Familien haben schon alle geeignete und gesunde Wohnungen, wie schon im Dezember dem Herrn Dr Bähr persönlich und dann mit dem Bericht vom 22. Dezember 1942 Z.57/34 ai 42 mitgeteilt wurde. Die Zuteilung der Wohnungen wird im Einverständnis mit dem Rüstungsinspektor und mit der Verwaltung der Betriebe Teinitz und Brodetz durchgeführt, sodass in dieser Hinsicht keine Beschwerden zu erwarten sind.

Die anderen Nichtlandwirte haben auch geeignete Wohnungen nach der Natur ihrer Beschäftigung.

Die Aussiedlung beider Kategorien ist im Gange und wird vollkommen in den nächsten Wochen, hoffentlich im Laufe des Monats Januar, durchgeführt.

[…]

Nach der heutigen Lage im Autotransportwesen wird der haufenweise Einsatz der Lastkraftwagen, wie er in der Zone I, Ia, Ib, durchgeführt wurde, nicht möglich sein.

Auch der Einsatz der Pferdebespannungen ist auch von Witterungsverhältnissen im Feber und März abhängig, weil sie in dieser Zeit mit Frühjahrsarbeiten fleissig beschäftigt werden.

Zum Ende des Berichts gebe ich eine Gesamtübersicht der Aussiedler in der Zone II bekannt.

Insgesamt:	Familien	1 425
	Personen	5 332
Davon:	Landwirte	520
	Rüstungsarbeiter	306
	Andere Arbeiter	617

Gewerbetreibenden [!]	134
Freie Berufe	35
Privatangestellten [!]	48
Oeffentliche Angestellten [!]	61
Ausgedinger	347

Rest sind Kinder und Familienangehörige.
Im Platzgebiet sind 1 090 Häuser.

Der Vorstand der Siedlungskanzlei
gez. Dr. Šrajer

[33] Steueradministration, Seltschan, an »Firma Frau Baronin« Sidonie Nádherný, »Gutsbesitzerin«, Janowitz Markt
B 9.1.1943 (Památník národního písemnictví, Praha)

Hiemit übersende ich Ihnen eine Ausfertigung des Betriebsprüfungsberichts über die bei Ihnen durchgeführte Betriebsprüfung. Etwaige Einwendungen Ihrerseits gegen die Ausführungen im Bericht erbitte ich in doppelter Ausfertigung binnen 14 Tage.

Sollte eine Aeusserung Ihrerseits nicht eingehen, nehme ich an, dass Sie mit den Ausführungen im Bericht einverstanden sind.

Steueradministration in Seltschan
Im Auftrag:

[34] Sidonie Nádherný, Vrchotovy Janovice, an Václav Wagner, [Praha]
B 20.1.1943 (Památník národního písemnictví, Praha)

Sehr verehrter, lieber Herr Doktor!
Vielen Dank für Ihre freundliche Bemühung wegen des Bildes v. Bar[onin] Mladota.

Es ist mir schon ganz bang, so lange nichts von Ihnen gehört, noch gesehen zu haben. Immer denke ich an Ihre arme Wohnung.

Beiliegendes sende ich zur Information, auf Empfehlung meines Buchhalters Nejman, »damit das Denkmalamt Position bezieht«. Es ist zu arg von den Leuten, keine Abzugsposten anerkennen zu wollen; es sind ja auch noch die Arbeiten im Park zu bedenken (ausser d. Gärtner), deren ausschliesslicher Zweck es ist, die Schönheit des Parks weiterzuerhalten, denn in der Entwicklung u. im Wachstum darf – wie bei Menschen und bei allem Lebenden – nichts vernachlässigt werden. Die arme Schönheit, weil sie sich nicht »bezahlt« macht – und obzwar das Glück, das sie durstenden Menschen gibt, unbezahlbar ist – wird so gerne beiseite geschoben u. muss erkämpft werden. Sie sollte so selbstverständlich sein wie Brot u. Wasser. Deshalb ist das Amt für Denkmalschutz wirklich ein Segen, u. ideale Finanzbehörden müssten es dem Einzelnen ermöglichen, der Schönheit zu dienen, statt stets zu bremsen.

»Bewohnt« kann man das Schloss nicht nennen, wenn ich allein hier hause (übrigens, unbewohnte Schlösser werden immer vernachlässigt und verlieren jene warme Note, die ein Seelenleben den Räumen gibt), u. dass ich den Park bewohne, ist anbetrachts der vielen Arbeiten, die ich eigenhändig dort leiste, nur zu seinem Vorteil. Aber das sind natürlich Argumente, die nur *wir* verstehen u. taugen nicht für Behörden, denen jede Elasticität abgeht.

Jedenfalls haben wir den Rekurs eingeschickt, »damit für die Zukunft für uns kein gefährliches Präjudiz entsteht, wenn wir gegen den Befund der Revisionskommission keinen Einspruch einlegen würden« (wie Nejman schreibt).

Mit den besten Grüssen und der Hoffnung eines baldigen Wiedersehens Ihre aufrichtige

Sidonie Nádherná

[35] Sidonie Nádherný, Vrchotovy Janovice, an Václav Wagner, [Praha] K 21.1.1943 (Památník národního písemnictví, Praha)

Sehr verehrter lieber Herr Doktor,
Teile Ihnen in aller Eile mit, dass ich den Ihnen gestern eingesandten Rekurs storniert habe, er also gegenstandslos geworden ist, da nach neueren Erwägungen und Besprechungen es nicht ratsam erscheint u. ein Entgegenkommen erzielt wurde. – Mit den besten Grüssen Ihre aufrichtige

Sidonie Nádherná

[36] Sidonie Nádherný, Schloss Vrchotovy Janovice, an die Steueradministration, Seltschan
B 22.1.1943 (Památník národního písemnictví, Praha)

Gegen den mit dem dortigen Bescheid vom 9. Jänner 1943 ohne G[eschäfts]Z[eichen] mir vorgelegten Ueberprüfungsbericht der Landesfinanzdirektion in Prag /Revisionsabt./ Auftragsbuch 50/42. Gruppe land- und forstwirtschaftliche Betriebe vom 23.11.1942 erhebe ich in der gesteckten 14-tägigen Frist infolge der Mangelhaftigkeit und Unvollständigkeit des Ueberprüfungsberichts folgende Einwendungen:

[Sidonie Nádherný protestiert gegen die Nichtanerkennung von vier Positionen mit einer Gesamtsumme von K 215.269.15].

Diese Verluste beim Schloss und Schlossgarten in Janowitz-Markt werden mit der blossen Bemerkung, es handle sich um Voluptuar abgetan und die Aufwände auf dem Gärtner und auf das Dienstpersonal, ferner Bewachung etc. werden desshalb [!] nicht anerkannt, ohne dass angeführt wäre, auf welche gesetzliche Bestimmung oder auf welchen Rechtsbefund sich dieser Standpunkt stützt.

Auf Grund des §134 des Gesetzes Nr. 76/1927 und auf Grund der Bescheide des Denkmalamtes in Prag, zuletzt vom 2. und 3.11.1942 steht das Schloss in Janowitz-Markt als wertvolles Baudenkmal mit seiner Einrichtung und seinen reichhaltigen Sammlungen laut §20 des Gesetzes Nr. 81/1920 Slg. unter Denkmalschutz und ich habe die Pflicht übernommen, es sorgfältig zu erhalten und sowie den Schlossbau, so auch die Kunstsammlungen vor jedem Schaden zu schützen.

Mit Bezug auf diese ausdrücklich übernommene Pflicht müssen zur Bewachung des Schlosses und der Sammlungen vor Einbruch wenigstens zwei Dienstpersonen in dem grossen Hause, das sonst nur von mir als der Besitzerin bewohnt wird, gehalten werden. Zur ausschliesslichen Reinhaltung und Beaufsichtigung der unter Aufsicht des Denkmalamtes gestellten reichhaltigen Kunstschätze[,] des grossen Stiegenhauses und der Privatmuseumsräume ist zumindest eine Dienstperson im Interesse der Denkmalspflege als im öffentlichen Interesse dringend erforderlich. – Der Aufwand auf diese Dienstperson, *als auch* auf den *Gärtner*, bilden im Sinne der Bestimmungen des § 134 des Gesetzes Nr. 76/27 und der Reg[ierungs]V[eror]d[nun]g. Z.175/1927 *Abzugsposten*, geradeso, wie die von dem Denkmalamt in Prag als nötig und zweckdienlich anerkannten Erhaltungsarbeiten. – Ich bitte daher, die pro 1940, 1941 und 1942 mit K 10.000.- pro Jahr angegebenen und nicht als Abzugsposten anerkannten Beträge für den Aufwand auf den Gärtner als Abzugsposten anzuerkennen und für die Zukunft nach den obigen gesetzlichen Bestimmungen auf Grund der Begutachtungen des Denkmalamtes in Prag vorgehen zu wollen, desto mehr, da mir in dem Revisionsberichte kein Gesetz oder Rechtsbefund zitiert wurde, welcher den dortigen Standpunkt begründen würde.

Beweis: die zitierten gesetzlichen Bestimmungen und die Bestätigungen des Denkmalamtes, welche ich im Bedarfsfalle zur Einsicht vorlegen kann.

[Sidonie Nádherný protestiert gegen die Nichtanerkennung von K 24.055 in den Jahren 1940-1942].

Zu Lasten dieser errichteten und nicht als Abzugsposten anerkannten Reserven wurden in dem Rechnungsjahr 1940/41 insgesamt K 9.658.80 gebucht und die obigen Beträge hätten sollen um diesen Betrag gekürzt werden, da der zur Aufzehrung der Reserven verausgabte Betrag nicht unter die zuständigen Regie-Rubriken, sondern per K 9.658.80 im Saldokonto auf »Soll-Seite« verbucht wurde. Die ordentlichen Einnahmen für das Steuerjahr betragen daher K 105.276.45 minus K 9.658.80, d.i. in der Tatsache nur K 95.617.65!

Beweis: Eintragungen in den Rechnungsbüchern und die zuständigen Rechnungsbelege.

[Sidonie Nádherný protestiert gegen die Nichtanerkennung von K 87.287.40 für Restaurierungsarbeiten im Schloss].

[37] Sidonie Nádherný, Vrchotovy Janovice an Václav Wagner, [Praha]
B 5.2.1943 (Památník národního písemnictví, Praha)

Sehr verehrter Herr Doktor,
mit vielem Dank Ihre l[ieben] Zeilen erhalten, habe ich gleich dem Steinmetz wegen der Rinnen (die aber gleich so gedacht wurden, wie Sie es meinen) u. wegen des zu hohen Preises geschrieben u. werde sehen, was er antwortet, u. ihm dann gleich die Arbeit in Auftrag geben; denn wenn Sie glauben, dass das Denkmalsamt etwa ¾ der Auslagen zahlen wird, möchte ich sehr gerne – trotz der drohenden Vermögensabgabe – die Arbeit durchführen lassen. Wenn es bis dahin überhaupt noch Arbeitskräfte geben wird!

Ich habe Ihnen noch garnicht für Ihren Brief vom 25.1. gedankt; ich schrieb gleich dem Nejman, welchen Standpunkt er gegenüber den Steuerbehörden vertreten soll. Noch habe ich Ihnen meine Befriedigung ausgedrückt, dass Sie so halbwegs annehmbar mit Ihrer armen Wohnung durchgerutscht sind: freilich wäre es schöner, bliebe sie unberührt, auch von Freundeshand. Zwischen freiwillig und muss ist ein grosser Unterschied.

Nur *eine* stete Gegenwart stört niemals: Bobby! Er reicht Ihnen beide Pfoten u. legt sich Ihnen als seinem Schutzherrn zu Füssen. Wir beide hoffen, Sie sehr bald hier zu sehen. Wir grüssen auch herzlich die Herren Vachulka und Korecky (ich danke ersterem vielmals für seine Schrift über unsere liebe Orgel und letzterem gratuliere ich zu dem entdeckten K[ilian] I[gnaz] Dienzenhofer [!]), u. hoffen sie im Frühjahr hier wiederzusehen. Bitte sagen Sie mir – aber ganz im Vertrauen, es bleibt unter uns – soll ich nicht Dr. Vach[ulka] für sein Gutachten etwas zahlen und was?

Jene Zdenka Thun hat vor kurzem einen geschiedenen Mann aus ihrem Bureau geheiratet! – Gute Nacht.

Beste Grüsse.

Sidonie Nádherná

[38] Aussiedlungskanzlei des Ministeriums des Innern mit dem Sitze in Beneschau, z. Z. in Tschertschan, an das Ministerium des Innern, Prag
B 13.2.1943 (Státní ústřední archív v Praze)

Der »Wöchentliche Bericht zur Lage« meldet die Aussiedlung von »97 Familien«. »Es standen ihnen 600 Fuhrwerke und 35 Lastkraftwagen zur Verfügung.«

[39] Sidonie Nádherný, Vrchotovy Janovice, an Václav Wagner, [Praha]
B 11.3.1943 (Památník národního písemnictví, Praha)

Sehr verehrter, lieber Herr Doktor,
Ihre beiden Briefe erhalten, bin ich gerührt, dass Sie meinetwegen besorgt sind. Ich zog das Antworten hinaus, weil ich hoffte, Sie bald hier zu begrüssen, denn es ist mir schon sehr bang nach Ihnen.

Hier geht alles unverändert seinen Gang, leider muss ich in den nächsten Tagen nach Prag zum Zahnarzt, wo ich schon 3 Jahre nicht gewesen bin. Ich hoffe, ich werde mich noch auskennen in der veränderten Stadt! Ich fahre sehr ungern u. fürchte, 2-3 Tage bleiben zu müssen; ein Lichtblick ist die Aussicht, Sie zu sehen. Vielleicht könnte ich Sie abends besuchen? Oder im Amt? Ich fahre Sonntag nachmittags u. werde im Hotel Graf wohnen und Sie am nächsten Tag anrufen, um ein Wiedersehen zu besprechen. – Während Sie Samariterdienste leisteten, benutzte ich das schon seit vielen Wochen andauernde prachtvolle Wetter, den Park für das Frühjahrsfest vorzubereiten. Ich komme erst bei Dunkelheit nach hause, u. verbringe dann den Abend ganz Ohr u. ausserdem setze ich das Bau-Inventar fort, das ich bis Sonntag zu vollenden hoffe.

Also auf baldiges Wiedersehen und die besten Grüsse von Bobby (den ich in Prag sehr vermissen werde) und von Ihrer aufrichtigen

Sidonie Nádherná

[40] Sidonie Nádherný, Vrchotovy Janovice, an Václav Wagner, [Praha] B 13.3.1942 [recte 1943] (Památník národního písemnictví, Praha)

Sehr verehrter Herr Doktor!
Für Ihre rührende Aufmerksamkeit, mir noch gestern ein beruhigendes Telegramm und gleich die soeben erhaltene Bestätigung zu senden, kann ich Ihnen nicht genug danken, ich hatte dadurch eine ruhige Nacht, denn die bisherigen waren schlaflos. Seit meiner Geburt hier lebend, bin ich mit jedem Gegenstand, jedem Stein so verwachsen, dass jede Bedrohung mich erzittern macht. War es doch seit jeher das Bestreben meiner teuren verstorbenen Brüder wie meiner selbst, uns der Erhaltung aller Schönheiten hier zu widmen u. bleibt dies mein einziges Ziel. Diese meine Verbundenheit mit allem Gewesenen als Verwahrerin der Vergangenheit beeinflusst (von mir unbemerkt u. ungewollt) derart die ganze Atmosphäre, dass Jeder, der Haus u. Park betritt, sich stets äussert, man vermeint hier in eine ganz andere Welt eingetreten zu sein. Und in diese abgeschlossene Welt fällt das Wort: SS u. Hitlerjugend!! –

Die Bestätigung in Händen zu haben, nimmt mir einen Stein vom Herzen und ich hoffe, sie wird respektiert werden. Noch weiss man nichts Näheres. Jedenfalls kann ich jetzt beweisen, dass Stiegenhaus, 1. u. 2. St[ock] unter Aufsicht des Denkmalamts steht und dass ich darüber nicht verfügen kann. Sollte opponiert werden, gebe ich Ihnen gleich Nachricht.

Mit unendlichem Dank u. den besten Empfehlungen

Ihre aufrichtige

Sidonie Nádherná

Das obere Stiegenhaus, ausgemalt von Theodor Dallinger 1762 über dem Parapet mit Figuren der vier Jahreszeiten. Fotografien aus der Sammlung von Gillian Lobkowicz (Privatbesitz).

[41] Aussiedlungskanzlei des Ministeriums des Innern mit dem Sitze in Beneschau, z. Z. in Tschertschan, an das Ministerium des Innern, Prag
B 2.4.1943 (Státní ústřední archív v Praze)

Der »Wöchentliche Bericht zur Lage« meldet, »Die Aussiedlung der Zone II des SS-Truppenübungsplatzes wurde reibungslos, planmässig, rechtzeitig und ohne Störung der öffentlichen Ruhe, Sicherheit und Ordnung durchgeführt. Wie schon im vorigen Berichte angeführt wurde, stand vom 30. März an beginnend der Truppenübungsplatz der Zone II zur Uebergabe vollkommen bereit.« Die »grösste industrielle Unternehmung im ganzen Platzgebiete, die Lederfabrik Nebe & Wunderich in Networschitz« wird durch die SS übernommen und weitergeführt. Erstmals taucht der Name des SS-Hauptsturmführers von und zu der Tann auf, der die Übernahme des Platzes (Zone II) für die kommende Woche festgesetzt habe.

[42] Aussiedlungskanzlei des Ministeriums des Innern mit dem Sitze in Beneschau, z. Z. in Tschertschan, an das Ministerium des Innern, Prag
B 10.4.1943 (Státní ústřední archív v Praze)

Der »Wöchentliche Bericht zur Lage« meldet die Räumung von fünf Häusern in Beneschau binnen drei Tagen; sie sollen der SS-Standortverwaltung zur Verfügung stehen. Ferner wird die Räumung der Gemeinden Jirowitz und Bistritz durch »216 Fuhrwerke mit Beihilfe eines Last- und Möbelwagens durchgeführt«.

[43] Sidonie Nádherný, Vrchotovy Janovice, an Václav Wagner
B 13.4.1943 (Památník národního písemnictví, Praha)

Sehr verehrter, lieber Herr Doktor,
Das Denkmalamts-Schreiben mit Dank erhalten, frage ich hiemit an, ob Sie mir nicht die Freude machen möchten, die Ostertage (je länger, je lieber) hier zu verbringen? Ganz still, da ich allein sein werde. Zu Weihnachten waren Sie viel zu kurz hier, und seither nie mehr! Und wenn Ihr Freund Korecký Herz u.

Zeit frei hat, wäre es sehr nett, wenn Sie ihn mitbrächten; vielleicht verbringt er gerne einige Tage am Land.

In der Erwartung eines baldigen Wiedersehens u. mündlichen Gedankenaustausches schreibe ich nur dies und grüsse Sie herzlichst.

Ihre Sidonie Nádherná

[44] Aussiedlungskanzlei des Ministeriums des Innern mit dem Sitze in Beneschau, z. Z. in Tschertschan, an das Ministerium des Innern, Prag
B 19.4.1943 (Státní ústřední archív v Praze)

Der »Wöchentliche Bericht zur Lage« meldet die Übergabe der Zone II des SS-Truppenübungsplatz am 13. April an den SS-Hauptsturmführer von und zu der Tann als Stellvertreter des Kommandanten, Oberführer Karrasch; SS-Obersturmführer Wieland, »als Vertreter des Leiters der SS-Standortverwaltung«; Hauptsturmführer Löhnert; Dr. Karl Bähr, Bodenamt, Prag; Dr. Georg Šrajer, Vorstand der Aussiedlungskanzlei. Die Aussiedlung von Beneschau wird vorbereitet. In Pilsen werden »Ersatzobjekte für die Aussiedler, die unter Zwangsverwaltung stehen, oder früher den Juden gehörten«, requiriert.

[45] Sidonie Nádherný, Vrchotovy Janovice, an Václav Wagner, [Praha]
B 25./26.4.1943 (Památník národního písemnictví, Praha)

Lieber, sehr verehrter Herr Doktor!
Ein trauriger, einsamer Ostersonntag ist zu Ende. Zweimal kehrte ich gestern enttäuscht von der Haltestelle zurück; ich hatte mich schon so sehr auf Sie gefreut u. es wäre so nett gewesen, nach dem Weihnachtsfest auch das Osterfest gemeinsam zu verbringen. Verlassen sass ich abends am Balkon, vor mir der Park im denkbar zartesten Grün, dazwischen leuchteten weisse Magnolien, Prunus u. Rhododendren; die letzten Vogelstimmen waren verklungen u. ich dachte darüber nach, ob uns überhaupt noch Kräfte geblieben sein werden, bis die Auferstehung kommt.

Für heute waren bunte Eier für Sie vorbereitet u. ein Zicklein-Braten; Ihren Teil bekam Bobby, der getröstet werden musste, weil auch er so enttäuscht war, als er vergebens vor der Friedhofstür wartete und mich allein, ohne seinen Schutzherren, erblickte.

Ich bin entsetzt bei dem Gedanken, welche Odyssee Sie am Bahnhof durchmachen mussten u. dass Sie um 1 U[hr] nachts dort waren und dann wieder von früh morgens bis mittags; das ist wirklich schrecklich. U. da dieses Verbot sich auch über den 1. und 2. erstreckt, ist keine Hoffnung, Sie diese Woche zu sehen u. wage ich auch nicht, es vorzuschlagen. Aber bitte, bitte, machen Sie mir die Freude u. kommen Sie bestimmt am nächsten Samstag, den 8., mit Arch[itekt] Korecký, weil dann die Azaleen in Blüthe u. der ganze Park im Frühlingsrausch sein wird. U. wir nachtmalen [!], wie ich es stets thue, am Balkon. Am Abend ist der Park am schönsten. Wenn Sie 2 Nächte bleiben könnten, wäre ich glücklich.

Dr. Matina wollte auch zu Ostern kommen, ich hatte ihm aber abgesagt, weil wir zu Viele gewesen wären. Ergebnis: Niemand!

Gestern war hier ein bewegter Tag: Es kam am Abend vorher der Befehl, bis 7 U[hr] früh müssen alle Radios aus Janovice (150) in Votice zur Kurzwellen-Amputation sein, also wurden sie auf einer Rollfuhre von den Ochsen hingebracht. Und ich musste um 7 U[hr] früh mit meinem Küchenmädchen nach Benešov auf das Arbeitsamt, da es einberufen worden war; aber dank meines schon früher eingesandten Gesuchs u. Beilage Ihres herrlichen Denkmalamtsschutzes wurde mir das Mädchen belassen u. wir nahmen den nächsten Zug (einen eingeschobenen Osterzug) zurück, mussten von Olbramovice zu Fuss gehen, waren aber schon um 12 U[hr] hier, weil ich in solcher Eile war, Sie nicht zu versäumen.

[auf dem Rand: Das Radio steht nach seiner Operation wieder neben mir, beinahe unheimlich mit seinem Hohlraum wie leere Augenhöhlen, wenn auch nicht sichtbar. – Gute Nacht.

Sagen Sie schnell, dass Sie Beide kommen.

Ich hatte mich auch gefreut, Ihnen die Obstbaumblüthe zu zeigen, mit der die Landschaft momentan bedeckt ist. Bäume eingehüllt in weissen oder rosa Blüthen.]

[46] Sidonie Nádherný, Vrchotovy Janovice, an Václav Wagner, [Praha]
K 2.5.1943 (Památník národního písemnictví, Praha)

Sehr verehrter Herr Doktor! Beeile mich, Ihnen zu sagen, dass Bobby voll Ungeduld am Samstag den 8. vor der Friedhofstür warten wird u. da Sie »nach dem Mittag« schreiben, nehmen wir an, dass Sie um 14.30 von Prag fahren u. also um 16.40 hier sein werden. Da es jetzt kalt war, fürchte ich, dass die Azaleen noch nicht in voller Blüte sein werden, dafür aber so manches andere. Wir erwarten Sie also zur Jause am gewohnten Platz im Park u. freuen uns schon sehr, hoffen dass Kor[ecký] auch kommen kann. Bedaure so sehr, dass Sie eine so ermüdende u. aufreibende Charwoche hatten.

Die besten Grüsse von Ihrer aufrichtigen

Sidonie Nádherná

[47] Sidonie Nádherný, Vrchotovy Janovice, an Václav Wagner, Praha XII, Máchova 27
K 6.5.1943 (Památník národního písemnictví, Praha)

Wir freuen uns *sehr* und erwarten Sie am Samstag um 12.20. Mit herzlichem Gruß Bobby und – umdrehen!

Mit der Beschlagnahme der Jagdreviere, der Voraussetzung »unserer Aussiedlung als etwas Selbstverständliches«, beginnt die vollkommene Ausraubung der in der Sektion V des geplanten Truppenübungsplatzes lebenden Menschen. Nach der Vertreibung der Familie Kinsky aus Kostelec [s. Anm. zu 25] kommt es nun zur Konfiskation des Schlosses Jemniste der Grafen Mensdorff, um Reichsdeutsche zu entschädigen [s. Anm. zu 51].

[48] Sidonie Nádherný, Vrchotovy Janovice, an Václav Wagner
B 15.5.1943 (Památník národního písemnictví, Praha)

Sehr verehrter, lieber Herr Doktor!
Wenn mein liebes Janovice Ihnen einige Stunden Glück, Frieden, Ruhe und Erholung geben konnte, ist dieses Wissen mir eine grosse Freude. Vielleicht nur kurz mehr wird die Fülle seiner Schönheit u. seines Zaubers uns beglücken, denn es ist schon so weit, dass die SS. die ganzen Jagdreviere von Janovice und von al-

len Jagdgebieten bis Sedlčany, die nördlich des Bahngeleises liegen, beschlagnahmt hat. Das ganze Forstpersonal wurde heute nach Neveklov beordert u. es wurde uns gesagt, wir dürfen keinen Schuss mehr abgeben (ausser auf schädliches Wild), da nur die SS. hier jagen werden. Es wurde von unserer Aussiedlung als etwas Selbstverständliches gesprochen u. dem Forstpersonal gesagt, es könne, wenn es wolle, bei der SS. weiterdienen, freilich nur dort, wohin die SS. es senden werden. Es sieht also düster aus. Vorläufig haben sie die Jagdreviere in Besitz genommen, was weiter geschehen wird, bleibt abzuwarten. Ich bin in tiefer Sorge.

G[ra]f Othmar Kolowrat ist jetzt hier u. hoffen wir, dass Sie diese Woche kommen werden, um die Farbenpracht der Azaleen zu sehen und noch einmal den Park, so lange er in seiner Frühjahrsschönheit ist. Wenn es über Nacht nicht geht, so kommen Sie mit Ihrer Cousine wenigstens mit dem Mittagszug zum Essen, um bis zum letzten Zug zu bleiben.

Auf das Herzlichste grüsst Sie Ihre aufrichtige

Sidonie Nádherná

Von O. Kolowrat viele Empfehlungen.

[49] Sidonie Nádherný, Vrchotovy Janovice, an Václav Wagner, [Praha] K 20.5.1943 (Památník národního písemnictví, Praha)

Sehr verehrter, lieber Herr Doktor!
Ihre lieben Zeilen erhalten, erwarte ich Sie mit grosser Freude – aber auch mit Bangen – am Sonntag 12.20 und freue mich sehr, wenn auch Arch[itekt] Korecký mitkommt.

Mit den besten Grüssen Ihre aufrichtige

Sid. Nádherná

[50] Sidonie Nádherný, Vrchotovy Janovice, an Václav Wagner, [Praha] B 28.5.1943 (Památník národního písemnictví, Praha)

Sehr geehrter Herr Doktor,
Ihre l[ieben] Zeilen u. die gemeinschaftl[iche] Karte erhalten, bin ich stolz, dass ihre [!] Cousine sich in Bobby verliebt hat, wie er das auch verdient.

Ich schreibe dies im Bett im Fieberrausch, denn seit Dienstag liege ich mit grippeartiger Bronchitis u. entzündeten Herden, hoffentlich kommt keine Lungenentzündung hinzu wie bei dem Oberf[örster] Žák, der am selben Tag erkrankte wie ich, bei 40° Fieber im Dilirium [!] liegt und heute in das Benešover Krankenhaus transportiert [wurde].

Mir ist Kranksein etwas fast Unbekanntes, denn seit meiner letzten Lungenentzündung vor 16 Jahren bin ich keinen Tag gelegen. Aber damals hatte ich liebe Freunde u. meinen Bruder um mich. Heute liege ich allein u. vergeht die Zeit langsam.

Ich wollte Sie erinnern, ehe Sie fortfahren, mir die 2 entliehenen Dokumente, die Sie sich seinerzeit ausborgten, zu retournieren, u. ferner, dass Sie am Mittwoch erwarteten, über das Schicksal von Janov[ice] zu hören.

Mit herzl[ichem] Gruss Ihre

Sidonie Nádherná

Ich danke Ihrer Cousine vielmals für ihre liebe Karte.

[51] Sidonie Nádherný, Vrchotovy Janovice, an Václav Wagner, [Praha] B ohne Datum (Památník národního písemnictví, Praha)

Vrchotovy Janovice Datum weiss ich nicht recht, ich weiss nur, dass heute Freitag ist.

Sehr verehrter, lieber Freund,
Welch eine Ansammlung von Hiobsbotschaften an einem Tag. Aber trotz all dem Grauenhaften, all dem Unwahrscheinlichen, das man täglich erlebt, all dem Tragischen u. jedes Recht Verhöhnenden bringt mir Ihr Wahlspruch »über Gräber vorwärts« immer wieder ein Lächeln auf die Lippen. Denn gesprochen von einem so gütigen, hilfreichen, menschlichen Herzen gleicht diese verzweifelte Entschlossenheit einer stolzen Fahne, die man vor sich trägt, um das wahre Gesicht zu verdecken. Ein kleiner Windstoss, die Fahne als Symbol der Abhärtung fällt zu Boden u. der kühne Bannerträger ist entlarvt. Denn in diesem Hexenkessel wird das Unüberbietbare überboten. Meint man, gewappnet zu sein, erweist sich die Rüstung immer wieder als nicht genügend

gestählt. Denn unsere höchsten Güter: Herz u. Geist ertragen keine Fesseln u. in Fieberglut über all das Unfassbare sprengen sie jede Rüstung. – Die ärmsten Mensdorffs! U. wie sich der Nachfolger benimmt! Man wird es nicht vergessen. U. gleichzeitig 2 Freunde tot und in Todesqualen; wirklich allzuviel.

Heute früh sah ich vom Fenster, wie, ohne mich zu fragen, aus den Viehstallungen Fenster in den Schlosshof durchgebrochen werden. Sie können sich meine Gefühle vorstellen; solche Fenster in einem Viehstall sind noch ärger als Leitungsdrähte. Aber wenigstens weiss ich, welche meine erste Arbeit nach dem Krieg sein wird. – Ansonsten hat schon ein Baumeister angefangen, die Mauern der Baracken im Dorfe nach Länge, Höhe u. Stärke zu messen und dann kommt die Abschätzungskommission. –

Danke vielmals, dass Sie gegebenen Falls mit Auerhan sprechen wollen, was natürlich viel besser wäre, als dass ich ihm schreibe. Žák's Leben hängt noch immer an einem Faden, morgen wird die Krisis erwartet. Die Ärzte sagen, wenn sie ihn am Leben erhalten, wird es ein einzig dastehender Fall sein. Aber ich hoffe noch immer, Ihnen das Telegramm nicht senden zu müssen. Im Übrigen wusste ich, dass ich mich auf Sie u. Ihr Verständnis verlassen kann. Sie müssten ihn bewegen, gleich inoffiziell mich aufzusuchen, weil, selbst wenn ich wohl genug wäre, nach Prag zu fahren, liesse sich alles hier mit dem Forstpersonal u. dem Buchhalter besser besprechen. –

Ich selbst war vorgestern aus u. lag gestern wieder mit Temperatur-Erhöhung, da aber heute ohne Fieber, war ich den ganzen Tag bis 8 ½ Nach[mittag] im Garten pflanzend u. fühlte, wie ich während der Arbeit gesundete; nachtmalte [!] dann am Balcon u. liege jetzt, 10 U[hr] ab[ends], vorsichtshalber schon im Bett. Bin fest entschlossen, den Thermometer nicht mehr anzusehen.

Gute Nacht. Bobby wedelt wohlwollend dazu. Wir grüssen herzlich, auch Dr. Blažková und Arch[itekt] Kor[ecký], der hoffentlich schon gesund.

SN

[52] Sidonie Nádherný, Vrchotovy Janovice, an Václav Wagner, [Praha] B 29.5.1943 (Památník národního písemnictví, Praha)

Lieber Herr Doktor!
Unfasslich aber leider wahr: mein Oberförster Žák liegt heute, am 5. Tag seiner Krankheit, *im Sterben*, die Ärzte geben gar keine Hoffnung u. glauben, es werde morgen zu Ende gehen. Er bekam Bluttransfusionen u. alles Mögliche, aber umsonst. Diese infeziösen [!] Lungenentzündungen – nicht auf Grund von Erkältung – sind stets die schwersten Fälle. Deshalb liege auch ich noch im Bett mit stets steig[endem] u. fallendem Fieber, wie bei infeziös[en] Erkrankungen typisch u. muss froh sein, wenn es bei der Bronchitis u. den schmerzhaften Entzündungsherden bleibt. Denn eine Lungenentzündung, meint der Arzt, würde ich kaum überleben, da ich schon eine hatte. Ich muss im Bett bleiben, bis das Fieber sich legt u. die Bronchen sich beruhigen. Da zu allem Ungeschick auch der Direktor Schneider, der sonst hier alles leitet u. organisiert u. dieser Tage hätte kommen sollen, aus Poděbrad nach dem Weinberger Krankenhaus mit einer Herztrombose [!] transportiert werden musste, stehe ich von den verantwortlichen Domäne-Vertretern ganz verlassen da u. kann selbst nichts tun.

Deshalb wende ich mich in meiner Not an Sie: es liegt mir daran, dass man mir an Stelle Žák's keinen anders gesinnten hersteckt, da man doch immer eine Person verlangt, die persönlich für alles verantwortlich ist. Ich habe zwar ein sehr braves u. vollkommen eingearbeitetes Forstpersonal u. möchte in der Jetztzeit an nichts rühren, aber es muss wohl ein Aufsichtsorgan der Form nach figurieren. Meine Bitte geht also an Sie, dass Sie im Forstaufsichtsamt, P[rag] XVI, Třebizskyg[asse] (Třebízského?) 8, *Tel. 47810* den Forstrat *Auerhahn* anrufen, dass Sie in meinem Auftrag etwas Vertrauliches mit ihm besprechen möchten. U. besprechen Sie eine Zusammenkunft ohne Zeugen (am besten in Ihrer oder in s[einer] Wohnung?). U. erzählen Sie ihm die Žák-Tragödie, u. wie wichtig es mir ist, den Deutschen, die stets Eile haben, zuvorzukommen u. ob er nicht persönlich die Oberaufsicht übernehmen würde. (Ich glaube, hat man keinen Förster, muss man Mitglied von irgend was werden und staatl[iche] Organe übernehmen die Aufsicht) was ich tun könnte. Am liebsten hätte ich Auerhahn, solange der Krieg dauert, u. alles bliebe sonst unverändert. Er braucht nur ab und zu kommen, angeben, was geschlagen werden soll u.s.w. Er ist ein reizender Mensch, der Bruder des Erschossenen u. denkt wie wir. Am dankbarsten wäre ich, wenn er gleich inoffiziell zu mir käme, damit wir alles besprechen könnten, wie die Sache am Klügsten anzufassen, da ich mich selbst – ohne Berater – garnicht auskenne u. ratlos bin. Es wäre auch eine Conferenz mit den braven, verlässlichen Hegern gut, es genügt ein Telegramm.

Sie sind mir gewiss nicht böse, dass ich Sie mit etwas belästige, was ausserhalb Ihrer Sphäre ist; ich täte es nicht, wüsste ich nicht, dass Sie mein Freund sind. Ich weiss u., dass ich Ihnen vertrauen kann.

Es ist so dumm, dass ausser den leitenden Organen (einer sterbend, einer mit Herz-Trombose [!]), auch ich gezwungen bin, im Bett zu bleiben, sonst droht mir auch die Lungenentzündung. Von Tag zu Tag hoffe ich, fieberfrei [zu sein] u. aufstehen zu können, werde aber immer enttäuscht u. – ebenso wie man Boten mit böser Nachricht bekanntlich erwürgt – möchte ich den Thermometer zerschlagen, wenn ich 39 lese. Momentan muss ich mich auf die Bravheit der Dienstmädchen, der Weiber, Taglöhner im Garten u. der Anständigkeit der Waldheger verlasssen, denn eine Aufsicht hat weder Schloss noch Park noch Wald u. jeder kann machen was er will. Mein kleines Reich ist sich selbst überlassen u. ich liege im Bett und blicke traurig aus meinen 4 Fenstern in die grünen Bäume und höre durch die offene Balkontüre den Vogelliedern zu.

Trotz Fieber halte ich Conferenzen mit dem Forstpersonal ab, da es sich jetzt nur an mich wenden kann und sie freuen sich mich zu sehen. Überhaupt habe ich fort Besuche der Bevölkerung und Jemand hat mir mit Genesungswünschen 10 Vlasta geschickt. Die Leute sind sehr lieb.

Ich habe so ein Verantwortungsgefühl: wenn auch mir etwas geschähe, was würde aus den vielen Menschen, die ich beschäftige und deren Existenz mehr oder weniger mit der meinen verbunden ist.

Selbst die meines Bobby!

Also bitte besprechen Sie dies gleich mit Auerhahn und ganz vertraulich, damit wir gleich die richtigen Schritte übernehmen können.

Der arme Žák, er war einer der wenigen unbestechlichen Menschen, ehrlich gewissenhaft u. loyal u. ein hervorragender Waldkenner, er hat viel zur Verbesserung der Wälder beigetragen, indem er sehr viel Laubhölzer, besonders Buchen, in die Wälder einmischte und sie dadurch vor Langeweile bewahrte. Ich kann es noch immer nicht glauben, dass er vielleicht morgen nicht mehr leben wird.

Jedenfalls sende ich diesen Brief u. lasse ein Tel[egramm] mit d. Todesnachricht folgen. – Mit [auf dem Rand: bestem Gruss Ihre Sidonie Nádherná

Sonntag

Heute ist ein *Funken* Hoffnung, also nichts unternehmen, ehe ich nicht telegraphiere, dass alles vorbei.]

[53] Sidonie Nádherný, Vrchotovy Janovice, an Václav Wagner, Máchova 27, Praha XII
K 31.5.1943 (Památník národního písemnictví, Praha)

Ihre l[ieben] Zeilen erhalten, musste ich über den alten Spruch menschlicher Weisheit sehr lachen. Alles in Allem glaube ich, dass wir Vereinsamten das Leben besser geniessen u. leben können als stets gehemmte Glieder einer Familie dies können. – Zu Ihren Fragen: Der Arzt wohnt in Janov[ice] u. kommt täglich. Ich bin gerührt über Ihre Besorgnis u. danke Ihnen Tausendmal, aber es fehlt mir an nichts. Woran sollte mir auch fehlen, wenn ich in Bobby's Augen blicke? Dort finde ich alles! – Die Bronchenentzündung geht zurück, tagsüber bin ich fieberfrei, nur abends zeigt sich eine leichte Erhöhung; ich würde schon aufstehen, nur muss ich vorsichtig sein, damit die Entzündung nicht auf die Lunge übergreift. – D[er] Oberförster Žák erhält heute wieder eine Bluttransfusion, sein Zustand hat sich etwas gebessert, die Ärzte sagen, es ist ein Wunder, denn er war daran, jeden Augenblick auszulöschen.

Wie traurig für die alte Dame. Ist es die auf d[er] Kampa? – Danke vielmals, dass Sie den Mann nicht in Ruhe lassen. In Kosová Hōra werden die Wohnungen – wie in Sedlčany – zusammengeschrieben u. Jedem gesagt, wer einen Ort weiss, wohin er kann, sofort auszuziehen, man brauche Wohnungen für die »Kommission«. Aber Auerhahn bleibt ad acta bis ich nicht telegraphiere.

Herzlichst SN

[54] Sidonie Nádherný, Vrchotovy Janovice, an Václav Wagner
B Dienstag nachts (Památník národního písemnictví, Praha)

Sehr verehrter lieber Freund,
Innig danke ich Ihnen für Ihren so lieben Brief u. dass Sie gleich alles mit Auerhan [!] so genau besprachen. Bei der nächsten Sonntags-Konferenz kann ich also die Heger beruhigen, u. ich bin fest entschlossen, Janíček zum Adjunkten zu ernennen. Mit dem Advokaten Dr. Hásek, der gerade heute hier war, sahen wir die Richtlinien durch u. sahen, dass die Gehaltserhöhung monatlich 180 K ausmacht, u. hätte er dann 20 K monatlich mehr als die anderen Heger, also wie mir scheint ganz richtig. Ich besprach es auch gleich mit Janíček selbst. Es ist rührend lieb von Ihnen, dass Sie mir auch in solchen Dingen, so ganz ausserhalb Ihres Berufes, helfen. Bin sehr gespannt auf Ihr Interview mit Pascher! Dr. Hásek fand meinen Brief an »Elsa« mit beigel[egten] Bestätigungen von Ihnen und Pascher sehr gut u. gewiss des Versuchs wert. Er wird nach einflussreichen Bodenamtsleuten suchen, um den Weg zur Regie-Übernahme in Voračice zu ebnen. Er kennt niemanden mehr im Bodenamt. Er meint, ich soll warten, bis man mehr weiss, was geschehen soll, da im Bodenamt die Leute sehr wechseln, u. was heute einer bewilligt, kann im nächsten Monat ein anderer wieder ändern. Ich werde also vorerst mit Rokahr sprechen.

Paar ist also auch in brenzlicher Lage?

Ihr hoffnungsvoller Satz war Balsam für mein zitterndes Herz.

Gestern geschah etwas Unterhaltendes: Marvan (der Fischmeister) meldete mir, dass die 2 deutschen Gendarme, statt die

Teiche zu bewachen, die Fische stehlen; sie sitzen versteckt und angeln mit der grössten Gemütsruhe! Ich gieng mit ihm hin, sie waren fortgegangen, hatten aber ihre Angeln dort gelassen, die ich mit ins Schloss nahm. Ich sagte es heute dem deutschen Bodenamtsmann, er war empört, sagte es ist ein Skandal, eine Schande für die deutsche Nation, dass Leute, die hergeschickt werden als Autorität und um zu wachen, dass nichts aus dem Gebiet fortgeschafft wird, selber stehlen. Er werde es dem Sturmobergruppenführer (oder so ähnlich heisst so ein Individuum) in Benešov sagen, der werde vor Wut auf alle Wände kraxeln u.s.w. Ich sagte, »thun Sie was Sie wollen, nur dass sich keiner an mich [!] rächt u. mir schadet«. Er sagte, im Gegenteil, man wird mir nur dankbar sein, es sei nur die Pflicht einer gebildeten Dame, es zu melden. Bin also neugierig, was geschehen wird. Ich zeigte ihm die Angeln, er sagte, es war sehr gut, dass ich sie nahm, ich soll sie nur gut aufheben als corpus delicti. Ich hatte die Unterredung raffiniert eingefädelt, ich rief ihn nämlich fort von den 2 Čechen, ich möchte etwas mit ihm berathen u. wir giengen in den Garten u. dann sagte ich ihm, ich wollte nicht dass die Anderen es hören, da es ihm gewiss nicht angenehm wäre, wofür er mir sehr dankte. Ich sagte, das ganze Dorf spreche ohnedies schon davon u. dass ein čech[ischer] Gendarm nicht so etwas täte u. dass unsere Bevölkerung hier, so arm sie auch sei, fast nie Karpfen stehle u. wenn, so sei die Strafe immer gross. Er war empört, dass die deutschen Gendarmen ein solches Beispiel geben. Ich sagte: welch ein Schaden für die Volksernährung! wo die Fische gerade im Wachstum seien. Die 2 Čechen sahen mich wütend an, als wir zurückkamen; sie glaubten wahrscheinlich, ich bandle mit ihm an und sind gewiss voll Neugierde.

Rom! Dort lebt meine liebste Freundin. U. ich verliere stets, was ich liebe.

Gute Nacht. Buon riposo!

Bitte, kommen Sie bald wieder. Ich bin *so* allein. Ich wollte, ich könnte Sie für länger hier behalten.

Tausend Dank u. Grüsse.

Sid. N.

Grüsse an Korecký. Er soll kommen, wann immer es ihn freut, auch ohne Ansage; er kennt den Weg. Und er soll nicht traurig sein.

Wenden!

Heute war grosse Aufregung im Dorf: es kamen 2 Autos mit SS, das ganze Vieh (Kühe, Ochsen, Pferde, Schweine) bekam eingebrannte SS Stempel, auch meine 2 Ochsen, die Ärmsten. Nur auf mein Schwein wurde vergessen!

[55] Sidonie Nádherný, Vrchotovy Janovice, an Václav Wagner, [Praha] B 3.6.1943 (Památník národního písemnictví, Praha)

Lieber, sehr verehrter Freund,
Immer freue ich mich, wenn ich Ihre Handschrift erblicke, weil sie mir stets Interessantes erzählt, u. jetzt soll ich sie verbrennen! Aber es wird natürlich gleich geschehen. Die arme alte Dame. Das sollte alles niedergeschrieben werden. Ich finde es herrlich, wie viele Denkmäler, tote u. lebende, Sie vor Untergang retten. Kann mir aber denken, dass nach so anstrengender Arbeit Ihre Nerven erschöpft sein müssen u. freue mich, dass Sie bald auf Urlaub gehen. *Aber wann?* Wenn Sie nämlich nicht mehr in Prag wären, sollte d. Oberf[örster] Žák dieser Tage die Krise nicht überstehen – sein Leben hängt nur an einem Faden – würde ich dann direkt dem Auerhan schreiben u. ihn bitten herzukommen. Also bitte um Nachricht.

Ich war 3 Tage fieberfrei u. durfte gestern ausgehen; habe heute wieder Fieber, zwar nur 37°5, u. muss wieder im Bett bleiben. Die Bronchen sind noch fort entzunden [!]. – Für diese Tage ist die Kommission angesagt (ein Baumeister v. Bodenamt u. 2 Herren), die wochenlang im Ort wohnen wird, um das Verzeichnis aller Gebäude und Güter der Einwohner aufzunehmen. Eine eher entmutigende Angelegenheit. Aber dieses Verzeichnis wurde vor 1 Jahr in Ortschaften durchgeführt, die bis heute noch nicht ausgesiedelt sind.

Ihr Satz: »Es gibt allerdings genug andere Neuigkeiten erfreuliche wie weniger erfreuliche« hat mich sehr neugierig gemacht, da ich ja garnichts höre.

Die besten u. herzlichsten Grüsse u. bitte wieder schreiben Ihrer aufrichtigen

Sidonie Nádherná

Bobby reicht seine grossen, treuen Pfoten als Zeichen seiner Liebe.

[56] Sidonie Nádherný, Vrchotovy Janovice, an Václav Wagner, Karmelitzká 545, Praha, nachgesandt: Praha XII, Máchová 23
T 5.6.1943, 10 Uhr (Památník národního písemnictví, Praha)

.... torben bitte veranlasse morgiges kommen dringend erwarten Nachricht = Nádherná

[57] Václav Wagner, Prag, an Sidonie Nádherný, [Vrchotovy Janovice]
T-Entwurf 5.6.1943, 17 Uhr (Památník národního písemnictví, Praha)

Nachricht kam zu spät. Ämter am samstagnachmittag geschlossen. Vorerst suche ich vergeblich nach Privatadresse. Wagner

[58] Sidonie Nádherný, Vrchotovy Janovice, an Václav Wagner, [Praha]
B 6.6.1943 (Památník národního písemnictví, Praha)

Nächtliche Stunde, die mir vergeht,
da ich's ersinne, bedenke und wende,
und diese Nacht geht schon zu Ende.
Draussen ein Vogel sagt: es ist Tag.

Nächtliche Stunde, die mir vergeht,
da ich's ersinne, bedenke und wende,
und dieser Winter geht schon zu Ende.
Draussen ein Vogel sagt: es ist Frühling.

Nächtliche Stunde, die mir vergeht,
eh ich's ersinne, bedenke und wende,
und dieses Leben geht schon zu Ende.
Draussen ein Vogel sagt: es ist Tod.

Von meinem Zimmer aus höre ich durch die offene Balkontüre viele Vogellieder u. mir fallen andere Verse von K[arl] K[raus] ein:

> Wir Vögel, vor den Göttern erwacht,
> der Tiefe entstammt,
> wir Enkel der Nacht,
> vom Tag überflammt,
> wir sind die Liebe!

Am 12. Juni ist der Todestag dieses edelsten Menschen; seit dieser dunklen Stunde, die den mir nächsten, liebsten Menschen nahm, lebe ich ein anderes Leben, denn mein ureigenstes Leben, das bei dem Verlust meiner geliebten Brüder u. teuren Freunde nach u. nach abgebröckelt war u. nur noch durch K.K., durch Herzens- und Geistesbande seltener Art, zusammengehalten wurde, zerfiel vollkommen.

> »Ô l'immortelle ardeur des chercheurs et des sages –«

> »Leur geste solitaire est incompris, qu'importe !
> Plus tard, le monde entier passera par la porte
> Qu'ils ont ouverte, au bord des cieux, sur l'infini.
> Aucun ne se demande où son rêve finit,
> Et seuls, là haut, ils érigent plus haut encor
> Que les sommets dont ils foulent la neige et l'or,
> Toujours, vers plus d'espace et de clarté,
> Les blocs de leur ardeur et de leur volonté.«

Ich blättere heute, an einem einsamen Sonntag-Nachmittag, an das Zimmer gebannt, in einem Gedichtband, das [!] Rilke mir gab, als er im J[ahr] 1907 zum ersten Mal herkam: La multiple splendeur von Em. Verhaeren u. habe Ihnen obige Verse als Revenge für die Ihrigen – sehr schönen – herausgeschrieben. Wie Sie, wenn Sie erschöpft sind, suche ich Zuflucht bei den Dichtern, wenn ich innerlich aus dem Gleichgewicht bin (wie jetzt durch Žák's Tod u. meiner schon 14täg[igen] Krankheit). Verse heben uns in höhere Sphären, wie Musik, nur ist Musik aufwühlender.

Sedlčany ist also offiziell benachrichtigt, dass die ganze Stadt bis zum 1. August evakuiert werden muss, das Enteignungsverfahren über Sedl[čany], Hradek u. Kosová Hora ist ausgesprochen, nur hat Berlin die Grenze (Bahn oder neue Strasse) noch nicht bestimmt. Das Schloss Hradek wird als zu Sedlčany gehörend (2 km entfernt) angesehen. Mlad[ota] selbst hat noch nichts Positives erfahren, den Grundbogen aber von Hradek nahmen sich die Herren zur Einsicht mit. Er will einige Möbel u. Kisten in die Prager Wohnung schaffen. Ich selbst bin ratlos. Ich fühle, ich sollte mehr retten, aber etwas in mir wehrt sich dagegen: schon das Wenige, das fehlt, geht mir ab, fast ist es, als wäre ich in der Fremde. Man kann nicht zusammengewachsene Dinge u. Menschen trennen, ein jeder Gegenstand klagt mich an. Heim u. Hort der Schönheit, muss sie wieder auf der Flucht sein? –

»Homme, tout affronter vaut mieux que tout comprendre;
La vie est à monter, et non pas à descendre;
Elle est un escalier gardé par des flambeaux;«

Bin neugierig ob Sie morgen Auerhan sprechen werden u. ob er herkommt. Es tut mir so schrecklich leid, dass Sie so viel u. scheinbar vergebene Mühe hatten, seine Privatadresse zu erfahren. Ich war kopflos, als ich am Telefon erfuhr, Sie kämen erst mittags in das Amt, u. statt zu bitten, man möge Ihnen Žák's Tod bekanntgeben, sagte ich nur, ich werde ein Telegramm senden; dieses wieder gieng durch ein Versehen des Postmeisters einfach statt dringend. Das Ende des armen Žák war schrecklich; in der vorhergehenden Nacht platzte ihm ein Magengeschwür, das Blut ergoss sich in die Bauchhöhle u. verbunden mit Fieber u. Lungenentzündung entstand eine Vergiftung u. bis zum Tod lag er mit rasenden Schmerzen, angeschnallt an das Bett (was er wusste, da bei Sinnen), mit gefalteten Händen zu Gott um Erlösung betend, immer wieder versuchend, sich zu erheben; dazu war er aufgelegen, also noch diese Schmerzen. Ich verstehe nicht diese Spitäler, einen Menschen so elend crêpieren zu lassen, statt ihm schmerzstillende u. betäubende Injektionen zu geben. – Gute Nacht.

Ich hatte gestern tagsüber 37°2, nachts 37°6, heute vorläufig, es ist 7 U[hr] abends, fieberfrei. Eine merkwürdige Krankheit, die Bronchen schmerzen kaum mehr, es fehlt mir sonst nichts u. jeder 2. Tag Fieber. Den Doktor sah ich schon 5 Tage nicht, weil er mir ohnedies nichts verschrieb als bei Fieber im Bett bleiben u. Mittel zum Schwitzen nehmen. Es muss irgend eine Infektion im Blut sein, die heraus muss. Also Geduld!

Montag. Gehe heute im Haus herum u. morgen in d[en] Garten, wenn Sonne, denn der Arzt sagt, diese leichte Temperatur-[auf dem Rand: Erhöhungen sind ungefährlich, nur ein Zeichen, dass die Bronchen noch nicht in Ordnung. Heute 37°2.

Bin sehr gespannt auf das Ergebnis Ihrer diplomat[ischen] Verhandlung mit A[uerhan]]

[59] Aussiedlungskanzlei des Ministeriums des Innern mit dem Sitze in Beneschau, z. Z. in Tschertschan, an das Ministerium des Innern, Prag
B 8.6.1943 (Státní ústřední archív v Praze)

Der »Wöchentliche Bericht zur Lage« meldet die Räumung der IV. Zone vor der III. Zone, für »Nichtlandwirte« der Zone III und IV beginnend am 1. August 1943. Bis 31. Oktober soll die IV. Zone, bis 31. Dezember die III. Zone geräumt sein. Die Bewohner der Stadt Seltschan, die bis Ende Dezember »dislociert« werden, sollten in Holzbaracken untergebracht werden; dieser Vorschlag erweist sich als undurchführbar. »Deutsche Familien« sollten als »Gewerbetreibende und Kaufleute, die für die Truppen nötig sind«, von der Evakuierung ausgenommen werden.

[60] Ministerium des Innern, Innenminister Bienert, Prag, an die Präsidien der Landesbehörden Prag und Brünn mit Unterabteilungen; an die Kanzlei des Staatspräsidenten; das Sekretariat des Vorsitzenden der Regierung; die Präsidien aller Ministerien u. a.; nachrichtlich an den Herrn Reichsprotektorator in Böhmen und Mähren; den Herrn Generalinspekteur der Verwaltung bei der Behörde des Herrn Reichsprotektors in Böhmen und Mähren, SS-Brigadeführer und Generalmajor der Polizei Reinefarth; die Herren Oberlandräte; die Herren Generalkommandanten der Protektoratspolizei; die Inspekteure der Uniformierten und Nichtuninformierten Protektoratspolizei
Schnell-Brief 8.6.1943 (Státní ústřední archív v Praze)

In Ergänzung zu der »Einrichtung der Aussiedlungskanzlei des Ministeriums des Innern in Beneschau« gemäss des Erlasses vom 12. März 1942 wird eine »Aussenstelle in Seltschan« als Unterabteilung zur Beneschauer Kanzlei eingerichtet.

[61] Václav Wagner, [Potštejn] an Sidonie Nádherný, [Vrchotovy Janovice]
B Juni 1943 [?] (Památník národního písemnictví, Praha)

Gnädige Frau Baronin,
zuerst bitte ich um Entschuldigung, daß ich mit der Schreibmaschine schreibe. Ich habe vor dem Urlaub im Amt so viel geschrieben, so daß ich einen Schreibkrampf bekam und heute, da ich Ihnen auch einige Adressen mitteilen muß, würde ich Sie nur ungern zwingen, meine handschriftlichen Hieroglyphen zu entziffern. Außerdem kann ich die Feder überhaupt nicht in der Hand halten.

Herr Sekretär Walter hat mir heute vormittag die Adressen von vier Kandidaten mitgeteilt, die gleich die Stelle antreten könnten, besser gesagt, einer von ihnen ohne Verzug, weil er ohne Stelle ist, und drei mit der Bewilligung des Arbeitsamtes, weil sie gerne die Stelle wechseln würden. Der Erste, vom Herrn Sekretär sehr empfohlen und auch dem Forstrat A[uerhan] sehr gut bekannt, ist der Forstmeister Antonín Polák, z.Zt. wohnhaft in Nížkov bei Německý Brod. Bis vor unlängst war er bei Graf Khevenhüller in Komorní Hrádek an der Sázava (unweit von Ihnen) kennt deswegen sehr gut das Waldwirtschaften in dieser Region und wurde einfach rausgeschmissen, als an seiner Stelle ein

»anderer« Herr aus dem Ausland eingesetzt wurde. Er ist zwar älter (geboren 25.X 1886) aber ledig, und sehr frisch, so daß ihn niemand auf mehr als 45 Jahre schätzen würde, sehr erfahren und sehr vernünftig. In Komorní Hrádek war er 20 Jahre, was eine gute Empfehlung ist, und er wäre dort bis zum Tode geblieben, hätten wir nicht diese neuen Verhältnisse. Er spricht ausgezeichnet und fließend deutsch. Herr Walter empfiehlt, ihm zu schreiben, denn es soll eine einmalige Gelegenheit sein, was auch ich selbst meine. Sollte ich ihm vielleicht nicht vorerst selbst schreiben, wenn es Ihnen Frau Baronin wegen der Krankheit nicht möglich ist? Selbstverständlich nichts Detailliertes, nur damit er sich vor der Absprache mit Ihnen nicht anderswo verpflichtet.

Die anderen drei würden gerne die Stellen wechseln. Es würde etwas länger dauern, bis das Arbeitsamt es bewilligt. Es sind Alois Kultic, Forstmeister, Pancava, Post Zbraslavice bei Kutná Hora, geb. 1894, verheiratet 24 Jahre Praxis, er war lange Jahre in Kysperk. Er spricht ebenso perfekt deutsch. 2. Josef Sevcík, Forstverwalter, Nemecký Brod: (Waldwirtschaftlicher Verein) Adresse: Nem. Brod, Rolnický dum geboren 1905, verheiratet, kinderlos, beherrscht zum Teil deutsch, 14 Jahre Praxis. 3./ Josef Hamerský, Forstadjunkt, geb 1916 in Boskovice in Mähren, Forstamt, ledig, 6 Jahre Praxis.

Alle haben die forstwirtschaftliche Prüfung und sind gute Fachleute. Der beste wäre allerdings nach allen Informationen der Forstmeister Polák und ich bitte Sie, gnädige Frau Baronin, sich freundlicherweise zu entscheiden.

Ich wünsche baldige vollständige Genesung und freue mich auf weitere freundliche Briefe nach Potstejn. Unten meine Adresse. Ich dachte gestern an die Beerdigung des armen Forstmeister Žák und an Janovice. Die Neuigkeiten allesamt unerfreulich. Arch. Korecký wurde gestern abgeordnet zu der Luftschutzpolizei und wird wohl nach Deutschland gehen – jetzt wenn er nach einer schweren Bronchitis noch nicht ganz gesund ist.

Ich schicke den Brief Expreß Einschreiben, damit er nicht lange unterwegs ist.

Mit höflichem Handkuß

Adresse bis zum 2. VII. Potstejn: Die Villa des Herrn Oberst

Mit der Räumung der bis Ende 1942 für Vrchotovy Janovice zuständigen Bezirkshauptstadt Sedlčaný, die als Stadt »Seltschan« nun in den Oberlandratsbezirk Prag eingegliedert worden ist, beginnt am 1. August 1943 unter den Augen von Sidonie Nádherný in ihrer unmittelbaren Umgebung die Vertreibung, eine »verzweifelte, trostlose Völkerwanderung«. Die IV. Zone des Truppenübungsplatzes wird geräumt, während die Bomberflotten der Alliierten seit Januar Deutschland erreichen. Das Afrika-Korps kapituliert. An der Ostfront ist die russische Großoffensive in Gang. Mussolini ist gestürzt worden und Italien hat Deutschland den Krieg erklärt.

Die Stadt Sedlčaný/Seltschan liegt ursprünglich nicht in dem zu räumenden Gebiet. Die Karte des ›SS-Truppenübungsplatzes Beneschau bei Prag‹ (»Nicht für die Öffentlichkeit bestimmt«!) weist jedoch vier »SS-Standorte außerhalb des SS-Tr.Üb.Pl.« aus, in denen sich Verwaltungseinrichtungen der SS oder von der SS kontrollierte Wirtschaftsbetriebe befinden. Das sind Sedlčaný/Seltschan, Dublovice/Dublowitz im IV. Räumungssektor sowie Teile von Benešov/Beneschau und die Orte Brodce nad Sazavou/Brodetz und Zbořený Kostelec/Wüst-Kosteletz im bereits geräumten II. Bezirk.

[62] Aussiedlungskanzlei des Ministeriums des Innern mit dem Sitze in Beneschau, z. Z. in Tschertschan, an die Bezirksbehörde in Seltschan
B 10.6.1943 (Státní ústřední archív v Praze)

Betrifft die Auflösung bzw. Versetzung der Behörden und öffentlichen Anstalten in Seltschan zum 1. August 1943.

[63] Sidonie Nádherný, Vrchotovy Janovice, an Václav Wagner, [Praha]
B 10.6.43 (Památník národního písemnictví, Praha)

Sehr verehrter, lieber Freund,
Ich kann Ihnen nicht genug danken für alle Mühe, die Sie sich genommen haben. Heute sind Ihre beiden Briefe gleichzeitig eingetroffen (vom 7. u. 9.). Ich freue mich, dass Sie sich mit dem Auerhan so gut verstanden haben, ich dachte mir gleich, er würde Ihnen gefallen. (Ich dachte, er sei unverheiratet. Welche ist seine Privat-Adresse? Es ist gut, sie zu wissen. Erfuhren Sie sie damals auf d. Polizei?)

Es ist rührend, wie Sie sich gleich auch über die »Kandidaten« erkundigt haben. Aber ich glaube, es liegt ein Missverständnis vor, vielleicht habe ich mich schlecht ausgedrückt: An Žák's Stelle will ich keine neue Kraft anstellen, die Stelle bleibt unbesetzt, u. ich werde Mitglied der Forstgesellschaft, die dann die Verantwortung übernimmt, die Schläge angibt u.s.w. Nur da diesen Herren keine Zeit bleibt, um die Wälder zu kontrolieren [!] oder eine Aufsicht durchzuführen, obzwar man pro ha gegen 30 K zahlt (für mich wäre das jährlich 10.000 K), hatte ich gedacht, einen Fachmann zu finden, der etwa 1 x im Monat herkäme, um Wald, Heger u. Bücher zu kontrolieren [!]. Eben das, was ich von Auerhan erhoffte, aber vollkommen einsehe, dass er es nicht machen kann noch darf.

Nach dem Krieg würde ich einen Förster anstellen, jetzt aber, in diesen unsicheren Zeiten, ist jene Mitgliedschaft, die einen der Verantwortung enthebt, ganz praktisch. Ich werde vorerst sehen, in wie weit dieser Herr (der in Votic ist) Zeit haben wird, die Aufsicht hier durchzuführen.

Ich habe heute gleich dem Auerhan geschrieben u. ihn gebeten, er möge dem Sekretär Walter mitteilen*, dass ich jetzt Niemanden an Žák's Stelle nehmen will (nur event[uell] ein Aufsichtsorgan, das gelegentlich herkäme), da ich Mitglied seiner Gesellschaft werde.

Ich hoffe, dass Sie Ihren Urlaub sehr geniessen u. sich wirklich ausruhen u. erholen werden.

Ich bin heute fieberfrei u. hoffe, bald ganz gesund zu sein, darf nur mal nicht bei dem nassen Wetter ausgehen, sonst kommt das Fieber gleich zurück.

In Č. Hrádek war grosse Aufregung. 2 Autos mit SS u. Bodenamt-Herren fuhren vor, das Gelände u. das Schloss anzusehen. Zum Glück fanden sie das steile Terrain ganz ungeeignet u. das Schloss zu klein, also wurde von d. Beschlagnahme vorläufig Abstand genommen. Gleichzeitig erfuhr ich von massgebenden Quellen (das Nähere mündlich) dass Janovice vor April nicht in Betracht kommt. Sie werden jetzt genug mit Sedlčany zu tun haben. Bin neugierig, wohin Bezirksamt, Steueramt, Gericht u. s. w.

[auf dem Rand: * da ich seine Adresse nicht weiss]

übersiedelt wird. Und die vielen Privatleute, die verzweifelt Wohnungen, Unterkunft suchen. Und alles bis zum 1. August!

Morgen besucht mich Franzi Schwarzenberg u. abends kommt über die Feiertage Dr. Matina (er war sehr befreundet mit Žák u. betrauert ihn tief).

Nochmals von Herzen Dank u. die allerbesten Grüsse von Ihrer aufrichtigen

Sidonie Nádherná

[64] Sidonie Nádherný, Vrchotovy Janovice, an Václav Wagner, [Potštejn]
K 17.6.1943 (Památník národního písemnictví, Praha)

Sehr verehrter Herr Doktor, Vielen Dank für 2 liebe Karten. Ich bedaure Ihretwegen, dass das Wetter nicht schön ist; hätte Ihnen so sehr für Ihren Urlaub sehr viel Sonne gewünscht. – Mir geht es schon wieder gut u. arbeite ich wieder im Garten. – In S[edlčany] soll es wie in einem Narrenhaus zugehen, da niemand weiss wohin. Nicht einmal die Ämter. In Vot[ice] werden Pension[ierte] Familien ausgewiesen, um Platz zu machen. Es soll das Bezirksamt hinkommen. Aber definitiv ist noch nichts, nur dass die Stadt geräumt werden muss. Die Spark[asse] hatte ein modernes grosses Gebäude. Jetzt hat sie in einem Gasthaus in Vys. Chlumec den Tanzsaal gemietet.

Mit den besten Grüssen u. Wünschen Ihre

Sidonie Nádherná

[65] Sidonie Nádherný, Vrchotovy Janovice, an Václav Wagner, [Potštejn]
B 25.6.1943 (Památník národního písemnictví, Praha)

Sehr verehrter, lieber Freund,
Dass Sie sich meines, nur Wenigen bekannten Namenstages mit so lieben Wünschen erinnert haben, hat mich sehr gerührt u. danke ich Ihnen innigst. An solchen Tagen erinnert man sich wehmütig vergangener Zeiten, in denen er mit so viel Liebe von den nunmehr restlos Verstorbenen gefeiert wurde. U. an die ferne Kindheit erinnere ich mich, als mein Vater noch lebte (ich war

8 J[ahre] alt als er starb), wie an diesem Tag das ganze Haus voll Rosen war u. Musikanten spielten unter dem Fenster u. ich rief ihnen meine Lieblingslieder zu, z. B. »Fischerin du kleine, bleibe nicht alleine u.s.w.«

Und heute? Allein u. verlassen lebt man zitternden Herzens, vom Letzten was man hat vertrieben zu werden. Hier ist allgemeine Unruhe, das Schicksal Sedlčany's u. die finanzielle Vernichtung (von Allem Sonstigen garnicht zu reden) seiner Einwohner erfüllt Jeden mit Bangen. In der Umgebung gibt es Ortschaften, die binnen 48 Stunden alles räumen müssen u. nichts mitnehmen dürfen. Gezahlt wird so gut wie nichts. Es findet eine verzweifelte, trostlose Völkerwanderung statt; findet eine grosse Familie irgendwo in einem entlegenen Dorf ein kleines Zimmer als Unterkunft, kann sie von Glück reden. Überall, auch hier, hängen Kundmachungen, bei Todesstrafe ist es verboten, totes oder lebendes Inventar von Ort u. Stelle zu entfernen. So leben wir – – –. Ich persönlich lebe meinem Janovice, arbeite den ganzen Tag im Park, überall wo nötig das Unkraut entfernend, lasse jetzt ein Stück Parkmauer reparieren, auf den Parkwiesen wird Heu gemacht, heute übernahm ich Holz im Wald – kurz, ich beisse die Zähne zusammen u. lasse mich von meinem Weg nicht ablenken: die Schönheit von Janovice muss gepflegt, erhalten u. vertieft werden bis zu meinem letzten Atemzug.

G[ra]f Kol[owrat] freute sich sehr über Ihren Besuch in Rychnov u. ich bin glücklich über jeden Sonnenstrahl, weil er gewiss auch in Potštejn ist; hoffentlich können Sie Ihren Urlaub nach Möglichkeit ausdehnen. Aber dann, zurückgekehrt in den düsteren Alltag, werden Sie hoffentlich nicht vergessen, dass er unterbrochen werden kann durch weekends in Janovice, die einen Lichtblick bedeuten werden für Bobby u. alles, was Janovice ist.

Tausend Grüsse!

[auf dem Rand: Zu meinen Tieren sind Tauben hinzugekommen in einem neuen Taubenschlag; einige fühlen sich wie zu Hause, ein Paar aber hat das Weite gesucht. Sie gewöhnen sich anfangs schwer ein.]

[66] Aussiedlungskanzlei des Ministeriums des Innern mit dem Sitze in Beneschau, z. Z. in Tschertschan, an das Ministerium des Innern, Prag
B 2.7.1943 (Státní ústřední archív v Praze)

Der »Bericht zur Lage« meldet Einzelheiten zur Einrichtung der »Aussiedlungskanzlei des Innenministeriums in Beneschau – Außenstelle Seltschan«, die am 1. Juli ihren Dienst aufgenommen hat. Die Evakuierung der Stadt soll in die Bezirke Tábor, Pribrám, Budweis, Strakonitz und Pilgram vorgenommen werden.

[67] Aussiedlungskanzlei des Ministeriums des Innern mit dem Sitze in Beneschau, z. Z. in Tschertschan, an das Ministerium des Innern, Prag
B 3.7.1943 (Státní ústřední archív v Praze)

Der »Wöchentliche Bericht zur Lage« gibt Nachricht über die Evakuierungspläne für die Zone V, die für Frühjahr 1944 festgesetzt werden. – Der Gendarmerieposten von Seltschan wird nach Amschelberg »versetzt«, wo das Haus »des Dr. Pavlík« im »Gesuche um Freimachung freigemacht wurde«.

[68] Sidonie Nádherný, Vrchotovy Janovice, an Václav Wagner, [Praha]
B 3.7.1943 (Památník národního písemnictví, Praha)

Sehr verehrter, lieber Herr Doktor!
Heute hängt die gefürchtete Kundmachung im Dorf: Unter den Verurteilten, im kommenden Frühjahr auswandern zu müssen, ist auch Janovice. Der genaue Zeitpunkt wird 3 Monate vorher bekanntgegeben.

Ich habe einen Plan, den ich gerne mit Ihnen besprechen möchte, u. zwar möglichst bald. Wäre es Ihnen möglich, am Samstag den 17. zu kommen (je früher desto besser)? Und am 18. könnten wir in Hradek bei Mladotas essen, (was die Baronin sehr freuen würde), weil wir Ihnen dort in der Umgebung etwas zeigen möchten. Samstag haben wir Zeit, den Plan zu besprechen.

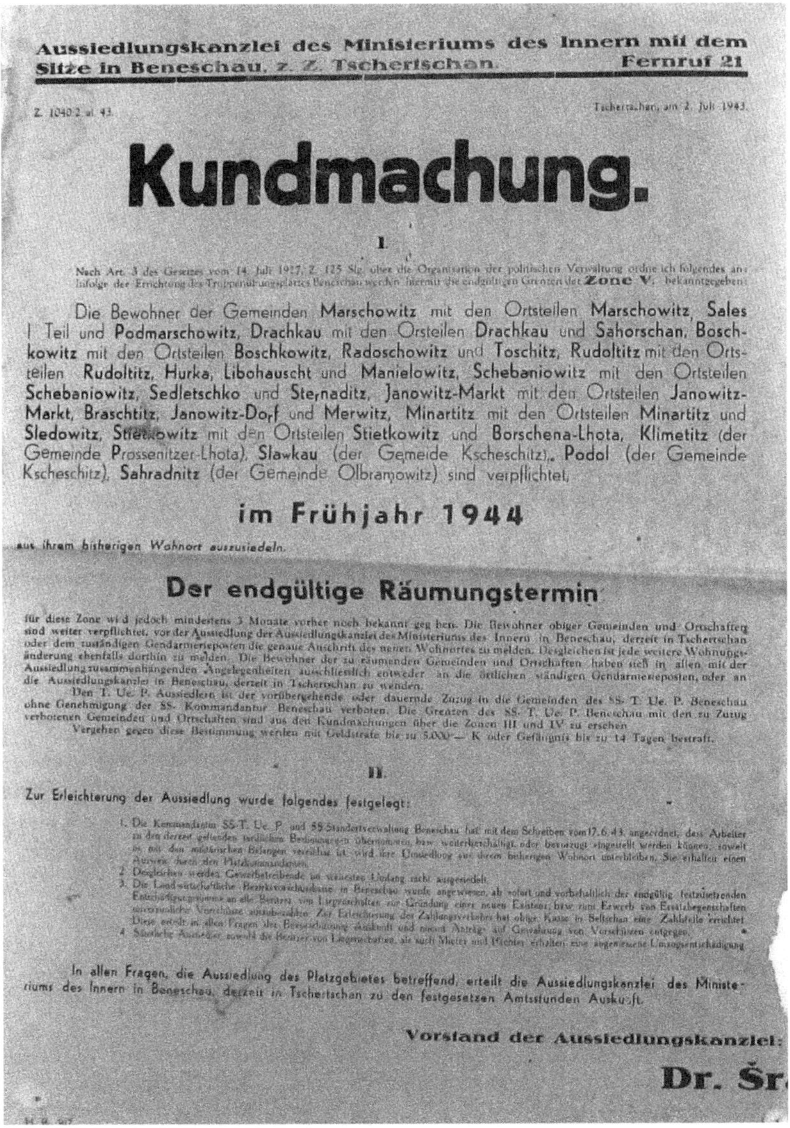

Aussiedlungskanzlei des Ministeriums des Innern mit dem Sitze in Beneschau, z. Z. Tschertschan. **Fernruf 21**

Z. 1040/2 al 43. Tschertschan, am 2. Juli 1943.

Kundmachung.

I.

Nach Art. 3 des Gesetzes vom 14. Juli 1927, Z. 125 Slg. über die Organisation der politischen Verwaltung ordne ich folgendes an: Infolge der Errichtung des Truppenübungsplatzes Beneschau werden hiermit die endgültigen Grenzen der **Zone V.** bekanntgegeben:

Die Bewohner der Gemeinden **Marschowitz** mit den Ortsteilen **Marschowitz, Sales I Teil** und **Podmarschowitz, Drachkau** mit den Orsteilen **Drachkau** und **Sahorschan, Boschkowitz** mit den Ortsteilen **Boschkowitz, Radoschowitz** und **Toschitz, Rudoltitz** mit den Ortsteilen **Rudoltitz, Hurka, Libohauscht** und **Manielowitz, Schebaniowitz** mit den Ortsteilen **Schebaniowitz, Sedletschko** und **Sternaditz, Janowitz-Markt** mit den Ortsteilen **Janowitz-Markt, Braschtitz, Janowitz-Dorf** und **Merwitz, Minartitz** mit den Ortsteilen **Minartitz** und **Sledowitz, Stietkowitz** mit den Ortsteilen **Stietkowitz** und **Borschena-Lhota, Klimetitz** (der Gemeinde Prossenitzer-Lhota), **Slawkau** (der Gemeide Kscheschitz), **Podol** (der Gemeinde Kscheschitz), **Sahradnitz** (der Gemeinde Olbramowitz) sind verpflichtet,

im Frühjahr 1944

aus ihrem bisherigen Wohnort auszusiedeln.

Der endgültige Räumungstermin

für diese Zone wird jedoch mindestens 3 Monate vorher noch bekannt gegeben. Die Bewohner obiger Gemeinden und Ortschaften sind weiter verpflichtet, vor der Aussiedlung der Aussiedlungskanzlei des Ministeriums des Innern in Beneschau, derzeit in Tschertschan oder dem zuständigen Gendarmerieposten die genaue Anschrift des neuen Wohnortes zu melden. Desgleichen ist jede weitere Wohnungsänderung ebenfalls dorthin zu melden. Die Bewohner der zu räumenden Gemeinden und Ortschaften haben stets in allen mit der Aussiedlung zusammenhängenden Angelegenheiten ausschliesslich entweder an die örtlichen ständigen Gendarmerieposten, oder an die Aussiedlungskanzlei in Beneschau, derzeit in Tschertschan zu wenden.

Den T. Ue. P. Aussiedlern ist der vorübergehende oder dauernde Zuzug in die Gemeinden des SS- T. Ue. P. Beneschau ohne Genehmigung der SS- Kommandantur Beneschau verboten. Die Grenzen des SS- T. Ue. P. Beneschau mit den zu Zuzug verbotenen Gemeinden und Ortschaften sind aus den Kundmachungen über die Zonen III und IV zu ersehen.

Vergehen gegen diese Bestimmung werden mit Geldstrafe bis zu 5.000·— K oder Gefängnis bis zu 14 Tagen bestraft.

II.

Zur Erleichterung der Aussiedlung wurde folgendes festgelegt:

1. Die Kommandantur SS-T. Ue. P. und SS-Standortverwaltung Beneschau hat mit dem Schreiben vom 17.6.43. angeordnet, dass Arbeiter zu den derzeit geltenden [illegible] Bedingungen übernommen, bzw. weiterbeschäftigt oder bevorzugt eingestellt werden können, soweit es mit den militärischen Belangen vereinbar ist, wird ihre Umsiedlung aus ihrem bisherigen Wohnort unterbleiben. Sie erhalten einen Ausweis durch den Platzkommandanten.
2. Desgleichen werden Gewerbetreibende im weitesten Umfang nicht ausgesiedelt.
3. Die Landwirtschaftliche Bezirksvorschusskasse in Beneschau wurde angewiesen, ab sofort und vorbehaltlich der endgültig festzusetzenden Entschädigungssumme an alle Besitzer von Liegenschaften zur Gründung einer neuen Existenz, bzw. zum Erwerb von Ersatzbegenschaften [illegible] Vorschüsse auszubezahlen. Zur Erleichterung des Zahlungsverkehrs hat obige Kasse in Seltschan eine Zahlstelle errichtet. Diese erteilt in allen Fragen der Bevorschussung Auskunft und nimmt Anträge auf Gewährung von Vorschüssen entgegen.
4. Sämtliche Aussiedler, sowohl die Besitzer von Liegenschaften, als auch Mieter und Pächter erhalten eine angemessene Umzugsentschädigung.

In allen Fragen, die Aussiedlung des Platzgebietes betreffend, erteilt die Aussiedlungskanzlei des Ministeriums des Innern in Beneschau, derzeit in Tschertschan zu den festgesetzten Amtsstunden Auskunft.

Vorstand der Aussiedlungskanzlei:

Dr. Šr

Deutschssprachiger Teil der »Kundmachung« vom 2.7.1943 des endgültigen Räumungstermins für Janowitz-Markt zu Frühjahr 1944 (Okresní úřad Benešov).

Hoffentlich haben Sie sich in Potštejn erholt u. gestärkt, alles Kommende mit Ruhe zu ertragen.

Mit den besten Grüssen Ihrer

Sidonie Nádherná

[69] Ministerium des Innern, Prag
Aktenvermerk 15.7.1943 (Státní ústřední archív v Praze)

SS-Obersturmführer Dr. Wildner wird für die geräumten Gemeinden im Gebiet des SS-Truppenübungsplatzes Beneschau zum Regierungskommissar bestellt. Der Sachgebietsleiter im Ministerium des Innern gibt eine Übersicht über die bis dahin geräumten Ortschaften:

Aeusserung des Sachgebiets III 4.

1/ Im politischen Bezirke Beneschau bzw. Prag-Land-Süd wurden folgende Gemeinden geräumt:

a/ Zum 15. September 1942: Krinian, Teletin, Hoch-Aujest mit dem Ortsteil Wietroch, Tuchin mit den Ortsteilen Lhota und Maskowitz, Blaschenitz mit dem Ortsteil Mierschin, Daleschitz, Jablona mit dem Ortsteil Nebsich, Rabin mit den Ortsteilen Louti, Breschan mit dem Ortsteil Wensow, Leschan, Hostieraditz mit dem Ortsteil Rakousy, Hradischko mit den Ortsteilen Pikowitz und Brunschau, Trebsin.

b/ Zum 15. Oktober 1942: Breschan mit dem Ortsteil Wensow, Leschan. [Wiederholung!]

c/ Zum 1. April 1943: Chleb mit dem Ortsteil Dunawitz, Networschitz, Ortsteil Wschetitz /der Gemeinde Tuchin/, Chrastian mit den Ortsteilen Auschtitz, Benitz, Lipka, Sobieschowitz und Tschernikowitz, Charschowitz mit dem Ortsteil Klein-Dunawitz, Krusitschan mit dem Ortsteil Hammer, Watzlawitz mit dem Ortsteil Watickow, Aurotschnitz, Bukowan mit den Ortsteilen Buchen-Lhota und Widlak-Lhota, Ortsteil Miekowitz und Radslawitz /der Gemeinde Strranny/, Petzerad mit den Ortsteilen Hurka und Wietrow, Ortsteil Hwostetz /der Gemeinde Dnespek/

und Ortsteile Sboschnitz, Schaboraschesk und Chlistow / der Gemeinde Konopiste/.

d/ Zum 15. Mai 1943: Bielitz.

Der SS-Obersturmführer Dr. Wildner wurde für alle oben genannte [!] Gemeinden als Regierungskommissar bestellt.

[70] Aussiedlungskanzlei des Ministeriums des Innern mit dem Sitze in Beneschau, z. Z. in Tschertschan, an das Ministerium des Innern, Prag
B 17.7.1943 (Státní ústřední archív v Praze)

Der »Wöchentliche Bericht zur Lage« meldet starke Beunruhigung in den Stadtverwaltungen über eine angebliche Evakuierung der Städte Pribram und Doberschisch, deren Dementi großen politischen Aufwand erfordere.

[71] Sidonie Nádherný, Vrchotovy Janovice, an Václav Wagner, [Praha]
B 23./24.7.1943 (Památník národního písemnictví, Praha)

Sehr verehrter, lieber Freund,
Vielen Dank für die Bestätigung, sie ist ausgezeichnet, aber trotzdem sende ich sie Ihnen zurück, weil ich glaube, dass Ihr Amt im März 1942 noch nicht in der Karmelitská war?? Ich weiss auch nicht den Vorteil des Antedatierens. Wenn Sie aber einen ersehen, so genügt vielleicht statt 42 auch 43? Das wäre eine leichte Correctur. Oder bin ich im Irrtum u. waren Sie schon damals in der Karmel[itská]? Man verliert den Massstab für die Zeit, wenigstens ich.

Also heute waren Sie in Kamenic [nad Lipou] u. jetzt sind Sie in Soběslav. Ich glaube, dass Geym. ein unangenehmer Herr ist, ein Despot; er ist sehr verhasst bei der Bevölkerung. Er ist schrecklich grob u. befehlerisch mit seinen Angestellten. Er wird schwerlich nach dem Krieg hier bleiben können. Bin neugierig wie seine Gattin Ihnen gefiel.

Morgen sind Sie in Bechyně. Was ist dort los, weil Sie von Befürchtungen sprechen? Die Táborer Gegend u. die Soběslaver waren bis jetzt eher verschont.

Die d[eutschen] Gendarmen, seit ich ihnen die Angeln genommen habe, schiessen jetzt mit den Revolvern auf die Karpfen! Aber nicht mehr lange. Der Herr vom Bodenamt, der ganz besonders nett ist, hat es schon an die Vorgesetzten weitergegeben, grosse Empörung, u. sie werden bestraft u. versetzt werden. Weiter ist er heute nach Benešov zum Krempel gefahren, nachdem ich ihn gestern abends darum ersuchte, denn es kam eine Vorladung für das Küchenmädl für morgen! Also fahre ich morgen früh mit ihr zum Arbeitsamt u. hoffe nur, dass Herr Meier etwas erzielt hat. Ein Glück, dass ich die 3 Männer im Haus habe, denn wir besprachen, dass wir sagen werden, dass sie eine ihrem Rang entsprechende gute Bedienung verlangen. Wir besprachen dies gestern abends lange (bis zur Dunkelheit) am Balkon, wohin ich ihn zum 1. Mal brachte, da ich seine Begleiter nicht dabei haben wollte. Das sind schreckliche, ordinäre Leute u. hamstern wie verrückt. Heute schleppten sie schwere Koffer ins Auto (weil sie nach Prag fuhren). Meier ist unglücklich darüber, sagt, er passt doch so auf in den verschiedenen Dörfern, er weiss nicht, wie sie es machen, er versteht natürlich nicht, was sie sprechen. Es ärgert ihn so, weil er (gewiss mit Recht) glaubt, dass sie die eingeschüchterte, beängstigte Stimmung ausnützen, u. so thun, als wären sie mächtig u.s.w.

Also morgen werde ich mit Krempel kämpfen. –

»O glücklich, wer noch hoffen kann
Aus diesem Meer des Irrtums aufzutauchen!
Was man nicht weiss, das eben brauchte man,
Und was man weiss, kann man nicht brauchen.«

Gute Nacht.

[auf dem Rand: Über Ihr Citat, köstlich wie jedes, musste ich lachen.

Vom Arbeitsamt zurück, wurde mir das Mädchen vorläufig belassen als Bedienung für die Bodenamt-Herren. Krempel war nicht anwesend!]

[72] Sidonie Nádherný, Vrchotovy Janovice, an Václav Wagner, [Praha]
K 4.8.1943 (Památník národního písemnictví, Praha)

Sehr verehrter, lieber Herr Doktor, Täglich warte ich mit Sehnsucht auf Ihre Bestätigung, die ich Ihnen wegen eines kleinen Irrtums retourniert hatte u. auf das Dokument von Prof. Pascher; ich fürchte, dass Sie ihn noch nicht antreffen konnten, da jetzt Ferien. Sollte er in absehbarer Zeit nicht zurückkehren, würde ich ihm den Sachverhalt schriftlich angeben; freilich wäre eine mündliche Aussprache mit Ihnen wirkungsvoller.

Mit der Bitte einer baldigen Rückantwort u. in der Hoffnung, dass Sie sehr bald mit Ihrem lieben Kommen mich beglücken werden, bin ich mit den besten Grüssen Ihre

Sidonie Nádherná

[73] Aussiedlungskanzlei des Ministeriums des Innern mit dem Sitze in Beneschau, z. Z. in Tschertschan, an das Ministerium des Innern, Prag
B 14.8.1943 (Státní ústřední archív v Praze)

Der »Wöchentliche Bericht zur Lage« gibt eine Übersicht über die ausgesiedelten Familien in den Zonen I, Ia, Ib, II, IIb, III und IV: 7 070 Familien mit 25 162 Personen wurden ausgesiedelt; 599 Familien mit 2 624 Personen verblieben als Fabrikarbeiter, Eisenbahnangestellte oder Landwirte im Gebiet des Truppenübungsplatzes zurück, wurden aber zum Teil in anderen Orten angesiedelt.

[74] Sidonie Nádherný, Vrchotovy Janovice, an Václav Wagner, [Praha]
B 21.8.1943 (Památník národního písemnictví, Praha)

Sehr verehrter, lieber Freund,
Ihre lieben Zeilen waren mir eine Erlösung, denn ich ersehe, wie recht ich hatte Ihre Beunruhigung in meinen Nerven zu haben. Umsomehr sehne ich mich nach Ihrem Kommen, Sie *müssen* aber immer schon Samstag eintreffen. Also hoffentlich am 28. d.!

Gewiss wird Ihnen Polička gut thun, ich begreife, wie quälend dies alles ist.

Vielen Dank für die Beilage. Ich warte mit d. Absendung meines Briefes noch ab, ich habe einen leisen Hoffnungsschimmer. Wir werden viel zu besprechen haben.

Vorläufig nur in Eile die *besten* Grüsse u. Wünsche von Ihrer aufrichtigen

Sidonie Nádherná

Ich werde Sie wohl sehen, ehe Sie mit Pascher reden, denn ich habe mein Konzept umstilisiert.

In unserem Janovice müssen Sie sich zu hause fühlen, also auch kommen – und gerade dann – wenn Sie *nicht* »in Form« sind!

[75] Sidonie Nádherný, Vrchotovy Janovice, an Václav Wagner, [Praha] B 30.8.1943 (Památník národního písemnictví, Praha)

Sehr verehrter, lieber Freund
Ihre liebe Karte aus Č[eská] Treb[ová] traf erst heute ein. Ich bin so froh, Sie beruhigt u. erholt zu wissen; bin nur noch besorgt wegen Kor[ecký], da ich vergass, mich nach ihm zu erkundigen, hoffe aber, dass er inzwischen wieder aufgetaucht ist.

Sollten Sie Prof. Pascher vor Ihrem Herkommen sprechen, zeigen Sie ihm lieber diesen beigeschlossenen, corrigierten Vorschlag, der besser ist als der alte. Sagen Sie ihm, ich brauche etwas in Händen, bis die Herren vorsprechen; er soll es aufsetzen, wie er es am besten findet. Gewicht darauf legen, dass ich Gärtnerin bin u. dass der Park wichtig ist für die wissenschaftl[ich] arbeitenden Botaniker u. was er sonst glaubt, das Eindruck machen würde.

Pr[inz] Schwarzenberg erzählte mir gestern, wie die Herren unangemeldet vorfuhren, gleich ein Inventar des Schlossmobiliars, der Bilder, der Wäsche aufnahmen – nur Weniges ihm lassend – auch der Gärtnerei, u. gleich ein Protokol [!] verfassten, dass alles in ihr Eigentum übergeht, geschätzt werde es erst später. Von Bezahlung wurde nicht gesprochen. Dem Pächter wurde gesagt, dass die Schätzung der von ihm übernommenen Ernte Amtsgeheimnis sei! – Ich weiss nicht, ob ich Ihnen schon schrieb, dass Krempel mir das Küchenmädchen genommen hat (es muss in Vlašim in der Munit[ions]-Fabrik arbeiten), u. dass die Köchin zum 1.10. gekündigt hat, weil sie heiraten will, ich muss also eine suchen u. bin ratlos. Vielleicht eine ältere Haushälterin wäre das Richtige. Oder ein älteres Ehepaar. Sollten Sie zufällig von etwas Passendem hören, bitte an mich zu denken. (Meinem Mädchen aber sagen Sie nichts, bis Sie kommen.) Jetzt hilft ein 14jähr[iges] Kind aus, ausserdem ein Weib.

Ich sehne mich danach, alle Ihre Nachrichten zu hören u. warte auf Nachricht, mit welchem Zug Sie am Samstag kommen.

Mit den besten Grüssen Ihre aufrichtige

Sidonie Nádherná

[76] Sidonie Nádherný, Vrchotovy Janovice, an Václav Wagner, [Praha]
B 14.9.1943 (Památník národního písemnictví, Praha)

Sehr verehrter, lieber Herr Doktor,
Ich bin glücklich, dass Sie den armen verlassenen Apparat, der jahrelang hier unbenutzt liegt, gebrauchen können. Bitte sich keine Vorwürfe zu machen, wenn Sie auch ihn wieder ungewollt Fremden überlassen sollten, denn ich habe wirklich keine Verwendung für ihn. In Ihren Händen wird er nur Schönes sehen u. spiegeln u. verewigen.

Mit den besten Grüssen Ihre

Sidonie Nádherná

[77] Sidonie Nádherný, Vrchotovy Janovice, an Václav Wagner, Máchova 27, Praha XII
K 23.9.1943 (Památník národního písemnictví, Praha)

Lieber verehrter Herr Doktor! Mit der Köchin, die ich meinte in Prag gefunden zu haben, ist nichts; sie wurde dortselbst gestern verhaftet! Also suche ich weiter, habe aber nur 1 Woche Zeit, bin dann ganz ohne Dienstboten! Es ist ein schweres Leben. – Hoffentlich geht es Ihrer Cousine wieder gut. – Meine Begegnung mit Prof. Pascher war mir eine wahre Freude, denn er bewährt sich wider alles Erwarten u. wie man es garnicht mehr gewohnt ist; Sie hatten ganz recht mit Ihrem guten Eindruck (den er ebenso von Ihnen hat!), er ist ein reizender Mensch. Übrigens sein Gutachten habe ich noch nicht zurückerhalten; hoffentlich gieng es nicht verloren. (Ich erwähne es nur, weil Sie es gleich absenden wollten.)

Mit den herzlichsten Grüssen Ihre aufrichtige

Sidonie Nádherná

Während ich dachte, dass Korecký sein Leben in Qualen verbringt, feiert er heute seine Hochzeit! Nein, erst übermorgen, wie ich sehe. Sie werden wohl anwesend sein. Ein mutiger Mann!

Seit September 1943 trägt der »Truppenübungsplatz der Waffen-SS Beneschau« mit der Feldpostnummer 40 170 den Namen »SS-Truppenübungsplatz Böhmen« (bis Mai 1945).

[78] Sidonie Nádherný, Vrchotovy Janovice, an Václav Wagner, Máchova 27, Praha XII
K 24.9.1943 (Památník národního písemnictví, Praha)

Teile in Eile den Erhalt Ihrer l[ieben] Zeilen sammt Beilage mit, u. gleichfalls, dass ich soeben die passende Köchin gefunden habe, u. mich somit wenigstens von dieser Sorge erlöst fühle.

Mit den besten Grüssen

Ihre

Sidonie Nádherná

[79] Sidonie Nádherný, Vrchotovy Janovice, an Václav Wagner, Máchova 27, Praha XII
T 28.9.1943 (Památník národního písemnictví, Praha)

Die herzlichsten Glückwünsche heute und immer Nádherná

Im Oktober 1943 wird die Räumung der Zone V für den Truppenübungsplatz Böhmen auf den 28.2.1944 festgesetzt. Die Enteignung der Bewohner, darunter Sidonie Nádherný mit Schloss und Park und den seit 1939 unter Zwangsverwaltung stehenden Gutshöfen, beginnt unmittelbar nach dieser Ankündigung und wird unter den widersprüchlichsten Versprechungen vollzogen: Am 16.10.1943 ist von der »allgemeinen Beschlagnahmeverfügung« die Rede, die den »gesamten Grundbesitz mit sämtlichem Zubehör« betreffe. Am 21.2.1944 erklärt der »massgebende Mann«, alles Bewegliche sei Eigentum der Auszusiedelnden; sie könne mitnehmen, was ihr gehöre. Erneut wird den Auszuraubenden der Eindruck vermittelt, was geschähe, ereigne sich auf höhere Anordnung, auf »Wunsch des Führers« im fernen Berlin: »... sie sagten, es sei der Wunsch des Führers, dass überall die Kunstschätze beisammen bleiben ...«

[80] Sidonie Nádherný, Vrchotovy Janovice, an Václav Wagner, [Praha]
B 6.10.1943 nachts (Památník národního písemnictví, Praha)

Sehr verehrter, lieber Herr Doktor,
Seit wir uns nicht gesehen haben, ist mir die Hälfte meines Besitzes genommen worden. Zuerst nahm man die Höfe, dann die Wälder, dann die Teiche, so dass ich nicht einmal mehr meine Karpfen ausfischen durfte, u. jetzt handelt es sich um Folgendes:

Herr Mikesch, ein deutscher (Sudeten) Herr vom Bodenamt, der die Übernahmen leitet, u. alles der SS übergibt, sagte mir, er werde durchsetzen, dass das Schloss als Museum betrachtet werden soll u. dass ich lebenslänglich hier bleiben soll um Schloss u. Park zu verwalten. Zu diesem Zweck waren heute 4 SS Herren hier mit Mikesch u. einem anderen Bodenamtmann, ich zeigte ihnen Ihr u. Paschers Gutachten, sie sagten, keinesfalls könnten Truppen in das Schloss kommen, nicht einmal Offiziere, u. dass der Park erhalten werden muss u. dass sie mir zu diesem Zweck Gummiwagen u. Ochsen lassen (die sie ursprüngl[ich] nehmen wollten). Ferner soll sich Mikesch bei Ihnen ein Gutachten holen u. wird am Montag zu Ihnen kommen. Ich müsse nur erlauben, dass ein Inventar des Mobiliars aufgenommen werde. Ich sagte, es liegt mir aus ideellen Gründen vor Allem daran, dass alles beisammen bleibt u. sie sagten, es sei der Wunsch des Führers, dass überall die Kunstschätze beisammen bleiben. Da aber sich niemand klar ausdrückt u. man von ihren Beratungen nichts erfährt, weiss ich nicht, was mit »Museum« gemeint ist. Heisst dies, dass Schloss sammt Inneneinrichtung u. Mobiliar in *ihren* Besitz übergeht oder bleibt die Inneneinrichtung *mein* Besitz? Ich fürchte das Erstere. Erhalte ich die Versicherung, dass alles beisammen bleibt u. ich hier bleiben kann ist das vielleicht besser, als dass ich mit den Möbeln auf die Wanderung gehen muss. Wie alles geplant ist u. was man mit mir vorhat, ahne ich nicht; vielleicht werden Sie etwas erfahren. Ich weiss nicht, warum man vom Denkmalamt ein Gutachten will. Aus Abschätzungsgründen?

Sie fragten mich auch, wer mein Erbe sei. Ich sagte: mein Neffe in Chotoviny, dessen Frau eine Reichsdeutsche sei. – Es wird ein schrecklicher Winter werden, ich weiss garnicht, wovon ich leben werde, wie die Forstregie erhalten u. s. w. Jetzt allein am 1. Okt[ober] habe ich 120.000 K verloren (fehlender Pachtzins u. Verlust der Fische).

Was das Unterbringen von Kunstsachen im Schloss betrifft, kommt das wohl nicht in Betracht, da ja das Schloss, wie alles hier, Besitz der SS., resp. des Reichs, wird, und da es im Gebiet des Truppenübungsfeldes liegt, dürften ja wohl keine Flüchtlinge noch Bombengeschädigte darin untergebracht werden, umsomehr, da der Sturmbannführer erklärte, es komme zum Bewohnen garnicht [!] in Betracht. – Es wurde alles vorzeitig – statt erst im Frühjahr genommen; auch die Bauern mussten ihre Felder hergeben, die Grenzen sind alle verackert. Geld aber sieht Niemand; im Gegenteil muss alles umsonst – ohne Bezahlung – im Feld arbeiten.

Es war heute ein schrecklicher Tag, die Herren kamen schon um 8 ½ u. blieben den ganzen Vormittag, ich bin ganz wirr im Kopf, kann keinen Gedanken fassen u. haben Niemanden, mit dem ich mich aussprechen kann. Verzeihen Sie also bitte, wenn so Vieles – ungeschrieben bleibt. – Ich werde weiter berichten (u. bitte um dasselbe) u. hoffe, dass Sie bald kommen werden, sich die Glut der Herbstfärbung im Park anzusehen.

Mit den besten Grüssen Ihre

Sidonie Nádherná

Ich weiss, dass Sie für mich thun werden, was Sie können.

Mit der neuen Köchin bin ich sehr zufrieden.

[81] Sidonie Nádherný, Vrchotovy Janovice, an Václav Wagner, [Praha] K 12.10.1943 (Památník národního písemnictví, Praha)

Sehr verehrter, lieber Herr Doktor! Ihr so liebes Telegramm erhalten, tut es mir zu leid, dass Sie vergebens auf den Herrn gewartet haben, sonst wären Sie gewiss in Pilgram geblieben.

Er bat mich Sie zu verständigen u. ich richtete ihm aus, dass Sie ihn erwarten.

Alles Liebe u. Gute von Ihrer aufrichtigen

Sidonie Nádherná

[82] Sidonie Nádherný, Vrchotovy Janovice, an Václav Wagner, [Praha] B 16.10.1943 (Památník národního písemnictví, Praha)

Lieber, verehrter Freund,
Man frägt sich, ob dies wirklich alles wahr u. möglich ist: Sie graben Löschwasserteiche in zerrissenen Stiefeln und ich helfe einer Sekretärin, das Schlossinventar zwecks Enteignung aufzuschreiben u. leite die Abfischungen der Fische, die mir genommen wurden. Demnächst werde ich in einem Haus wohnen, das mir nicht mehr gehört, in einem Garten arbeiten, der Anderen gehört, auf Möbeln sitzen, die Eigentum des deutschen Reichs sein werden.

Danke noch vielmals für die liebe Rücksicht, Kühn anzumelden, der aber Gottlob nicht kam. U. auch für alle Mühe, die Sie wie ein Engel sich nehmen. Ich lebe wie in einem bösen Traum. Wann werden wir erwachen? Wann wird es vorbei sein?

Heute z.B. Folgendes: Man lässt mir sagen, man werde meinen Kutschierwagen abholen lassen (eine teure Erinnerung an meinen Vater u. an glückliche Zeiten), ich protestiere, er sei mein Privateigentum, habe nichts mit der Wirtschaft zu tun u.s.w. Die Antwort: »Die Freigabe kann nicht erfolgen, da mit der allgemeinen Beschlagnahmeverfügung der gesamte Grundbesitz mit sämtlichem Zubehör erfasst wurde u. darunter auch der Wagen fällt.«

Es ist schrecklich, den Winter in solcher Umgebung verbringen zu müssen; dabei so allein, so ausgeliefert, so wehrlos. Es ist diese Wehrlosigkeit, die man so schwer erträgt; das Unerhörteste sich gefallen lassen zu müssen.

Von jeher hatte ich so ein Verantwortungsgefühl für jeden Gegenstand im Schloss, den ich als Leihgabe seiner früheren Besitzer betrachtete u. das ich behüten müsse. Nun zittere ich – mehr als vor einer Bombe. Denn wir haben uns schon lange abgewöhnt, Versicherungen zu glauben, seit Contracte ein Fetzen Papier sind.

Und mein Garten –

Ich sehne mich danach, Sie zu sehen, hoffentlich werden Sie bald einen Sonntag frei bekommen. Wir werden dann bei dem Kaminfeuer sitzen. Das Feuer wenigstens wird mir gehören.

Mit allen besten Grüssen Ihre aufrichtige

Sidonie Nádherná

Während die Sekretärin die Möbel inventarisiert, ist es, als sässe ich dabei, u. arbeite mein Todesurteil aus in tausend Farben u. Détails.

[83] Aussiedlungskanzlei des Ministeriums des Innern mit dem Sitze in Beneschau, z. Z. in Tschertschan, an das Ministerium des Innern, Prag
B 23.10.1943 (Státní ústřední archív v Praze)

Der »Wöchentliche Bericht zur Lage« meldet die Übergabe der geräumten Zone IIb »an die SS-Standortverwaltung Beneschau«. Nur Einwohner, die »im Dienst der Waffen SS auf dem T. Ue. P. weiter arbeiten«, verbleiben in ihren Wohnungen. Bei der Übergabe, »Haus von Haus, Raum von Raum«, wurde der Diebstahl zweier Öfen entdeckt; Anzeige wurde erstattet.

[84] Sidonie Nádherný, Vrchotovy Janovice, an Václav Wagner, [Praha]
B 29.10.1943 (Památník národního písemnictví, Praha)

Sehr verehrter lieber Freund,
Über Ihren köstlichen Brief musste ich lachen u. kann mich nicht entschliessen, ihn zu vernichten. Ich sehe nicht ein, warum *Sie* das Schloss-Inventar schätzen sollen; man sollte doch für die Möbel einen Tischler berufen, für die Bilder einen aus der Textil-Leinwand Branche, für das Porzellan einen Porzellanhändler u.s.w. Für den Park einen Holzhändler.

Ich denke darüber nach, vorzuschlagen, dass man mir Schloss und Park noch einige Jahre als Eigentum belässt, in welchem Fall ich auf eine Entschädigung verzichte u. es dann dem Reich schenke. Die Schätzung der Herren (das Schloss soll doch als »Museum« betrachtet werden u. trotzdem wird ein Altwienerteller als ein Speiseteller für Schweinernes bewertet?!) kann ich ja nicht anerkennen u. würde kein Geld annehmen.

Die Übersiedlungskommission sucht schon hier Wohnungen für ihren Winteraufenthalt bei uns.

Ich sehne mich danach, Sie zu sehen, jeder Tag ist mir recht.

Ich soll im Schloss belassen werden, weil die Herren nicht wissen, was mit dem unbrauchbaren Gebäude u. mit dem Park anzufangen. – Unlängst war ich von abends bis früh in Prag, um G[rä]fin Mary Dob[rženský] zu sehen. Ich begleitete sie um 4 U[hr] früh zur Bahn, sie fuhr nach B[uda]pest. Im Schloss ist ein Sohn geboren. Sie war empört, wie sich ihr Sohn u. die Familie seiner Gattin gegen Frau Pröschel benehmen; sie wollen sie in ein feuchtes Küchenmädchen-Zimmer übersiedeln. Sobald sie die Ausreise-Bewilligung erhält, geht sie nach Ungarn; ihr Aufenthalt im Schloss ist unhaltbar geworden.

Wie schön ist dieser lange, warme, farbentrunkene Herbst – u. doch kann man unter so schwerem Alpdruck ihn nicht geniessen.

Auf baldiges Wiedersehen!

Ihre

Sidonie Nádherná

[85] Aussiedlungskanzlei des Ministeriums des Innern mit dem Sitze in Beneschau, z. Z. in Tschertschan, an das Ministerium des Innern B 8.11.1943 (Státní ústřední archív v Praze)

Der »Wöchentliche Bericht zur Lage« meldet zwischen dem 2. und 5. November die Übergabe der zum 31. Oktober geräumten Zone IV an den »SS-Truppenübungsplatz Böhmen bei Beneschau«. »Oefen und Beleuchtungskörper sind, soweit vorhanden, verblieben«, stellten die Aussiedlungsbeamten mit einer Detailversessenheit fest, die sich unbeeindruckt zeigt von der künftigen Zerstörung der geräumten Häuser. »Nur in der Ortschaft Vobos Nr. 6 fehlten 2 kleine und 3 grosse innere Fensterflügel, nach denen der Gendarmerieposten Nalschowitz noch fahndet. [...] Schlüssel von den geräumten Häusern wurden von den ständigen Gendarmeriestreifen an die SS Standortverwaltung übergeben.« Und weiter: »Am 5. November 1943 begann die Liquidation der Aussenstelle der Aussiedlerkanzlei in Seltschan.« Dabei wurde ein Diebstahl entdeckt: »Es fehlen 2 Handtücher und 1 Strohsack. Der Verlust des Strohsackes wird von dem Gendarmerieposten / ständiger Gendarmerieposten in Seltschan / untersucht.«!

[86] Sidonie Nádherný, Vrchotovy Janovice, an Václav Wagner, Máchova 27, Praha XII
K 9.12.1943 (Památník národního písemnictví, Praha)

Sehr verehrter lieber Herr Doktor, Ihre l[iebe] Karte heute erhalten, denke ich oft an Sie u. vermisse Ihre lieben Besuche sehr. Am 15., vielleicht auch am 16. bin ich in Prag u. würde mich freuen, einen Abend mit Ihnen zu verbringen. Ich werde bei meinem Vetter Erwin in der Vlašská 13 wohnen. Sind Sie in diesen Tagen in Prag? Bitte um Ihre amtl[iche] u. private Telephon Nr., würde Sie nach Ankunft am 14. abends von d. Wohnung aus anrufen, oder am 15. früh.

Oft gedenke ich, da die Weihnachtszeit sich nähert, unseres lieben gemeinsamen Weihnachtens u. wäre glücklich, wenn ich Sie wieder hier hätte. Aber da ich in den Feiertagen keine Aushilfe im Haus zur Hand haben werde, will ich meiner Köchin, die allein nicht alles leisten kann, frei geben u. werde die 2 Feiertage bei meiner alten Tante in Jistebnice verbringen; den Weihnachtsabend selbst hier allein oder – wie wäre das? – gemeinsam mit Ihnen in einem Taborer Hotel? Ich könnte ein Nachtmahl mitbringen. Unserem Leitspruch »ignorieren« würden wir natürlich treu bleiben. Abschreckend ist nur die Überfüllung der Züge. Nach Jistebnic [!] kann ich nämlich nur 1 Zug benützen, u. zwar um 13 U[hr]. Vielleicht haben Sie vor nach Soběslav weiterzufahren u. passt Ihnen gerade Tábor. Oder fahren Sie nach Potštejn?

Mit den besten Grüssen Ihre

Sidonie Nádherná

[87] Sidonie Nádherný, Vrch[otovy] Janovice, an Václav Wagner, [Praha] K 12.12.1943 (Památník národního písemnictví, Praha)

Sehr verehrter, lieber Herr Doktor, Ich komme also am Mittwoch den 15. um 6 U[hr] abends zu Ihnen, wenn Ihnen die Stunde passt; wollen Sie eine frühere oder spätere, dann bitte telephonieren Sie es mir in die Wohnung meines Vetters Erwin Vlašská 13, vielleicht in d[er] früh um 9 U[hr]. Nach 10 U[hr] bin ich bei Dr. Matina. Ich freue mich schon sehr Sie wiederzusehen. – Ich kann erst am 14. abends 8 U[hr] nach Prag kommen, also nicht in das Konzert gehen. – Mit den besten Grüssen Ihre

Sidonie Nádherná

[88] Sidonie Nádherný, Schloss Janowitz-Markt, an SS-Sturmbannführer Fiedler, Standortverwaltung, Beneschau
B [Abschrift] 18.12.1943 (Památník národního písemnictví, Praha)

Ich teile Ihnen mit, dass, obgleich Sie bei Ihrem Hiersein sagten, in das Schloss, das als Museum betrachtet werden soll, keinesfalls Truppen, weder Mannschaft noch Offiziere, untergebracht werden dürfen, dieser Tage in meiner Abwesenheit ein Soldat aus Beneschau hier war und darauf bestand, die Masze aller Zimmer aufzunehmen zwecks Unterbringung von Truppen, ebenso von dem im Park gelegenen kleinen Waschhaus (mit Wasch- und Bügelraum nebst Gärtnerwohnung) und den vom Schloss zugänglichen Räumen bei der Einfahrt (Wohnung des Kutschers für die Parkochsen und Parkarbeiten, meine Kanzlei und das Zimmer meines Forstadjunkten), die ich ja alle benötigen würde, wenn ich hier bleibe und die zum eingeschlossenen Schlosskomplex gehören und vom Meierhof und Dorf ganz abgetrennt sind.

Da ich nun seit Ihrem Besuch nichts Weiteres gehört habe, bitte ich um Aufklärung, ob die Besichtigung des Salons u. aller Zimmer zwecks Truppenunterbringung nicht auf ein [!] Missverständnis beruht, damit ich Bescheid weiss und mich danach verhalten kann.

[89] Sidonie Nádherný, Vrchotovy Janovice an Václav Wagner, Máchova 27, Praha XII
K 19.12.1943 (Památník národního písemnictví, Praha)

Sehr verehrter, lieber Freund, Ihre l[iebe] Karte erhalten, danke ich noch vielmals für die herrliche Bewirtung u. für die Mühe mit der Waschmaschine; es war zu dumm von mir, sie zu vergessen. Ich rief Sie vormittags mehrmals leider vergebens an. Ich wusste gleich, Ihre Verlässlichkeit kennend, dass es gewiss nicht an Ihnen liege, als die Maschine nicht abgegeben wurde. Aber es macht gar nichts, denn ich hätte sie ohnedies nicht mitnehmen können; ich hatte mehr eingekauft, als ich tragen konnte. Es wird sich schon jemand finden, der sie mir bringen wird. – Ich benütze die Gelegenheit, Ihnen diesmal leider nur schriftlich alle besten Weihnachtswünsche zu sagen u. dass ein besseres Neues Jahr uns beschieden sei, ein Wunsch, der sich im Vorjahre nicht erfüllte. Ich werde Weihnachten in Tabor verbringen.

Die herzlichsten Grüsse von Ihrer aufrichtigen

Sidonie Nádherná

[90] S[tand]O[rt]V[erwaltung]-Tr[uppen]-Ueb[ungs]Pl[atz] Beneschau, Abt. Landwirtschaft, an Baronin Sidonie Nádherna, Schloss Janowitz-Markt
B [Abschrift] 23.12.1943 (Památník národního písemnictví, Praha)

Az.63 und 23/II/1/Schö./TS., Tgb. Nr. 3638
Betr.: Truppenunterbringung in Schloss Janowitz-Markt
Bezg.: Dort.Schreiben v. 18.12.43
Anlg.: – 9 –

In Beantwortung dortigen Schreibens v. 18.12.43 wird mitgeteilt, dass die Frage der Unterbringung von Truppen im Schloss Janowitz-Markt noch nicht geklärt ist. Die Standortverwaltung hat beantragt, das Schloss nicht mit Truppen zu belegen, jedoch ist die Entscheidung in dieser Angelegeheit von Berlin aus noch abzuwarten.

Da der Ausgang dieser Entscheidung jedoch sehr ungewiss ist, erscheint es ratsam, die Beschaffung einer anderen Unterkunft schon jetzt vorsorglich zu erwägen.

Weisner
SS-Untersturmführer
u. Platzlandwirt

[91] Sidonie Nádherný, Vrchotovy Janovice, an Václav Wagner
B 27.12.43 (Památník národního písemnictví, Praha)

Sehr verehrter Herr Doktor,
Über diese unerwartete Änderung u. qualvolle Unsicherheit bin ich ganz ausser mir; es ist unausdenkbar grauenhaft. Kann da nicht Prof. Kühn eingreifen, um zu verhindern, dass Truppen in das Schloss kommen? Dies hiesse ja, alles der Zerstörung preisgeben! Mit den Holzfiguren am Stiegenhaus würden die Soldaten einheizen (in Sedlčany reissen sie alle Bretter der Fussböden auf u. verheizen sie). Und der Speisesaal, die alten Kachelöfen u. alles mit dem Schloss untrennbar verwachsene. Alles mitnehmen ist ebenso undenkbar wie alles hierlassen u. preisgeben.

Ich kann keinen klaren Gedanken fassen, ich irre herum u. weiss nicht, was ich tue. Dieser Ort ist mein Alles, mein Letztes, in meiner grenzenlosen Einsamkeit. Es wäre dann besser, zu sterben.

In tiefer Sorge Ihre

Sidonie Nádherná

Zu allem Unglück ist jene Elsa Bruckmann, die mir bei Hitler helfen soll, in der Schweiz seit 2 Monaten und kann von dort aus nichts tun; wird [auf dem Rand: täglich zurückerwartet, kommt aber nicht.]

Durch den Bericht der Aussiedlungskanzlei an das Ministerium des Innern vom 31.12.1943 wird die Räumung von »Janowitz-Markt« und »Janowitz-Dorf« zum 28.2.1944 bestätigt. Für Sidonie Nádherný ist eine Verschiebung des Umzugstermins nötig, weil zuerst die Zwangsverwaltung ihres Hofguts Voračice, das ausserhalb des Platzgebietes liegt, aufgehoben werden muss – die Entscheidung über die Aufhebung der Zwangsverwaltung verzögert sich. Dorthin soll ihre bewegliche

Habe ausgelagert werden. Dieses »Entgegenkommen« des Aussiedlungsamtes wird in den Jahren 1947 und 1949 Anlass zu gerichtsnotorischen Vorwürfen gegen die Schlossherrin, s. [165] und [169].

[92] Aussiedlungskanzlei des Ministeriums des Innern mit dem Sitze in Beneschau, z. Z. in Tschertschan, an das Ministerium des Innern B 31.12.1943 (Státní ústřední archív v Praze)

Der »Sonderbericht über die Räumung der Zone III« und der »Wöchentliche Bericht zur Lage« hält fest:

»1/ Als Sonderbericht wird gemeldet, dass bisher im Protektorat die grösste Aussiedlungsetappe, und zwar die III. Zone des SS Truppenübungsplatzes Böhmen reibungslos, planmässig, vor der angeordneten Frist und ohne Störung der öffentlichen Ruhe, Sicherheit und Ordnung geräumt wurde. Die Uebergabe des Platzgebietes Zone III an die SS Standortverwaltung beginnt am 4. Jänner 1944. [...] Der unermüdlichen Arbeit der Aussiedlungskanzlei ist es gelungen trotz schwierigen Verhältnissen fast allen Aussiedlern eine Ersatzexistenz zu verschaffen. Niemand von den Aussiedlern musste vom zuständigen Arbeitsamt neueingesetzt werden. [...]

4/ Durch Erlass vom 27. Dezember 1943, Aktenzeichen S-1 Kr/Ne, S 1301-31/5 hat das Bodenamt für Böhmen und Mähren auf Antrag der Kommandantur vom 30. November 1943, Az. La 63 u 11 Hpr/E angeordnet, bei der Räumung der Zone V ein anderes Verfahren einzuhalten.
Es sind daher nachstehende Räumungsdaten unbedingt einzuhalten:

bis zum 31.I.1944	Marschowitz,
bis zum 15.II.1944	Drachkau,
bis zum 28.II.1944	Boschkowitz, Schebaniowitz, Minartitz, Merwitz, Sledowitz, Slawkau /gehört zu Kocheschitz/, Janowitz-Markt, Janowitz-Dorf ,
bis zum 15.III.1944	Rudoltitz, Stietkowitz, Podmarschowitz, Radoschowitz, Toschitz, Hurka,

Libohauscht, Manielowitz, Sedletschko, Sternaditz, Braschtitz, Borschana-Lhota, Klimetitz /gehört zur Gemeinde Prossenitzer Lhota, schon geräumt/, Sahradnitz /gehört zu Olbramowitz/,

bis zum 1.IV.1944 Sales 1. Teil, Sehorschan, Podol[i] /gehört zu Kscheschitz [Krschesits]/.

Der Bevölkerung werden durch hiesiges Rundschreiben vom 30. Dezember 1943, Zahl 1040/15 ai 1943 die Aussiedlungsdaten mitgeteilt, wobei ausdrücklich darauf hingewiesen wird, dass gegen einen früheren Abzug nichts eingewendet wird.«

1944

Die Vertreibung. Während Sidonie Nádherný von der SS aus Schloss und Park vertrieben wird, bricht die militärische Überlegenheit der deutschen Wehrmacht an allen Fronten zusammen. – Im Protektorat stellt ein Sonderbericht des Aussiedlungsamtes mit tiefer Befriedung fest, durch die Vertreibung von 8619 Familien mit 30986 Personen aus 144 Ortschaften sei die »angeordnete Räumung des ganzen SS-Truppenübungsplatzes Böhmen reibungslos, planmässig und immer ohne Ausnahme rechtzeitig durchgeführt [worden]. Die öffentliche Ruhe, Sicherheit und Ordnung wurden in keinem Falle bedroht.« – Noch im gleichen Jahr erfahren deutsche Familien in Ostpreußen Flucht und Vertreibung, nachdem die Rote Armee das Reichsgebiet erreicht.

[93] Sidonie Nádherný; Vrchotovy Janovice, an Václav Wagner, [Praha] B 1.1.1944 (Památník národního písemnictví, Praha)

Sehr verehrter, lieber Herr Doktor!
Ihre beiden lieben Briefe gleichzeitig erhalten u. von Herzen wünsche ich Ihnen reinste Schönheit in diesem kommenden schicksalsvollen Jahr. Es dürfte nicht nur mein persönliches, aber das Schicksal unserer Aller [!], das Schicksal der ganzen Welt entscheiden. Es scheint mir sicher, dass es den Höhepunkt von noch nie Dagewesenem erreichen wird. Gibt es auch keinen Zweifel über den Ausgang, so fürchte ich mich vor dieses [!] Jahr. Könnte man ihm nur entrinnen. Entrinnen als Zuseher der Zerstörung, entrinnen dem Blutmeer. Was wird übrig bleiben? Wer wird übrig bleiben? Was Jahrhunderte geschaffen, was wir liebten und verehrten, was uns Lebensimpuls war, müssen wir es auf immer entbehren? Wird unser Herz nicht bluten bis zu unserem letzten Atemzug, die wir Zeugen gewesen sind von so Ungeheuerlichem? Jeder Schritt wird über Trümmer stolpern. Ein Welten-Trümmerfeld der Schönheit, von Träumen, von Herzen – Welch ein grauenhafter Preis für die Erlösung.

In der Mitternachtsstunde hörte ich frommen Gebeten zu. Als Antwort meiner Gedanken sagte der Prediger: »Fürchte dich nicht.« Dann, in der ersten Neujahrsstunde erklang die IX. Beethovens u. mit dem Jubelrausch des Chors – Freude, schöner Götterfunken – in den Ohren gieng ich schlafen. – »Dort oben überm Sternenzelt muss ein lieber Vater wohnen« – welch eine unirdische Musik.

Was Janovice betrifft, hoffen wir, dass es nicht mein Todesurteil wird. Alles ertrage ich, nur nicht die nie mehr gutzumachende Zerstörung seiner Schönheit. Janowitz ist mit mir verwachsen, ist Blut von meinem Blut, wir sind eine Einheit, es zerstören heisst mich zerstören. Ich bedaure den G[ra]f Kinsky u. das arme Chlumec sehr, aber es war nicht sein Lebensinhalt wie dieser Ort der meine ist. Denn ich habe nichts als dies.

Bis ich wieder was höre, gebe ich Nachricht. Verzeihen Sie den düsteren Brief, doch nie noch gab es einen ernsteren Neujahrstag.

Mit allen besten Wünschen u. Grüssen

Ihre aufrichtige Sidonie Nádherná

[auf dem Rand: Von Korecky [!](»mit Gattin« – wie conventionel! [!]) kamen Neujahrswünsche.]

[94] Sidonie Nádherný, Vrchotovy Janovice, an Václav Wagner, [Praha] K 8.1.1944 (Památník národního písemnictví, Praha)

Sehr verehrter Herr Doktor,
Ich sende gleichzeitig einen wichtigen Brief an Sie in das Denkmalamt Karmelitská ab, da Sie vielleicht die Morgenpost in der Wohnung nicht erhalten und die Sache *sehr eilt*. Schreibe es Ihnen aber auch in Ihre Wohnung, falls Sie am Montag zu hause bleiben sollten... Mit bestem Gruss Ihre

Sidonie Nádherná

[95] Sidonie Nádherný, Vrchotovy Janovice, an Václav Wagner, [Praha] B 8.1.1944 (Památník národního písemnictví, Praha)

Sehr verehrter lieber Herr Doktor!
Bis Ende Februar muss die gesamte Bevölkerung Janovice verlassen haben, ebenso wird der Meierhof evakuiert, es soll eine Panzerdivision herkommen. (Im Truppenübungsfeld gibt es total zerschossene Dörfer, über die früheren Häuser fahren die

Panzer hinweg.) Was mit Schloss, Park u. mir geschieht, wurde mir noch nicht gesagt. Dazu schreibt mir heute die Zwangsverwaltung, dass sie mir den Hof Voračice *nicht* übergibt, er war mein letzter Hoffnungsschimmer. Mein Gärtner hat mich auch ab heute verlassen, natürlich sucht Jeder rechtzeitig wo anders unterzukommen.

Aber ich will Ihnen nicht vorklagen. Ich habe ohnedies keine Worte.

Nur Folgendes wollte ich mitteilen: Höhere Reichswehroffiziere in Budweis (Bekannte einer Cousine in Tábor) wollen die Sache in die Hand nehmen, in Benešov vorsprechen, u. ausserdem soll ein Bittgesuch an die Präsidialkanzlei des Führers zu Handen des Reichsministers Meissner abgehen, welcher für die Weiterleitung an die höchste Instanz bürgt. Man meint die Berufung auf Elsa Bruckmann dürfte ein vielleicht entscheidender Faktor sein. Es wäre aber auch gut, das Gutachten des Denkmalamtes beizulegen. Wäre es Ihnen möglich, mir umgehendst eine Abschrift des Gutachtens zu senden, welches Sie für die SS. verfertigt hatten? Ich würde auch das von Prof. Pascher mitsenden. Bitte womöglich gleich, denn das Gesuch soll in den nächsten Tagen abgehen.

Alles Liebe u. Gute von Ihrer aufrichtigen

Sidonie Nádherná

Erwarte Antwort umgehendst!!

[96] Aussiedlungskanzlei des Ministeriums des Innern mit dem Sitze in Beneschau, z. Z. in Tschertschan, an das Ministerium des Innern B 10.1.1944 (Státní ústřední archív v Praze)

Ein »Sonderbericht« hält Einzelheiten der »Uebergabe des Platzgebietes Zone III an die SS-Standortverwaltung« fest. Wieder schildert Dr. Šrajer detailliert Einzelheiten der Schlüsselübergabe, der Kontrolle der Häuser, ihrer Beheizungs- und Beleuchtungsmöglichkeiten, denn was durch die Verwendung scharfer Munition im Gebiet des Truppenübungsplatzes der völligen Zerstörung ausgesetzt war, sollte wenigstens in geordnetem, sauberen Zustand vernichtet werden: »Im Laufe der vorigen Woche wurde die Zone III des SS-Tr.Ueb.Pl. Böhmen vom Bodenamte für Böhmen und Mähren und von der Aussiedlungskanzlei an die SS-St.O.V. Beneschau mit Stichtag 31.12.1943 übergeben.« Die Übernahme wird nicht mehr von den ersten Repräsentanten der einzelnen Ämter und Dienststellen vollzogen. Anwesend sind Sekretär Prokupek (Bodenamt), Dr. Šrajer (Aussiedlungskanzlei) und SS-Rttf. Dr. Lösch (SS-Standortverwaltung).

»Nicht besichtigt wurden die Anlagen des Schlosses Konopischt, da dasselbe vorzeitig durch die SS-St.O.Kdtr. übernommen worden ist. [...] Schloss Tloskau ist in seinem linken Flügel noch von der Familie Danek von Esse bewohnt. Die geräumten Teile des Schlosses wurden besichtigt. Es wurde festgestellt, dass die Oefen verblieben waren, die Beleuchtungskörper aber bis auf ganz wenige Ausnahmen entfernt waren. Die ebenerdigen Teile des geräumten Traktes befinden sich noch in unsauberem Zustand. Frau Danek von Esse wurde darauf aufmerksam gemacht, und versprach, diese Räume noch reinigen zu lassen. Die Schlüssel des Schlosses werden nach gänzlicher Räumung durch den Beschliesser an die SS-St.O.V. Beneschau übergeben werden. Es wird bemerkt, dass es sich um [einen] Reichsdeutschen Staatsangehörigen handelt, der daher in den Wirkungskreis der Aussiedlungskanzlei nicht fällt.«

[97] Sidonie Nádherný, Vrchotovy Janovice, an Václav Wagner
B 13.1.1944 (Památník národního písemnictví, Praha)

Sehr verehrter, lieber Herr Doktor,
Welch eine traurige Überraschung, Sie noch immer mit dem Arm leidend zu wissen, während ich Sie längst gesund dachte; Sie nahmen es damals so leicht u. tapfer, wahrscheinlich hat es Sie schon damals sehr geschmerzt. Und dass Sie sogar ins Sanatorium mussten! Und nicht einmal der Trost, dass Sie sich dort ausruhten u. sich mit Ihren Büchern geistig beschäftigen konnten, denn Sie schreiben, dass die Behandlung schmerzhaft war u. dass Sie sich nicht wohl fühlen. Sie bleiben jetzt wohl noch einige Tage ruhig zu hause, hoffentlich bekommen Sie Besuche. Es ist rührend, dass Sie direkt vom Sanat[orium] ins Amt fuh-

ren u. danke ich Ihnen vielmals. Aber leider ist es nicht das Gutachten, das ich wünschte. Denn diese an mich adressierte Bestätigung habe ich natürlich u. habe sie schon dem Brief beigelegt, wartete nur auf jenes Gutachten, das seinerzeit Mikesch von Ihnen für die SS. verlangte, u. das ich nicht kenne, nur dachte ich, es sei vielleicht ausführlicher. Falls also Sie eine Abschrift senden können (oder ist es eine Privatangelegenheit zwischen Denkmalamt u. SS, die diskret behandelt werden soll?), bitte darum, würde es dem Brief nachsenden lassen.

Im Dorf übersiedelt schon alles, ein herzzerreissender Anblick. Was mit mir geschieht, weiss ich noch immer nicht. Es heisst, dass keine einzige Civilperson hier bleiben darf, selbst der Bäcker, der für die Soldaten backen soll, muss im nächsten Dorf wohnen. –

Mit den besten Empfehlungen Ihre aufrichtige

Sidonie Nádherná

[98] Aussiedlungskanzlei des Ministeriums des Innern mit dem Sitze in Beneschau, z. Z. in Tschertschan, an das Ministerium des Innern B 15.1.1944 (Státní ústřední archív v Praze)

Der »Wöchentliche Bericht zur Lage« beschäftigt sich angelegentlich mit der Unterbringung von »Suk's Museum aus Kretschowitz«, das in einer Villa in Senochrab, Haus Nr. 47, untergebracht ist. – Die Aussiedlung von Ruheständlern aus Beneschau sowie die Austragung von Streitfällen in Übersiedlungsfragen liegt jetzt im Wirkungskreis der »Reichsauftragsverwaltung«. »Reichsauftragsverwaltung entscheidet auch in Zukunft, welche Ruheständler ausgesiedelt werden sollen und welche örtlich gebunden sind.«

[99] Sidonie Nádherný, Vrchotovy Janovice, an Václav Wagner B 5.2.1944 (Památník národního písemnictví, Praha)

Sehr verehrter, lieber Freund!
Schlechte Nachrichten: Von höheren Offizieren in Beneschau erfahren, Berlin hat vor, die Entscheidung zu treffen, das Schloss

für Truppen zu verwenden u. mich zu vertreiben. Ich bin verzweifelt. Mein Schicksal wird momentan erwogen im Kommandoamt der Waffen SS, Berlin-Wilmersdorf, Kaiserallee 188. Könnte Kühn nicht eingreifen? Entweder dort oder bei der Standortverwaltung in Beneschau (Sturmbannführer Fiedler ist massgebend, aber er sagt, er kann nichts machen, alles liegt bei Berlin u. sein Vorschlag wurde abgelehnt, nämlich Museum u. mich belassen). Also Berlin ist entscheidend. Es müsste doch den Herren dort klar gemacht werden, dass es Vandalismus sei, das Innere des Schlosses Soldaten preiszugeben. Hier verbrennen sie alles, was aus Holz ist, Fussboden, Fensterrahmen, reissen aus den Gärten die Bäume u. verbrennen sie, würden ruhig die Holzskulpturen des Stiegenhauses verbrennen. Die wenigstens müssten gerettet werden, eingesperrt in die Kapelle. U. den Speisesaal möchte ich mit Möbeln verstauen, um die Wände zu retten. Es scheint, das Inventar soll mein Eigentum bleiben. Nichts aber ist sicher, nur glaube ich, es sollte rechtzeitig eingeschritten werden, dass Kühn gehört habe, man erwäge Truppenunterbringung u.s.w. Es würde nur in Berlin helfen. Ich fürchte, bis die Entscheidung kommt, was täglich geschehen kann, ist es zu spät.

Ich versuche noch via Pascher, dass man mich im Garten lässt, vielleicht im Waschhaus.

Jeden Tag fahren Möbelautos vor, Haus nach Haus wird entleert. Nur ich weiss nicht, was mit mir geschehen soll.

Die Möbel in die wertvollste [!] Zimmer verstauen. Dann werden sie gestohlen. Sie übersiedeln – wüsste ich auch wohin – heisst, dass die Hälfte gebrochen wird – ich sehe wie sie es machen – ausserdem eine Arbeit von 2 Monaten, also undurchführbar.

In Eile

SN

Zumindest müsste erreicht werden, dass man mir einige Zimmer zum Verstauen aller Möbel überlässt. Bibliothek, Salon, Speisesaal. – Sie sagten, elektr[isches] Licht kann man einbauen! Also alles verschandeln, die Wandmalereien verderben.

[auf dem Rand: Das Stiegenhaus muss doch gerettet werden. Ich habe nichts dagegen, es dem Kühn zu zeigen.]

[100] Aussiedlungskanzlei des Ministeriums des Innern mit dem Sitze in Beneschau, z. Z. in Tschertschan, an das Ministerium des Innern B 6.2.1944 (Státní ústřední archív v Praze)

Der »Wöchtliche Bericht zur Lage« berichtet über die Räumung der Gemeinde Marschowitz mit den Ortsteilen Sales und Podmarschowitz; von der Übergabe an die SS am 4. Februar und der Einrichtung sogenannter »SS-Höfe« zur Nutzung der landwirtschaftlichen Flächen; von der gescheiterten Übernahme des Schlosses Tloskau – die Schlüssel fehlen! – u. a.

[101] Sidonie Nádherný, Vrchotovy Janovice, an Václav Wagner, [Praha] B 10.2.1944 (Památník národního písemnictví, Praha)

Sehr verehrter, lieber Freund,
Der mein inneres Wesen aufrührende Inhalt Ihres Briefes, in welchem Philosophie [mich stärken] möchte, aber vom Herzen übertönt wird, hat mir Mut gegeben, den Mut zum Ertragen, den zum Kämpfen habe ich stets.

Prof. Pascher schrieb mir gestern, dass er gerade das vorhat, was Sie vorschlagen, sich heute an Kühn zu wenden (der, wie es scheint, seinem Namen widerspricht); ausserdem hat er ein Schreiben nach Beneschau geschickt, die Wichtigkeit meiner persönlichen Gegenwart im Park betonend.

Noch immer weiss ich nichts Bestimmtes. Mit Schrecken aber erinnere ich mich, dass der Leiter sagte, man werde eben elektr[isches] Licht einbauen, wenn keines da ist. Gott schütze das Stiegenhaus! Und den Speisesaal.

In Eile u. mit Herzensdank – u. Grüssen.

Ihre aufrichtige
Sidonie Nádherná

[102] Sidonie Nádherný, Vrchotovy Janovice, an Václav Wagner, [Praha] B Sonntag nachts [20.2.1944?] (Památník národního písemnictví, Praha)

Sehr verehrter, lieber Herr Doktor,
Es hat sich herausgestellt, dass in Voračice ein so grosser Speicher ist, dass im oberen Stockwerk desselben ich alle Schlossmöbel bestens unterbringen kann; er ist ganz trocken u. verschliessbar. Also werde ich alles aus den Zimmern, auch die Barockkästen vom Gang, nach Voračice schaffen. Jetzt aber weiss ich nicht, wie ich es mit den Möbeln u. Bildern in den 4 Zimmern Speisezimmer bis Bibliothek machen soll. Soll ich auch von dort Bilder wegnehmen? Das Porzellan u. Glas würde ich jedenfalls verpacken, denke ich, wie alle Kleinigkeiten; soll ich aber auch die Bilder fortnehmen? Prof. Kühn sagt, man würde die Räume verschliessen; das wäre zu wenig, man müsste sie versiegeln. Sonst ist Einbruch sicher. Was aber hat es eigentlich für einen Sinn, dort Möbel abzuschliessen, die ich ebensogut nach Voračice nehmen kann, wo sie dann mein Eigentum wären, denn ich glaube sicher, was dort bleibt, wird als ihr Eigentum angesehen. Unter dem Pretext, dass die Sachen dort in Bombengefahr stehen, könnte ich sie wegnehmen. Freilich möchte ich die Bücher in der Bibliothek dort lassen, die Familienbilder aber fortnehmen u. ich glaube, auch die anderen Bilder im Salon u. Speisezimmer. Die Bibliothek als Rilkezimmer bliebe also unangetastet u. natürlich muss der Speisesaal verschlossen werden, wegen der bemalten Wandbespannung u. des schönen Ofens. Im Boudoir, dem gewölbten Zimmer mit der Weinlaubtapete, sind z.B. schöne Möbel, soll ich die entfernen? Wenn aber alles weg ist, hat der Besuch Kühn's u. Boltes wenig Sinn, ausser dass man bespricht, was mit den Holzskulpturen im Stiegenhaus geschehen soll. Ferner gibt es im 1. Stock noch 2 Zimmer, die wegen ihrer Öfen (der eine mit prachtvoller Glasur, der andere wegen der schönen Kachel von Kilian) auch nicht benutzt werden sollten. Wollen Sie das vielleicht mit Kühn besprechen, weil ich nicht weiss, wie vorzugehen. Ich weiss nicht, ob Denkmalschutz eine genügende Garantie ist, dass wirklich nichts wegkäme. Und wozu eigentlich schöne Möbel absperren? Dann hat ja niemand nichts davon? Und

der Gedankengang der SS. ist doch der, dass sie tausend Jahre dort bleiben werden. Was also in den Zimmern bleibt, wird ihr Eigentum u. verliere ich den Anspruch darauf.

Teppiche nehme ich natürlich alle fort, sie würden nur vermotten. Ich habe schon heute mit dem Packen angefangen, je schneller ich alles rette, desto besser. Ich zittere nur, dass dieser Tage Herren kommen werden, um alles zu übernehmen.

Mit den besten Grüssen u. allem Dank für Ihre Mühe u. Hilfe Ihre aufrichtige

Sidonie Nádherná

[103] Sidonie Nádherný, Vrchotovy Janovice, an Václav Wagner, [Praha] B 21.2.1944 (Památník národního písemnictví, Praha)

Sehr verehrter, lieber Herr Doktor,
Heute war der Kommandant der SS hier u. sagte mir, *er* sei der massgebende Mann, ein Herr von der Tann. Er sagte, alles sei mein Eigentum u. ich kann alles mitnehmen, selbst die Holzfiguren am Stiegenhaus; aber ich sagte, die müssten hier bleiben u. dass wir planen, sie in die Schlosskapelle einzusperren. Ich sagte ihm, ich werde alles mitnehmen, nur vorläufig nicht die Bücher der Bibliothek, die abgesperrt werden müsste, ebenso der Speisesaal. Er sagte, er werde mit Kühn herkommen, u. besprechen, ob Räume abgesperrt werden können. Ich werde also alles aus *allen* Räumen fortschaffen, mit Ausnahme der Bücher. Er sagte, komischerweise, »wenn Sie etwas dem Prof. Kühn verkaufen wollen, können Sie das ruhig thun, da alles Ihnen gehört«, ich sagte, es fällt mir garnicht ein, irgend etwas zu verkaufen. Er versprach mir durchzusetzen, dass ich frühestens am 15.3., spätestens am 30.3. übersiedle.

Ich kann noch immer nicht fassen, dass ich fort soll –

Die *besten* Grüsse, Ihre aufrichtige

Sidonie Nádherná

[104] Sidonie Nádherný, Vrchotovy Janovice, an Václav Wagner, [Praha]
B 23.2.1944 (Památník národního písemnictví, Praha)

Sehr verehrter, lieber Herr Doktor!
Es wird mir allgemein empfohlen, das Schloss lieber vollkommen zu räumen, umsomehr, da der massgebende Kommandant Freiherr von der Tann mir ausdrücklich sagte, alles bleibe mein Eigentum. Ich werde also auch die Holzskulpturen im Stiegenhaus, zumindest die 4 Jahreszeiten, in Sicherheit bringen, u. bleibt mir Zeit, ebenso wie in der Kirche, den Altar zerlegen u. alles unter meiner Obhut im geräumigen, trockenen Speicher in Woraschitz unterbringen. Ebenso die Bibliothek. Die Kunstschätze wären hier zu unsicher, ausserdem ist ja jetzt dieses Gebiet bombengefährdet.

Bitte dies Prof. Kühn mitzuteilen, damit er orientiert ist, ehe er herkommt u. mich unterstützt. Ich habe den Eindruck, dass der Kommandant gar keine Lust hat, Räume absperren zu lassen u. froh ist, wenn ich alles entferne.

Ich packe ununterbrochen –

Mit tausend Grüssen Ihre

Sidonie Nádherná

Ich muss wahrscheinlich schon am 15.3. übersiedeln.

[105] Václav Wagner [Tagebuch]
3./4.3.1944 (Památník národního písemnictví, Praha)

Freitag, 3.3.1944 Am Morgen habe ich die Baronin angerufen – das hat sich »gelohnt«.

4. Samstag K[ühn] hat mir im Scherz eine Intrigue vorgeworfen, weil die dumme Baronin ihm gesagt hat, daß ich angerufen habe.

[106] Sidonie Nádherný, Vrchotovy Janovice, an Václav Wagner, [Praha]
B [Anfang März 1944] (Památník národního písemnictví, Praha)

Postadresse ist bis zum 15. Vrch. Jan., p. Olbramovice, dann Voračice, p. Olbramovice. Telephon habe ich nicht mehr. In Voračice werde ich weder Licht noch Wasser, noch Telephon haben u. Olbramov[ice] als nächste Poststation ist mehr als 1 Stunde entfernt.

Sie Lieber, Guter, Es war so aufmerksam von Ihnen, mir zu telegraph[ieren], dass die Herren erst nachm[ittags] kommen, denn der Sturmbannführer Freih[err] von der Tann (Commandant in Sedlčany – übrigens ein netter älterer Herr) wartete auf Prof. Kühn seit 10 U[hr] vorm[ittags] bei mir u. Ihr Telegr[amm] war eine Erlösung u. war er Ihnen sehr dankbar. Ich hätte ihm aber das Telegr[amm] nicht gezeigt, in meiner Abwesenheit wurde es von meinem Neffen aus Chotov[iny] geöffnet u. der Inhalt ihm mitgeteilt u. dummerweise erwähnte Tann es dem Kühn gegenüber, der verärgert schien; ich sagte schnell, Sie hätten es mir telegraphiert, weil Sie wussten, dass ich die Herren schon vormittag erwartete. »Lassen Sie sich nicht stören« war sehr beruhigend, denn ich wusste nicht, was diese Commission: SS., Bodenamt, Denkmalamt vorhatte, besonders da vom Bodenamt der Befehl gekommen war, alles Packen u. Übersiedeln einzustellen u. erst die Commission abzuwarten.

Sehr nett war Bothe oder wie immer er heisst, u. Tann wiederholte immer wieder, dass alles mein frei verfügbares Eigentum sei. Er war gegen das Absperren der Räume, da er sagte, man müsste rein einen Posten vor die Tür stellen, um sicher zu sein, dass kein Soldat einbricht. Darauf entschloss ich mich, *alles* mitzunehmen, Bibliothek, Kapelle u. s. w. *Eckelhaft* [!] als Einziger benahm sich Kühn u. machte sich sehr patzig. Er vertrat den tollen Standpunkt, solche Dinge, wie Holzfiguren, Altar u. s. w. müssten hierbleiben. Er konnte sich nicht beruhigen, dass ich die 4 Jahreszeiten schon entfernt hatte (zu meinem Glück!), u. erst als ich ihm vorerzählte, sie wären früher nie hiergewesen, ich hätte sie seinerzeit in Smilkau gekauft u. als auch Bothe sich auf meine Seite stellte, liess er davon ab, zu behaupten, sie müssten zurückkommen. Ich erklärte ganz energisch, dass ich auch den Altar mitnehme, u. log ihm wieder was vor, mein Vater hätte ihn seinerzeit von Lobkowicz in Konopišt [!] gekauft, dessen Besitzer ebenfalls ein Wrtby war. Überhaupt sagte ich, dass das Schloss ganz leer war, als mein Vater es übernahm u. erst nach und nach hätten wir alles dazugekauft und hätte ich mein ganzes Vermögen – was auch stimmt – für mein Janowitz ausgegeben. Als ich ihm sagte, ich werde doch nicht die Sachen in einer Kaserne lassen, behauptete er – ohne irgend etwas zu wissen, da selbst Tann nichts weiss –, dass es doch für hohe Offiziere bestimmt sei; Tann lachte ihn aus u. sagte, der höchste Offizier sei er und er bleibe in Sedlčany. Dann sagte er fort, in so ein Haus können keine hohen Ofiziere einziehen, es müsste repräsentativ gemacht werden, die Zimmer neu ausmalen (worauf Tann u. ich sofort sagten, das sei ganz unnötig, da die Malerei überall noch ganz gut sei, u. Tann sagte, er brauche verfügbare Maler für wichtigere Zwecke), zumindest müsse die ganze Malerei im Stiegenhaus restauriert werden, er begreife nicht, dass, da Sie öfters herkamen, Sie nicht darauf gedrungen haben u. machte mir Vorwürfe, dass ich es nicht tat. Ich kann Ihnen garnicht sagen, wie viel Blödes er zusammenschwätzte. Auf mich war er wütend, dass ich so kategorisch sei, statt die Sache mit ihm zu besprechen, u. dass ich nichts an Museen verkaufen wolle, dass ich so gar nicht mit mir reden lasse u.s.w. Und wohin ich Holzfiguren u. Altar bringen werde, doch nicht auf den Speicher u.s.w. Um ihn zu beruhigen, sagte ich ihm, es werde alles in Chotoviny aufgestellt werden, im Übrigen könne er sich darauf verlassen, dass wohl niemand berufener sei als ich, die ein Leben lang sich um die Sachen kümmerte (von denen er nie was gewusst hatte), sie auch weiterhin zu betreuen. Als ich ihm sagte, im Übrigen sei es der Wunsch Tann's, das Schloss leer zu sehen, wurde er klein u. gab zu.

[auf dem Rand: Obzwar er zuerst mit Verachtung vom Speicher sprach, sagte er kurz nachher, als er den hiesigen sah: wenn wir nur solche Speicher fänden für unsere Kunstschätze. Ein ausgesprochener (u. charakterloser) Idiot!]

Bitte aber sagen Sie ihm von mir, dass ich nicht genug darüber staunen konnte, dass er, als Vertreter des Denkmalschutzes, dafür plaidierte, die Sachen in einer bombengefährdeten Kaserne zu lassen. (Ich vergass nämlich von der Bombengefahr zu reden.) Und sagen Sie ihm von mir, dass ich es für ein Verbrechen halte, die 3 grossen Holzfiguren an Ort u. Stelle zu belassen. Ich danke nun Gott, dass ich sonst alles vom Stiegenhaus rettete, nicht nur die 4 Jahreszeiten, sondern auch die schönen Geländer, Laternen, den Engel, der die Laterne trug u.s.w. Alles ist sorgfältig in Kisten verpackt, den Tag der Auferstehung abwartend. Er sagte, ich dürfte doch nicht die Sachen aus der Gegend bringen; ich beruhigte ihn, dass ich in Zukunft auch in der Gegend bleiben werde.

Irgend eine schriftliche Übernahme von Schloss und Park oder gar eine Schätzung oder Beurteilung des Bauzustandes hat nie stattgefunden! Die Sekretärin, die damals das Schlossinventar mit mir aufnahm, händigte es mir auf meine Bitte aus, worüber ich froh bin, da ich keines hatte. – Schlussconclusion war – wobei man verblieb – das Schloss bleibt leer, ich nehme alles mit (mit Ausnahme der 3 Holzfiguren, die für das Stiegenhaus sichtlich direkt gemacht wurden) u. er stellt den Antrag, die Wandmalereien zu restaurieren. – Bin neugierig, was er Ihnen über unsere Debatten erzählen [auf dem Rand: wird. Schrecklich roh u. dumm ist er; viel feiner im Gefühl u. Verständnis zeigte sich Bothe. Ich meine nicht für mich sondern für die Dinge.

Ich lebe wie in einem bösen Traum – um den 15. muss ich fort, momentan sieht das Schloss wie ein Zigeunerlager aus. Telegramme werden von Olbramovice zu Fuss gebracht u. ist der jedesmalige Botenlohn 14 K!]

[107] Aussiedlungskanzlei des Ministeriums des Innern mit dem Sitze in Beneschau, z. Z. in Tschertschan
Protokoll 9.3.1944 (Státní ústřední archív v Praze)

Übergabeverhandlung
Betr. Gemeinden der Zone V.

Gemäss meinem Aussiedlungsplan vom 27.12.1943 Az. 8-1301-31/5, für die Zone V des SS-TÜP. Böhmen wurde als endgültiger Räumungsstichtag für die Gemeinden:

Boschkowitz
Schebaniowitz,
Minartitz,
Merwitz,
Sledowitz,
Slawkau,
Janowitz-Markt,
Janowitz-Dorf,

der 28. Februar 1944 festgelegt.

Es wird hiermit festgestellt, dass der Räumungstermin – 28.2.1944 – pünktlichst eingehalten und die Gemeinden ordnungsgemäss geräumt wurden.

Die Aussiedlung der Baronin Sidonie Nadherna /Janowitz-Markt/ wurde mit Genehmigung der Kommandantur bis zum 15. März 1944 befristet.

In den angeführten Gemeinden verblieben mit Genehmigung der Kommandantur Einwohner, die in die Dienste der Waffen-SS übernommen wurden.

Für die SS-Standortverwaltung	gez. W.Lösch, SS-Uschf
Für das Bodenamt Prag	gez. Prokupek
Für die Aussiedlungskanzlei d.Min.d.I.	gez. Ing. Amler

[108] Aussiedlungskanzlei des Ministeriums des Innern mit dem Sitze in Beneschau, z. Z. in Tschertschan, an das Ministerium des Innern B 9.3.1944 (Státní ústřední archív v Praze)

Im »Protokoll über die Übernahme des III. Teiles der Zone V des SS-Tr.Üb.Pl.Böhmen« wird zur Evakuierung von »Janowitz Dorf und Markt« festgehalten: »Bei der Durchsicht der geräumten Ortschaften wurde festgestellt, daß die Häuser von den Aussiedlern in ordentlichem und reinlichen Zustand verlassen wurden. Lampen (meist mit Glühbirnen), Öfen, soweit vorhanden, sind überall zurückgeblieben. Die Ortschaften sind in ausreichendem Maße mit Pumpen versehen, die zum größten Teil gegen Frosteinwirkungen geschützt sind. Zu einem kleinen Teil sind auch Wasserleitungen eingebaut. In den Orten Janowitz Dorf und Markt sind nur die in der Anlage aufgeführten Personen zurückgeblieben, die jedoch ebenfalls in nächster Zeit ausgesiedelt werden. Dem Jarolimek Franz und dem Tischler Hajek Wenzel wurde Anweisung gegeben, daß sie im Orte zu verbleiben haben. Die Schlüssel der Ortschaften Janowitz Dorf und Markt übernimmt Herr Jarolimek, der als Ortsverwalter vorgesehen ist. Der Aussiedlungstermin für die Baronin Sidonie Nadherna wurde bis zum 15. März verlängert. Die Übergabe des Schlosses Janowitz bleibt daher einem besonderen Termin vorbehalten. [...] In den Ortschaften Janowitz Dorf und Markt und in Boschkowitz waren die elektr. Stromzähler überall ausgebaut.«

Die »Anzahl der Aussiedler« aus Janowitz-Markt und Dorf: Ausgesiedelt aus Janowitz-Markt werden 166 Personen, das sind 50 Familien aus 41 Häusern; 6 Personen sind »Gewerbetreibende«. Aus Janowitz-Dorf werden 465 Personen, das sind 150 Familien aus 88 Häusern zwangsausgesiedelt; 20 Personen werden als Gewerbetreibende bezeichnet. Zu Janowitz-Markt zählen im benachbarten Braschtitz 40 Personen aus 10 Familien und Merwitz mit 118 Personen aus 26 Familien. – Die Aussiedlung zum 28. Februar 1944 umfaßte 3 570 Personen, das sind 950 Familien.

[109] Aussiedlungskanzlei des Ministeriums des Innern mit dem Sitze in Beneschau, z.Z. Tschertschan
Übergabeverhandlung 23.3.1944 (Státní ústřední Archív v Praze)

Mit einer Quittung, welche die Räumung der Gemeinden Rudoltitz, Stietkowitz, Radoschowitz, Toschitz, Hurka, Libohauscht, Manielowitz, Sedletschko, Sternaditz, Braschtitz, Klimetitz, Borschena-Hora, Sachradnitz zum 15. März 1944 bestätigt, »sind sämtliche Ortschaften des gesamten SS-TÜP. Böhmen geräumt, soweit – für einzelne Einwohner – keine Verlängerungserlaubnis der Kommandantur vorliegt«.

[110] Aussiedlungskanzlei des Ministeriums des Innern mit dem Sitze in Beneschau, z. Z. in Tschertschan, an das Ministerium des Innern
B 31.3.1944 (Státní ústřední archív v Praze)

Der »Sonderbericht über restlose Durchführung der ganzen Aktion« zur »Errichtung des SS-Truppenübungsplatzes Böhmen« stellt fest:

»Mit der Ausnahme der Stadtgemeinde Beneschau und ungeachtet nachträglicher Aussiedlungsbefehle seitens der Kommandantur den [!] jetzigen SS-Angestellten im Platzgebiete, wurde die angeordnete Räumung des ganzen SS-Truppenübungsplatzes Böhmen reibungslos, planmässig und immer ohne Ausnahme rechtzeitig durchgeführt.

Die öffentliche Ruhe, Sicherheit und Ordnung wurden in keinem Falle bedroht.

Es handelt sich um 65 Gemeinden, 144 Ortschaften, 8.619 Familien, 30.986 Personen. [...]

Im Rahmen der sorgfältigen präventiven sozialen Fürsorge ist es gelungen für die Aussiedler aus den Zonen I – IV eine andere Ersatzexistenz und eine neue Erwerbsquelle zu verschaffen. Nur die Aussiedler aus der V. Zone blieben infolge der verkürzten Räumungstermine in den meisten Fällen ohne Ersatzexistenz. Die Aussiedlungskanzlei trägt jedoch im Rahmen der nachträglichen sozialen Fürsorge für die Aussiedler Sorge dafür, auch alle diese Aussiedler auf geeignete Weise sichern zu können.

Der Vorstand der Aussiedlungskanzlei:
Dr Šrajer

[111] Aussiedlungskanzlei des Ministeriums des Innern mit dem Sitze in Beneschau, z. Z. in Tschertschan, an das Ministerium des Innern B 1.4.1944 (Státní ústřední archív v Praze)

Über die Räumung von Schloss Janowitz hält der »Wöchentliche Bericht zur Lage« fest:

1/ Am 28. März d.J. wurde die kommissionelle Uebergabe des geräumten Schlosses der Baronin Sidonie *Nádherná* in Janowitz-Markt /siehe Uebersicht zur Lage vom 11.3.1944, Z.24/63 ai 43, Absatz 5:/ durchgeführt.

An der Uebergabe, bzw. Uebernahme nahmen

für die SS-Standortverwaltung:	Dr. Lösch
für das SS-St.O.V.-Abt. Landwirtschaft	Herr Hultsch
für das Bodenamt für Böhmen und Mähren:	Sekretär Prokůpek
für die Aussiedlungskanzlei:	Aktuaradjunkt Mejanar und
als Vertreter der Baronin Nádherná:	Forstadjunkt Janícek,

teil.

Die Räumlichkeiten des Schlosses wurden einer eingehenden Besichtigung unterzogen und in sauberem Zustand vorgefunden. Die Oefen sind überall verblieben.

Bei der Durchsicht des Schlosses wurde festgestellt, dass es sich um ein historisch wertvolles Gebäude /: schätzungsweise aus dem XVII. Jahrhundert:/ handelt, das von den bisherigen Besitzern pfleglich und sorgfältig behandelt wurde, es wird bei dieser Gelegenheit darauf hingewiesen, dass sich das Schloss Janowitz unter Denkmalschutz befand /: Denkmalamt Prag:/. Es wird im kulturellen Interesse liegen, wenn die Ueberwachung und Unterhaltung der Schlossanlagen ständig von einem Fachmann durchgeführt wird. Das Schloss besitzt eine eigene Wasserleitung, ist jedoch an die elektrische Lichtleitung nicht angeschlossen.

Im Anschluss an die Baulichkeiten wurden die Park- und Gärtnereianlagen des Schlosses besichtigt. Hierbei hat der Gärtnereisachverständige der Abteilung Landwirtschaft festgestellt, dass es sich um sehr wertvolle Park- und Gartenanlagen handelt. Ein geschlossenes Bild über Lage und Zusammensetzung der Anlagen kann noch nicht vermittelt werden, da eine fast meterhohe Schneedecke eine eingehende Besichtigung nicht möglich machte. Garten- und Parkanlagen wurden gleichzeitig an die Abteilung Landwirtschaft der SS-Standortverwaltung übergeben.

Mit der Uebergabe des erwähnten Schlosses wurde die Hauptaufgabe der hiesigen Aussiedlungskanzlei, nämlich Räumung und Uebergabe des Gebietes des SS-Truppenübungsplatzes »Böhmen« in Verwaltung der SS-Kommandantur Beneschau, vollendet.

[…]

4/ Das Bodenamt für Böhmen und Mähren hat anher mit dem Schreiben vom 31. März 1944 mitgeteilt, dass die Baronin Nádherný aus dem Schlosse in Janowitz Markt die für den Betrieb der Wasserleitung notwendige Pumpe nebst Antriebsmotor ohne Erlaubnis abgeführt hatte. Gleichzeitig wurde vom Bodenamte veranlasst, damit [!] die unbefugt weggeschaffte Pumpe nebst Antriebsmotor unverzüglich wiederanmontiert [!] wird. Die hiesige Behörde wurde beauftragt, dafür Sorge zu treffen, damit [!] die oben erwähnten Gegenstände zurückgebracht werden. […]

Der SS-Truppenübungsplatz »Böhmen« auf den Bezirken Beneschau, Seltschan (verlegt nach: Wotitz) und Prag-Land-Süd umfasst ein Gebiet von 29.705 Hektar, wobei die Anteile des Bezirks Seltschan/Wotitz am 15.4.1944 noch nicht berechenbar waren, weil das Kastralvermessungsamt Seltschan nach Wotitz verlegt worden war. »Im Gebiete des SS-Truppenübungsplatzes sind insgesamt 12.225 Personen [als Arbeitskräfte] geblieben, welche aber auch meistens aus ihren Wohnsitzen in andere Orte des Truppenübungsplatzes übergesiedelt sind. … Zwecks Uebersicht über die Dislokation der Aussiedler in den verschiedenen Bezirken des Protektorats Böhmen und Mähren erlaube ich mir 5 Tabellen … in der Anlage vorzulegen [in denen die ausgesiedelten Personen Ort für Ort numerisch erfasst wurden: Betroffen waren 30.986 Personen]. Durch die Umsiedlung der Bevölkerung wurden insgesamt 5.682 Häuser berührt.«

[112] Aussiedlungskanzlei des Ministeriums des Innern mit dem Sitze in Beneschau, z. Z. in Tschertschan, an das Ministerium des Innern B 17.4.1944 (Státní ústřední archív v Praze)

»Bericht über die Uebergabe des geräumten SS-Truppenübungsplatzes ›Böhmen‹«: Aufstellung sämtlicher Gemeinden mit den Namen und Adressen der bei der Übergabe verantwortlichen Gemeindesekretäre. Für Janowitz-Markt wird Franz Vyhnal, Janowitz Nr. 13, jetzt wohnhaft in Plach-Lhota, Nr.3, Gemeinde Keut, P[ost] Smilkau genannt.

»Das sämtliche bewegliche Inventar der Gemeinden, wie Kanzleieinrichtungen der Gemeindeämter, das Inventar der Zeughäuser der freiwilligen Feuerwehr u.a., soweit es vorhanden war, wurde vom Regierungskommissar übernommen. Die Gemeindebüchereien sind teilweise vom Regierungskommissar und teilweise von der Bezirksbehörde in Beneschau übernommen worden.«

ᛋᛋ-Truppenübungs

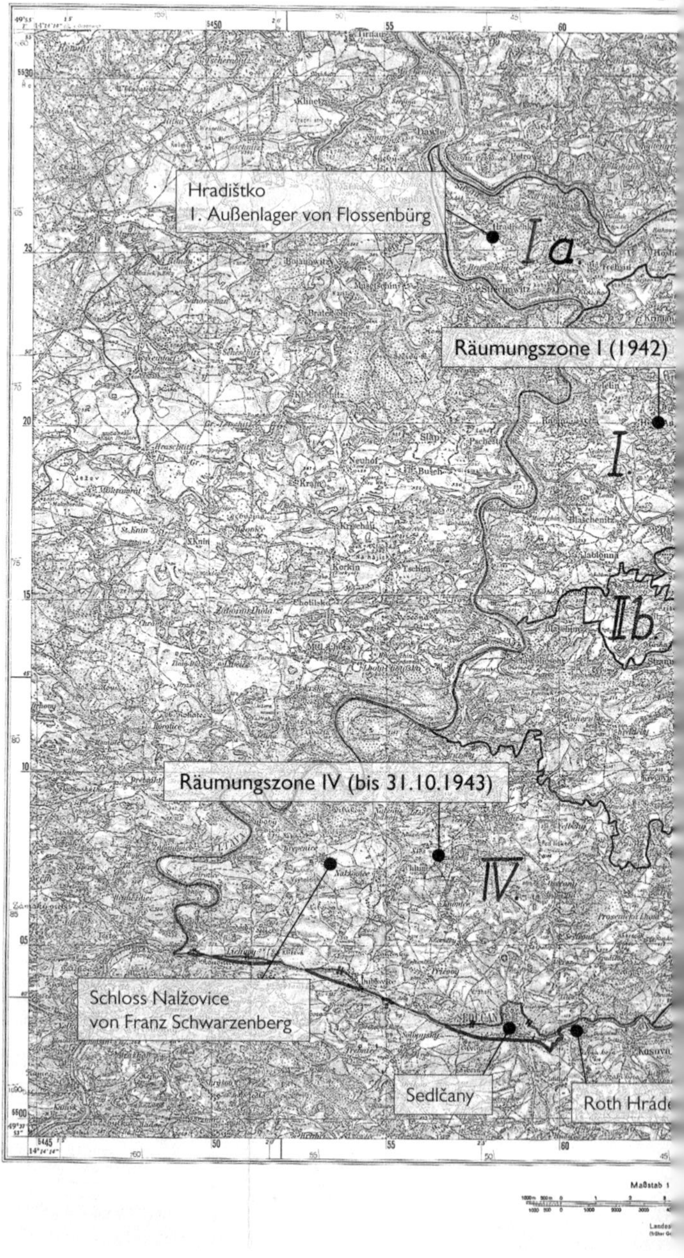

Karte des SS-Truppenübungsplatzes Böhmen mit den Evakuierungszonen

eneschau bei Prag

Nicht für die Öffentlichkeit bestimmt.

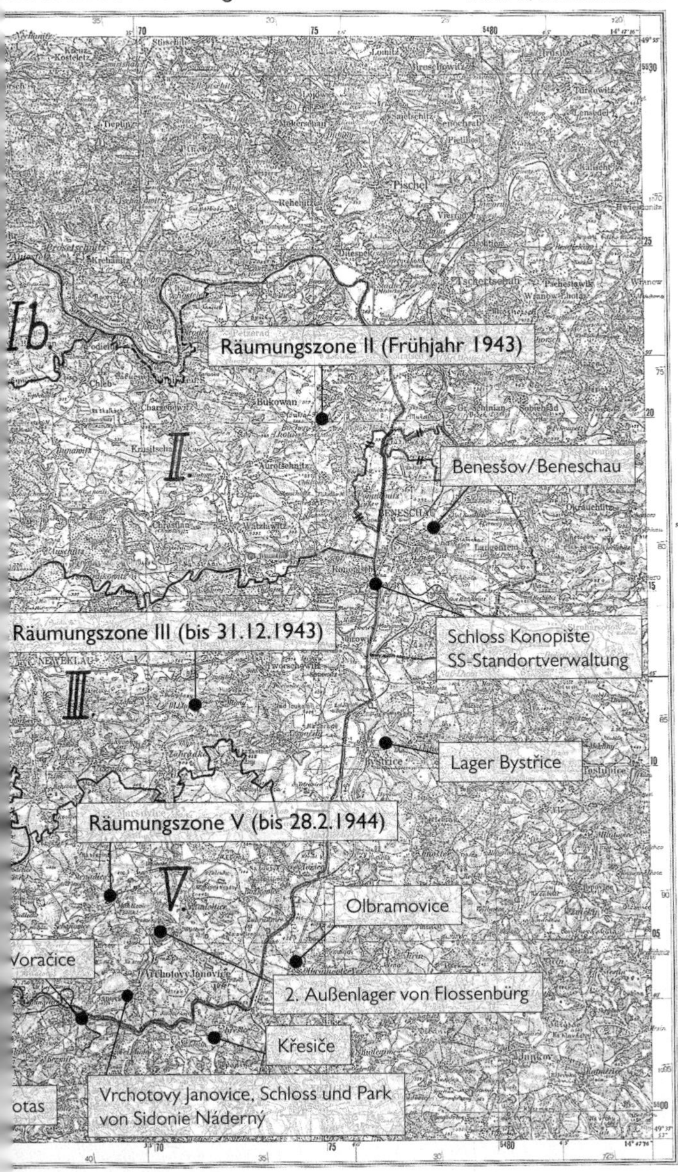

»Nur zum Dienstgebrauch bestimmt«).

[113] Sidonie Nádherný, [Voračice], an Václav Wagner, [Praha]
K 13.5.1944 (Památník národního písemnictví, Praha)

Sehr verehrter, lieber Freund, der Maler wird Ihnen von unserer überraschenden Begegnung im Schloss erzählt haben; es war zu seltsam, als die Einzigen sich im ausgestorbenen Haus zu treffen. Er wird Ihnen auch meine Grüsse ausgerichtet haben. Seltsam war es auch, dass, hierher zurückgekehrt, ich Ihren Brief hier vorfand. Ich komme nie zum Schreiben, es gibt immer so viel zu thun. Ich lege mir jetzt in Eile einen Gemüsegarten an, um Gemüse zu haben. Seit 1. April habe ich den Hof in Regie, was sehr angenehm ist. Es wäre herrlich, wenn Sie mich besuchen würden, wir hätten uns viel zu erzählen. Prachtvoll ist momentan die Kirschblüte. Kommen Sie doch. Am besten mit dem Zug, der um 12 ½ U[hr] in Voračice ist (nächste Haltestelle nach Janovice u. nur 5 Min. zu Fuss).

Tausendmal u. herzlich grüsst Sie Ihre aufrichtige

Sidonie Nádherná u. Bobby

Ein Telegramm tags zuvor genügt. Briefe gehen wenigstens 2-3 Tage.

[114] Bodenamt für Böhmen und Mähren, Gruppe Sonderaufgaben, Prag, an die Kommandantur des SS-Truppenübungsplatzes, Beneschau
B 25.5.1944 (Státní ústřední archív v Praze)

Nach einer Besprechung im Ministerium für Verkehr und Technik am 18. Mai wird der Kommandantur die Ausweitung des Truppenübungsplatzes im Norden bis zu dem Flüßchen Sasau, im Westen durch die Moldau anheimgestellt. Für die militärische Nutzung ausgeschlossen bleiben die Ufer der Staubecken der Moldau und die wasserbaulichen Einrichtungen zur Sicherung der Staustufen.

Im Truppenübungsplatz »Böhmen« sind folgende Einrichtungen lociert: SS-Wachkompagnie bei der Kommandantur des SS-Truppenübungsplatzes Böhmen; die SS-Artillerie-Schule II Beneschau/Benešov; die Panzergrenadier-Schule Prosetschnitz/Prosečnice; die SS-Junkerschule Prag; die SS-Panzerjäger (Sturmgeschütz-)Schule Janowitz; die SS-Pionier-Schule

Hradischko/Hradišťko; die SS-Pi-Technische Lehranstalt; die SS-Sanitäts-Schule Prag-Beneschau/Benešov mit angegliedertem SS-Lazarett Prag-Podol; SS-Lazarett für Kriegsblinden-Schule, Prag; Reichsschule für Leibeserziehung, Prag.

Nach mündlicher Auskunft von Ladislav Marvan, dem Sohn des Fischmeisters von Sidonie Nádherný, soll die Garnison in Janowitz mit bis zu 3 000 Mann, nach anderen Quellen mit bis zu 6 000 Mann belegt gewesen sein. Diese Zahl ist – jedenfalls für den Standort Janowitz – nach brieflicher Auskunft von Václav Srdce, Prag, zu hoch gegriffen (Brief an den Herausgeber vom 19.3.2009). Srdce, ein ehemaliger Häftling des »Sonderlagers für jüdisch versippte Arier und jüdische Mischlinge« in Bystřice u Benešova/Bistritz bei Beneschau, der im Frühjahr 1944 in Janowitz zum Barackenbau eingesetzt war und dem die hier wiedergegebenen Fotografien gelungen sind, berichtet, die SS-Mannschaften wohnten teils in den neu errichteten Baracken sowie in sämtlichen, von ihren Bewohnern verlassenen Häusern des Dorfes. Die SS-Ortskommandantur war im Schloss untergebracht, in dessen Untergeschoss zudem das Offizierscasino. Da die Reparaturwerkstätten für gepanzerte Fahrzeuge beim Barackenlager im unteren Teil des Parks bis Dezember 1944 nicht fertiggestellt werden konnten, wurden Werkstätten in den Wirtschaftsgebäuden des Schlosses eingerichtet. Dort wohnten auch Mechaniker, Fahrer und Werkstattarbeiter. In der großen Scheune des Karlshofs am Schloss richtete die SS einen Kinosaal ein, für Offiziere auch eine Sauna.

[115] Sidonie Nádherný, Voračice, an Václav Wagner, [Praha]
B 27.6.1944 (Památník národního písemnictví, Praha)

Sehr verehrter, lieber Herr Doktor!
Dass Sie sich meines Namenstages erinnerten, hat mich gerührt u. danke ich Ihnen vielmals für die guten Wünsche. Es war der traurigste den ich erlebt habe. Meine ganze Sehnsucht war bei Janovice u. den Gräbern, die ich seit dem 1. Juni – an diesem Tag kamen Truppen hin – nicht besuchen darf. Das bedrückt mich schwer. Solange ich nach Janovice ein- u. auskonnte, war die Trennung leichter zu ertragen. Jetzt darf die einzige Überlebende, die die Toten noch haben, sich um ihre Gräber nicht kümmern, der letzte Trost ist mir genommen. Es beunruhigt mich auch, nicht zu wissen, was im Schloss geschieht. Bis jetzt war es

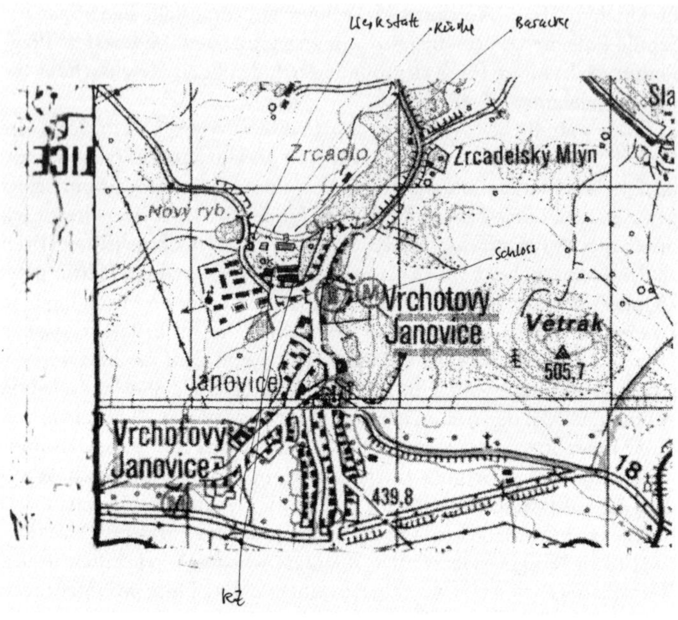

Aufzeichnung von Václav Srdce über die Lager des KZs und die Baracken der SS: Werkstatt, Küche, Baracke.

unbewohnt, in den letzten Tagen wurden viele Strohmatratzen hingetragen.

Hier gibt es nur fremde Gesichter. Niemand wusste von meinem Namenstag. Sonst war am 25. mein Zimmer voll Blumen, besonders Rosen. Jetzt habe ich keine einzige Blume in den Zimmern. Denn hier gibt es nur Getreide u. im Gärtchen nur Gemüse.

Die Kommandantur in Benešov hat mein Ansuchen, den Park besuchen zu können, abgelehnt, trotz Fürsprache des gärtnerischen Aufsichtsorgans der SS.

Ich bin sehr einsam hier. Radio habe ich auch keines, da ohne elektr[isches] Licht, Telefon gibt es auch nicht. Und ab 1. Juli wird die Strasse durch Janowitz für Zivilverkehr gesperrt, per Auto kann also niemand zu mir u. meine Fuhrwerke, um nach Votice zu gelangen, müssen einen Riesenumweg über unfahrbare Feldwege machen. So sind wir mehr oder weniger abgeschnitten. Der Postbote, der 2 St[unden] zu gehen hat, kommt auch nicht täglich; so dass oft die Post liegen bleibt. Für jedes Telegramm muss ich 20 K zahlen.

So also lebe ich, meilenweit entfernt von meinen eigentlichen Interessen, von Allem Geistigen u. Schönen, das mir lebenswert erscheint, vollkommen entwurzelt. Wie soll eine Pflanze, gewohnt an üppigsten Boden, in magerem gedeihen? Landwirtin war ich nie. Noch immer erkenne ich nicht die verschiedenen Getreidearten! Von Weitem aber jede Blume. Auch Bücher habe ich keine zur Hand, sie liegen in Kisten.

Alles, was mir lieb u. teuer u. wofür ich lebte, ist entweder unter der Erde oder dem Verderben u. der Entheiligung preisgegeben, oder unerreichbar in Koffern, Kisten u. am Speicher. U. die Menschen um mich fremd u. neu, nur Bobby ist mein Vertrauter; er aber schweigt. In Janovice sprach zu mir jeder Stein, die Atmosphäre des Schlosses war voll innerem Erleben, eine ganz besondere Stimmung durchdrang die Räume, ebenso den Park, wie von einer anderen Welt. Wird dieses ganz Persönliche von Janovice, was nicht vom Willen bedingt ist, sondern eben da ist, je wiederkehren nach dem Schrecklichen, was es jetzt durchmacht? Der Schlossplatz ist von Panzerwagen durchwühlt.

Wird es mir gelingen, jede Spur zu verwischen u. wieder das alte, vertraute, geliebte Janovice erstehen zu lassen? In seiner vollen Persönlichkeit?

Ich freue mich *sehr*, dass es wenigstens Ihnen gelingt, sich mit Geistigem u. Erfreulichem zu befassen u. interessiert mich alles, was Sie mir erzählen. Leider hatten Sie wahrscheinlich wie hier schlechtes Wetter, ab gestern ist es besser.

Ich hoffe, dass trotz des düsteren Bildes, das ich entworfen habe, Sie dennoch einmal kommen werden, es sich anzusehen.

Mit den besten Grüssen Ihre aufrichtige

Sidonie Nádherná

Wie oft möchte ich dieses oder jenes Gedicht nachlesen, gerade heute wieder eines von K. K., es ist aber in Kisten, die verstaut sind, da grosser Platzmangel.

Verzeihen Sie das Geschmiere, ich kann nicht einmal mehr schreiben.

Ihre verstorbene Mutter gehört zu den Wenigen, die wie ich den Namenstag am 25. Juni feierte, gewöhnlich gilt der 23.6. als Zdenka-Tag. Deshalb ist der 25. wenigen bekannt. Ich freue mich über diese Gemeinsamkeit.

[auf dem Rand: Leider weiss ich Ihre Potšt[ejner] Adresse nicht.]

Zur Unterstützung der Waffen-SS im Standort Janowitz wird seit dem 24.7.1944 zusätzlich am Neuen Teich/Novy ryb., nahe dem Ortsausgang Richtung Merwitz/Mrvice, ein Lager für 100 Häftlinge aus dem Konzentrationslager Flossenbürg eingerichtet; die Häftlinge werden bis 26.7.1944 nach Janowitz verlegt. Nach Hradischko/Hradišťko im Norden des SS-Truppenübungsplatzes »Böhmen« ist Janowitz das zweite Außenlager der Deutschen Erd- und Steinwerke GmbH Berlin, einem Unternehmen der SS, das zwischen 1942 und Kriegsende insgesamt 90 Außenlager in Sachsen, Bayern und auf dem heutigen Gebiet von Tschechien unterhält. Die Lager dienen in der Regel der Rüstungsindustrie oder zum Abbau von Steinbrüchen. In Flossenbürg selber muss Anfang 1943 der Abbau von Granit in einem Steinbruch zugunsten der Montage des Jagdflugzeugs von Messerschmidt, der Me 109, eingestellt werden.

»Auf freiem Gelände [in Janowitz] standen sechs Holzbaracken, von denen drei den Häftlingen als Unterkunft dienten. Zwei besser ausgestattete nutzten die SS-Wachmannschaften und die sechste fungierte als Küche. Das Lager war durch einen doppelten Stacheldrahtzaun und vier Wachtürme gesichert. Die Männer mussten »bei schlechter Verpflegung und Bekleidung schwer arbeiten« (Quelle: Miroslav Dvořák, Zimmermann in Janowitz-Markt).

Zur Belegung dieses Lagers: Im Juli 1944 kommen die erwähnten 100 Häftlinge aus Flossenbürg; im August hat sich die Zahl auf 98 verringert, im September auf 93; im Oktober 1944 sind es 180 Gefangene; im Februar 1945 182 und am 13. April 172 Häftlinge. Für den Februar 1945 hat sich die detaillierte Belegungsliste erhalten (KZ-Gedenkstätte Flossenbürg): danach sind 13 Häftlinge Reichsdeutsche, einer war Belgier, einer Bulgare, 39 kommen aus Frankreich, einer ist Holländer, zwei Italiener, 39 Polen, 72 Russen, zwei sind Spanier, fünf sind Tschechen und einer kommt aus Ungarn.

»Die erste Gruppe … errichtete Gebäude für die SS-Sturmbannführer Sinn unterstehende SS-[Panzerjäger-]Sturmgeschützschule. … Kommandoführer war zunächst SS-Hauptscharführer Friedrich Christel, der durch den sudetendeutschen SS-Hauptscharführer Willibald Richter ersetzt wurde. Die SS-Wachmannschaft bestand aus zwei Unteroffizieren und 39 Mannschaften.« (Flossenbürg, Monika Sedláková, a.a.O., S. 151). »Zur Aufrechterhaltung der strengen Lagerordnung unter den Gefangenen war mit dem ersten Transport der unter den Mithäftlingen gefürchtete Kapo Helmut Lindner überstellt worden.« (Jörg Skriebeleit, Janowitz; Typoskript 2005).

SS-Hauptscharführer Willibald Richter.

Die Arbeitskommandos für die Häftlinge: Entladen der über den Bahnhof Čichovka/Vojkov angelieferten Waren für den Truppenübungsplatz; Arbeiten in dem Steinbruch Schebanowitz/Šebánovice und anderen Steinbrüchen auf dem Truppenübungsplatz zum Bau der Panzerreparaturwerkstätten; Abriss der Mühle Zrcadlo und weiterer Häuser in der näheren Umgebung des Lagers; Arbeiten auf dem ›SS-Hof‹ in Merwitz/Mrvice und anderen SS-Höfen.

[116] Juli 1944 Aussage eines politischen Häftlings des KL Janowitz [Auszug über den Lagerführer und den Lagerältesten]. Bundesministerium für Inneres der Republik Österreich, Zahl: 55.397-18/66 Zeugenvernehmung eines im Juli 1944 in Janowitz inhaftierten KL-Häftlings. »Niederschrift aufgenommen mit Johann Affenthaler, 3.8.1895 in Langegg, NÖ, geboren, [...], Rentner, in Wien 11., Kopalgasse 55/7/1/6 wohnhaft [...]«, aufgenommen am 1. Dezember 1966 (Zentrale Stelle der Landesjustizverwaltungen Ludwigsburg)

Lagerführer war SS-Oberscharführer *Richter*. Wie mir in Erinnerung ist, war er gebürtiger Wiener und von Beruf Zimmermeister. Richter war ein guter Mensch. Er hat sich nie Übergriffe oder Mißhandlungen Häftlingen gegenüber erlaubt. Ich vermute, daß er nur deshalb Lagerführer des Arbeitskommandos *Janovitz* wurde, weil er als Zimmermann Fachmann für die dort zu errichtenden Hallen war. ...

Auch von der Wachmannschaft sind mir keine Übergriffe in Erinnerung. Es hat wohl Mißhandlungen und schwere Körperverletzungen gegeben, diese wurden aber ausschließlich vom Lagerältesten *Lindner* angeordnet und fallweise auch von ihm selbst durch Knüppelschläge zugefügt. *Lindner* war überhaupt ein Unmensch. Wegen geringfügiger Verstöße prügelte er die Häftlinge mit seinem Knüppel. Ich war selbst Zeuge, als *Lindner* einmal einen französischen Häftling mit dem Knüppel erschlug. Es war am Appellplatz und Lindner schlug mit seinem Knüppel, aus welchem Grund ist mir nicht bekannt, mit voller Wucht den Häftling in das Genick. Dieser stürzte augenblicklich tot zusammen. Der Vorfall trug sich um ca. 9 Uhr früh zu und die Leiche blieb bis zum Einrücken der Arbeitskommenden am Abend liegen. Die Leiche wurde dann von 4 Häftlingen auf einer Tragbahre weggetragen und in einem nahegelegenen Wald verscharrt. Beim Abtransport konnte ich sehen, daß der Kopf des erschlagenen Häftlings hin- und herschleuderte, woraus ich ersehen konnte, daß das Rückgrat durchtrennt sein mußte. Überhaupt kam es öfter vor, daß Häftlinge, die durch *Lindner* ums Leben kamen, im Wald verscharrt wurden.

Barackenbau für die SS-Panzerjäger und Sturmgeschütz-Schule Janowitz. Geheime Fotografien des damaligen Häftlings aus dem Sonderlager Bystřice in Janowitz, Václav Srdce (Privatbesitz).

Lindner führte ein Schreckensregiment. Wenn er Lust dazu hatte, schlug er mit seinem Knüppel wahllos auf die Häftlinge ein. So ist mir in Erinnerung, daß er jüngere Häftlinge, die ihm als Homosexuelle nicht gefügig waren, niederknüppelte. Natürlich haben sich diese Häftlinge dann seinen Wünschen nicht mehr widersetzt. Ich möchte sagen, daß *Lindner* überhaupt die Schuld am Tod mehrerer Häftlinge trägt. Er riß z.B. kranke Häftlinge, die zum Morgenappell nicht angetreten waren, von der Pritsche herrunter [!], so daß sie sich dadurch schon Verletzungen zuzogen. Die auf diese Art Verletzten schleppte er dann eigenhändig hinter die Baracken in die Nähe des Drahtes (Stacheldraht). Wenn diese Häftlinge nach kurzer Zeit in ihrer Benommenheit auftaumelten, wurden sie vom Posten auf dem Wachturm aus niedergeschossen.

Es ist mir in Erinnerung, daß auf diese Art mehrere Häftlinge ums Leben kamen. …

[117] Sidonie Nádherný, Kosova Hora, an Václav Wagner, Máchova 27, Praha XII
K 13.8.1944 (Památník národního písemnictví, Praha)

Sehr verehrter, lieber Freund, Ihren l[ieben] Brief erhalten, freue ich mich, dass Sie sich wieder erholt haben. Auch dass Ihnen die Kirschen schmeckten. Nur fürchte ich, dass Sie den beigelegten Brief nicht sahen, worin ich Sie bat, die Hälfte einem anderen Herren abzugeben (ich habe nämlich hier große Not an Schachtln) u. gleichzeitig schrieb ich ihm, dass Sie ihm mitteilen werden, wann er sie holen kann u. die Schachtl möge er mir retournieren.

Ich hoffe sehr, Sie anf[angs] Sept[ember] hier zu sehen. Jetzt wird hier Unordnung sein, da ich den Ofensetzer erwarte, der alle Öfen neu aufstellen u. füttern muss. Aber bis anf[angs] Sept[ember] dürfte alles in Ordnung sein.

Ich hoffe, dass das Denkmalamt auf das Schloss Janov[ice] aufpasst. Es wohnen dort Soldaten. Vom Kirchturm wurde die Spitze abgetragen. (Im vorigen Sommer mit neuem Blech versehen.) Im Schloss ist glaube ich elektr[isches] Licht eingeführt worden. Ich darf nicht hin, auch für den Park u. Besuch der Gräber bekomme ich keine Bewilligung. Es ist dort eine Panzerschule. Nebst viel Militär und viele dorthin übersiedelte Familien aus den evakuierten Dörfern, ferner Zuchthäusler, Juden, Mischlinge u. s. w.

Alles Liebe u. Gute. Ihre

Sidonie Nádherná

[118] 1.11.1944 Aussage eines politischen Häftlings des KL Janowitz [über die Flecktyphus-Epidemie im Lager]. Innenministerium der Tschechoslovakischen Republik, WS-4/21-69 ČVS Zeugenvernehmung eines am 1.11.1944 in Janowitz inhaftierten KL-Häftlings. »Protokoll über die Zeugeneinvernahme.« In Dvůr Králové wird am 20.1.1970 der unverheiratete, im Ruhestand lebende Václav Svoboda »in der Strafsache der Mittäterschaft an der Straftat des Mordes, seitens der nazistischen Besatzung im sogenannten Todestransport Křešice verhört. Verhältnis zum Beschuldigten: ehemaliger Häftling der Zweigstelle des Konzentrationslagers Flossenbürg in Janovice.« (Zentrale Stelle der Landesjustizverwaltungen Ludwigsburg)

Solange ich in Vrchotovy Janovice in Haft gehalten wurde, bin ich nicht Zeuge davon gewesen, dass dort irgendjemand von den Häftlingen ermordet oder erschlagen wurde. Es ist allerdings wahr, dass viele Häftlinge an verschiedenen Leiden und nach der Erkrankung an Flecktyphus gestorben sind. SS-Unterscharführer Richter war Befehlshaber der Zweigstelle. Ferner habe ich die Kapos gekannt, nämlich Helmuth Lindner, den wir »den schwarzen Kapo« zu nennen pflegten, und zwar wegen seiner unmenschlichen Handlungsweise, ferner habe ich den Polen Janek Stacewski gekannt, der ebenso unmenschlich wie Lindner war.

Am 9.11.1944 war der erste Tote im Lager registriert worden, »der 36jährige Ukrainer Andrej Tarakanow. Sein Tod markiert den Beginn eines Massensterbens in Janowitz, dem bis März 1945 mindestens 60 weitere Opfer folgen sollten. Durch die Schwere der Arbeiten auf dem Truppenübungsplatz, die mangelhafte Ernährung und die völlig unzureichende Unterbringung brachen Ende November 1944 im Lager erste Fälle von Typhus aus. Bis zum Januar 1945 hatte die Krankheit die Züge einer Epidemie angenommen und fast alle Häftlinge erfasst,

SS-Panzer-Jäger und Sturm-Geschütz-Schule Janowitz.
Die Baracken des Lagers. Beim Wegebau.

Insgeheim aufgenommene Fotografien des damaligen Häftlings aus dem Sonderlager Bystřice in Janowitz, Václav Srdce (Privatbesitz).

ab Februar 1945 starben fast täglich Gefangene an ihren Folgen. … Trotz der Epidemie wurden die Häftlinge aber weiter zu Arbeiten … angetrieben.« (Jörg Skriebeleit, Janowitz). »Die Sicherheitsvorkehrungen der SS [zur Bewachung der Häftlinge] scheinen recht unzureichend gewesen sein. Zwei französischen Häftlingen gelang am 26. August 1944 die Flucht, vier polnischen Häftlingen am 23. Dezember 1944 und zwei russischen Häftlingen am 27. März 1945 die Flucht aus Janowitz.« (Adam, Arbeiterfrage, S. 224)

[119] Sidonie Nádherný, [Voračice], an Václav Wagner, [Praha]
Zettel, undatiert [Dezember 1944] (Památník národního písemnictví, Praha)

Ich habe den Eindruck, dass Sie müde u. mager aussehen. Möchten Sie nicht einen Samstag herkommen (ich habe ein Gastzimmer gegenüber im Hof) u. Sonntag ganz ruhig hier verbringen? Ausserdem würden Sie vielleicht etwas Fett benötigen oder was sonst? Eine Weihnachtsstriezel? Ich würde es vorbereiten, wüsste ich, wann Sie einmal vorbeikommen (falls Sie *nicht* übernachten können). Für den Chauffeur fände ich auch irgendwo ein Bett.

[120] Sidonie Nádherný, Beneschau, Krankenhaus, an Václav Wagner, [Praha]
B 24.12.1944, nachmittag (Památník národního písemnictví, Praha)

Sehr verehrter lieber Herr Doktor!
Welch ein goldenes Herz Sie haben! Sie haben sich der Zigaretten beraubt, die Sie mitgenommen haben, um sich Lebensmittel einzutauschen, dessen bin ich sicher, und vielleicht waren auch die Zuckerln dazu bestimmt. Sie haben mir mit Beidem eine große Freude gemacht, denn für die mich erwartende Geduldsprobe werde ich viele Zigaretten benötigen, um die Schreckenszeit auszuhalten. Der Postbote brachte mir Ihr liebes Packet [!] heute mittags ins Spital, mein einziges Geschenk heute. Immer wieder rollen mir die Thränen über die Wangen, ich bin so einsam, so verzweifelt, so verlassen, um mich nur fremde Menschen und die schreckliche Lage in der ich bin. Bei Narkose wurde mir durch das Knie ein Draht gezogen, an diesem ist ein

etwa 10 kg Gewicht befestigt, damit der Fuss nicht verkürzt bleibt. Der Bruch ist oben im Hüftgelenk, der Knochen aber blieb in s[einer] Lage. 10 Wochen muß ich so liegen, das Bein in der Höhe und der Oberschenkel von den Gewichten gezogen. Sie sagen ich werde dann normal gehen. Nach all der Qual dieses Jahres noch dieses zum Schluss. Es ist schwer auszuhalten. Ich bin des Lebens so müde. Jeden Morgen [Textverlust]

Zu allem quält mich heute folgender Vorfall u. lässt mir keine Ruhe: Vorgestern, während Janíček in Prag war, fanden Soldaten bei der Suche nach 3 entflohenen Sträflingen in unserem Wald Miláčov ¼ St[unde] vom Meierhof, einen erschossenen Soldaten liegen u. daneben ein ganzes unterirdisches Zimmer –, darin waren zwei lebende Schweine, lebende Kaninchen, Konserven, Mehl, ein Petrol[ium]-Kocher u. weiss Gott nicht was alles. Wohin die Leute die Erde gaben, als sie das Zimmer ausgruben, ist uns unerfindlich. Überhaupt wann das alles geschah. Es ist zu merkwürdig. Ich begreife nicht, dass der Heger, der das Revier begeht u. wo seit 3 Wochen Waldarbeiter Holz fällen, nichts bemerkte. Vorläufig weiss ich nichts Näheres über den genauen Ort.

3 000 Soldaten umstanden den Wald. Jeder musste sich legitimieren, meiner alten Köchin, die nie einen Schritt hinausgeht, sagten sie, sie müsse doch davon wissen, da es nur ¼ St[unde] entfernt sei, alles zitterte, sie werden den Hof niederbrennen, Janíček erwartete fast abgeführt zu werden. Sie fragten auch, wo die Besitzerin sei. Leider weiss ich nicht, was gestern weiter geschah, da das Mädchen gestern hier war und heute nicht kam, werde aber erst morgen Nähers erfahren. Auch ein General flog herum u.s.w. Weiter heisst es, ein entlaufener Gefangener hängt am Kirchturm, einer wurde erschossen u.s.w. Dazu wieder dass paar Leute erschossen wurden, die verdächtigt sind, die Soldaten erschossen zu haben. Wunder: Abends. Soeben war Janíček da, G[ott] s[ei] D[ank] ist das unterirdische Zimmer *nicht* in unserem Wald sondern 6 m entfernt im Grenzwald. Erschossen sind 2 Soldaten u. 2 Parasutisten, die dort wohnten, 1 entkam u. 1 wurde geprügelt u. mitgenommen. Stufen führten hinunter, den Zugang caschierten 2 Bäume. Sie hatten dort 1 kg Fleisch u. s. w. und(?) ihre Betten, Gewehre.

1945

Die Befreiung. Nach 14-monatiger militärischer Besetzung durch die Waffen-SS – oder waren es nur elf Monate, von Juni 1944 bis Mai 1945? – findet Sidonie Nádherný Schloss und Park verwüstet vor. Überall sind Gerätschaften, Möbel der fliehenden Soldateska zurückgeblieben. Die Rote Armee hat einen SS-Truppenübungsplatz befreit: Kann da ein Unterschied zwischen den »herrenlosen« Gütern der SS und der ehemaligen Schloss-Besitzerin gemacht werden? Sidonie Nádherný kämpft mit Erklärungen des Denkmalamtes gegen die Ausraubung. Das Schloss wird mit tschechischen Truppen belegt.

[121] Sidonie Nádherný, Voračice, p. Štětkovice, an Václav Wagner, [Praha]
B 19.3.1945 (Památník národního písemnictví, Praha)

Verehrter, lieber Freund,
Ihre lieben Zeilen erhalten (aber das nächste Mal lieber eigene Handschrift, weil viel persönlicher!), freue ich mich, dass Ihr Haus bei dem Anflug verschont geblieben ist. Ich hatte gleich an Sie gedacht, aber richtig angenommen, dass Sie zu dieser Stunde im Amt gewesen sein werden.

Ihre Reisen müssen sehr interessant sein u., da Sie ein Auto haben, auch angenehm. Schade, dass Sie nicht in unsere Gegend kommen. Ich hoffe aber, dass Sie im Frühjahr einmal herkommen werden, denn die Gegend ist sehr reizvoll. Ich habe jetzt auch ein Gastzimmer.

Ich bin schon seit 14 Tagen zu hause u. gehe auf Spaziergänge, freilich noch mit Stock; arbeite auch schon wieder im Garten. Freilich geht es noch langsam u. hinkend, aber bald werde ich ganz normal gehen. Alles ist anatomisch perfekt zugeheilt u. staunten die Ärzte, wie rasch ich wieder gehen konnte, sie sagten, selbst die jungen Burschen bleiben länger unbehilflich als ich u. gehen lange mit Krücken, während ich nur 1 Tag mit einer Krücke gieng, dann gleich mit Stock. Ich hoffe, auch bald wieder Rad zu fahren, denn sonst kommt man von hier nirgends hin, denn die Lokalbahnverbindung ist schlecht. G[ra]f Egon Kolowrat ist jetzt bei mir u. hilft mir über Stock und Stein hinweg. Otto Kol[owrat] kann leider wegen der 75 km nicht kommen. Aber von hier kann man nach Prag fahren.

Wegen der G[rä]fin Mary Dob[rženský] bin ich sehr besorgt. Im Dez[ember] hatte sie die Gelegenheit, wie ich von einer Freundin weiss, mit derselben nach Wien zu fahren, zog es aber vor, in B[uda]pest zu bleiben. Unlängst erfuhr ich, dass eine Freundin im Hotel in B[uda]pest von einer Bombe getötet wurde, während sie beim Essen war (eine G[rä]fin Pallavicini). Die Arme, sie muss Schreckliches erlebt u. gesehen haben, u. ist doch so impressionabel mit ihrem warmen Herzen. Im Spital besuchte mich Mula Hejdová, mit der ich von ihr sprach; Sie kennen sie vielleicht auch, da ihr Bruder in Pottenst[ein] lebt. Seit Oktober verkehrt G[rä]fin Mary nicht mehr mit ihrem Sohn wegen der Frau Pr[öschel]. Er droht auch jetzt, ihre Möbel auf die Strasse zu setzen, u. sie weiss nicht, wohin mit ihnen. Ein Glück, dass sie in Chotěb[oř] leben kann. Dieser Toši ist ein grässlicher Mensch.

Mit den besten Grüssen Ihre

Sidonie Nádherná

Zu Ostern besuche ich die Gräber in Janovice. Im Park wurden die Glashäuser niedergerissen. Das Taubenhaus, das Pfirsichhaus u. s. w. Jeder geht durch. Er wird nicht mehr erhalten.

Im März 1945 evakuiert die SS das KZ-Aussenlager Janowitz. »Die Überlebenden [der Flecktypus-Epidemie] wurden Ende März 1945 nach Kschepenitz (Křepenice) bei Chlum in ein bäuerliches Anwesen gebracht, das zum Lager umfunktioniert wurde. Dort besserten sie Straßen aus und arbeiteten im lokalen SS-Hof. Nach dem Krieg wurden in Kschepenitz 14 zutode gekommene Häftlinge von Gefangenen exhumiert. Ende April 1945 wurden die Häftlinge aus Kschepenitz mit zwei Lkw nach Miechenitz (Měchenice) und von dort per Eisenbahn gemeinsam mit Häftlingen aus Hradištko (Hradisko) nach Prag gebracht. Am 30. April wurden die Waggons an einen großen Häftlingstransport [von 90 bis 100 Wagen angeschlossen, die Richtung Süden] in Bewegung gesetzt. Während der Fahrt Richtung Budweis (České Budějovice) erfolgten zahlreiche Erschießungen.« (Flossenbürg, Monika Sedláková, S. 152).

[122] [1.5.1945]. Aussage eines Häftlings des KL Janowitz [zur Räumung des Lagers]. Innenministerium der Tschechoslovakischen Republik, WS-4/21-69 ČVS Zeugenvernehmung eines Anfang Dezember 1944 in Janowitz inhaftierten KL-Häftlings. »Protokoll über die Zeugeneinvernahme«. In Nový Jičín wird am 18.3.1970 der »technische Beamte des Nationalunternehmens TATRA«, verheiratet, Alois Buš, verhört »in der Strafsache der Mittäterschaft an der Straftat eines Mordes, der durch die deutschen Besatzungstruppen im sogenannten Todestransport in Křešice verübt wurde. Verhältnis zum Beschuldigten: gew. politischer Häftling des Konzentrationslagers Flossenburk, Zweigstelle Vrchotovy Janovice.« (Zentrale Stelle der Landesjustizverwaltungen Ludwigsburg)

Die Häftlinge, die die Epidemie des Flecktyphus überlebt haben, wurden nach der Gemeinde von Křepenice übersiedelt, wo ein Lager in Eile ausgebaut wurde, und zwar aus Heuschobern und aus 3 Wohnhäusern. Der bereits erwähnte Lindner übernahm in diesem Neuen Lager das Amt des Hauptkapos. Ich bin Augenzeuge davon gewesen, dass Lindner den Tod des dortigen Kapos verursachte, der aus Oesterreich stammte. …

Im April 1945 ist ein Befehl gekommen, alle Häftlinge nach Křepenice zusammen zu ziehen. Von dorten wurden wir während der Nachtstunden mit Lastautos nach Eisenbahnstation Měchenice befördert. Vor der Abfahrt hat der Kapo Lindner etwa 6 oder 8 Häftlinge aus unbekannten Gründen erschlagen. Die Namen der Häftlinge und der Nationalität ist mir nicht bekannt. Die ermordeten Häftlinge wurden hinter dem Heuschober begraben. In Měchenice am Bahnhof sind wir etwa 2 Tage gewesen und dann wurden wir mit dem Zug in der Richtung nach Prag, in den Bahnhof von Vršovice [/Werschowitz; Stadtteil von Prag] transportiert. Aus Křepenice sind von uns nach Měchenice etwa 120 Leute gekommen und wir wurden in 2 gedeckten Lastwaggons [gemeint sind: Güterwagen] eingesetzt. Ich kann mich daran erinnern, dass noch in Měchenice weitere Häftlinge aus Hradištko gekommen sind. Diese Anzahl war etwa die gleiche wie bei uns. Ich urteile das nach der Tatsache dass auch sie in 2 Waggons untergebracht wurden. Nach der Ankunft nach Prag-Vršovice wurden wir an einen bereits expedierten Transport angeschlossen, der wie wir aus anderen Quellen erfuhren, aus anderen Konzentrationslagern in Deutschland expediert worden war. Am Ende April 1945 ist der Transport aus Vršovice in der Richtung nach Tabor ausgefahren. Wie wir dann jedoch erfuhren, sollten wir nach Wien weitertransportiert werden.

In den Morgenstunden des 1. Mai 1945 ist der Transport in der Station Olbramovice stehen geblieben. Von dorten wurde er auf die Lokalbahn von Olbramovice nach Sedlčany unter der Gemeinde Křešice geschoben. Ich war dadurch sehr überrascht, da wir in denselben Ort gelangt sind, wovon wir wegtransportiert wurden. Soweit es sich um den Transport handelte, war er in der Wirklichkeit der sogenannte Todestransport. Ich weiss nicht wieviel Waggons es dort gegeben hat, es konnte [!] etwa 100 gewesen sein. Davon war eine Hälfte ungefähr offene Wagen und die andere Hälfte gedeckte Wagen. Nach der Verschiebung des Transportes unter die Gemeinde Křešice etwa nach 1 Stunde wurden die gedeckten Wagen geöffnet und noch vor der Öffnung haben wir in der Umgebung unseres Waggons eine Schiesserei und Geschrei gehört. Als dann die Waggons geöffnet wurden, ist ein grosser Teil der Häftlinge aus den Waggons herausgesprungen und die Wachen haben aus automatischen Gewehren und leichten Maschinengewehren die Flüchtenden beschossen. Wer eigentlich den Befehl zum Schiessen der Häftlinge gegeben hat und wieviele tatsächlich erschossen worden sind, weiss ich nicht. Ich weiss nur, dass es sich um eine grössere Anzahl handelte. Noch an demselben Tag ist zum Transport unser gewesener Befehlshaber Christ[e]l gekommen und entliess alle 5 Häftlinge tschechischer Nationalität, unter denen ich selbst gewesen bin. Christ[e]l hat uns herausgeführt und uns den Weg nach Křešice mit der Mitteilung gezeigt, dass wir entlassen wurden und nach hause gehen sollten. In Křešice hat uns eine gewisse Frau Vazačová geholfen, die mit dem Strassenräumer für uns die notwendigsten Kleider besorgte. Angesichts der Tatsache, dass wir keine Dokumente besassen, sind wir nach dem Rat des Strassenräumers Zoul nach Votice zum Kommando der SS gegangen, um uns anzumelden. Von Zoul haben wir erfahren, dass es direkt in Křešice einen grossen Massenmord gegeben hat, dass viele Häftlinge durch die Angehörigen der SS erschossen wurden und dass dies »der verkrüppelte Zwerg aus Janovice am Gewissen hat«, der durch Křešice gefahren war. Soweit es sich um den »Zwerg« handelt, hat damit Zoul offensichtlich den SS-Befehlshaber aus Janovice Graun gemeint, der ein amputiertes Bein hatte und einen kurzen Stab zu gebrauchen pflegte. Er besass den Rank [!] des Obersturmbannführers. Diesen Graun habe ich mehrere Male persönlich gesehen, als er durch Janovice ging oder durchgefahren ist und ich weiss dass er der Befehlshaber war, da er in einem kleinen Schloss in Janovice wohnte und wir für die Angehörigen der SS bei dem Pferdestall eine Sauna bauten und ihn im Schloss oft gesehen haben. Das [!] er tatsächlich in Janovice wohnte, kann ich jedoch nicht bestimmt behaupten. […]

In Křešice und am Bahnhof Olbramovice erinnern heute eine Gedenkstele und eine Gedenktafel an das Massaker der SS: Am 1.5.1945 starben unterhalb von Křešice 27 Gefangene; am 3.5.1945 weitere 82 Häftlinge, die auf dem örtlichen Friedhof Olbramovice in einem bis heute gepflegten Massengrab beigesetzt wurden.

Die SS-Einheiten des Truppenübungsplatzes verlassen in der Nacht vom 8./9. Mai 1945 ihre Standorte, um sich nach Westen in amerikanische Gefangenschaft zu begeben.

Gedenkstein am ehemaligen Standort des Außenlagers Flossenbürg in Janowitz mit der Inschrift: »NA PAMĚŤ OBĚTEM KONCENRAČNÍHO TÁBORA VE VRCHOTOVÝCH JANOVICÍCH 1943-1945« (Zum Gedenken an die Opfer des Konzentrationslagers in Vrchotovy Janovice 1943-1945) (2002). Fotografie: Friedrich Pfäfflin.

[123] Sidonie Nádherný, Voračice, p. Štětkovice, an Václav Wagner, [Praha]
Zettel Sonntag, 10.5.1945 (Památník národního písemnictví, Praha)

Gestern war ein russ[ischer] Offizier im Schloss, alle Eingänge waren bewacht, heute ist er fort, nichts wird bewacht, die Bevölkerung u. die Russen strömen durch das Schloss u. den Park, alles ist preisgegeben. Ich begreife nicht, dass sich der Nationalausschuss nicht kümmert.

Die Russen gehen in alle Zimmer hier bei mir; ein Offizier stahl meine goldne Taschenuhr, die am Nachttisch lag, in der Nacht kamen sie heimlich u. luden mein neues Auto auf, das ich vor den Deutschen gerettet hatte (es war ohne Reifen), den Deputatisten stahlen sie in der Nacht ihr ganzes Fett aus verschlossenem Keller (75 kg), aus dem Stall nahmen sie eine junge Kuh u. schlachteten sie u.s.w. Jedem stehlen sie die Uhren. Wir sind macht- u. rechtlos.

[124] Sidonie Nádherný, Voračice, p. Štětkovice, an Václav Wagner, [Praha]
B Sonntag, 12.5.1945 (Památník národního písemnictví, Praha)

Sehr geehrter Herr Doktor!
Kaum haben die SS. das Schloss verlassen, stürzte sich die Bevölkerung in das Schloss, alles auszurauben. Vergebens habe ich die Tore verschlossen, mit Gewalt öffnen sie sie immer wieder, gestern waren auch Russen dort, jeder nimmt sich was er will. Ebenso wird der Park ruiniert. Die 3 zurückgelassenen grossen Holzfiguren hatten die Deutschen unbeschädigt gelassen, gestern schon ist eine Figur beschädigt. Ich bin machtlos. Es wäre zu traurig, wenn jetzt zuletzt die Sachen beschädigt sein würden, ebenso sind Speisesaal, Weinlaubtapete u.s.w. in Ordnung. Es ist wichtig, dass Sie sofort dem Bezirksamt in Votice ein Schreiben senden, damit es veranlasst wird, Schloss u. Park zu bewachen oder einzuschreiten. Ich lasse vorläufig die verschiedenen Eingänge in den Park mit Brettern schliessen, der Haupteingang muss aber offen bleiben, am Schlossplatz fahren Russen ein u. aus. Es sollte nun verboten sein,

dass sie Schloss u. Park betreten, ebenso die Bevölkerung, Kinder u. s. w.

[auf dem Rand: Am besten verhindern, dass Russen im Schloss wohnen. Die Deutschen haben genügend neue Baracken zurückgelassen.]

Es wäre auch gut, wenn Sie gleichzeitig mir ein Schreiben senden, mich bevollmächtigend, darauf zu achten, dass nichts zerstört wird, und den Zutritt in Park u. Schloss nur den Behörden zu gestatten. Vorläufig bleibt das Truppenübungsfeld Staatseigentum, also kann ich ohne Vollmacht wenig tun. Es scheint, dass die Russen alles übernehmen, es müsste nur die massgebende Stelle in Janovice aufmerksam gemacht werden, dass alles unter Denkmalschutz steht, am besten durch das Bezirksamt. Wir können uns mit den Russen garnicht verständigen. Gestern nahmen sie mir die Pferde weg, mit denen ich nach Janovice gefahren war, heute nehmen sie sich hier im Hof, was sie wollen, ohne zu fragen. Mein Kutschierwagen, eine teure Erinnerung, den ich mit Mühe vor der SS. rettete, spannten sie einfach ein u. sind damit fortgefahren, auch das Auto u. andere Wägen wollen sie nehmen, Geschirre haben sie genommen, Hafer, Heu in Unmassen, dabei müssen wir gut für sie kochen u. geben sich nur mit Fleisch zufrieden. Im Schloss sieht es fürchterlich aus, ein wahrer Schweinestall, schöne Kachelöfen sind fort (auch der offene Kamin aus meinem Salon), unersetzlich ist der Verlust des Ofens mit der gelben Kachel von Kilian 1730, worauf ich Kühn aufmerksam gemacht hatte.

[auf dem Rand: Bitte also tun Sie *gleich* etwas (vielleicht telefonisch mit dem Bezirksamt in Votice?) Schloss und Park vor Vernichtung zu retten. Hier herrscht Chaos.

In grosser Eile u. Sorge mit den besten Empfehlungen Ihre Sidonie Nádherná]

Mit dem Dekret des Präsidenten der Republik vom 19.5.1945, veröffentlicht in der Gesetzes- und Verordnungssammlung der ČSR vom 23.5.1945, werden die eigentumsrechtlichen Akte »die nach dem 29. September 1938 infolge der Okkupation, der nationalen und politischen Verfolgung oder aus Rassengründen zustande gekommen sind«, als ungültig erklärt.

Damit werden grundsätzlich auch die rechtlichen Voraussetzungen für die Rückgabe des Eigentums an die ursprünglichen Eigentümer geschaffen, die bei der Anlage des Truppenübungsplatzes »Böhmen« zugunsten des Dritten Reiches enteignet worden waren.

Mit Schreiben vom 21.5.1945 antwortet die Aussiedlungskanzlei Čerčany der Aufforderung des Innenministeriums, über die Situation auf dem Truppenübungsplatz zu berichten: Sie möge Vorschläge machen, um die Folgen der Umsiedlungsaktion rückgängig zu machen.

Das Amt in Čerčany teilt mit, dass die Kreisnationalausschüsse in Benešov/Beneschau und Votice/Wotitz vorerst die Rückkehr der Ausgesiedelten auf das Gebiet des ehemaligen Truppenübungsplatzes aus Sicherheitsgründen untersagten. Es bestünden erhebliche Gefahren durch herumliegende Munition und Minen. Nur so könnten die chaotischen Zustände auf dem Gebiet vermieden werden.

Natürlich drängen die Ausgesiedelten auf eine rasche Rückkehr in ihre Heimatorte. Sie haben die Vertreibung als eine zeitlich befristete Zwangsaktion »bis die Nazis den Krieg verlieren« erlebt und weisen darauf hin, dass die fortgeschrittene Jahreszeit das Bestellen der Felder dringend notwendig mache. Aber die Beschädigung und Zerstörung vieler Wohnhäuser sowie wirtschaftlicher Gebäude im Platzgebiet, die Anwesenheit von Einheiten der Roten Armee und die zwangsweise Ansiedlung der von der SS beschäftigten »deutschstämmigen« Bevölkerung innerhalb des Truppenübungsplatzes erschweren die Rückkehr der Einheimischen in ihre Heimatorte.

In der Aussiedlungskanzlei seien alle Unterlagen aus ihrer bisherigen Arbeit vorhanden, bestätigt Čerčany, die bei der Repatriierung der Zwangsumgesiedelten nützlich sein könnten. Sie bietet dazu ihre Dienste an. (Státní ústřední archív v Praze)

[125] Sidonie Nádherný, Voračice, p. Štětkovice, an Václav Wagner, [Praha]
B 26.5.1945 (Památník národního písemnictví, Praha)

Sehr verehrter und lieber Herr Doktor!

Ich danke vielmals für die lieben Zeilen. Ich habe immer auf das Ergebnis Ihrer Intervention gewartet, aber es gibt keines. Niemand kümmert sich. Der Schloßpark ist von allen Seiten offen, r[ussische] Soldaten vernichten dort alles, sie wissen nicht daß er unter Schutz steht. Das Gleiche im Schloß. Jetzt kommen ständig Lastwagen und fahren die Militärmöbel weg. Weil sie aber nicht wissen, daß es dort auch Museumsgegenstände gibt (das würden sie, denke ich respektieren) ist notwendig, daß sofort jemand vom Denkmalamt käme und mit dem Kommandanten in Janovice sprechen würde – der angenehm sein soll – um ihm zu bedeuten, was sie nicht mitnehmen dürfen, was Museumsgegenstände sind und im Schloß bleiben müssen; vielleicht sollte man die Dinge kennzeichnen und nicht erlauben, daß jeder Soldat ohne Wache den Zutritt hat. Weil sie nicht wissen, was militärisch ist und was den Deutschen gehörte (es sind dort viele deutsche Möbel), und was auf der anderen Seite im Schloß bleiben muß, muß man befürchten, daß sie alles mitnehmen.

Im Speisesaal ist der Barockaltar in dem ich Holitzerporzellan hatte, wie Sie sich erinnern, darauf haben sie sich schon angeschossen. Auf dem Treppenhaus sind die großen Holzskulpturen, die Kühn mir nicht erlaubte mitzunehmen, lieber hat er sie dem deutschen Besitz zugeschlagen. Er bot ihnen damals alles in der Kapelle, obwohl sie es nicht wollten, alle Holzskulpturen im Stiegenhaus, das alles nahm ich aber mit. Das werde ich nie vergessen. Die Deutschen haben aber geschützt, was ich dort gelassen hatte und jetzt ist es in größter Gefahr, wenn sich das Denkmalamt nicht kümmert. Ein wunderschöner Barockofen liegt schon demoliert auf dem Boden, jetzt zittere ich, daß man den Ofen im Speisesaal, die bemalten Stofftapeten nicht beschädigt und so weiter.

Die zweite Sache wäre, daß Sie mir eine Vollmacht in der russischen und der tschechischen Sprache schicken, daß ich berechtigt bin, mich sofort darum zu kümmern. Bis jetzt ist alles auf dem Truppenübungsplatz Staatseigentum.

Und man müßte eine Bekanntmachung in der russischen Sprache aufhängen, daß der Zugang zum Park verboten ist und dass es nicht erlaubt ist, die Pflanzen zu pflücken.

Es ist dort doch niemand informiert. Der Kommandant sagte zwar, daß ich die verschiedenen Eingänge in den Park vernageln kann, aber was hilft es, wenn sie alles vernichten die Schlösser, Türen usw. Die Bretter, die ich dem Fischmeister geschickt habe, der neben dem Park wohnt, damit er verschiedene Löcher und Eingänge in den Park von allen Seiten schließen könnte, ein r[ussicher] Lastwagen (es war eine ganze Lastwagenladung) hat sie aufgeladen und ist damit weggefahren.

Hinzu ist gestern der Fischmeister aus Janovice weggezogen, weil in der Nacht zu ihm r[ussische] Soldaten kamen und die ganze Familie

Interieurs zur Zeit der Aufenthalte Rainer Maria Rilkes im Schloss: Speisesaal (Raum 35) mit der bemalten Stofftapete, dem Barockaltar und dem Holicer Porzellan. – Der rote Salon (Raum 39) mit der Weinlaubtapete und einem klassizistischen Ofen. – (1920) (Oblastní archív Praha, Fond Velkostatek Vrchotovy Janovice).

erschießen wollten, auch kleine Kinder. Sie sind geflüchtet, so wie sie waren in Nachthemden aus den Fenstern, die Soldaten schossen in die Betten, wo sie lagen, durch die Fenster bevor sie in die Wohnung kamen und verfolgten sie auch draußen, haben mindestens 40 Schüsse abgegeben. Gott sei dank, daß sie niemanden erschossen hatten. Und solche Dinge passieren jeden Tag, es wird gemeldet aber nichts passiert. Wer kann, flüchtet. In Vojkov sind aus dem Hof alle Deputaten weggegangen, obwohl überall Bekanntmachungen sind, daß der Boden bestellt werden muß. Jetzt haben sie den ganzen Klee gemäht, Gras usw. Für das Vieh blieb nichts übrig. Wir alle hier im Hof leben in einer ständigen Gefahr. Was sie uns schon mit Gewalt genommen hatten, davon spreche ich nicht. Vieh, Pferde, Hafer, Heu, Auto, Kutsche, Schmalz, Eier, Geflügel und Uhren hat keiner von uns. Jeden Augenblick nimmt jemand etwas weg Regenschirm, Stock, Zigaretten mein Fernglas und so weiter. Sie kommen ins Zimmer und nehmen, was sie wollen.

So bitte ich kümmern Sie sich gleich, damit sie nicht aus dem Schloß das wegnehmen, was dort bleiben muß; das geht nur, wenn Sie oder wenn Sie keine Zeit haben ein anderer Herr aus dem Denkmalamt persönlich in Janovice interveniert. Und zum zweiten Mal bitte ich um die Vollmacht, damit ich berechtigt wäre mich zu kümmern, daß sie es befolgen.

Wir sind alle sehr unglücklich. Ich grüße Sie aus ganzem Herzen

Ihre S. N.

[auf dem Rand: Ihre Intervention beim Nationalausschuss war ganz zwecklos.]

[auf dem Rand: Ich weiss nicht, ob Herr Kovárna Sie besucht hat, wie wir es vereinbart haben? Er ist noch nicht zurückgekehrt.]

[auf einem beigefügten Zettel: Dr. Kovárna kann russisch. Er kann dolmetschen, ist sehr *gefällig*. Ich warte auf ihn, damit ich mit ihm nach Janovice zur Kommandantur gehe, aber ohne Vollmacht, dass ich dazu berechtigt bin; es ist schwer. Ich arbeite auch damit, daß nach meinem Tod es das Eigentum von M. Lobkovic, Botschafter in London wird.]

[126] Sidonie Nádherný, Voračice, p. Štětkovice an Václav Wagner, [Praha]
B 28.5.1945, 29.5.1945 morgens (Památník národního písemnictví, Praha)

Verehrter und lieber Herr Doktor!
Gestern habe ich die russisch geschriebene Bekanntmachung bekommen, ich lasse es abschreiben und aushängen, gleichzeitig gehe ich morgen nach Janovice. Nationalausschuss sollte die Gendarmerie informieren, ich werde sehen, was man zum Schutz machen kann. Was mir aber in der Bekanntmachung fehlt, ist, daß der Zutritt zum Park verboten ist. Über den Park steht in der Bekanntmachung nichts und Tag für Tag, heute wieder, tragen fremde Zivilisten wie auch Soldaten Arme voll Azaleen und alles Mögliche. So bitte ich Sie, schicken Sie mir noch die Bekanntmachung russisch und tschechisch, daß der Zugang zum Park verboten ist und wie das Schloß unter dem Schutz des Denkmalamtes steht und daß man dort nichts pflücken darf. U.s.w.

Entschuldigen Sie, bitte, daß ich Sie ständig damit belästige, aber es ist so schrecklich wie sie den Park vernichten, der von allen Seiten offen ist; an ein paar Stellen ist die Mauer durchbrochen, weil die Russen mit einem schweren Wagen einfach durchfuhren, um durch den Park fahren zu können.

Herzlich grüßt Sie Ihre aufrichtige

Sidonie Nádherná

Vorläufig kann ich nichts vernageln, weil sie die Bretter abholten

[auf dem Rand: Weil man auch den Eintritt in das Schloß verbieten könnte, wo augenblicklich niemand wohnt.]

Abends

Gerade war ich in Janovice die Bekanntmachungen aufzuhängen. Nationalausschuss kümmert sich nicht, die Gendarmerie wurde nicht informiert. Beim Aushängen der Bekanntmachungen (russisch und tschechisch) habe ich die Soldaten ertappt, die gerade die Fenster herausgetragen haben. Sie mußten sie zurückgeben. (Im Schloß sind fast überall wertvolle Eichenfenster und alte Eichentüren.)

Wenn dort keine Wache aufgestellt wird, werden sie mir alles wegnehmen. Ich habe schon dem Nationalausschuss nach Votice geschrieben, auch daß die schönen Barocköfen schon vernichtet sind. Ich sprach dort mit dem russischen Kommandanten, er hat kein Interesse, einen Wachposten kann er dort nicht hinstellen. Er lobte die Bekanntmachungen. Aber es ist doch so, daß jeder Soldat sich das nimmt, was er gerade braucht.

Es wäre gut, wenn Sie dem Nationalausschuss schreiben würden, daß auch der Park bewacht werden muß.

Vielleicht sollte man überall, wo der Zugang zum Park schreiben: Eintritt verboten (auch russisch, weil die Russen dort nichts zu suchen haben) und der russische Kommandant in Janovice es empfohlen hat. Also wenn Sie mir es schreiben tschechisch und russisch, lasse ich es paarmal abschreiben und werde es überall aushängen

29.5. morgens.

Ich erfahre gerade, das sie die Aushänge respektieren. So vielleicht noch einen für den Park. Auch mein Heger soll öfters dorthin. Wenn ich von Ihnen die Vollmacht bekomme, wird alles besser.

[auf dem Rand: Es wäre notwendig alles aus dem Schloß zu räumen, was die Deutschen dort ließen, dann wäre Ruhe. Könnten Sie dem Nationalausschuss schreiben, daß sie es alles in der Schule lagern, wo sich dann die Rote Armee das nehmen kann, was sie will, aber nicht daß jeder in das Schloß geht und dort sich nehmen kann was er will und dabei nimmt er Fenster und Türen.]

[127] Sidonie Nádherný, Voračice, p. Štětkovice, an Václav Wagner, [Praha]
B 3.6.1945 (Památník národního písemnictví, Praha)

Sehr verehrter, lieber Freund,
Lange wanderte ich heute durch Schloss u. Park; beide sind so verlassen, Tore u. Türen stehen überall weit offen, es schmerzte mich wie dieser Inhalt meines Lebens nun lieblos preisgegeben ist all den vielen Gleichgiltigen, die es nicht achten u. Jeder sich berechtigt dünkt, sich an dieser mir heiligen Schönheit zu vergreifen. Im Stiegenhaus klaubte ich die herumliegenden abgebrochenen Finger u. Zehen der Holzfiguren auf u. brachte sie mit nach Hause, mit blutendem Herzen. Ein schöner Ofen ist zertrümmert. Seltene Coniferen im Park sind abgeschnitten. Wald u. Landwirtschaft werden weiter von den bisherigen Ver-

waltern bewirtschaftet – lieb- und interesselos – bis der Grundbesitz seinen Eigentümern, wie ich hoffe, zurückgegeben wird. Die zwangsverwalteten Güter sind wieder in Händen der Besitzer, was mit dem Truppenübungsfeld geschieht, scheint noch nicht geklärt zu sein. Janovice liegt auf der Grenze. Im Gegensatz zur Wirtschaft sind Schloss u. Park eine Art Niemandsland, um das sich Niemand kümmert, es wäre also wichtig, dass ich sofort als Eigentümerin wieder anerkannt werde, damit nicht dort alles zu Grunde geht. Z.B. müsste ich mich jetzt darum kümmern, dass im Park die Wiesen gemäht werden, damit das Gras nicht ausartet u. alle Pflanzen überwächst u.s.w.; es müsste sofort ein Gärtner angestellt werden, um wenigstens das Wichtigste in Ordnung zu bringen, viele Bäume liegen halb u. müssen gestützt werden u.s.w.

Ich hätte tausend Dinge mit Ihnen zu besprechen, es ist so wichtig, dass Schloss u. Park vor Schaden gerettet werden. Die Russen ziehen jetzt fort, es heisst, dass diese Woche čech[isches] Militär nach Janov[ice] kommt (ich hoffe, dass sie nicht im Schloss wohnen werden, da es genügend Baracken gibt, wo die SS. Soldaten untergebracht waren). Ich bitte Sie sehr, mir u. meinem Janovice einen Tag dieser Woche zu widmen. Es sind von Prag 60 km. Hinter Bystřice und Olbramovice biegen Sie nach rechts in die Bezirksstrasse nach Sedlčany ein, Sie fahren durch Janovice u. oben am Berg liegt dann der Hof Voračice. Wenn Sie um 12 U[hr] hier sind, können wir zusammen essen, alles besprechen u. fahren dann nach Janovice. Ich wäre so glücklich – abseits von all dem Dringlichen – Sie wieder zu sehen. Sie brauchen sich nicht vorher anzusagen (ich habe kein Telefon und Telegramme erreichen mich gewöhnlich erst nach 2 Tagen, da der Briefträger von Štětkovice ganz unregelmässig kommt), ich bin immer zu hause u. zum Essen ist auch immer genug da. Also bitte kommen Sie in den allernächsten Tagen.

Es liegt mir am Herzen, Janovice wieder jene Harmonie zu geben, die es einst besass.

Hoffentlich befremdet Sie nicht die deutsche Sprache; sie ist aber nicht nur Hitler's, sondern auch Goethe's u. sollte als Sprache nicht büssen u. verantwortlich gemacht werden, dass die letzten Jahre Bestien u. Untiere sie im Munde führten. Ich gestehe, dass mein Hass gegen sie so gross war, dass ich in diesen Kriegsjahren ausnahmslos nur englische Bücher las, selbst wenn es die blödesten waren. Nun aber, da die Hauptbestien erledigt sind, muss die Sprache nicht mehr verdammt werden, wenn sie auch wahrscheinlich auf längere Zeit gemieden werden wird – von den geistig Kleinen. Und den geistig Freien wird misstraut werden. So war es nach dem letzten Krieg, wie viel mehr jetzt, wo der Hass mit Recht abgrundlos [!] ist.

Ich weiss aber, Ihnen gegenüber darf ich Goethe's und Rilke's Sprache benützen, Sie werden mich nicht missverstehen. Ich kann mich in ihr – und besser noch in der englischen, der Sprache meiner Kindheit – klarer ausdrücken als in der böhmischen, obzwar ich in den letzten Jahren ausschliesslich nur diese höre und rede.

Mit den allerbesten Grüssen Ihre aufrichtige

Sidonie Nádherná

Ich besitze kein Auto mehr. Beide haben mir die Russen gestohlen!

[128] Sidonie Nádherný, Voračice, p. Štětkovice, an Václav Wagner, [Praha]
K 11.6.1945 (Památník národního písemnictví, Praha)

Sehr verehrter, lieber Herr Doktor!
Ich weiss nicht, ob Sie meinen Brief erhalten haben? Ich bat Sie um einen Besuch, damit wir alles besprechen können, was Janovice betrifft. Ich würde Sie zum Mittagessen erwarten, danach würden wir nach Janovice fahren, vielleicht auch nach Votice zum Nationalausschuss. Es wäre nötig, die gesamten deutschen Militärmöbel auszulagern, so dass die allernötigsten Reparaturen zum Schutz des Gebäudes durchgeführt werden könnten. (Fenster, »*Dachtraufen*«, Tore, Türen u. s. w.), gleichzeitig müsste man den Zutritt in den Park einschränken, wo man zur Zeit Zugang von allen Seiten hat, da überall Tore und Schlösser u. s. w. fehlen.

Wartend auf Ihren Besuch (schriftlich lässt sich sehr wenig erledigen), mit herzlichem Gruss

Ihre aufrichtige
Sidonie Nádherná

In den Sommermonaten des Jahres 1945 ist die Situation auf dem Gebiet des ehemaligen Truppenübungsplatzes immer wieder Gegenstand von Verhandlungen auf verschiedenen Verwaltungsebenen unter Einschluss des Landwirtschafts- und des Innenministeriums: Die Zerstörungen und Verwüstungen, die Rückführung der Bevölkerung und die Entschädigung der Betroffenen stellen außerordentliche Probleme dar. Am 15.6.1945 meldet sich auch der »Nationalausschuss der enteigneten Gemeinden« und macht darauf aufmerksam, dass infolge der fehlenden Durchführungsbestimmungen zum Dekret des Präsidenten vom 19.5.1945 die zügige Rückkehr der Bewohner in vollem Gange sei, was der Chance einer grundsätzlichen Neuordnung des Gebietes im Wege stehe. Ursprünglich bestanden weitreichende Pläne: »Die enteignete Fläche des ehemaligen SS-Truppenübungsplatzes bietet eine einmalige Gelegenheit, die Wiederbesiedlung der Region nach modernsten Grundsätzen für die Gestaltung der Landschaft und der Regulierung des wirtschaftlichen Lebens darin zu planen und zu gestalten.« Es war vorgeschlagen worden, die den gesundheitlichen und anderen Erfordernissen des Lebens nicht entsprechenden Gebäude ihren Eigentümern nicht zurückzugeben und aus der Restituierung jene Flächen auszunehmen, die für die Anlage von Straßen und anderen öffentlichen Einrichtungen vorzusehen seien; damit hätten sich spätere, oft schwierige Enteignungsverfahren aus öffentlichem Interesse erübrigt.

Am 5.9.1945 fordert der Kreisnationalausschuss Benešov/Beneschau in einem Memorandum die Zuteilung von 1300 Hektar der 3221 Hektar aus den von der SS konfiszierten Wäldern der Domäne Komorní Hrádek/Kammerburg der Khevenhüller-Metsch und die Zusammenlegung der durch die SS enteigneten Teiche in einer Gesamtfläche von 361 Hektar zu einem modernen Musterbetrieb der Teichwirtschaft.

[129] Sidonie Nádherný, Voračice, p. Štětkovice, an Václav Wagner, [Praha]
B 25.6.1945 (Památník národního písemnictví, Praha)

Lieber und verehrter Herr Doktor!
Ich denke heute an Sie. Es ist der Namenstag Ihrer geliebten Mutter.

So gerne würde ich mit Ihnen im Garten sitzen und reden.

Ich habe gehört, daß Sie Unannehmlichkeiten hatten, eine unerhörte Anzeige. Das ist jetzt überall an der Reihe. Sicher hat es Sie aufgeregt. Ich verstehe nicht, daß jeder jetzt dem anderen schaden will, jeder sich darüber freut. Ich bin traurig, weil ich nirgends Liebe von einem zum anderen sehe. Die Welt ist jetzt sehr arm.

Ich warte immer noch auf Sie; es wäre über so viel zu bestimmen, was Park und Schloß anbelangt, die nötigsten Reparaturen (Fenster, Türen, Schlösser u.s.w.) Wenn für Sie unmöglich ist, gleich zu kommen, wie ich es vorgeschlagen habe, und wie es am besten wäre, schicken Sie mir, bitte, etwas Schriftliches vom Denkmalamt, wo steht, daß das Denkmalamt mich als Eigentümerin beauftragt, alle nötigen Maßnahmen zu unternehmen, damit Schloß und Park bis zu meiner Rückkehr ordentlich geschlossen bleibt und Zugang den nichtbefugten Personen versperrt. Gleichzeitig könnten Sie den Bezirksnationalausschuss in Votice mit einer Abschrift darüber benachrichtigen.* Wenn ich aus meiner eigenen Initiative den Zugang zum Park verbieten oder versperren würde, könnte das Volk sich über mich ärgern, wenn ich es aber vom Denkmalamt habe, bin ich gedeckt. Weil jetzt der Zugang zum Park von etwa 10 Seiten (entweder fehlt die Tür, oder ist die Mauer demoliert oder fehlt der Zaun) sind dort ständig Menschen und machen viel Schaden. Ich will aber keinen Handwerker mit der Arbeit des Sperrens beauftragen, solange ich nicht etwas Schriftliches vom Denkmalamt habe, was ich für ihn abschreiben würde, damit er sie jedem zeigen kann. Sobald unsere Soldaten die Reste der deutschen Möbel aus dem Schloß wegbringen, würde ich auch das Schloß schließen. Neben der Bekanntmachung, die Sie mir schickten, müßte ich noch »Eintritt verboten« an verschiedenen Stellen aufhängen. Sonst beschädigen oder demolieren sie wieder die provisorischen Maßnahmen (Vernagelung, Drähte etc.) zum Schließen.

Dann, unterstützt durch das Denkmalamt, müßte ich einen Tischler, Schlösser, Glas und Gläser besorgen, damit es in die Zimmer nicht regnet, damit wenigstens alles zum Schutz des Gebäudes getan wäre. Die Reparaturen im Inneren, bevor ich werde einziehen können, werden länger dauern. Ich denke nicht, daß ich noch in diesem Jahre werde zurückkehren können, in der Küche sind Maurerarbeiten notwendig, nirgends stehen die Öfen, mein Badezimmer ist demoliert u.s.w. Ich bin traurig, wenn ich sehe, wie jeder schon zurückkehrt, nur ich kann nicht, weil es zu viele Reparaturen gibt, der Zustand ist desolat.

*so wie Sie es schon am 19.5.45 gemacht haben

So bitte ich, kommen Sie gleich und bringen Sie oder schicken Sie gleich das Schriftliche, was ich verlange. Ich grüße Sie herzlich

Ihre

Sidonie Nádherná.

[130] Sidonie Nádherný, [Voračice], an Václav Wagner, [Praha]
B 28.6.45 (Památník národního písemnictví, Praha)

Lieber, und verehrter Freund!
Ihre lieben Zeilen und guten Wünsche haben mich tief gerührt. Sie waren der Einzige, der sich des Namenstages erinnerte; ein Zeichen dafür, dass ich mich immer mehr von der Welt zurückziehe und bald ganz vergessen sein werde. Sie aber gehören zu den wenigen treuen Freunden, die ich unendlich schätze, ebenso wie Max Lobkowicz, der mich unlängst hier überraschte. Obzwar er nur auf 2 Tage von London nach Böhmen gekommen war, u. wirklich nur 10 Min[uten] Zeit für mich hatte, machte er dennoch die Fahrt zu mir, um mich zu sehen u. mir Schutz zu versprechen gegen die russischen Überfälle (der aber bis heute nicht eintraf!) Auch Frau Hana Beneš sandte mir einen lieben Brief. Ebenso versprach mir Frant[išek] Schwarzenberg, der vor einigen Tagen mit seiner Frau hier sich aufhielt, obgenannte Schutzpapiere zu senden. Vielleicht benötige ich sie nicht mehr, denn die letzte Woche ist Ruhe. Ihnen danke ich wärmstens, dass Sie sich bemühten, ich hatte garnicht daran gedacht, Sie zu bemühen, da zwar Bobby's, aber nicht mein Leben unter Denkmalschutz stehen.

Meinen letzten Brief werden Sie erhalten haben (vom 25. d.) u. erwarte ich Sie nun mit Sehnsucht. Sollten Sie aber vielleicht dennoch heute nicht kommen, wie Sie es vorhatten, schreibe ich lieber, da folgende Angelegenheit schnell erledigt werden müsste: Obzwar Jeder in sein Haus nach Janovice zurückkehrt, disponiert der örtliche Nationalausschuss – wahrscheinlich kommunistisch – über *meine* Wohngebäude, ohne mich zu fragen. So hat er gestern einfach in das Waschhaus im Park, das für den Gärtner bestimmt ist, eine Familie hineingesetzt, obzwar ich dort meine Kleinviehstallungen, Holzschuppen u.s.w. zu eigenem

Gebrauch habe. Vom Standpunkt des Denkmalschutzes (ebenso wie von meinem privaten, die doch keine fremde Familie im Haus haben werde, das ich für den Gärtner und als Waschhaus benötige) ist es gewiss unzulässig, dass eine fremde Familie im Park wohnt u. Schaden macht, ihre Ziegen alle Sträucher vernichtet [!] u.s.w. Deshalb bitte ich Sie, an den örtlichen Nationalausschuss, Vrch. Janov., oder an den Bezirksnationalausschuss Votice ein Schreiben zu richten, worin das Denkmalamt ersucht, dass die Familie, der in den letzten Tagen eine Wohnung im Haus Nr. 54 im Schlosspark zugewiesen wurde, sofort wieder entfernt werde, da Park u. Schloss als Privateigentum von S. N. unter Denkmalschutz stehen u. zum Schutz gegen Beschädigung bis zur Rückkehr der Eigentümerin abgesperrt werden u. dass daher zum Schloss u. Park gehörende Objekte ohne Zustimmung des Denkmalamts oder der Eigentümerin nicht bewohnt werden dürfen. Nach Rückkehr ist die Eigentümerin wieder verantwortlich für Pflege u. Instandhaltung der im Schutz des Denkmalamts stehenden Objekte.

Irgend so was.

Auch ich werde ein ähnliches Ansuchen – von *meinem* Standpunkt – dem Nationalausschuss senden, auch was andere Gebäude betrifft, die ich nach Übernahme des Grundbesitzes (wofür man an den Bezirksnationalausschuss ein Gesuch einsenden muss) natürlich wie früher für das Forst- u. Domänenpersonal benötigen werde, also verhindern muss, dass über meine Wohnungen verfügt wird.

Ich werde auch darauf aufmerksam gemacht, dass es gut wäre, wenn Ihr Amt den Landesnationalausschuss in Prag darauf aufmerksam [machen] würde, dass Schloss u. Park keinesfalls für etwaige Arbeiter- oder sociale Zwecke in Betracht kommt. Es ist gut, rechtzeitig die Leute zu informieren, denn ebenso wie nach dem letzten Weltkrieg sprechen sie schon [davon], dass Schloss u. Park als Erholungsheim u.s.w. sehr geeignet wäre (wozu es übrigens sehr unpraktisch wäre). Sie werden ja genügend Schlösser für ihre Zwecke zur Verfügung haben! Übrigens werden ja vorläufig wir čech[ischen] Grossgrundbesitzer nicht enteignet.

Es ist 12.30, Sie sind nicht gekommen, ich schliesse schnell, damit der Postbote es mitnimmt, hoffe aber *sehr, sehr,* dass Sie morgen oder in den nächsten Tagen kommen. Nicht nur, dass ich so viel betreffs Janov[ice] mit Ihnen besprechen muss, aber ich sehne mich danach, Sie persönlich nach so langer Zeit u. nach vielen Begebenheiten wiederzusehen. – Vorläufig gibt es noch wenig Erfreuliches. Auch dass die Unschuldigen, die einzelnen, die Verbrechen der Schuldigen büssen müssen, ist ein trauriger Anblick. Was aber Toši betrifft, glaube ich nicht, dass er es verdient, geschont zu werden. Seine Mutter war wegen Fr[au] Prösch[el] sehr böse auf ihn. Wenn ich nur wüsste, was aus seiner Mutter geworden ist; sie war in B[uda]pest geblieben. So ein edles, vornehm denkendes, warm fühlendes Wesen.

Leben Sie herzlichst wohl u. tausend Dank für die lieben Wünsche u. für Ihre stets bereite Hilfe u. bewährte Freundschaft. –

Immer Ihre Sidonie Nádherná

Schrecklich der Tod von O. Weiss, Pacov. Er wurde in Stücke zerrissen. Die Frau weiss es nicht. Es war ein Raub- [auf dem Rand: überfall der Russen im Wald, ihr Schmuck u. ihre Papiere wurden ihm genommen, man fand sie in Ohnmacht, vielleicht vergewaltigt wie hier jede 2. Frau.]

[131] Sidonie Nádherný, Voračice, p. Štětkovice, an Václav Wagner, [Praha]
B 3.7.1945 (Památník národního písemnictví, Praha)

Mein lieber, verehrter Freund,
Ich war so glücklich, Sie wiederzusehen. Gäbe es viele Menschen wie Sie, das Leben wäre lebenswerter. Es war mir auch eine Freude, Ihren Kollegen kennen zu lernen.

Ich denke fort über Janovice nach. Das Erste was ich benötige, sind Arbeitskräfte. In Chotovin sah ich gestern 20 Gefangene, die meinem Neffen zugewiesen wurden. Auch ich müsste Gefangene haben, die mir die vorerst wichtigsten Arbeiten – Ausräumen des Schlosses, Instandsetzung der Wasserleitung, Entfernung der fürchterlichen Senkgrube, die die Wasserleitung in das Waschhaus, wo ich provisorisch wohnen würde, unterbricht – durchführen.

Bitte also: Das Denkmalamt muss vom Nationalausschuss in Votice verlangen, dass mir 6-10 Gefangene zugewiesen werden, um Schloss und sonstige dazu gehörigen Gebäude auszuräumen (wobei wie bisher unsere čech[ischen] Soldaten, da es sich um milit[ärisches] Eigentum handelt, mitarbeiten können), u. alles in Ordnung zu bringen, damit die Besitzerin dorthin übersiedeln kann, um die weiteren Arbeiten anzugeben und zu beaufsichtigen. Und ersuchen, ihr nach Möglichkeit behilflich zu sein, damit sie das Erforderliche durchführen könne. Denn das Denkmalamt legt Gewicht darauf, dass das Schloss bald wieder als museale Räume eingerichtet werde. – Die Unterbringung der Gefangenen in Janov[ice] solle im Einvernehmen mit der Besitzerin durchgeführt werden, die gewiss ihnen Räume in einem ihrer Gebäude überlassen kann. Es würde sich empfehlen, den im Schloss untergebrachten Kochherd der SS. in einem Raum für die Gefangenen aufzustellen, falls kein anderer vorhanden, ebenso einige der eisernen deutschen Füllöfen zur Winterbeheizung anzufordern, ebenso für das Schloss, oder die sich dort befindenden zu belassen, bis sie durch die von der SS. entfernten Kachelöfen ersetzt werden können.

Ich glaube, dies wäre sehr gut, dem Nationalausschuss in Votice mitzuteilen, damit sie sich mit unserer milit[ärischen] Behörde darüber ins Einvernehmen setzt. Denn Kachelöfen werden nicht so schnell zu haben sein und ohne Öfen könnte ich das Schloss nicht bewohnen, so *hässlich* sie auch sind.

Jedenfalls werde ich aber versuchen, mir Kachelöfen für das Waschhaus zu verschaffen und werde ich mich an einige Firmen wenden. Hätte ich vom Denkmalamt etwas Schriftliches, würden die Firmen vielleicht leichter zugänglich sein. Die Firma Keram[o] in Rakovník z.B. schrieb mir im Winter, sie habe zwar Öfen, müsse sie aber alle nach Deutschland liefern.

Alles Liebe u. Gute von Ihrer

Sidi Nádherná

[132] Sidonie Nádherný, Voračice, pr. Vrchotovy Janovice, an Václav Wagner, [Praha]
B 18.7.1945 (Památník národního písemnictví, Praha)

Lieber, verehrter Freund,
Alles Liebe was Sie mir schreiben, hat mich gerührt u. froh gemacht; mehr als je zuvor – das fühle ich so tief – ist man uns nahen Menschen für ihre Existenz dankbar. Sonst müsste man ganz verzweifeln.

Wie habe ich mich danach gesehnt auf dieses Stück Erde zurückzukehren, wo ich verwurzelt bin, wie habe ich mich darauf gefreut – und jetzt – sehe ich zu, wie sie Alle zurückkehren, was mir gehört, wird aber über meinen Kopf hinweg verteilt. Ich werde kämpfen u. protestieren, so lange es geht, aber langsam wird man flügellahm. So lange man von den deutschen Untieren umgeben war, wusste man, dass es nur ein provisorischer Zustand war u. sah mit Zuversicht dem siegreichen Ausgang entgegen. Jetzt – in dem ständigen Zustand – hat das Herz aufgehört, erwartungsvoll zu schlagen –

Ich bin Ihnen so dankbar, dass Sie mir Ihren sympathischen Freund, den Archit[ekten] Kříž geschickt haben; er war heute mit einem Baumeister hier. Das schwierigste Problem ist das der Arbeitskräfte. Man sagte mir, man kann sich in den Sudeten Deutsche verschaffen, dass die Russen Kriegsgefangene nicht hergeben, aber im Taborer Kreis arbeiten bei allen Bauern und Grossgrundbesitzern Kriegsgefangene. Ich fürchte, der Bezirksnationalausschuss in Votice wird kein Entgegenkommen zeigen, mir Arbeitskräfte zu verschaffen. Aber der Baumeister meinte, vielleicht könnten seine Arbeiter die Aufräumungsarbeiten durchführen.

Heute fragte mich der Mann, der im Meierhof die Reparatur-Werkstätte haben wird, ob das Amt für Denkmalschutz mir auch die Gebäude übergeben habe, die den Schlosshof u. den Park umgeben. Ich sagte, gewiss sei das Amt für Denkmalschutz daran interessiert, dass die dem Schlosshof u. Park zugewendeten Wände und Mauern nicht verunstaltet werden, wie dies jetzt durch die Fabriksfenster geschehen sei, wodurch die Gebäude ein ganz anderes Aussehen erhalten haben. Stehen diese Gebäude oder diese Wände unter Denkmalschutz? Von den Fabriksfenstern überblickt man den grossen Teich u. den Park, die ganze Intimität und Abgeschlossenheit des Parkes – einer seiner früheren grossen Reize – ist dadurch verloren gegangen.

[auf dem Rand: Früher war der Park wie ein erweiterter Wohnraum. – Dank für alles. Auf das Herzlichste grüsst Sie

Sidonie Nádherná]

[133] Sidonie Nádherný, Voračice p. Vrchotovy Janovice, an Václav Wagner, [Praha]
B 2.8.1945 (Památník národního písemnictví, Praha)

Sehr verehrter, lieber Freund!
Sie Ärmster! Obzwar ich weiss, wie Sie mit Arbeit überlastet sind (nehmen Sie sich keinen Urlaub?), *muss* ich Sie mit folgender Bitte belästigen: Am Boden des Schlosses Chotoviny habe ich in 8 Koffern alle möglichen Kostbarkeiten von Schloss Janovice aufbewahrt, wie Porzellan (Holicr!), Holzfiguren, Uhren, Silber, Teppiche, Bilder, kurz das Beste. Da aber oft Russen hinkommen u. Koffer meines noch (ganz unschuldig!) eingesperrten Neffen öffnen u. berauben wollen, ist es wichtig, dass meine Cousine ihnen ein Dokument (eine Bestätigung) zeigen kann, dass 8 Koffer nach Janowitz gehören, mein Besitz sind, dass der Inhalt aus nur musealen Gegenständen besteht u. unter Denkmalschutz stehen. Bitte senden Sie mir *gleich* ein solches Dokument, ich sende es dann mit den Schlüsseln weiter nach Chotoviny. Ich werde dann noch jeden Koffer separat bezeichnen, auf das Dokument hinweisend. Vorläufig ist der Zugang zum Boden vom Nationalausschuss versiegelt.

Gefangene werde ich kaum für die Arbeiten in Janovice bekommen, vielleicht Slovaken, für die ich jetzt angesucht habe. Vorläufig ist noch alles unverändert, auch wurde mir der Besitz noch nicht zurückgegeben.

Alle besten Grüsse von Ihrer
Sidonie Nádherná

[134] Sidonie Nádherný, Voračice p. Vrchotovy Janovice, an Václav Wagner, [Praha]
B 11.8.1945 (Památník národního písemnictví, Praha)

Lieber, verehrter Freund,
Ich kann Ihnen garnicht sagen, wie es mich gerührt hat, als ich Ihre Inschrift an den ZNV. Praha las, worin Sie sich in so überzeugender Weise für mich einsetzen; *von Herzen Dank*, ebenso für alles, was Sie thun, um mir und meinem theuren Heim zu helfen. Jetzt stehen also nicht nur Schloss u. Park, nicht nur Bobby sondern auch ich unter Denkmalschutz! Es besteht noch immer grosse Lust, die Höfe zu parzellieren, es dürfte sich bald entscheiden. Ich weiss nicht, ob Sie mein Schreiben erhielten, worin ich Sie bat, mir eine Bestätigung zu senden, dass der Inhalt meiner 8 Koffer, die sich am Boden im Schloss Chotoviny befinden, museale Inventarstücke des Schlosses Vrch[otovy] Janovice sind u. unter Denkmalschutz stehen. Ich hatte nämlich seinerzeit dorthin die wertvollsten Gegenstände verpackt (Bilder, Holic u. anderes Porzellan, Uhren, Holzfiguren, Silber, Teppiche, altes Glas u.s.w.) Da mein Neffe noch immer in Tabor festgehalten wird (obzwar nachweislich ohne jede Schuld), versuchen die Russen öfters, den versiegelten Boden aufzubrechen u. Koffer zu rauben, sie sagen ganz offen, dass sie die Sachen meines Neffen nehmen wollen. Daher muss ich meine Koffer schützen, meine Cousine würde ihnen das Schreiben zeigen. Am besten wäre in russisch Achtung, Museumsgegenstände u. Stempel des Denkmalamts auf jeden Koffer, denn allgemein heisst es, dass sie das Wort Museum achten.

Am Montag komme ich mit dem Architekten Kříž u. einigen Anderen in Janowitz zusammen, wir werden zuerst die Wasserleitung in das Waschhaus herstellen müssen, damit ich vor dem Winter dorthin übersiedeln kann; ich hoffe nächste Woche Arbeitskräfte zu bekommen.

Alles Liebe u. Herzliche. Ihre aufrichtige u. dankbare
Sidonie Nádherná

[auf dem Rand: Ein kleiner Fortschritt ist, dass mein Forstadjunkt jetzt zum Heger meiner Wälder erklärt wurde, obzwar Niemand versteht, warum überhaupt unsere Besitzungen – auch v[on] Fr[anz] Schwarzenberg – unter Nationalverwaltung stehen. Sogar auch Vys. Chlumec vom Gesandten Max Lobkowicz.]

Im September 1945 scheint die Rückkehr Sidonie Nádhernýs nach Vrchotovy Janovice zu gelingen. Aber neue Verzögerungen treten ein. Sidonie Nádherný sieht sich zu Zugeständnissen genötigt, um sich den Erwartungen der Bevölkerung, aber auch der national, regional und auf örtlicher Ebene wirkenden Nationalausschüsse zu erwehren. Als ihr älterer Bruder, Johannes Nádherný, seiner »Mutter Janowitz 1910 abkaufte, betrug die Gesamtfläche 575 ha, davon 213 ha Wald, 310 ha Landwirtschaft, ... 30 ha Teiche und 16 ha Park mit Schloß«. Durch Zukäufe von der Herrschaft Wotitz/Votice konnte noch im selben Jahr die Gesamtfläche des Besitzes bis zur Ersten Bodenreform, 1924, einschließlich der Meierhöfe von Podolí (92 ha), Braštice (79 ha), Křešice mit Veselka (139 ha) und Voračice mit Besmíř (124 ha) auf 1077 ha nahezu verdoppelt werden, davon waren 423 ha Waldungen, die bis 1934 gehalten wurden, 585 ha landwirtschaftliche Nutzfläche und 41 Teiche. Bei der per Gesetz am 16.4.1919 verabschiedeten Ersten Bodenreform mussten 360 ha abgegeben werden: Die Meierhöfe Braštice und Křešice vollständig; der Karlshof in Janovice wurde um 40 ha, Podolí um 31 ha dezimiert; vgl. Nádherný, Chronik, S. 72f., 80. Noch vor der Zweiten Bodenreform 1947/48 erwirkt der Nationalausschuss zunächst den »freiwilligen« Verkauf von Grund und Boden.

Václav Wagner ist 1945 (bis zum 20.3.1948) wieder zum Leiter des Staatlichen Amts für Denkmalpflege, Prag, bestellt worden, nachdem sein 1944 eingesetzter Nachnachfolger, der den seit 1942 tätigen Wilhelm Turnwald abgelöst hatte, Professor Karl Friedrich Kühn, während des Prager Aufstandes am 8.5.1945 den Tod gefunden hat.

[135] Sidonie Nádherný, Voracice, pp. Vrchotovy Janovice (nicht Štětkovice), an Václav Wagner, [Praha]
B 10.9.1945 (Památník národního písemnictví, Praha)

Verehrter und lieber Freund!
Auf der lieben Karte sehe ich wie zauberhaft Ihr Schloß ist. Besonders *anziehend*. Ich verstehe, daß Sie es lieben. Sicher komme ich dorthin – aber wann? Jetzt habe ich Arbeit mit der Übergabe. Endlich haben sie die nationale Verwaltung aufgehoben. Ich habe mich entschlossen, den größeren Teil der Ländereien, die zum Janovicer Hof gehören zu

Der Nádherný'sche Meierhof Podolí unterhalb von Křešice, der von 1939 bis 1945 unter Zwangsverwaltung stand. (Mai 2006). Fotografie: Friedrich Pfäfflin.

verkaufen und ich behalte nur den Hof Podolí und den Hof Voračice. Ich tue es freiwillig, damit die Leute zufrieden sind. Sonst würde ich Hölle haben in Janovice. Ich könnte es auch nicht bewirtschaften, es gibt keine Arbeitskräfte, alle Deputaten sind in die Grenzgebiete geflüchtet, Hof, Scheune, Speicher im heutigen Zustand unmöglich und das alles zu verändern würde zu viel Geld kosten und zum Schluß, wenn sie letztlich jedem nur 50 ha lassen, mir es sowieso wegnehmen würden. Ich tue es auch deswegen, um Geld für Schloss und Park zu bekommen – ihre Schönheit geht mir über alles. Auch wenn ich hoffe, daß die Subvention des Denkmalamtes hoch sein wird, Schloss und Park werden viel kosten bis ich sie in den ursprünglichen Zustand versetze – *damit sie ihre ganze Persönlichkeit wiedergewinnen*. Vielleicht bekomme ich jetzt Deutsche für die Arbeit.

Ich bin Ihnen so dankbar, daß Sie mir den Architekten Kříz schickten, er nahm solche Arbeit auf sich und ist mir eine große Hilfe. Auch der Herr von der Firma Skorkovský ist sehr lieb. Jetzt sind in Janovice unsere Westsoldaten und wir sprechen englisch. (Sie sind aber hier sehr unglücklich und am liebsten würden sie zurückgehen!) Sie wohnen im Gebäude wo Büros waren und der Pächter Pešek, vielleicht werden sie aber auch in den unteren Zimmern im Schloss wohnen, das würde mich nicht stören, vielleicht würden sie die Wasserleitung in Ordnung bringen. Auch wenn sie dort sind, kann man die Arbeiten durchführen. Ich hoffe, dass ich noch in diesem Jahr in das Waschhaus werde ziehen können, vor allem ist nötig, dass die Wasserleitung und Ofen und Herd in Ordnung u.s.w. sind. Ich weiß nicht wie den Ofen zu besorgen, ich habe schon alle angeschrieben, es gibt keine Kachel. Ob die Soldaten in Janovice nur paar Monate oder Jahre bleiben, weiss man nicht, die Russen wollen die Kasernen nicht freimachen. Sobald sie weg sind, lasse ich alle Fenster aus der Werkstatt (der ehemaligen Scheune) in den Park zumauern. Der Speicher wird wieder das Büro für die Gemeinde, die Soldaten sind froh, ich vermiete es an die Gemeinde. Ich überlege nur immer, wie die Fenster verändern. Der ganze alte tschechische Speicher ist durch die Fenster verdorben, aber das Licht muss wohl dort sein. Wenn der Arch[itekt] Kříž wieder kommt, muss ich mich mit ihm beraten. Jeden Tag gibt mir der Blick eine Ohrfeige, ich ertrage es nicht. Die hässliche Entstellung verfolgt mich im Traum. Und niemand versteht es, jedem gefallen die Fenster so, wie sie heute sind. Man muss es auch hell streichen. Aber zuerst die Fenster ändern.

Sie haben mir versprochen daß Sie mir etwas für Chotovin schicken. Ich bin wegen der Koffer sehr beunruhigt, die auf dem Schlossboden sind. Ich habe vorläufig auf jeden Koffer einen Zettel in russischer Sprache (abgeschrieben von einem Teil des Textes, den Sie mir für das Schloss sandten, nämlich: Achtung. Es handelt sich um museale Dinge. Staatliches Amt für Denkmalschutz) fixiert, damit die Russen sie nicht öffnen. Da aber mein Neffe Erwin im Taborer Gefängnis sitzt u. Sie den Schandartikel voll Lügen im Rudé Pr[ávo] gelesen haben werden, habe ich Angst, dass man sie als sein Eigentum behandeln könnte. Bitte also um 8 Zettel, auf denen geschrieben steht mit Stempel des Amtes für Denkmalschutz, dass es sich um museale Gegenstände handelt aus dem Schloss Vrch[otovy] Janovice, Eigentum von S.N. Und vielleicht ausserdem ein Schriftstück, das vorgezeigt werden kann. Es sind 8 Koffer. [auf dem Rand: Bitte gleich!]

Übersiedeln kann man sie jetzt schwer. Mein Neffe war die ganze Zeit ein treuer Čech, gieng jedem Deutschen aus dem Weg, gab im letzten Winter 20.000 K zur Unterstützung der Partisanen u.s.w. Aus Chotovin unterschrieben 90 Personen eine Petition – nichts hilft. Er ist eben Grossgrundbesitzer. –

Gestern bekam ich endlich gute Nachrichten bezüglich Mary Dobr[ženský]. Sie ist in Budapest, es geht ihr gut, und es ist ihr gelungen von dem Besitz 100 ha zu retten, was für die dortigen Verhältnisse viel ist. – Ich bin erlöst, dass sie lebt, ich war in grosser Sorge. Die Nachricht überbrachte ein Herr, der von dort kam.

Ich weiß, dass auch Sie glücklich sein werden.

Aus London schreiben mir oft Lobkowicz. und schicken Pakete (Tee, Kaffee, Zigaretten u.s.w.). –

Das Janovicer Problem ist schmerzhaft und macht mir große Sorgen Max Lobkowicz hat mich hier einmal besucht als er 2 Tage in Prag war.

Gestern war bei mir zum Essen der Vorsitzende des ONV Votice, ein großer Kommunist! Wir besprachen die Aufteilung der Grundstücke. Er war sichtlich nicht à son aise.

Die Gegend hier wird immer menschenleerer, u. verschiedene Grossgrundbesitzer verkaufen ihre Grundstücke, weil niemand da ist, den Boden zu kultivieren. Ich werde froh sein, wenn ich die Höfe Podolí u. Voračice bemeistern kann, ich habe grosse Sorgen damit. Auch mit der Übergabe, die fort hinausgeschoben wird, obzwar ich die Rückgabe u. Aufhebung der Nationalverwaltung endlich schriftlich in Händen habe. Die Leute sind so enttäuscht, dass sie nicht arbeiten wollen, sie hofften, alles [auf dem Rand: aufteilen zu können. Daher war die Geste mit Janov[ice] notwendig.

Mit den allerherzlichsten Grüssen und Dank für alle Fürsorge. Ihre aufrichtige

Sidi Nádherná

Heute weinte ein alter Mann, als er mich sah: Auf meine Frage, warum er weine sagte er: »Weil ich denke, wie Ihnen das Herz weh tun muss, es ist doch kein Schloss mehr!« Ich tröstete ihn und sagte: »Es wird wieder ein Schloss und schöner als früher. Nur Geduld.«.]

[136] Sidonie Nádherný, Voračice, an Václav Wagner, [Praha] B 31.10.1945 [recte 1.11.1945] (Památník národního písemnictví, Praha)

Lieber Herr Doktor!
Ihre lieben Karten – Zeichen treuen Gedenkens – haben mich sehr gefreut. Oft sind meine Gedanken bei Ihnen. Wenn ich aber nicht schreibe, sind es viele Gründe.

1.) Ich wollte Positives über Janovice mitteilen, lebte abwartend, voll Sehnsucht u. weiss jetzt endlich sicher, dass ich vor dem Frühjahr nicht ins Waschhaus ziehen kann u. dass auch kaum früher mit Arbeiten angefangen werden kann. Seit 1 Monat besetzte Militär das ganze Gebäude, wo die Kanzlei war und seit gestern sind Schloss u. Waschhaus überfüllt mit Soldaten. Mein Herz blutet, wenn ich es sehe u. durch den verwilderten Park gehe. Alles so preisgegeben, was sonst wie ein Heiligtum war. Zuerst die Deutschen, dann die Russen, jetzt unser Militär. Und ich muss Gott danken, wenn es im Frühjahr abzieht – vorausgesetzt, dass bis dahin die Russen die Kasernen räumen.

2.) Die Leitung der 2 Höfe, das Unterbringen deutscher Arbeiter, der Verkauf von etwa 40 ha Grundstücke in Janovice (notwendig geworden, weil der Hof als solcher unbrauchbar geworden ist) u.s.w. hat mir viel Arbeit gemacht u. mir viel Zeit geraubt; ausserdem Verpachtung mancher Objekte u.s.w.

3.) Alles Geschehen um mich quält mich, ich bin stets innerlich aufgerieben, man möchte fliehen u. ist mehr noch als früher Gefangener. Und Freiheit ist nur eine Phrase. Wohin man hört – es graut Einem, man möchte sich zurückziehen in ein tiefstes Innere [!], um nicht in Berührung zu kommen mit so viel Schmutz, Stumpfsinn u. Aufgeblasenheit.

Heute kam ein lieber langer Brief von Mary Dob[řzenský], der erste. Auch sie hat alle Illusionen verloren, lebt aber glücklich in ihrem Landhäuschen u. pflanzt Blumen. Ich wollte ich könnte zu ihr.

Meine arme Cousine Dinka aus Chotovin ist gestern gestorben, zu viel Leid war über sie hereingebrochen, ihr Sohn – vollkommen unschuldig – seit Monaten eingesperrt. Unter Bewachung nahm er Abschied von der sterbenden Mutter.

Und Sie? Gibt es Lichtquellen, aus denen Sie schöpfen? Können Sie sich versöhnen mit [auf dem Rand: dem Dunkel, mit dem Schweren der Enttäuschung?

Innig grüsst Sidonie Nádherná]

[137] Sidonie Nádherný, Voračice, an Václav Wagner, [Praha]
B 25.12.1945 (Památník národního písemnictví, Praha)

Mein lieber Freund,
Ihre lieben Zeilen haben mich neuerdings überzeugt, dass wir in Allem gleich fühlen u. gleich denken. Möge das kommende Jahr uns neue Flügel geben, um endlich, endlich jene Höhen zu erreichen, nach denen wir uns sehnen. Zu oft schon wurden sie uns gestutzt, immer schwerer wird der Flug. – Eines aber erlahmt niemals: Ihre mir bewiesene stete Freundschaft und Hilfsbereitschaft u. aus vollem Herzen mein Dank. Sollte der Traum, mein Janovice wiederzusehen, wie es einst gewesen, sich verwirklichen, werden Sie mein grösster Helfer gewesen sein; noch erscheint es unerreichbar, wenn auch Kučera Egon Kolowrat, der jetzt hier ist, versprach, dass das Militär bald aus Janovice verschwinden wird.

Gestern, am Weihnachtsabend, war ich bei den Gräbern; jeden Raum im Schloss hell erleuchtet zu sehen u. sich in ihnen Soldaten vorzustellen, war ein wahrer Herzschmerz, den nur verstehen kann, wer des Hauses Weltferne u. seinen tiefen Frieden kannte. Mit Wehmut erinnerte ich mich unseres gemeinsamen Weihnachtens bei dem Kaminfeuer (der Kamin existiert nicht mehr). – Alles Liebe u. Gute [auf dem Rand: Sidonie Nádherná, Mary Dobř[zenský] schreibt immer wieder den unverständlichen Wunsch, unsere arme Staatsbürgerschaft zu erlangen.]

1946

Die Zerstörung. Sidonie Nádherný kehrt im August 1946, nach zweieinhalb Jahren, nach Janowitz zurück. Das Schloss, bis Sommer 1946 von tschechischem Militär belegt, ist nicht mehr bewohnbar – und dieser Zustand wird sich bis 1949 nicht mehr ändern. Andere Unterbringungsmöglichkeiten im Karlshof, im Waschhaus, in der Forstverwaltung werden ihr vom Örtlichen Nationalausschuss streitig gemacht. Mitarbeiter für die Landwirtschaft oder den Park zu finden, ist schwierig – aus finanziellen Gründen, aber auch deshalb, weil ehemals sudetendeutschen Gebiete als Siedlungsräume für diejenigen anziehend sind, die sich selbständig machen wollen.

[138] Sidonie Nádherný, Voračice p. Vrchotovy Janovice, an Václav Wagner, [Praha]
B 4.2.1946 (Památník národního písemnictví, Praha)

Verehrter und sehr lieber Herr Doktor!
Heute habe ich an das Ministerium für Schulwesen und Aufklärung einen Antrag um eine Subvention geschickt, so wie Sie es Arch[itekt] Kríž diktierten – Ich hoffe, es wird möglich sein, daß die Subvention wirklich hoch ausfällt, weil das Schlimme ist, daß ich überhaupt kein Geld habe, weder *festgelegtes* noch freies. Die Einnahmen aus dem Gut reichen nicht für die Löhne, die erhöht wurden, und die Getreide müssen die Großgrundbesitzer billiger verkaufen als die Bauern, so daß ich in den letzten Monaten ständig nachgezahlt habe; alle wollen von der Landwirtschaft weg. Vielleicht wenn ich die Felder verkaufe und vielleicht auch die Spiritusbrennerei, werde ich später Geld haben, um das Schloss und Park zu unterhalten, aber vorläufig habe ich keines. Ich will mich jetzt an den Koordinierungsausschuss für die Wiederherstellung der Gebiete der ehemaligen SS-Truppenübungsplätze in Böhmen (P[raha] XVI, Zborovská 11) wenden, ob die mir nicht à conto der Entschädigungsaktion Geld wenigstens als Kredit für durch das Räumen des SS-Gebietes geschädigte Personen geben. Vielleicht würden Sie dann so nett sein und schreiben, dass ich das Geld gleich für die Renovierung des Schlosses brauche. Ich sage Ihnen, wenn ich etwas erfahre. Denn solange ich kein Geld vom Denkmalamt habe

Der Nádherný'sche Meierhof Voračice, westlich von Vrchotovy Janovice, der von 1939 bis 1944 unter Zwangsverwaltung stand. Aus der Sammlung von Gillian Lobkowicz (Privatbesitz).

Das Kätnerhaus in Voračice, in dem Sidonie Nádherný 1944 bis 1946 wohnte. Aus der Sammlung von Gillian Lobkowicz (Privatbesitz).

und Entschädigung bekomme, kann ich nach dem Kostenvoranschlag mit den Arbeiten nicht beginnen, und es wäre notwendig sofort zu beginnen, in den nächsten Tagen soll das Schloss geräumt werden (ob die Soldaten im Nachbarsgebäude bleiben, weiss man noch nicht.)

Wenn ich Geld hätte, würde ich gleich die Firma anschreiben, dass sie beginnen kann. Ich bin so unglücklich, daß ich noch nicht nach Hause zurückkehren kann, und wenn die Soldaten weiter in den Nachbarsgebäuden bleiben, habe ich keine Wohnung, habe ich keinen Platz, um den Förster, den Verwalter und die Büros unterzubringen, es ist alles so kompliziert.

Ich dachte, dem Antrag muss der Kostenvoranschlag der Firma zugrunde liegen und vielleicht müsste auch erwähnt werden, daß ich von den Deutschen keinen Heller bekam und deswegen nichts habe. (Manche Leute haben es angenommen, das ist jetzt ihr Vorteil und davon bezahlen sie die Reparaturen).

Aber ich wollte den Antrag nicht verändern, so wie Sie ihn diktiert hatten, und ich denke, Sie werden so freundlich sein, sich dafür zu verwenden. –

Deswegen teile ich Ihnen mit, dass er abgeschickt wurde. –

Ich bin so müde, ständig muss ich kämpfen. Ich denke so oft an Sie: So gerne würde ich Sie sehen; nach Prag fahre ich aber nie.

In allerherzlichster Freundschaft stets Ihre
Sidonie Nádherná

[auf dem Rand: Sie ahnen nicht, wie ungern ich einen solchen Brief schreibe, wo man nur über das Geld spricht, aber ohne Geld die Arbeiten zu beginnen, wäre eine *Hochstapelei*, ich muss eine richtige *Unterlage* haben.]

[139] Sidonie Nádherný, Voračice p. Vrch. Janovice, an Václav Wagner, [Praha]
B 13.2.1946 (Památník národního písemnictví, Praha)

Verehrter und sehr lieber Herr Doktor!
Ich habe Ihnen schon einmal bezüglich Mary Dobřenský geschrieben und sie bittet mich jetzt um folgende Richtigstellung: sie benutzte zwar einen ungarischen! Reisepass, damit sie in die Schweiz fahren konnte, wo sie bei dem Internationalen Roten Kreuz den Tschechen,

Franzosen, Jugoslawen u.s.w. half, sie blieb aber immer eine Tschechoslowakin, sie hatte nie die ungarische Staatsangehörigkeit. Bei der Bombardierung verlor sie alle Papiere, so dass sie es nicht nachweisen kann. Es liegt ihr daran, dass die Legation in Budapest ihr tschechische Papiere aushändigt, was Dr. Krno auch tun würde, wenn er aus Prag einen Hinweis bekäme, d.h. eine Empfehlung von massgebender Seite. Sie hat alle Beweise in der Hand, wie sehr sie Čechen und Anderen geholfen hat, zu fliehen u. manchen das Leben rettete. Sie ist im Livre d'Or der Franzosen eingetragen.

Vielleicht wissen Sie, an wen man sich wenden könnte? Ich habe keinen Kontakt zu irgendeiner Amtsperson. Sie benötigt dringend ihren Heimatschein. Wenn Sie etwas Näheres erfahren wollen, gebe ich Ihnen ihre Adresse: Szèghalom, Sinai János utca 1. Bekésmegye, Ungarn. Vielleicht weiss Frau Proeschelová in Chotěboř mehr, aber daran zweifele ich. Wenn sie in Ungarn! als Tschechin anerkannt wird, kann man ihr dort ihre Ländereien nicht nehmen, oder wenigstens muss man es ihr bezahlen.

Das Militär sollte Janovice räumen, und wieder ist der Abzug verschoben. Ich werde darüber verrückt! Ich habe jetzt einen neuen Wirtschaftsverwalter, aber keine Wohnung für ihn. Von hier muß ich weg, weil es hier zu wenige Wohnungen gibt und ich muss dem neuen *Meier* die Wohnung überlassen. So dass weder ich, noch der Forstverwalter und das Büro ab 1. März eine Bleibe haben! ich war bei dem Kommandanten des 2. Militärbezirkes in Tábor (General Janáček); der wusste aber noch nicht einmal, dass in Janovice Militär stationiert ist! Alles soll das Verteidigungsministerium in Prag regeln. Ich habe auch dorthin geschrieben – Ich weiss nicht mehr, an wen ich mich wenden soll. Sie müssen doch *Rücksicht* nehmen, ich kann nicht ohne Wohnung bleiben für mich und die Angestellten. Als mich die Deutschen aus Janovice vertrieben haben, wie ärgerte ich mich darüber, dass sie sich nicht darum kümmerten, wohin ich umziehen soll und mir keine Ersatzwohnung besorgten. Und jetzt??!

Sehr innig und herzlich grüßt Sie

Sidonie Nádherná

13.2.46 (Geburtstag von Bobby)

Am 27.2.1946 ist die Situation auf dem größten ehemaligen Truppenübungsplatz »Böhmen« und anderen Truppenübungsplätzen in der Tschechoslowakischen Republik Gegenstand einer Interpellation von 24 Abgeordneten (ohne Angabe der Parteizugehörigkeit, doch sehr wahrscheinlich waren es Mitglieder der katholischen Volkspartei). Sie ermahnen die Minister des Inneren, der Justiz, der Landwirtschaft und der Finanzen, eine Lösung für die in diesen Gebieten bestehenden Schwierigkeiten zu finden und die Lage der zurückgekehrten Bevölkerung zu erleichtern: Den Menschen fehle es an allem, was für die Führung der landwirtschaftlichen Betriebe notwendig sei, an Saatgut, an Futter; es fehlten landwirtschaftliche Maschinen und deren Betriebsmittel; es fehle an Vieh und an Pferden.

In seiner Antwort von 18. März teilt der Landwirtschaftsminister Julius Ďuriš (1904-1986) mit, dass 600 Stück Vieh aus der Schweiz unter die Landwirte auf dem ehemaligen Truppenübungsplatz »Böhmen« verteilt würden. Mit 21 Traktoren, 20 Pflügen und anderen landwirtschaftlichen Maschinen werde eine Maschinenstation gegründet.

[140] Sidonie Nádherný, Voračice, an Václav Wagner, [Praha]
B 10./11.3.1946 (Památník národního písemnictví, Praha)

Sehr lieber Herr Doktor!
Ich kann es nicht mehr aushalten und muss Ihnen schreiben. Ich weiss, wieviel Arbeit Sie haben, so wollte ich Sie nicht belästigen. Aber *ein bisschen* hat es mit dem Denkmalamt zu tun; Sie wissen doch, daß Bobby unter seinem Schutz stand. Jetzt nachdem ich meinen liebsten Freund nicht mehr habe, bin ich alleine wie noch nie, dazu immer noch vertrieben aus dem Paradies. In den Zimmern überall Todesschweigen. Er hatte keine Worte, aber um mich herum war seine Liebe, sie redete so laut; eine solche werde ich nie mehr finden. Seine Menschlichkeit war ein solcher Kontrast zu der Vertiertheit der Menschen. Deswegen brauche ich dringend wieder einen solchen Menschen, denn nur unter Tieren leben ist vernichtend. Rosl Mladotová sagte mir, daß Sie so gütig waren und versprachen, mit diesen Herrn von der jugoslawischen Legation zu sprechen und so würde ich gerne wissen, ob es eine Aussicht besteht, dass Sie erfahren können, ob jener Ivo Sobol in Zagreb, der Einzige, der diese Leonberger Hunde züchtet, noch lebt, und die Hunde noch hat, und wenn ich auf irgendwelche Art und Weise ihn hierher bekommen könnte (am liebsten wieder einen zwei Monate alten, damit ich ihn wieder erziehen könnte als ein leuchtendes Beispiel für die Menschheit), oder ob ich hinfahren könnte, ich weiss nicht, ob es eine Verbindung gibt. Wir werden ihn doch wie-

der brauchen als einen Wächter für Janovice. Wenigstens zwei Monate noch wird dort das Militär bleiben, es sieht dort viel schlimmer aus als nach den Deutschen; es ist ein solcher Schmerz, dass ich überhaupt nicht dorthin gehe, ich kann es mir nicht anschauen. (Ich hasse Militär. Seit meiner Jugend hasse ich alles, was Militarismus und Uniform ist. Ein österreichischer Offizier, was für ein Idiot war es. Die Frage zu lösen, damit es nie wieder einen Krieg gäbe, wäre so einfach, wenn es in der Welt kein Militär geben würde. Das wäre ein Paradies. Militär bedeutet Vernichtung von allem – auch im Frieden, wenn der heutige Zustand ein Friede ist?? Uniformen morden Kultur u. Geist. Sobald das Militär weg ist, ziehe ich nach Janovice und man müßte sofort mit der Arbeit anfangen, bevor wieder teuflische Gedanken entstehen. Ich muß die Bewilligung für das Baumaterial urgieren (der Antrag liegt in Sedlčany auf dem Kreisnationalausschuss) und vor allem muss ich Geld haben. Ich hoffe, dass das Denkmalamt den Kostenvoranschlag schon bekam. Ich weiss, Sie werden darauf achten, dass die Subvention groß wird und bis dahin bekomme ich vielleicht irgendwelche Entschädigung oder ich werde das Geld für die verkauften Grundstücke haben. Ich weiß nicht. [auf dem Rand: Seitdem ich ohne Bobby bin, bin ich hoffnungslos. *Ich erbitte* die Antwort bezüglich des jungen Bobby.

herzlich und *dankbar* grüsst

Sidonie Nádherná]

[141] Sidonie Nádherný, [Voračice], an Jan Mrázek
B 1.3.1946 Souvislosti 4, 2008, S. 115-130: Iva Mrázková, Nevolná identita Sidonie Nádherné/Die Identität von Sidonie Nádherný im Briefwechsel mit Jan Mrázek

Lieber Herr Mrázek!
Wieder 2 Bitten:

1) Schauen Sie sich die Bekanntmachung an (bitte, sie uns zurückzugeben). Was heißt das? Reicht es, was wir gemeldet haben? Oder alles noch einmal? Muß ein Baumeister die Schätzung machen? Das wird eine schreckliche Arbeit sein. Und die Armee ist noch überall, man hat also keinen Überblick. Und den Schaden bei den Möbeln auf dem Speicher, wer weiß es? Mein Fall ist kompliziert, wird vielleicht ausreichen, wie wir es schon gemeldet haben? Die Schätzung des

Baumeisters aus Prag ist nicht vollständig, hinzu kommt noch, dass wir überall wieder Kachelöfen aufstellen müssen, die Böden (Parkett, jetzt wieder von den Soldaten beschädigt usw.) Bitte informieren Sie sich und sagen Sie uns, was zu tun ist.

2) Fragen Sie, bitte, bei ONV, Zimmer 23, wie es mit dem Antrag auf Autobenutzung ist. Ich würde jetzt das Auto dringend brauchen für den Transport der Karpfenbrut, wie ich es jedes Jahr gemacht habe. Im Auto geht viel weniger kaputt als bei der langen Fahrt mit Fuhrwerken. Und die Fuhrwerke brauche ich für die Feldarbeit. Sie sollen mir die Erlaubnis gleich schicken.

Janíček hat Ihnen wegen der Fässer geschrieben usw. Ich bitte um Antwort, oder kommen Sie selbst hierhin? Aber die Saat ins Frühbeet wird erst die nächste Woche möglich. Mist und Erde sind schon drin, die Fenster repariert, jetzt gerade macht man neue Holzdecken und morgen werden sie anfangen die Strohmatten zu machen. Ich könnte also am Samstag das Frühbeet abdecken damit die Erde sich erwärmt, das dauert etwa zwei drei Tage?
Soll ich auf Sie warten?
Mit herzlichem Gruß Ihre

S.Nádherná

[142] Sidonie Nádherný, [Voračice], an Václav Wagner, [Praha]
B 1.4.1946 (Památník národního písemnictví, Praha)

Lieber Herr Doktor,
Sie wissen nicht, wie ich Ihnen dankbar bin, dass Sie so viel Arbeit auf sich nahmen, damit ich einen neuen Bobby habe, der dem Bobby ähnlich wäre, der im Grab liegt. Tag für Tag stelle ich mir das wunderschöne Bild vor, Sie kommen in den Armen einen gelben wolligen Knäuel mit großen schwarzen Augen, so wie er aussah als Baby. Aber ich höre auf zu hoffen. Es kommt keine Antwort, sehr wahrscheinlich lebt der Züchter der Eltern von Bobby nicht mehr. Einen anderen Hund als Leonberger oder Neufundländer möchte ich nie haben, es sind die 2 Rassen die am meisten dem Menschen ähneln, aber einem edlen Menschen. Aber genauso wie einen guten Menschen, findet man auch diese Hunde sehr schwer. Zum Beispiel Gillian Lobkowitz schrieb mir aus London, in ganz England bekommt man keinen Neu-

fundländer Hund, und sie waren früher dort heimisch. Es hat keinen Sinn, Ihnen zu sagen, wie verloren ich ohne Bobby bin.

Vielleicht kann ich deshalb nicht Ihren Optimismus teilen, was die heutige Welt anbelangt. Ich spüre eine Disharmonie in jedem Nerv. Ich sehe keinen Übergang, sondern Untergang. Otti Kol[owrat] schrieb mir, dass er mit Ihnen zu Abend gegessen hat im Auslandsklub. Das Wrtba Palais ist meinem Herzen besonders nah, weil sein Eigentümer zugleich ein Eigentümer des Janovicer Schlosses war. Ich weiss, jedesmal, wenn ich das Tor öffnete, um den Atlas und das schöne Bild zu sehen und hinten den schönen Garten, war es jedesmal ein Fest. Und ich spürte die Verwandtschaft, ich spürte die gleiche Atmosphäre wie in Janovic, den gleichen Herzschlag. Schwer das zu erklären. Als wäre es mein Haus.

In Janovice bin ich schon lange nicht gewesen. Ich ertrage es nicht zu sehen, was dort passiert. Es bricht mein Herz. Ein vernichtetes Lebenswerk. Ich weiß nicht, warum das Schicksal mich so hart getroffen hat. Ich war dort verwurzelt. Man kann nicht leben ohne Wurzeln. Soldatenbetten im Speisesaal, Soldatenstiefel, die auf Blumen treten – diese Vorstellungen sind Höllenpein. Es anzusehen – tausend Tode. – Aber ich konnte vergessen, so lange ich Bobby hatte.

Ich danke Ihnen herzlich – gibt es noch eine leise Hoffnung, daß Cedok ihn bringt? – Und Sie grüsst Ihre sehr traurige

Sidi Nádherná

In London ist jetzt in engl[ischer] Übersetzung eine Auswahl von Rilke-Briefen herausgegeben worden und zu meiner Überraschung finden sich dort öfters die Namen Janovice und der meinige. Unter Anderem beschreibt er seinen ersten Besuch in Janovice: dass ich ihm auf der Zugbrücke! entgegenkam. Unter dem Vielen, das er erwähnt, ist auch »ein unvergesslicher Speisesaal«. Sie sollten ihn heute sehen: Bett an Bett gedrückt an die bemalte Leinwandbespannung, während Militärstiefel überall die Parketten ruinieren (auf denen auch Holz gehackt wird!). Ich kann mich an keinen Augenblick meines Lebens erinnern, in welchem es mir so grauenhaft erschienen wäre wie in der Jetztzeit. Die 10 Kriegsjahre waren düster, aber nicht aussichtslos, man hoffte, wünschte, wartete. Und heute?

Ich höre nirgends Geist, ich sehe nirgends Schönheit, ich fühle nirgends Liebe, auf den Lippen ist ein bitterer Geschmack. Freiheit ist zugleich mit den heiligsten Musikklängen totgeschlagen. Unser tägliches Mahl zum Erbrechen sind »Humanität« und »Kultur« – nur dass wir nicht mit ihnen kolaborieren! [!] – Im Anfang war das Wort. Es war ein Fremdwort. Die Sprachunkundigen fragten nach seiner Bedeutung. Heute gehört es zum Einmaleins, es ist geläufiger als Hausgebrauch, die Kinder lallen es noch bevor sie das ABC lernen. –

Erschrecken Sie nicht vor mir. Wenn Sie wüssten wie viel Wut und Ekel in mir zusammengeballt ist – und wie viel Schmerz –

Ich wollte nur über den kleinen Bobby reden, aber seit mir der Tod das reine Menschentum des grossen entrissen hat, erlosch das letzte Licht. Seinem Vorgänger widmete Karl Kraus eines seiner unvergesslichen Gedichte, es hat den Titel ›Als Bobby starb‹ und ist mit dem Datum des gleichen Todestages, 22. Februar! vermerkt (ein unheimlicher Zufall). Das Jahr war 1917. Es fängt mit den Zeilen an:

»Der grosse Hund ist tot. O Herz steh still,
das diese Trauerbotschaft fassen will!

Das stolze Aug, der stummen Gottheit Pfand,
das Licht der Liebe ist nun ausgebrannt.«

Der alte Grabstein aus Janovice, mit dem gleichen Namen und Todestag, liegt jetzt hier auf dem neuen Grab.

Am 2. April 1946 stellt der Bezirksnationalausschuss in Prag 15 Millionen Kronen als Soforthilfe für die Bevölkerung auf dem Gebiet des ehemaligen Truppenübungsplatzes »Böhmen« zur Verfügung – im Sommer 1946 sollten die ersten Wahlen nach dem Krieg stattfinden.

Durch das Gesetz 128/46 wird der rechtliche Rahmen für die Restitutionen des ursprünglichen Rechtsstandes, d.h. die Rückgabe des Grund- und Landbesitzes an die ursprünglichen Besitzer geschaffen. Die Restitutionen sollten entweder durch die Rückgabe des Eigentums oder durch einen eigentumsrechtlichen Ausgleich, d.h. Schadenersatz vorgenommen werden. Mit der Durchführung der Maßnahme ist der Fonds der nationalen Erneuerung beauftragt, der das Eigentum des Dritten Reiches im Protektorat verwaltet.

Am 11. Mai 1946 beschliesst die tschechoslowakische Regierung eine weitere Hilfe in Höhe von 15 Millionen Kronen für die Bewohner des ehemaligen Truppenübungsplatzes.

[143] Rechtsanwalt J. U. Dr. František Novák, Verteidiger in Strafsachen, Sedlčany, an den Ortsnationalausschuss in Vrchotovy Janovice B 13.8.1946 (Okresní úřad Benešov]

In Vertretung von Frau Sidonie Nádherná aus Vrchotovy Janovice erlaube ich mir, zu Ihrem Brief vom 2. dieses Monats höflich mitzuteilen, um ein unangenehmes Mißverständnis Ihrerseits zu vermeiden, dass Frau Sidonie Nádherná am 14. Juni und am 8. *Juli* Einspruch gegen Ihre Briefe vom 31. Mai und 8. *Juli* einlegt, in welchen Sie ihr mitteilten, dass sie das Haus Nr. 49 in Janovice, das ihr Eigentum ist, nicht beziehen darf.

Ich bat den Kreisnationalausschuss, Ihnen darüber Auskunft zu geben, ob Sie überhaupt berechtigt sind, ohne weiteres über je beliebige Räume in der Gemeinde zu disponieren; schließlich handelt es sich bei der Betroffenen um eine Person, die durch die nationalsozialistische Okkupation geschädigt wurde und die ein natürliches Recht hat, in ihr Eigentum zurückzukehren.

Frau Nádherná erfüllte ihre moralische Pflicht und stellte den Lehrern der zukünftigen Bürgerschule einige Wohnungen zur Verfügung. Wenn Sie in Ihrem Brief vom 2. August erneut erwähnen, dass Sie für die verheirateten Lehrer der Bürgerschule im Haus Nr. 10 Wohnungen gesichert haben, so handelt es sich um einen Irrtum, weil Sie, selbst wenn Sie dazu berechtigt gewesen wären, zuerst einen den gesetzlichen Vorschriften entsprechenden Bescheid hätten einsenden müssen und der Kreisnationalrat hätte diesen Bescheid für die Überstimmung der Eigentümerin bestätigen müssen, damit er rechtskräftig wird.

Wenn aber die Eigentümerin für die Bedürfnisse der Schule, die noch nicht gesichert ist, drei Wohnungen zur Verfügung gestellt hat und eventuell eine weitere vorbereitet, allerdings nicht eine solche, die Sie ihr vorschreiben wollen, so gesteht der Kreisnationalrat sicher das Recht demjenigen zu, der beweist, dass er sich keineswegs den Bemühungen widersetzen will, eine Bürgerschule in der Gemeinde zu gründen, der aber andrerseits auch nicht beabsichtigt, sich gegen jedes Rechtsverständnis daran hindern zu lassen, in sein Eigentum zurückzukehren.

Soweit es sich um die Verpachtung jener Grundstücke handelt, die der Ortsnationalausschuss übernehmen und an Landwirte weiterverpachten wollte, ist es mir gelungen, die Einstellung der Eigentümerin gegenüber dem Kreisnationalausschuss zu erklären. Seine Repräsentanten stimmten mit mir überein, dass es nicht die Aufgabe des Ortsnationalausschusses ist und sein soll, als Pächter des landwirtschaftlichen Bodens tätig zu werden, nur um ihn weiter zu verpachten. Darüber wurden Sie, wie ich hoffe, schon durch den Kreisnationalausschuss unterrichtet.

Ich bitte Sie deshalb, freundlich zur Kenntnis zu nehmen, dass Sidonie Nádherná nach Janovice zurückkehrt, aus dem sie durch die Nazis 1944 vertrieben wurde, und dass sie keineswegs die Absicht hat, sich gegen die Gründung der Bürgerschule zu wehren, indem sie keine Wohnungen zur Verfügung stellte.

Sie behält sich vor, *die* Wohnungen zur Verfügung zu stellen, die sie für die Lehrer schon reserviert hat, aber nicht jene Wohnung, die sie selbst beziehen will, solange das Schloß nicht bewohnbar ist.

Hochachtungsvoll

Novák

Fast zweieinhalb Jahre nach ihrer Vertreibung im März 1944 kann Sidonie Nádherný endlich am 15.8.1946 wieder nach Vrchotovy Janovice zurückkehren; aber an die Rückkehr ins Schloss ist wegen der Zustände nach der Belegung der Räume durch die Waffen-SS, die Rote Armee und die tschechoslowakische Armee nicht zu denken.

[144] Sidonie Nádherný, Vrchotovy Janovice, an Jan Mrázek, B 1.9.1946 Souvislosti 4, 2008, S. 115-130: Iva Mrázková, Nevolná identita Sidonie Nádherné/Die Identität von Sidonie Nádherný im Briefwechsel mit Jan Mrázek

Lieber Herr Mrázek!

Schon lange habe ich nichts von Ihnen gehört. Ab 15. August bin ich wieder in Janovice in der Wohnung von Herrn Pešek und hatte viel Arbeit bis ich alles in Ordnung brachte. Das Büro ist dort, wo es früher war, und Janíček wohnt in der ehemaligen Waschküche. Mit den Reparaturen im Schloß will ich jetzt beginnen, weil ich eine Subvention vom Staat bekam, die würde aber verfallen, wenn sie nicht bis Ende des Jahres ausgeschöpft wäre. Ich werde zusehen Arbeiter zu besorgen, damit man im Park wenigstens das Nötigste macht, zum Beispiel den

Küchengarten umgräbt usw. Ich würde gerne wissen, ob ich damit rechnen kann, dass Sie bei mir als Gärtner im Januar oder Februar anfangen würden, damit man das Gemüse für den Verkauf vorbereiten könnte. Auch die Obstbäume müssen wir in Ordnung bringen. Ich denke, am Anfang könnten Sie mit Janíček in der Waschküche allein wohnen, und wenn Janíček in April zum Militär geht, könnten Sie mit Ihrer Familie in die Waschküche einziehen. Wenn Janíček vom Militärdienst zurückkommt, werde ich schon vielleicht im Schloß wohnen und er könnte dort wohnen, wo ich jetzt bin, oder wenn ich noch nicht im Schloß wohnen würde, in der Wohnung, die für den Oberwachtmeister Mika vorbereitet war und wo vorläufig der Elektrotechniker Zajíček wohnt.

Am 4.9. ist der Abschub unserer Deutschen, wir haben aber in Voračice einen Verwalter und einen neuen Deputatarbeiter. Es wäre gut noch eine weitere Familie zu finden. Sonst läuft alles in der Landwirtschaft gut. Der Verwalter gibt sich Mühe. In Voračice haben wir jetzt dreißig Schweine aus Roudnice zur Zucht

Im Büro haben wir schon Telefon (Nr. I.)

Kommen Sie bald uns besuchen oder schreiben Sie mir.

Den Speicher überlasse ich dem Sokol (umsonst für drei Jahre).

Herzliche Grüße

Sidonie Nádherná.

Den Traktor haben wir noch nicht, man wartet auf die Reifen. Bezahlt habe ich ihn schon im Juni

[145] Sidonie Nádherý, Vrchotovy Janovice, an Jan Mrázek, B 2.10.1946 Souvislosti 4, 2008, S. 115-130: Iva Mrázková, Nevolná identita Sidonie Nádherné/Die Identität von Sidonie Nádherný im Briefwechsel mit Jan Mrázek

Lieber Herr Mrázek!
Ich werde sehr froh, wenn Sie zu mir als Gärtner kommen, weil wir uns gut verstehen und ich weiß, dass mein geliebter Park in bester Hand wäre. Der Anfang wird schwer sein, aber es wäre eine Sünde, den Park so verwahrlost zu lassen, wie er heute ist: Wenn ich nur denke wieviel Arbeit und Geld ich darin investiert habe und was Schönes dort wächst, was nur gesäubert werden muß. Detailsachen wie Alpinum usw. werden wir nicht mehr pflegen, wir werden vereinfa-

chen und eher Gemüse zum Verkauf ziehen und Obstbäume. Vielleicht geben Stauden und Rosen nicht so viel Arbeit. Das planen wir noch! Und mit der Zeit und mit Geduld bekommen wir wieder alles in Ordnung. Glashäuser werde ich nicht mehr wieder aufbauen, vielleicht später ein kleines, bescheidenes, falls nötig.

Das Schlimmste ist, es gibt keine Arbeiter. Nur einer, der früher im Park arbeitete und jetzt bei der Bahn ist, versprach mir, ab Januar oder Februar würde er wieder gerne im Park arbeiten, weil er eine Landwirtschaft hat und bei der Bahn auf keinen Fall bleiben will, sie wollten ihn aber vorerst nicht gehen lassen. Und 1-2 Frauen würde man vielleicht auch finden. Wenn ich nun einen Rentner und eine Frau finden könnte. Oder einen *Gartengehilfen* oder *Gartenlehrling*, aber die sind teuer.

Vielleicht, wenn es keine Arbeit auf den Feldern ist, könnte ich Leute bekommen, um den Küchengarten zu planieren. Wenn Sie bei mir anfangen, müssen wir vielleicht zuerst das Frühbeet vorbereiten und die Fenster bestellen. Ich habe Stallungen für die Ochsen (Vicki!) vorbereitet, jetzt beginnen die Abfischungen sodaß ich ständig ein Fuhrwerk an Hand haben muß. Für den Park wird man auch ein Fuhrwerk brauchen, gerne würde ich zu Beispiel Černohorský oder Budil nehmen, wenn man sie nicht in Voračice brauchen würde. Ich habe dort jetzt einen Schaffer und Deputatarbeiter aus Chotoviny. Der dortige Gärtner wollte zu mir, aber ich will niemanden, nur Sie, sodaß ich abgelehnt habe. Aber vielleicht Ihr Arbeitgeber könnte ihn dann nehmen? Es ist ein guter Mensch und vielleicht auch ein guter Gärtner. Jetzt wird entschieden, ob er in Chotov. bleibt oder nicht, nämlich wenn sein alter Arbeitgeber zurückkehrt oder nicht.

Ich weiß nicht, wann Sie antreten könnten? Im Januar? Im Februar? Bezüglich des Wohnens, denke ich, daß Sie vorläufig in der Waschküche wohnen könnten, wo auch Janíček wohnt, oder hier bei mir, wo ich viele Zimmer habe. Und wenn Sie später ihre Familie hierhin nehmen möchten, wenn Janíček im Frühjahr zum Militär muß, würde man die Waschküche einrichten. Ich möchte jetzt dort Wasserleitung installieren. Elektrisches Licht ist dort schon.

Am Besten wäre es, wenn Sie uns besuchen würden, damit wir uns absprechen könnten, was alle Bedingungen, Lohn, etc. anbelangt.

Mit den Reparaturen im Schloß will ich jetzt auch beginnen, ich habe vom Denkmalamt eine Subvention versprochen bekommen.

Louis Rotschild sollte geheiratet haben, ich kann mich aber nicht erinnern, wer es mir gesagt hat. Ich weiß, dass es eine Dame war, die ich kenne, weiß aber jetzt nicht wer. Ich weiß, daß ich mir dachte, das muß ich Ihnen mitteilen, habe aber augenblicklich so viele Dinge im Kopf, dass ich es vergessen habe. Vielleicht erinnere ich mich noch. Ich weiß schon. Die Nichte vom Graf Herbert Schaffgotsch, Herriot, geborene Auersperg.

Kommen Sie also bald! Herzlichen Gruß

Sidonie Nádherná

Ich habe hier auch eine Kuh!

[146] Sidonie Nádherný, Vrchtovy Janovice, an Václav Wagner, [Praha] B 20.11.1946 (Památník národního písemnictví, Praha)

Mein lieber Herr Doktor,
ich habe es sehr bedauert, dass Sie am Sonntag nicht kamen, wir haben uns schon auf Sie gefreut. Auch wenn Sie nicht allein gekommen wären, gerne bringe ich jedes Opfer für die Freude, eine gemeinsame Stunde zu verbringen. Ich habe so selten die Gelegenheit Sie zu sehen, was mir immer eine große Freude ist.

Ich habe eine Bitte: Am 1. Januar soll ein ausgezeichneter Gärtner die Stelle antreten (ich kenne ihn schon lange, er war 25 Jahre bei Rothschild in Österreich, stammt aus Sedlčaner Kreis, ein ausgezeichneter Botaniker). Er war gerade hier und damit das Arbeitsamt (Jílové) ihn aus dem Kreis entläßt, wo er jetzt beschäftigt ist, benötigt er vom Denkmalamt eine geeignete Bestätigung oder Erklärung, dass der Park unter dem Schutz des Denkmalamtes steht u. s. w., daß dort seltene Dinge sind und dass es unerläßlich ist, dass dort sofort ein Gärtner eine Stelle antritt, damit alles in den ursprünglichen Zustand gebracht werden kann, da der Park durch die Deutschen großen Schaden erlitten hat und er leidet ohne einen gärtnerischen Fachmann noch immer daran. Dies, bitte, brauche ich sofort, damit er von dem Arbeitsamt uns zugewiesen werde. Es ist sicherlich auch im Interesse des Denkmalamtes.

Im vergangenen Jahr arbeitete er auch im Kreis Sedlčany, wo er zu Hause ist.

Viele herzlichen Grüße

Sidonie Nádherná

[147] Sidonie Nádherný, Vrchotovy Janovice, an Václav Wagner, [Praha]
Zettel, ohne Datum (Památník národního písemnictví, Praha)

Für den ganzen beschlagnahmten Gutshof, Schloss u.s.w., nahm ich von den Deutschen keinen Heller, (obwohl ich nur ein halbes Einkommen hatte), auch die Grundsteuer habe ich weiter bezahlt, ich habe auch nie etwas unterschrieben, weil ich nichts anerkannt hatte. Es ist mir auch gelungen, dem Pächter (einem Juden) seinen Eber zu retten.

1947

Die Entscheidung. Sidonie Nádherný verzehrt sich in der Beseitigung der Schäden in Schloss und Park. Aber zwischen den finanziellen Zusagen der Behörden und den geleisteten Beihilfen klaffen große Lücken. Die Gartenschönheit soll über die Zerstörung triumphieren – ein letzte Aufnahme zeigt die Gärtnerin im Park, wo die Gehölze winterfest gemacht werden. Als Max Lobkowicz, Botschafter der Tschechischen Regierung in London Weihnachten in Janowitz verbringt, fällt die Entscheidung zur Flucht.

[148] Sidonie Nádherný, Vrchotovy Janovice, an Václav Wagner, [Praha] B 2.1.1947 (Památník národního písemnictví, Praha)

Lieber und geehrter Herr Doktor!
Ich habe immer noch nicht die Subvention von 250.000 Kč bekommen, obwohl mir bereits am 12.12. Herr Architekt Něšněra sagte, das Geld wäre schon unterwegs. Um alles bezahlen zu können, habe ich mir diese Summe bei der Živnobanka geliehen, mit der Verpflichtung, im Dezember das Geld zurückzugeben. Ich muss Zinsen zahlen u.s.w. Seien Sie, bitte, so freundlich und informieren Sie sich, warum das Geld noch nicht ausgezahlt und mir überwiesen wurde.

Dann bitte ich Sie freundlich um die Abschrift des Briefes bezüglich des Unglücks mit den Teppichen in Chotoviny, ich erinnere mich nicht mehr, ob es an FNO oder an NPF gerichtet sein sollte, die Funktion dieser Ämter ist mir nicht klar, und ich kenne nicht den Unterschied. Dr. Kalmünzer (Rechtswalt von Erwin) wüsste es, er hat es empfohlen. Mit der Abschrift würde ich dann persönlich intervenieren.

Mit herzlichen Grüssen und dem Wunsch, dass uns 1947 endlich die Freiheit, Recht und Gerechtigkeit bringen möge, bin ich Ihre aufrichtige

Sidi Nádherná

[149] Sidonie Nádherný, Vrchotovy Janovice, an Václav Wagner, [Praha] B 8.1.1947 (Památník národního písemnictví, Praha)

Lieber und verehrter Herr Doktor!
Seien Sie mir nicht böse, dass ich Sie belästigt habe. Ich bin sehr traurig, dass Sie krank sind. Ich hoffe, Sie werden sich ausruhen können und

vollständig genesen. Ich bin Ihnen so dankbar, dass Sie mir so viel geholfen haben mit der Subvention. Das Schloss muss wieder ein Juwel werden, ein noch kostbareres u. ich werde mich dieser Aufgabe mit allen Kräften widmen. Und Sie müssen dann der Erste sein, der es einweihen wird. Des geliebten Hauses ehemaliger intimer, weltferner Genius locii [!] muss zurückkehren, nachdem alle bösen Geister vertrieben sind. Schloss u. Park müssen wieder ihre Persönlichkeit u. Harmonie zurückerhalten, ihre einheitliche Stimmung, ihr undefinierbares Etwas, das die, die zu hören und mitzuleben verstehen, so oft gefangen nahm. Ich möchte noch dies erleben, bevor ich sterbe; als einzige, letzte Vertraute dieses genius locii [!], muss ich ihn aus seinem Schlaf erwecken.

Gestern bekam ich einen Brief vom Ministerium für Schulwesen und Aufklärung (dat. 19.12.46), daß sie mir eine Summe von 100 000 Kč auf mein Scheckkonto bei der Postsparkasse überwiesen haben (ich habe kein solches Konto). Ich hoffe nur, dass es bedeutet, dass die zweite Rate folgen wird, wenn 250.000 bewilligt wurden (sonst wäre ich vernichtet, weil ich für 250.000, die ich mir geliehen habe, Rechnungen bezahlt habe). Ich freue mich auf die weitere Arbeit, wenn wir wieder eine Subvention bekommen.

Viele herzliche Grüsse und herzlichen Dank

Ihre aufrichtige

Sidi Nádherná

[150] Sidonie Nádherný, Vrchotovy Janovice, an Václav Wagner, [Praha] B 12.1.1947 (Památník národního písemnictví, Praha)

Sehr verehrter, lieber Herr Doktor,
Ich fürchte, dass Sie beim Anblick dieses meines neuerlichen Schreibens einen (berechtigten) Seufzer ausstossen werden u. sich sagen: »Was will Sie schon wieder?«, und vielleicht einen zweiten, dass ich in der verhassten Sprache schreibe, die jetzt sehr rar geworden ist! Aber an diesen zweiten glaube ich nicht, da ich Sie u. Ihre Kultur kenne. Und ich schreibe ungern mit Fehlern, die mir leider trotz aller Bemühung in der Heimatsprache geläufig sind u. in der mir so viele Ausdrücke fehlen.

Am Liebsten schriebe ich Ihnen immer nur Gutes, Liebes, Frohes, statt Seufzer von Ihnen zu erpressen, wie ich es diesmal wieder tun muss: Heute erhielt ich vom Staatlichen Amt für Denkmalschutz, dat[iert] 7.1., Aktenzeichen. 97/47, die Rechnungen zurück mit einem Begleitschreiben, dass die Subvention auf 160.606 Kčs. erniedrigt wurde, da nur für diese Summe spezielle Denkmalschutzarbeiten gemacht werden. Diese Nachricht hat mich niedergeschmettert, u. muss es sich um einen Irrtum handeln. Es wurde nämlich die Verlegung der elektrischen Leitungen im Schloß mit 166.871 Kč vollkommen gestrichen, also der Hauptposten, obzwar ich diese in direktem Auftrag des Örtlichen Nationalausschuss durchführen liess. Siehe Schreiben vom 3.VII.45 (Aktenzeichen 2028/45) an den MNV v Janov. U. vom 7.7.45 (Aktenzeichen 2028/45) an den Architek[ten] Křiž. Unter den mir aufgetragenen Arbeiten »gemäss dem damaligen Beschluss« sind unt[er] And[erem] angeführt: »5. Installation elektrischen Lichts im gesamten Schloss zur Beseitigung der Brandgefahr«. Sie haben ja selbst gesehen, wie im Schloss daran gearbeitet wurde, die Elektrisierung war doch immer, auch im Haushaltplan, in die Subvention eingeschlossen u. ich habe sie gewissenhaft als spezielle Denkmalschutzarbeiten durchgeführt, d.h. alle hässlichen Consolen, Stangen u. Drähte entfernt, einen 70 m langen Kabel [!] legen lassen von der an unsichtbarer Stelle angebrachten Leitung bis zum Schloss, habe überall beim Legen der Leitung vermieden, dass die Wandmalereien beschädigt werden u.s.w. Ich selbst ohne Subv[ention] hätte ja niemals das elektr[ische] Licht einführen können u. da ich nur machen liess, was in den erwähnten Schreiben von mir verlangt wurde – freilich vorerst nur einen Teil – rechnete ich bestimmt mit der Bewilligung der mir am 11.7.46 (Aktenzeichen 2994/46) mitgeteilten Subvention per 250.000 Kčs. als Mindestbetrag. Auf Grund dieses Schreibens, das ich der Gewerbebank vorlegte, borgte sie mir diesen Betrag, damit ich die Rechnungen bezahlen könne, u. versprach ich, gleich nach Erhalt der Subvention dieselbe ihr zukommen zu lassen. (Heute erhielt ich 100.000 Kčs ((nicht einmal die 160.606 Kčs)) u. sandte sie direkt vom Postamt weiter an die Gewerbebank). Der Betrag der vorgelegten bezahlten Rechnungen war 354.429 Kčs, also sind die bewilligten 250.000 Kčs nur ein Bruchteil u. wenn ich diese nicht erhalte, bin ich einfach vernichtet u. muss alle Arbeiten im Schloss einstellen. Auch in der Zukunft. Die Einführung des elektr[ischen] Lichts war ja die Grundbedingung für alle weiteren Arbeiten, denn erst wenn das Legen der Rohre, Drähte, Ausgänge, Steckdosen, Platten, Verteilerkästen u.s.w. in die Mauern durchgeführt ist, kann an die Restaurierung der Wände u. Wandmalereien, der Facade u. Mauern u. Fussböden gearbeitet werden [!]. Der Betrag für die Instal[lation] per 166.871 enthält nicht einen einzigen Luster oder Brennkörper oder Glühbirne, sondern ist nur rein das Legen der Leitung u. dürfte diese Summe noch überschreiten.

Ausserdem wurde in dem genannten Schreiben erwähnt, »Reparaturen der von den Deutschen zerstörten Leitungen«, dazu gehört auch das Wasserwerk per 15.400 Kčs, die aber auch gestrichen wurde*. Ebenso wurden dem Archit[ekten] Kríž sein Honorar per 10.000 Kčs, Durchführung der geplanten Adaptierungsarbeiten gestrichen, der für den verlangten Kostenplan gemacht werden musste**, obzwar das Staatliche Amt für Denkmalpflege ihm schrieb, die Arbeiten im Schloss durchzuführen und Sie mir schrieben, dass sein Honorar in die Subvention eingerechnet werden würde.

Dass die gekauften Kachelöfen die gestrichen wurden *nicht* zu den speziellen Denkmalschutzarbeiten gehören, sehe ich vollkommen ein. Ich habe noch viele Rechnungen zu bezahlen, die weit über die bewilligten 250.000 Kč gehen u. werde eine neue Anleihe machen müssen. Deshalb bitte ich zu veranlassen, dass mir in diesem Monat noch die restlichen 150.000 Kč ausgezahlt werden.

Soll ich zu diesem Zweck die gestrichenen Rechnungen und die Übersicht der durchgeführten Arbeiten retournieren (Elektrifizierung, Archit[ect] Kříž)? oder ein Gesuch verfassen u. motivieren, warum ich berechtigt bin, auf die Auszahlung der bewilligten Subvention per 250.000 Kč zu bestehen? Um Ihnen die Beantwortung zu

[auf dem Rand: * obzwar die Durchführung der Leitungsinstallation anerkannt wurde. Ohne Wasserpumpe aber ist keine Wasserleitung möglich!!]

** Siehe Schreiben an Kříž vom 28.2.46 (Aktenzeichen 887/46) ersparen, werde ich den Architekten Nešněra bitten, Sie aufzusuchen, damit Sie die Angelegenheit mit ihm besprechen können.

Es tut mir so leid, Sie wiederum zu belästigen, aber durch das Ausbleiben der 150.000 Kč, mit denen ich bestimmt gerechnet hatte, bin ich in eine schreckliche Lage gekommen. Ich nehme aber an, dass Ihr Stellvertreter nicht wusste, dass ich das elektr[ische] Licht nach direktem Auftrag des Staatlichen Amts für Denkmalpflege durchführen liess.

Immer wieder kann ich Sie nur meines wärmsten Dankes für all Ihre Hilfe u. Güte versichern und schliesse mit den herzlichsten Grüssen.

Ihre aufrichtige
Sidi Nádherná

Ich möchte darauf hinweisen, dass ich in all den Jahren weder für Schloss noch Park (der mir mehrere 100.000 K kostete, ehe ich ihn so gestaltete, wie er heute ist) eine Subvention verlangte noch erhielt.

Ich habe noch keinen Gärtner aufgenommen, da ich gar kein Geld habe u. ich werde für den Park nichts tun können, so sehr es auch mein Herz schmerzt, ihn in solch desolatem Zustand zu sehen, wenn ich keine Subvention für ihn erhalte. Die Landwirtschaft richtet mich zugrunde!

Ich glaube, dass die Art u. Weise, *wie* man die Elektrisierung eines Schlosses durchführt, ohne es zu verschandeln, gerade Sache des Denkmalamtes ist. Das Licht wird auch bei der Restaurierung der Deckenmalerei von Vorteil sein.

Soll ein Schloss bewohnbar gemacht werden, *muss* es unter den heutigen Verhältnissen, wo es an Arbeitskräften mangelt, elektrisches Licht u. elektr[ischen] Strom haben, auch dann, wenn es als teilweises Museum betrachtet wird.

Elektrisierung eines Gebäudes ist doch auch staatliches Interesse u. in diesem Fall ganz besonders des Denkmalschutzes, wie Sie es ja auch in den erwähnten Schreiben angaben. Sie ist die Voraussetzung aller übrigen Arbeiten.

[151] Sidonie Nádherný, Vrchotovy Janovice, an Václav Wagner, [Praha]
B 29.1.1947 (Památník národního písemnictví, Praha)

Lieber und verehrter Herr Doktor!
begeistert habe ich gerade gehört, was Sie im tschechischen Rundfunk sagten … Es muss *bewiesen* werden – endlich, es ist höchste Zeit dann! – wie tief die Kluft ist zwischen čech[ischer] u. nazist[ischer] Kultur. Aber nicht nur in der Kunst, sondern in Allem u. Jedem.

Ich hatte Freude auch deswegen, weil Ihre Stimme mir bestätigte, dass Sie wieder gesund sind. Lieber höre ich die Stimme Václavs als die Musik Richards! Herzlich grüsst Sie

Sidi Nádherná

[152] Sidonie Nádherný, Vrchotovy Janovice, an Václav Wagner, [Praha]
Zettel 22.5.1947 (Památník národního písemnictví, Praha)

Lieber Herr Doktor!
Möchten Sie nicht über Pfingsten zu mir kommen? Ich hätte große Freude. Die Azaleen blühen jetzt wunderbar, es sieht aus wie ein Paradies. Und wenn Sie vielleicht wüßten, wer hierher einen Nachmittagsausflug machen möchte um den Park anzuschauen, solange Azaleen blühen, sagen Sie ihnen, bitte, daß sie willkommen sind. Vielleicht am Sonntag oder Montag? Vielleicht Dr. Volek oder jemand aus anderen Botschaften u.s.w. Laden Sie einfach ein, wen Sie wollen. Es waren hier aus der englischen Botschaft Mr. Heyno mit Gattin und sie waren begeistert. Ich würde Nichols einladen, kenne sie aber nicht.

Ich schreibe so schlecht und wenig, weil ich einen verbrühten rechten Daumen habe

Herzlichen Gruß

Sidi Nádherná

Am 25.5.1947 treffen sich in Sedlčany/Seltschan 400 Vertreter der Ortsbauernkommissionen und erklären ihre Unterstützung für das sogenannte Hradecký-Programm (1945-1950) des Landwirtschaftsministers Julius Ďuriš, das eine neue Bodenreform vorsieht, nach der ein landwirtschaftlicher Betrieb auf 50 ha beschränkt werden soll: Der Boden gehört denjenigen, die darauf arbeiten. Ďuriš erhebt am 4.4.1947 in einer Rede in Hradec Kralové/Königgrätz diese Forderung zum erstenmal; sie fliesst dann Mitte des Jahres in das Gesetz 142/1947 ein, wird aber erst durch die Machtübernahme 1948 umgesetzt. In Seltschan werden Beispiele von Großgrundbesitzern aus der Umgebung namentlich genannt, die auf ihren Gütern nicht selbst arbeiten, sondern sie verpachten. Der Name von Sidonie Nádherný taucht in dem Bericht über diese Veranstaltung zwar nicht auf, aber ihr »Beispiel« war wohl auch gemeint.

[153] Sidonie Nádherný, Vrchotovy Janovice, an Václav Wagner, [Praha]
B 25. Juni 1947 (Památník národního písemnictví, Praha)

Lieber, sehr verehrter Freund,
An diesem unserem Tag voll Erinnerungen einer teuren, lebengebenden Vergangenheit tat mir die einzige warme Stimme aus der tötenden Gegenwart besonders wohl, als Pfand u. Versprechen einer besseren Zukunft, als Bürgschaft wahrer, treuer Freundschaft. Gerührt u. innig danke ich Ihnen für die lieben Worte. Dieser Tag verbindet uns. Ich habe soeben in MSS von Karl Kraus nachgeblättert, um diese Verse für Sie und für Ihre Mutter herauszuschreiben:

»*Zum Namenstag*

Sag, hat nicht jeder Tag, an dem du lebst
In meinem Leben, deinen Namen?
Dankt meines Geistes Frucht nicht deinem Samen,
Ob heute du, ob morgen zu mir strebst?
Noch spür ich, wie du hebst
Ins Namenlose, Taglose den Lahmen.
Es glaubt ja Gott an dich. So sag' ich Amen!

Janowitz, 25. Juni 1916.«

Wenn Sie einige freie Tage haben sollten u. sich vor den Menschen zurückziehen möchten, wäre ich glücklich, wenn Sie sie hier verbringen würden. Im Park hätten Sie vollkommene Ruhe u. Sie fänden gewiss Erholung und neue Kräfte, den Kampf mit der entmenschten Menschheit aufzunehmen.

Sehr günstig ist der Schnellzug um 13.20.

Herzlichst grüsst mit nochmaligem Dank

Sidi Nádherná

[154] Sidonie Nádherný, Vrchotovy Janovice, an Jan Mrázek
B ohne Datum
Souvislosti 4, 2008, S. 115-130: Iva Mrázková, Nevolná identita Sidonie Nádherné/Die Identität von Sidonie Nádherný im Briefwechsel mit Jan Mrázek

Mein lieber Herr Mrázek,
wie froh ich war, dass ich Sie noch gestern gesehen habe. Denn sollen sie mir alles nehmen die Hauptsache ist, zu wissen, dass in dieser Flut von Schlamm Niedertracht, der Zerstörung der kulturellen und menschlichen Werte, lebt ein Mensch wie Sie. Neulich schrieb mir Dr. Wagner (Direktor des Denkmalschutzamtes): »Deswegen, als ich Sie jetzt wieder sah, dachte ich, Ihnen für Ihre Existenz danken zu müssen. Mein ganzes Leben kämpfe ich um Harmonie« usw. Das gleiche empfinde ich, wenn ich mit Ihnen spreche. Heute ist es leider noch schlimmer als früher, wir sind so wenige, *die* uns sehnen nach Güte, Liebe, Recht, Gerechtigkeit, Menschlichkeit u. die Möglichkeit, wie es einst gewesen, frei unsere Gedanken ausdrücken zu können und mithelfen zu können, an dem Ausbau wahrer Werte. Neulich schrieb mir wieder Dr. W. »Sie können ruhig weiter in Goethes Sprache schreiben – die wahren Werte sind Konstanten, die nie verloren gehen!!! ich weiß, dass Sie als gebildeter Mensch, für den die Wissenschaft und Literatur in jeder Sprache heilig sind, das verstehen. Wie tief sind wir gesunken, daß das was er schrieb, als Delikt bewertet werden kann! Wir brauchen jetzt große humanistische Lehrer, damit sie unserer Jugend Respekt, Achtung, Menschlichkeit, Liebe und *Güte* beibringen.« – Die Zusammenarbeit mit Ihnen in Janovice das wäre mein Ideal. Wird es einmal?

Aber warum ich Ihnen heute schreibe, ist nicht eine Liebeserklärung – das floß mir wie von selbst in die Feder – sondern der Vorschlag, den ich gestern vergaß: Ob Sie jetzt, solange die Erntezeit ist, und wir niemanden haben, nur Janíček, der die Aufsicht hat, ihm helfen möchten? Er hätte so viel Arbeit im Wald – den Verkauf usw. – wenn er aber nicht bei den Leuten steht, tun sie nichts. Ich dachte, dass Sie zum Beispiel jeden zweiten Tag kommen könnten, oder wenn es viel Arbeit gäbe, hier übernachten (ich habe ein Zimmer). Wenn Sie mit dem Morgenzug um 7 kämen und abends zurück auf dem Fahrrad? Ob Sie eine solche Arbeit übernehmen möchten? (Eine Vorbereitung auf den zukünftigen Verwalter in Janovice!) Dann würde Janíček mehr Zeit haben fürs Büro und die Waldarbeit.

Denken Sie, bitte, darüber nach und sagen Sie es uns.

Ich grüße Sie herzlich

S. N.

[155] Sidonie Nádherný, Vrchotovy Janovice an den Kreisnationalausschuss in Sedlčany/Seltschan
B 31.7.1947 (Okresní úřad Benešov)

Betrifft: Die Geltendmachung des Anspruches auf Schadenersatz für einen Schaden verursacht durch die Rote Armee während der zeitweiligen Okkupation der ČSR

Die unterzeichnete Sidonie Nádherná, Eigentümerin des Großgrundbesitzes in Vrchotovy Janovice, erhebt laut des Gesetzes Nr. 131/36 GS über die Verteidigung des Staates, hiermit den Anspruch auf Schadenersatz, verursacht durch die Rote Armee während der zeitweiligen Okkupation der ČSR und zwar:

siehe Beilagen		
1./ diverse Gegenstände, Uhren, Fernrohr	Kčs	14.200,-
2./ Hafer, Heu aus dem Hof Voračice	-"-	3.240,-
3./ Fasermasse, Brennholz	-"-	1.036,-
4./ Pferde, Kälber und anderes Vieh	-"-	32.000,-
5./ Automobile	-"-	47.000,-
6./ diverses landwirtschaftliches Gerät	-"-	16.560,-
7./ weggenommene Fische	-"-	58.661,40
Insgesamt		172.697,40

Diese oben aufgeführten Schäden wurden gleichzeitig in das Verzeichnis der Kriegsverluste nach dem Dekret 54/45 gemeldet. Weiter erkläre ich, daß ich bisher à conto der Kriegsschäden 25.000,- Kčs bekam, ungeachtet von den beträchtlichen Kriegsschäden, die mein Besitztum erlitten hat.

Infolge der bedrückenden wirtschaftlichen und finanziellen Verhältnisse und weil ich gezwungen war, die durch die Rote Armee verursachten Schäden wieder finanziell auszugleichen, bitte ich, dass wenigstens diese Schäden schnell ersetzt werden.

Zum Schluß erkläre ich, dass ich von der Roten Armee weder Geldbeträge noch einen anderen Gegenwert erhalten habe. Das Zeugnis, wie ich es schon erwähnt habe, können die auf den einzelnen Beilagen aufgeführten Personen, im Bedarfsfalle weitere Personen bestätigen.

In Erwartung einer baldigen positiven Erledigung
zeichne ich hochachtungsvoll

Sidonie Nádherná
Eigentümerin des Großgrundbesitzes Vrchotovy Janovice

Mit dem Schreiben von 17.4.1948, also nach der Machtübernahme durch die Kommunistische Partei, teilt das Landwirtschaftsministerium Sidonie Nádherný die Ergebnisse der Revision der Ersten Bodenreform aus dem Jahr 1927 nach dem Gesetz 142/1947 mit. Danach bleiben ihr von den 700 ha Feld- und Waldbesitz 50 ha landwirtschaftlich zu nutzende Flächen, den 16 ha großen Park mit dem Schloss eingeschlossen. Die Entscheidung wird mit dem Bedarf an landwirtschaftlich zu nutzendem Boden in der Region begründet, wie auch mit der Notwendigkeit, eine Boden-Reserve bereit zu halten für die tschechoslowakischen Remigranten aus Wolynien, Rumänien, Jugoslawien und Bulgarien.

[156] Sidonie Nádherný, Vrchotovy Janovice, an Václav Wagner, [Praha]
B 4.8.1947 (Památník národního písemnictví, Praha)

Lieber, verehrter Herr Doktor,
Ich habe jetzt die Schlosskapelle in Ordnung gebracht, den Altar wieder aufgestellt u.s.w. Es war eine mühsame Arbeit. Ich möchte sie dann feierlich einweihen lassen, eventuel [!] den Erzbischof einladen, wenn auch das Schloss selbst noch in desolatem Zustand ist (aber ich bin ohne Geldmittel u. kann nicht einmal das elektrische Licht vollenden; ich hatte gehofft, dass ich auf Grund des Kostenplans eine Subvention erhalten würde. Wegen des Parks warte ich auf Nešnera, da ein Kostenplan verlangt wurde). Wenigstens werde ich die Kapelle in Ordnung haben, mit Ausnahme der Wandmalerei. Eine Sorge ist die kleine Orgel, die leider durch die Übersiedlung gelitten hat. Sie stand im Schloss-Saal bei Mladota in Č[ervena] Hrádek, den Raum aber besetzten die Russen mehrere Wochen lang, u. es scheint mir, als wären die Pfeifen nicht in Ordnung. Jedenfalls gibt sie keinen Ton von sich. Es mag auch an dem Blasebalg liegen. Ich werde nie vergessen, wie schön sie unter Dr. Vachulka's Händen klang. Da ich die

Orgel für die Einweihung in Ordnung haben muss, bitte ich Sie sehr, zu veranlassen, dass ein Sachverständiger die Orgel besichtigen u. reparieren kommt u. mir freundlichst mitzuteilen, ob das Amt für Denkmalschutz mir für diesen Zweck einen Betrag zur Verfügung stellen kann, da ich die Reparatur aus Eigenem nicht bezahlen könnte u. laut Gutachten Dr. Vachulkas handelt es sich um ein wertvolles Instrument, dessen Erhaltung gewiss wichtig ist. Es wäre gut, wenn die Reparatur möglichst umgehend gemacht werden könnte.

Mit den besten u. herzlichsten Grüssen

stets Ihre

Sidi Nádherná

Ich habe auch die Bibliothekkästen von Voračice übersiedelt u. an ihren früheren Platz zurückgestellt; jetzt arbeitet der Tischler an ihnen, da sie sehr gelitten haben.

[auf dem Rand: Freilich kann ich die Bücher nicht hin[ein]-geben, bevor die Fussböden u. Wände nicht in Ordnung sind. Auf dem Schlossplatz habe ich die alten Steinbänke wieder aufgestellt.]

[157] Sidonie Nádherný, Vrchotovy Janovice, an Václav Wagner, [Praha] B 14.8.1947 (Památník národního písemnictví, Praha)

Sehr verehrter, lieber Herr Doktor,
Diesmal komme ich mit einer privaten Bitte: Nach langen Erkundigungen ist es einer Freundin in Bayern gelungen, mir einen kleinen Bobby zu kaufen, u. zwar bei einem Leonbergerzüchter in Heidelberg. Es ist aber wichtig, dass der kleine Kerl bald möglichst abgeholt wird u. zwar gienge dies nur durch jemanden der amerikan[ischen] Legation. Da ich niemanden kenne, Sie aber gewiss alle, bitte ich Sie sehr, sich an einen der Herren zu wenden, sie mögen veranlassen, dass der Leonberger-puppy (ein Rüde) mir gebracht wird. Da Heidelberg ganz nahe vom amerik[anischen] Hauptquartier in Frankfurt a. M. ist, denke ich, dass dies möglich sein müsste. 1½ Jahre schon suche ich, endlich ist der Hund gekauft, er kann aber nicht bei dem Züchter bleiben, sondern muss gleich abgeholt werden. Der *Leonbergerrüde*

ist abzuholen bei dem *Metzgermeister Frey, Heidelberg (17A), Friedrichstrasse 15*. Der Hund dürfte noch ein baby sein. Er ist schon gekauft und bezahlt, die Einfuhr ist frei, nur muss der Züchter ein tierärztliches Zeugnis mitgeben, dass der Hund gesund ist. Gekauft wurde er von *Baron Falkenhausen* für mich.

Die Nachricht des Kaufes ist vom 5. d., also schon 10 Tage alt, also *eilt* es. Bitte, bitte finden Sie einen Weg. Ich bin sehr einsam ohne Bobby.

Ob auch andere, ausser Amerikaner, von Heidelberg herfahren, weiss ich nicht.

Mit den besten Grüssen Ihrer

Sidi Nádherná

Mit der Zeit wird Bobby das Schloss bewachen!

Der Züchter muss auch seinen Stammbaum (pedigree) mitgeben.

[158] Sidonie Nádherný, Vrchotovy Janovice, an Václav Wagner, [Praha] B 1.9.1947 (Památník národního písemnictví, Praha)

Lieber Herr Doktor,
Ich danke vielmals für den lieben Brief.

Nešněra war hier und vielleicht hat er Ihnen die Rechnung für Park und Schloß vorgelegt. Ständig warte ich auf die Subvention für die elektrische Leitung, die ich nie hätte legen lassen, wäre mir nicht die Subvention in Höhe von 250.000 Kc versprochen worden. Ich habe es doch auf Befehl des Denkmalamtes gemacht, damit die Feuergefahr verhindert wäre, und Sie haben es bewilligt. Wenn ich etwa 160.000 Kč bekäme, könnte ich endlich die Schuld in der Bank bezahlen von 100.000, die genommen wurde für die erste Arbeit im Schloß und jetzt mit den Zinsen ständig wächst, und ich könnte wenigstens soweit die Einrichtung des elektrischen Lichtes beenden, daß man die Drähte durchzieht und man hat Licht, wenn man es brauchen würde. Heute steht die Arbeit unvollendet, und ich selbst habe kein Geld. Nešněra wollte mit Ihnen persönlich sprechen. Schon für März haben Sie versprochen, daß die elektrische Einrichtung, also die vorgelegte Rechnung, bezahlt wird; solange es nicht passiert und solange die Arbeit nicht beendet wird, kann ich nicht die weiteren Arbeiten fortsetzen.

Weiter bitte ich um eine Mitteilung, ob Sie wissen, wer die Orgel reparieren könnte und ob das Denkmalamt die Reparatur bezahlen würde.

Mit herzlichem Gruß

Sidonie Nádherná

[159] Sidonie Nádherný, Vrchotovy Janovice, an Václav Wagner, [Praha] B 13.10.1947 (Památník národního písemnictví, Praha)

Lieber Herr Doktor,
Bitte, seien Sie mir nicht böse, wenn ich die Bitte wiederhole, ob das Denkmalamt nicht entweder Dr. Vachulka oder einen Fachmann hierher schicken könnte, der feststellen würde, warum man an der Orgel in der Schlosskapelle nicht spielen kann und wieviel eine Reparatur kosten würde. Am 20.1.1943 schickte mir das Denkmalamt ein interessantes Gutachten, zusammengestellt von Dr. Vachulka, und ich dachte, dass das Denkmalamt sich auch, was die historische Orgel anbelangt, darum kümmert. Es ist schade, sie so zu lassen, wenn sie einen solchen Wert hat. Ich wollte die Kapelle »einweihen«, dachte daran, den Erzbischof zu bitten, dass er kommt, aber dazu ist nötig, daß die Orgel in Ordnung ist. Und wenn man es nicht gleich macht, wird es später zu kalt in der Kapelle [sein], um sie dort zu reparieren. Vielleicht wenn man irgendeinen Kostenvoranschlag hätte, würde die Reparatur das Denkmalamt bezahlen. Dr. Vachulka sagte seiner Zeit, dass er jemanden kennen würde, der die Orgel reparieren könnte, ich will nicht jemanden rufen, der sie mir verderben würde. Ich bitte um eine freundliche Antwort.

Viele herzliche Grüße immer

Ihre aufrichtige

Sidi Nádherná

Dr. Vachulka schrieb (23.12.42): »Diese Orgel stellt heute schon einen kostbaren Beleg für diesen Instrumententypus dar, kostbar nicht nur aus der denkmalpflegerischen Sicht, sondern vor allem als ein lebendiger musikalischer Wert«

Erinnern Sie sich, wie schön er auf ihr spielte?

P.S.

ich weiß nicht, ob Nešněra mit Ihnen schon über folgende Angelegenheit sprach: Ein Tischler will das Gebäude im Hof kaufen, aus dem die Deutschen eine Autowerkstätte machten. Weil 2 ganz lange Seiten [des Gebäudes] ein Bestandteil des Parks sind und der ganze Komplex unter der Kontrolle des Denkmalamtes steht, geben Sie bitte keine Erlaubnis zum Verkauf. Damit man nicht sagt, dass man den Zweijahresplan schädigt (Min. der Industrie leitet das Gebäude den Fabrikzwecken zu) kann man eine Erlaubnis zur langjährigen Vermietung geben (es werden beträchtliche Investitionen), aber nicht zum Verkauf. Einmal verkauft, würde der Käufer tun, was er wollte und weil das Gebäude aus dem ganzen Park zu sehen ist, ist es notwendig, *daß die Parkseite* in gutem u. unverändertem Zustand erhalten bleibt, daher habe ich auch die Fabrikfenster entfernt u. zumauern lassen, nur oben Lichtöffnungen gelassen. Die ganze Intimität des Parkes gienge mit Glasfenstern, die bis zum Boden reichten verloren*. *Müssten* aus Lichtgründen Fenster gemacht werden, dann jedenfalls solche, die undurchsichtig sind u. in einem gewissen Abstand vom Boden u. mit Gittern versehen. Einmal verkauft, habe ich keine Kontrolmöglichkeit [!] mehr. Ebenso darf der Dachstuhl nur mit gebrannten Dachtaschen wie jetzt versehen werden u. nicht etwa mit Zementtaschen u. dergleichen horreurs. Die Seite gegenüber dem Schloss lasse ich mir jedenfalls u. wird auch nicht verlangt, dort habe ich die Garage und Lager für Teichwirtschaft und landwirtschaftliche Zwecke. Ebenso darf auf der Frontseite bei der Einfahrt ins Schloss, wo rechts der Meierhof mit dem Gebäude steht, nichts verändert werden. Aus allen diesen Gründen will ich nichts verkaufen, nur – wenn es sein muss – vermieten u. ich bin überzeugt, dass Sie derselben Meinung sind. Bitte also in diesem Sinn zu reagieren, sollte man an das Denkmalamt um Bewilligung herantreten. jedenfalls benütze ich die Autowerkstätte für landwirtschaftliche Maschinen, damit nicht gesagt werden kann »dass es nicht voll genutzt wird«.

* und würden den Park entwerten. Schließlich ist es kein landwirtschaftliches und kein industrielles Objekt, für welchen Zweck es sehr unpraktisch ist.

[160] Sidonie Nádherný, Vrchotovy Janovice, an Václav Wagner, [Praha] B 7.11.1947 (Památník národního písemnictví, Praha)

Mein lieber Herr Doktor,
Das ist aber eine traurige Nachricht! Aus dem Herzen bedauere ich Sie und wünsche, dass Sie bald ohne Schmerzen sind. Ich weiß, sie sind schrecklich, weil man mir auch heuer – allerdings unter Narkose – den rechten Daumen operierte, auch Blutvergiftung wegen einem Distelstachel und ich habe in dem Daumen das Gefühl verloren, er ist wie tot.

Wollen Sie nicht hierher zur Erholung kommen? Ich würde mich sehr freuen.

Ich wäre froh, wenn ein Fachmann käme sich die arme Orgel anzuschauen, die die Stimme verloren hat. Den ganzen Monat schon bin ich beim Abfischen. Die Ergebnisse miserabel – wie alles heuer.

Viele herzliche Grüße

Sidi Nádherná

Am 19.12.1947 beschliesst die tschechoslowakische Regierung 263 Mill. Kronen aus den Erträgen der UNRRA Aktion (United Nations Relief and Rehabilitation Administration) für den Wiederaufbau der Region der ehemaligen deutschen Truppenübungsplätze auf dem Gebiet der ČSR einzusetzen.

136 Mill. Kronen davon fliessen in Maßnahmen zur Beseitigung militärischer Hinterlassenschaften und zur Förderung der wirtschaftlichen Erschließung des ehemaligen SS-Truppenübungsplatzes Böhmen.

[161] Sidonie Nádherný, Vrchotovy Janovice, an Václav Wagner, [Praha] B 23.12.1947 (Památník národního písemnictví, Praha)

Lieber Herr Doktor,
Ich danke Ihnen vielmals für Ihre lieben Glückwünsche, dass Sie sich an meinen Geburtstag erinnert haben ist »rührend« – Ich habe es sehr bedauert, dass Sie nicht im Sommer herkamen, Sie müssen mich im Frühjahr besuchen, jetzt kann man immer bei mir übernachten. In Prag bin ich seit dem Frühjahr nicht gewesen. Bis vor unlängst, bevor der Schnee und Frost kam, habe ich fleißig im Park gearbeitet. Ich habe alle Brennesseln ausgegraben, Himbeeren u.s.w. zwischen den Rhododendren und Azaleen und jetzt habe ich alles sauber und die großen Gruppen von Rhododendren bis zum Tor hinten sind ein schöner Anblick.

Zwei von vier Fotos für einen Antrag des Architekten Něsněra zur Wiederherstellung der Gartenschönheit. Janowitz: Die Südseite des Schlosses. – Sidonie Nádherný im Park. Fotografien: Jan Turnovský (Privatbesitz).

Im Schloss werde ich wahrscheinlich nie mehr wohnen können, es wird kein Geld geben, um alles zu reparieren und meine jetzige Wohnung ist angenehm, gleich bin ich im Park.

In diesem Jahr keine Gedichte? Ich verstehe. Das Leben ist furchtbar. Nur Unannehmlichkeiten, Sorgen und alles, was widerlich ist. Es ist eine große Enttäuschung. Deswegen arbeite ich am liebsten im Garten. Morgen erwarte ich über Weihnachten Max Lobkow[icz]. Seine Frau und die Kinder sind in Amerika.

Ich wünsche angenehme Feiertage und im neuen Jahr alles, was schön ist.

Die Trockenheit verursachte große Schäden im Wald und Park, viele Bäume muss man verdorrt fällen. Und die Landwirtschaft ist katastrophal. Ich habe immer viel zu tun, sich um alles kümmern u. s. w.

Viele herzliche Grüsse   Sidonie Nádherná

1948

Die Enteignung. Der Freund Max Lobkowicz, der Sidonie Nádherný seit dem Tod des Bruders Karl mit seinen Beamten bei der Güterverwaltung beisteht, sollte Erbe von Schloss, Park und Hofgütern werden. Ein neues ›Testament‹ wird am 26.3.1948 aufgesetzt, einen Monat nach der Machtübernahme durch die kommunistische Partei: Es ist der Versuch, Janowitz zum britischem Hoheitsgebiet zu machen. Die bewegliche Habe, soweit sie nicht in der Britischen oder Königlich Niederländischen Botschaft untergebracht oder über Diplomaten ins westliche Ausland gebracht werden kann, überträgt Sidonie Nádherný nominell dem Museum Pacov/Patzow – ohne Folgen: Das Museum kann diese Übertragung nicht annehmen. Es kommen weitere Umstände hinzu, der Entscheidungen dringend geboten sein lässt: Am 20.3.1948 verliert ihr treuer Ratgeber Václav Wagner, der nach 1945 wieder als Direktor des Staatlichen Amts für Denkmalpflege eingesetzt worden ist, seine Stellung als Direktor wegen politischer Unzuverlässigkeit. Und Sidonie Nádherný wird Kollaboration mit den Deutschen unterstellt; sie habe im März 1944 beim Umzug nach Voračice die Züchtigung eines Arbeiters durch einen deutschen Polizisten verlangt. Sie wird freigesprochen. Alle Entscheidungen haben die Überlegung zur Voraussetzung, Schloss und Park Janowitz nach der Bodenreform und gegen feindliche Haltung der Nationalausschüsse, die »Landesschande«, wie Botschafter Max Lobkowicz urteilt, zu sichern. Sidonie Nádherný bereitet aktiv ihre Flucht vor, die der amerikanische Botschafter in Prag, Laurence Steinhardt, auch Václav Wagner dringend nahelegt. Doch Wagner lehnt ab.

[162] Sidonie Nádherný, Vrchotovy Janovice, an Václav Wagner, [Praha] B 4.2.1948 (Památník národního písemnictví, Praha)

Mein lieber Freund,
Ich habe den Fotoapparat zurückbekommen. Aber den habe ich Ihnen geschenkt, nicht geliehen. Offen gestanden, habe ich ihn ganz vergessen. Und Sie hatten Auslagen damit und außerdem haben Sie die Vorrichtung für den Film machen lassen. Ich habe den Eindruck, dass er überhaupt nicht in Ordnung war, so dass er, wenn er jetzt völlig in Ordnung ist, wie ein Geschenk von Ihrer Seite ist! Herzlichen Dank,

aber Sie müssen mir wirklich sagen, was ich Ihnen schuldig bin, sonst gebe ich es Ihnen zurück!

Ich habe aber eine Bitte: seiner Zeit hat Ihnen Něšněra 4 Photographien aus dem Park zu dem Antrag auf Subvention gegeben; ich habe keine Duplikate, deswegen bitte ich, sie mir zurückzugeben und ich gebe als Tausch vier andere (von Něšněra).

Ja, was sie tun ist schrecklich. Man schämt sich für sein eigenes Volk. Aus London schreibt mir zu dieser Sache die Schriftstellerin Fürstin Lichnowsky: »Das ist, natürlich, das Ende nicht nur für die früheren Besitzer, sondern auch das Ende der Schönheit und der idealen Verhältnisse, die in größeren Verhältnissen leben, größer jedenfalls als 50 ha … Aber was kannst Du gegen menschliche Dummheit machen, gegen Kurzsichtigkeit und den Mangel an allem und jedem, was wir verehren.«

Max Lobk[owicz] war hier, als sein Fall verhandelt wurde und am nächsten Tag haben wir im Radio gehört, wie Kopecký damit prahlt. Er ist Dr. Sektionschef, der andere nur »Max Lobkowicz! Zuerst muß man sein eigenes Grab graben (Verzeihung) und dann wird er mit Fußtritten begraben. Als ob wir alle Verbrecher wären!«

Er ist sehr sehr traurig. Es ist das Ende der Kultur, der Schönheit, der Tradition. Das Ende aller historischen Familien.* Vysoký Chlumec, seit 1450 gieng es von dem Vater auf den Sohn über. Das kann nie mehr gut gemacht werden. Ist die Geschichte jedem gleichgültig? Daß es die Schönheit ist, beobachte ich schon lange. Glücklich, wer diese Landesschande nicht mehr erlebt hat.

Ich würde Sie gerne sehen, um sich auszusprechen. Vielleicht machen Sie hier Halt, wenn Sie hier vorbeifahren. Es wäre nett, wenn Sie hier zum Mittagessen wären.

Viele herzliche Grüße

Sidi Nádherná

und noch lieber, wenn Sie hier übernachten würden.

Das zu schützen, was uns die historische Kultur zurückliess, die teueren Denkmäler der früheren (besseren) Zeiten zu schützen, die Schönheit schützen – das ist rückständig und asozial!!

Falls Něšněra Ihnen schon die beiliegenden 4 Photographien gab, dann bitte ich um die freundliche Rückgabe auch dieser mitsamt der anderen.

*eine wirkliche Katastrophe für unsere ganze Kultur. Ich bin nicht imstande an etwas anderes zu denken.

[163] Sidonie Nádherný: Testament
B 26.3.1948 (Privatbesitz, Wien)

Nach reiflicher Überlegung und aus freiem Willen errichte ich dieses Testament:

Als Universalerben bestimme ich JUDr. Jan Turnovský, Praha XIX., König Georg VI.-Strasse, No 80.

Ich wünsche, dass dieser Erbe den Ertrag der Erbschaft in angemessener Weise zur Ehrung des Andenkens an den am 12.6.1936 verstorbenen Schriftsteller Karl Kraus benutzt.

Er mag vielleicht nach eigenem Ermessen Widmungen für die Herausgabe der Schriften von Karl Kraus tätigen, insbesondere um Dr. Oskar Samek in New York in dessen Bestreben zu unterstützen, das künstlerische Vermächtnis von Karl Kraus zu erhalten.

Ich bin überzeugt davon, dass der ernannte Erbe dabei in meinen Intentionen handeln wird und schreibe ihm deshalb keine Vorgehensweise und keine Geldbeträge vor.

Alle Ansprüche, die mir nach dem letzten Willen von Karl Kraus zustehen, überlasse ich Dr. Oskar Samek, 360 East, 55th street, New York 22.

Da ich einsehe, dass mein Erbe aus dem Erlös und dem Wert der Hinterlassenschaft nicht in der Lage sein wird, das Schloss und den Schlossgarten in Vrchotovy Janovice instandzuhalten, vermache ich dieses Schloss mit der ganzen Einrichtung, die sich dort zum Zeitpunkt meines Todes befinden wird, sowie den Schlossgarten in Vrchotovy Janovice mit allen Gebäuden, die sich im Park befinden, dem britischen Staat zum Zwecke der Nutzung als Sommerresidenz des britischen Botschafters in Prag.

Zu diesen Gebäuden gehört nicht das Haus Nr. 10 in Vrchotovy Janovice, das ich jetzt bewohne. Dieses Haus mit der ganzen Einrichtung bleibt dem Erben, dem übrigens das Recht zum Eintritt und zur Nutzung des Schlossparks für sich und seine Familie vorbehalten bleibt.

Das Vermächtnis des Schlosses und des Parks treffe ich unter der Bedingung, dass der Legatar auf eigene Kosten bei Beibehaltung des bisherigen Charakters das Schloss restaurieren lässt und mit den im Schloss sich befindenden Möbeln einrichtet, auch dass der Park, zu dessen Errichtung ich jahrzehntelange Arbeit und fast alle meine Einkünfte verwendet habe, im jetzigen Zustand bestehen bleibt und instandgehalten wird.

Diesen von mir eigenhändig in 2 gleichlautenden Abschriften verfassten Letzten Willen habe ich am heutigen Tage eigenhändig unterschrieben und eine gleichlautende Abschrift in einem versiegelten Briefumschlag an Dr. Turnovský übergeben.

Damit sind alle meine früheren Vermächtnisse aufgehoben.

Vrchotovy Janovice, am 26. März 1948.

Sidonie Nádherná

[164] Sidonie Nádherný, [Prag/Janowitz], an Mary Gräfin Dobrženský, [London]
B 11.8.1948 (Wienbibliothek im Rathaus, Wien)

Liebste Mary
Das Leben hier ist so erstickend und unerträglich, dass ich nur den einen Gedanken habe: bald möglichst nach England zu kommen. Ich hoffe, dass Gillian schon für ein working permit für mich angesucht hat, sie wollte mich als Gärtner anfordern. So bald ich es erhalte, bekomme ich hier ein engl. visa [!]. Erst bis ich dieses habe, kann ich um Reisepass ansuchen. Bitte also besprich mit Gillian (eventuell brieflich), was sie getan hat. Auf Grund eines working-permit erhält man nämlich leichter ein engl. visa als auf Grund eines Besuches u.s.w. Wenn nicht Gärtner, so irgend was anderes. Ich werde anfangs auf Bezahlung nicht angewiesen sein. – Um den Reisepass zu erhalten und die Ausreisebewilligung nach England, benötige ich für die č[echischen] Behörden das Vorweisen eines triftigen Grundes. Beiliegendes bitte ich Dich ins Englische zu übersetzen und zu veranlassen, dass ein Advokat oder Notar es mir zuschickt. Ich weiss, wie geschickt, erfinderisch und energisch Du bist und dass man Dir schwer etwas abschlagen kann. Vielleicht findest Du jemanden, der es tut. Wenn nicht, berat Dich mit Anton Chlumetzky, 10 Downshire

Hill, London, NW 3. Oder mit Gillian, »Craythornes«, New Romney, Kent. Sollte es ausgeschlossen sein, dass Advok. oder Notar oder Amtsperson es schreibt, dann jemand mit engl. Namen, aber natürlich wäre amtl. Charakter besser. Du kannst mir immer via Mrs. McLaughlin's Sohn (Prag) schreiben, besprich es mit ihr. Er ist verständigt.

Ach, Mary, welch ein Leben! Wie blutet mein Herz. Wie ist alles, was schön war und hoffnungsvoll, versunken. In welch einen Abgrund ist man gelangt, wie schmutzig ist das Wasser, in dem man fischt. Wie viel Lüge, Betrug und Räuberei. Welch geistiger Absturz! Hilf mir, wenn Du kannst. Noch einmal frei athmen [!], nach so vielen Jahren des Terrors und der Komödie. Ich ertrage es nicht länger. Lieber Bettler sein – aber Beherrscher der Freiheit! Als Fremdling unter lang Vertrauten zu leben. Heimatlos im wahrsten Sinn.

Bitte tue bald, um was ich Dich bitte. Ich verlasse mich auf Dich. Deine in Liebe

S.

[Beilage:] An S. N.

In der Verlassenschaftssache nach der im J[ahre] 1942 in Vrch. Jan. verstorbenen Miss Mary Jane Cooney aus Kengh, England wurde das Verfahren erst jetzt eröffnet. Da Sie in dem vorgefundenen Testament zur Legaterin [!] bestellt wurden und die gesetzlichen Erben hier das Legat anfechten, ist Ihre Anwesenheit dringend erforderlich, zumal das Abhandlungsgericht Ihre persönliche Einvernahme anzuordnen gedenkt. Wollen Sie mir bitte mitteilen, wann Sie hier eintreffen können, damit ich dies dem Gerichte bekannt geben kann.

[165] Kreisnationalausschuss in Sedlčany an Sidonie Nádherná, Vrchotovy Janovice
Aktenzeichen C.j.Tnk 17/47 – 34/Rk
17.9.1948 (Okresní úřad Benešov)

Strafbefund

Die Straffindungskommisssion des Kreisnationalausschusses in Sedlčany, die nach § u l odst. l. zák.č. 34/48 Sb. die Revision des Strafverfahrens gegen Sie für den Verstoß nach § u 1 des Dekrets des Präsidenten der Republik Nr. 138/45 Sb. durchgeführt hat, erkannte am 17. September 1948 nach einer nichtöffentlichen mündlichen Verhandlung folgendes als Recht

Sidonie Nádherná, eine Immobilienbesitzerin wohnhaft in Vrchotovy Janovice wird

freigesprochen

von der Beschuldigung, Anfang Februar 1944 in Vrchotovy Janovice, nämlich in der Zeit der erhöhten Bedrohung der Republik, den Tschechen Václav Prachař, mit dem Hinweis auf seine unzureichende Arbeitsleistung gegenüber dem deutschen Gendarmen zu terrorisieren, der V. Prachař daraufhin geohrfeigt hatte. Mit diesem Verhalten sollte sie sich des Verstoßes gegen die nationale Ehre, nach dem § u 1. odst. 1. des Dekrets des Präsidenten der Republik vom 27.X.1945 Nr. 138/45 Sb. schuldig gemacht haben

Begründung

Durch den Beschluss der Kommission des Kreisnationalausschusses in Sedlčany vom 7.Mai 1948 c.j. Rk 24/48 wurde die Revision des erwähnten Strafverfahrens begonnen.

Weil neue Beweise weder angeboten noch angeführt wurden, wurden die Prozeßakten erneut geprüft und eine Feststellung aus den in den Akten überlieferten Beweisen zum Urteil herangezogen.

Durch das Verhör der Zeugen B. Janíček, J. Uher, V. Zoula, J. Zoula, J. Budil, Boh. Vácha, J. Novák wurde festgestellt, dass bei dem Umzug des Schlosses Vrchotovy Janovice der Beifahrer Prachař eine Ohrfeige von dem deutschen Gendarmen bekommen hatte. Der Beschuldigten wurde zur Last gelegt, daß sie den Gendarmen auf Prachař aufmerksam machte und dadurch verursachte, daß er geohrfeigt wurde.

Diese Beschuldigung wurde nicht bewiesen und die Ausssage des Zeugen Prachař steht im Widerspruch zu den Zeugenaussagen und zwar vor allem aus dem Grunde, dass die anderen Zeugen bestätigten, dass die Beschuldigte bei der Kontroverse mit dem Gendarmen und dem Zeugen Prachař nicht anwesend war.

Weil auch sonst nichts Hinderliches aus nationaler Hinsicht bei der Beschuldigten ans Licht kam, und die Beschuldigung nicht sicher bewiesen werden konnte, wurde die Beschuldigte in vollem Umfang von der Beschuldigung freigesprochen.

Gegen diesen Strafbefund kann man eine Berufung innerhalb drei Tage einlegen, beginnend mit dem der Zustellung folgenden Tag beim ZNV in Prag und zwar mit der beim Kreisnationalausschuss in Sedlčany eingereichten Eingabe.

Sedlčany 17. September 1948

Vorsitzender der Straffindungskommisssion
JUDr.V.Růžek

Dem Ortsnationalausschuss Vrchotovy Janovice zur Kenntnisnahme.

1949

Die Emigration. Von Januar bis Juni 1949 verwischt Sidonie Nádherný systematisch ihre Spuren; sie lebt als Gast im Prager Hause von Anna Šorková/Anna Schornstein, der Witwe des Mährisch-Ostrauer Rechtsanwalts Dr. Josef Schornstein, der im Auftrag von Kraus' Wiener Anwalt, Oskar Samek, gelegentlich juristisch in der Tschechoslowakei tätig geworden war. Sie kehrt nur sporadisch nach Janowitz zurück und verbringt ein, zwei Monate vor ihrer Flucht im Hotel Sokolský domov in Prag, auch um ihre Prager Gastgeber nicht in Schwierigkeiten zu bringen. Die letzten Wochen lebt sie schließlich im Hotel Šerlišský Mlýn in Deštné v Orlických horách/Deschne bei Reichenau an der Knežna im ostböhmischen Adlergebirge. Als Václav Wagner verhaftet wird, taucht sie bei einem Mitarbeiter der Königlich Niederländischen Botschaft unter. Im August überschreitet sie die Grenze.

[166] Direktor des Museums von Pacov an den Aktionsausschuss der Nationalfront, Vrchotovy Janovice
B 16.2.1949 (Okresní úřad Benešov)

Nach dem Schenkungsvertrag vom 26. Dezember 1948 und 12. Januar 1949 schenkte Frau Sidonie Nádherná der Stadt *Patzau* für ihr Museum alle Effekten, wie kunsthistorische Sammlungen von Glas, Porzellan, Bilder, antike Möbel und allgemein alle Effekten, die sich in den Räumen des Schlosses Nr. 1 und des Gebäudes am Schloss Nr. 10 in Vrchotovy Janovice befinden. Das Ministerium für Schulwesen, Wissenschaft und Kunst genehmigte diese Schenkung und nahm alle oben erwähnten Gegenstände unter seinen Schutz mit der ausdrücklichen Order, daß ohne das Einverständnis des Ministeriums und des Stadtmuseums in Patzau mit diesen Effekten durch niemanden und in keiner Art und Weise disponiert werden darf. Darüber wurde der Nationalausschuss in Vrchotovy Janovice direkt informiert und das Stadtmuseum in Patzau erlaubt sich auf diese schwerwiegende Tatsache auch Sie aufmerksam zu machen mit der Bitte, in jeder Hinsicht auf die Einhaltung dieses Beschlusses des Ministeriums zu achten.

Gleichzeitig erlauben wir uns, Ihnen mitzuteilen, dass das Stadtmuseum in Patzau mit der Aufsicht über und der Sorge für diese Effekten bis zur Abberufung Frau Jana Klementová und Herrn Josef Marvan in Vrchotovy Janovice beauftragte mit der Order, daß ohne Einverständnis des Ministeriums für Schulwesen, Wissenschaft und Kunst und des Stadtmuseums in Patzau, mit diesen Denkmälern in keiner Weise disponiert werden darf. Nach der im Schenkungsvertrag getroffenen Abmachung werden die Effekten bis auf weiteres im Schloß Nr. 1 und dem Gebäude Nr. 10 in Vrchotovy Janovice deponiert und das Stadtmuseum in Patzau behält sich vor, diese Disposition nach seiner Wahl zu ändern. Weiter wurde vereinbart, daß während der Zeit der Lagerung der Effekten in Vrchotovy Janovice Frau Jana Klementová die bisherige Naturalwohnung im Gebäude Nr. 10 zusteht.

Wir bitten Sie, diese Mitteilung zur Kenntnis zu nehemen
und zeichnen für

Sekretär — Direktor des Museums
Unterschrift [unleserlich] / Stempel — Unterschrift [unleserlich]

[167] Sidonie Nádherný, Deštné v. Orl. horách, an Václav Wagner, [Praha]
B 15.8.1949 (Památník národního písemnictví, Praha)

Lieber Herr Doktor,
ich komme nach Prag erst am Freitagabend um 8 Uhr. Am Dienstag fahre ich wieder weg. Ich würde Sie am Montag um 2 Uhr anrufen. Wenn Sie am Samstag in Prag wären, rufen Sie mich im Hotel Sok. domov. an, tel.. 444-47. Am Montag könnten wir zusammen essen, auch Remb. Kerss. würde sich sehr darüber freuen. Oder am Samstag. Oder am Sonntag.

Die Landschaft ist sehr schön. Das Hotel angenehm, das Essen gut, das Wetter schrecklich. Schon 4. Tag Regen und Nebel.

Viele Grüsse

Sidi

Hotel Šerlišský mlýn
P. Deštné v. Orl. horách.

Am Mittwoch erwarten wir den Besuch von Otti K.
15.8.49.

Am 16.8.1949 ist der Denkmalpfleger Václav Wagner in einer großen Polizeiaktion gegen die sogenannte »Gruppe Mitte« verhaftet worden. Grund der Festnahme: Zersetzung und Zerstörung der sozialistischen

Gesellschaftsordung. Die Verhaftung Wagners macht die Flucht Sidonie Nádhernýs nun besonders dringlich. Sie wird festgesetzt, nachdem sie vermutlich aus ihrem Ferienort in Ostböhmen direkt in der Wohnung ihrer holländischen Diplomatenfreunde Merens nach Prag zurückgekehrt ist. Am 7. September reist sie nach Eger ab – am 9., einem Samstagabend, überschreitet sie die tschechisch-deutsche Grenze.

[168] Sidonie Nádherný, Burg Wernberg [mit fingiertem Absender: Müller, Nürnberg Goethestraße 6], an Madame Gillian v Lobkowicz, River Bend Dover Mass. U. S. A.; mit dem Vermerk von G. L. auf dem Umschlag: The Escape
B 12.9.1949 (Privatbesitz, Marbach)

Burg Wernberg, Montag 12.9.49.

Meine allerliebste Gillian und lieber Max,
Ich sehe Eure Überraschung, wenn Ihr »Wernberg« lest. Und es ist kein Wunder. Alles erscheint mir völlig unrealistisch, ich bewege mich wie in einem Glückstaumel. Es ist einfach wundervoll, endlich aus diesem großen Gefängnis befreit zu sein, das unser Land geworden ist. Endlich in Freiheit nach 11 Jahren.

Ihr seid die Ersten an die ich schreibe; dabei sitze ich im Garten in der schönen, warmen Sonne. Nun will ich Euch erzählen, wie ich schließlich hier gelandet bin.

Wie Ihr wisst, habe ich monatelang auf meinen Pass gewartet; ein einflussreicher kommunistischer, jüdischer Anwalt & verschiedene andere Leute versuchten zu intervenieren, und man hörte immer nur, ich werde ihn bekommen, es gebe ja keine Gegengründe usw. usw. Aber er blieb bei der Geheimpolizei liegen & jetzt sind alle Pässe ungültig geworden, auch die alten & auch die Einwanderungsgenehmigungen werden nicht mehr erteilt. Deshalb habe ich meine Sachen wieder gepackt, die ich in Schrankkoffern verwahrt hatte, und steckte sie in Koffer, und wann immer sich eine Gelegenheit ergab, nahm der eine oder andere Diplomat einen von ihnen mit, deponierte ihn in Frankfurt oder Holland oder England usw. In der Zwischenzeit bereitete ich die Flucht vor. Die verschiedenen Helfer waren mal im Juli, mal im August in den Ferien; ich musste also bis September warten. Im Juni verließ ich die Dame, bei der ich seit Januar gelebt hatte; ich hielt ihr Gerede einfach nicht mehr aus, ihren Stumpfsinn, obwohl ich gestehen muss, dass sie reizend zu mir war. Sie dachte, dass ich nach Janowitz zurückgekehrt sei, aber in Wirklichkeit war ich in ein hübsches kleines Hotel an der Moldau gezogen, in der Újezd-Straße, hinter dem ehemaligen Zeughaus, mein Fenster ging auf die Wiese, wo die Turner ihre Übungen machten. Nach Janowitz ging ich fast gar nicht mehr, höchstens mal 1-2 Tage, weil sie einen kommunistischen Lehrer in meine Gastzimmer einquartierten, mir blieben nur noch drei Zimmer – und das war unerträglich. Zurück blieben mein italienischer Koch & seine Frau; sie sind verantwortlich für die Möbel im Schloss & im Haus; ich habe die Möbel pro forma dem Museum in Patzau übertragen; der Direktor ist einer meiner Freunde und er wird dafür sorgen, dass nichts wegkommt. Auf jedes einzelne Möbel, selbst auf alle Kisten und Kästen mit Büchern, Chinoiserien, Glas, Kleider usw. habe ich den Besitzvermerk des Museums aufgeklebt; außerdem habe ich einen Brief des Kulturministeriums an die Gemeinde Janowitz, der feststellt, dass nichts, was dem Museum gehört, berührt und verändert werden darf. Und das Denkmalamt hat Anweisung gegeben, dass der Park auch während meiner Abwesenheit für alle & jeden unzugänglich bleibt, und dass ihn niemand betrete, dafür mache ich meinen Koch & seine Frau verantwortlich. In Janowitz glaubt jedermann, dass ich schon lange meinen Pass bekommen habe, dass ich herumreise und vor dem Winter zurückkehre. So kann es noch eine Weile dauern, bis die wahren Sachverhalte herauskommen. Jedenfalls gibt es ein neues Gesetz, nach dem jedermann, der das Land legal oder illegal verlässt, alles verliert, wenn er nicht binnen drei Monaten zurückkehrt; sogar die Staatsbürgerschaft kann einem weggenommen werden. Manche Tschechen sind ganz entzückt, denn sie wünschen nichts dringender als dieses und nichts erfreut sie mehr, als dass viele davongehen. (Ich schreibe an keinem Tisch, deshalb das Geschmiere.)

In diesen letzten Monaten sah ich häufig Polla & Rembert; wir haben manchmal im Baumgarten zusammen gegessen. Bevor ich abreiste, luden sie mich zu einem Abschiedsmahl ein, & ich saß den ganzen Mittag lang mit Polla im Garten. Sie gehörten zu den wenigen, die in meine »schwarzen« Pläne eingeweiht waren. Otti habe ich nie etwas erzählt, obwohl ich ihn sehr häufig gesehen habe, aber ich war mir unsicher, ob er schweigen könne. Natürlich war Dr. Turnovský im Bilde (sie waren wunderbar zu mir in diesen Monaten, ich kam fast täglich bei ihnen vorbei, zum Tee oder zum Abendessen auf ihrer hübschen Terrasse) & dann war natürlich Adrian eingeweiht und der holländische Botschafter und seine Frau, Merens. Bei ihnen in ihrem Haus war ich zum Schluss eine ganze Woche lang versteckt. Denn, völlig unerwartet, wurde Dr. Wagner festgenommen und im Gefängnis inhaftiert; mit ihm war ich in ständiger Verbindung, ich fürchtete also, sie würden auch mich festnehmen, umso mehr als sie von meinen Emigrationsplänen wussten. Merens war schrecklich nett und hilfreich. Die Gefängnisse sind allerorten übervoll, und niemand ist sicher, wann er drankommt. Regierungsleute gehen auf keine Einladungen westlicher Diplomaten mehr und jeder Tscheche wird der politischen Unzuverlässigkeit verdächtigt, wenn er westliche Diplomaten besucht; die bleiben unter sich.

Also, ich berichte weiter. Ich fuhr von Merens aus am 7. nach Eger, wo ich mich zwei Tage privat einquartierte, und endlich am Samstagabend (vorgestern also), um 9., als es dunkel geworden war, ging ich von einem an der Grenze liegenden Dorf los. Einmal wollte mir das Herz stillstehen, als ich plötzlich aus dem Dunkel hinter mir, aber nah genug, um nur Schemen zu erkennen, von einer Männerstimme angerufen wurde, »Stehenbleiben«. Mein Führer antwortete, »das bin doch ich, ich gehe Fleisch im Nachbardorf kaufen« (der Polizist kannte ihn, denn mein Führer lebt da). »Wer ist da denn bei Dir?« »Meine Frau.« Gottseidank blieb der SNB-Mann wo er war & und wir eilten weiter. Nach 10 Minuten trennten wir uns, er zeigte mir die Richtung, die ich zum nächsten deutschen Dorf zu gehen hatte & ich ging los, über gepflügte Felder, Kartoffeläcker etc., bis ich endlich die Lichter eines Dorfs im Mondlicht sah. (Der Mond war grade aufgegangen, als uns der Mann anrief.) Im Dorf war kein Mensch zu sehen, tiefe Stille (gerade mal 30 Minuten Fußweg von dem tschechischen Dorf), ich entschloss mich also weiterzugehen, bis nach Waldsassen. Es war eine zauberhafte Nacht, Mond & Sterne und keine Bewegung am Himmel, tiefe Stille um mich, als ich auf einer breiten Straße durch einen schönen Wald wanderte, und keine Menschenseele traf. Ich kann gar nicht sagen, mit welcher Freude ich die Luft der Freiheit einatmete, es war himmlisch. Natürlich war der Rucksack, den ich bei mir hatte, einigermaßen schwer & ich kam ins Schwitzen, denn ich hatte neben doppelter Unterwäsche 2 Blusen an, 2 Jacken, 2 Hemden & 2 Mäntel! Nichts auf dem Kopf, wie das in der Gegend üblich ist. Ich ging & ging, durchquerte den Wald & ließ ihn hinter mir, endlich sah ich Lichter & ich hätte das Straßenschild umarmen können mit den großen, im klaren Mondlicht erkennbaren Buchstaben: »Waldsassen«. Am Stadtrand stieß ich auf einen Polizisten, ich war sicher, dass er meine Papiere sehen wollte & hielt an, aber er sagte sehr freundlich: »Gehen Sie nur weiter.« Es war grade 11 Uhr. Meine Arme & Hände schmerzten von all dem, was ich zu tragen hatte, so ging ich langsam weiter, jetzt war keine Eile mehr nötig, durch die malerisch vom Mondlicht erhellten, menschenleeren Straßen bis zur Kathedrale in der Stadtmitte & dort fand ich ein Hotel, wo ich ein Zimmer bekam, obwohl ich ihm [dem Hotelportier] sagte, dass ich kein deutsches Geld hätte. Der war voller Bewunderung darüber, dass ich so furchtlos & beherzt gewesen sei. Aber an Angst hatte ich in meiner Begierde nach Freiheit überhaupt nicht gedacht, und ich hatte auch nicht gemerkt, wie müde meine Arme waren.

Während ich mit dem Hotelportier sprach, kam ein anderer Mann, der auch ein Zimmer suchte, und er platzte vor Neugier, wie ich hierhergekommen sei, er war »Sudetendeutscher«. Ich antwortete ihm abweisend. Als ich in meinem Zimmer war – inzwischen war es Mitternacht –, klopfte er an meine Tür, um mich zu warnen, ich solle den Hotelleuten nicht trauen. Sie seien alle Halunken etc.* Dann fragte er, wo mein Mann sei. Nachdem ich antwortete, der sei tot, sagte er, auch er sei allein & ob ich ihn nicht heiraten wolle. Ich verschloss die Tür & stand lange am Fenster, starrte auf die vom Mondlicht beschienenen Häuser, voller Dankbarkeit & Glück. Am nächsten Tag – einem Sonntag – weckten mich Kirchenglocken, und unter dem blauen Himmel beobachtete ich die Menschen, die sich zur Kirche drängten; als ich zum Frühstück hinunterging mit Edi in Bonn telefonierte (wo ihr Ehemann der neue Generalkonsul ist), wie verabredet, aber man sagte mir, dass beide in Holland seien und dass sie am Donnerstag zurückkehrten. Dann rief ich Josephine an (wie mir Polla vorgeschlagen hatte) & sie hat mich sofort eingeladen, zu ihr zu kommen. Ich sagte ihr, dass ich weder Geld

*Am nächsten Morgen erzählte mir der Hotelportier, dass er in der Nacht an meine Tür gekommen sei, um mich zu warnen & diesem Mann nicht zu trauen, aber er konnte nichts sagen, weil er ihn antraf, als er mit mir redete. Er sagte, er ist ein »Schwindler« & die Sudetendeutschen seien Halunken.

Sidonie Nádherný. Aus der Sammlung von Gillian Lobkowicz, mit der Erklärung von ihrer Hand: »Taken in London after her escape«. (1949) Fotografie: Wykeham Studios London (Privatbesitz).

hätte, die Hotelrechnung zu bezahlen noch ein Eisenbahnticket. Sie redete mit dem Hotelier, bürgte für mich (weil Sonntag war, konnte ich kein ausländisches Geld wechseln), der lieh mir Deutschmark & nach dem Mittagessen fuhr ich los & traf hier gegen 5 ein. Ich bin froh, mich an diesem stillen Ort nach all den Aufregungen ein wenig erholen zu können. Am Donnerstag gehe ich nach Bonn zu Edi & ich denke, im September dort zu bleiben, um alle Koffer einzusammeln und meine Papiere in Ordnung zu bringen. Schreib mir doch bitte gleich dorthin, aber adressiere den Brief an sie, nicht an mich: Edi Panhuys, Bonn, British Transit Hotel (Tel 8803). Dann möchte ich nach England & ich möchte herauskriegen, ob ich über den Winter bei Desmonds bleiben könnte, wie abgesprochen. Ich denke, ich sollte mich in England erst mal auf dem Lande ganz in der Nähe von London niederlassen, ein Ort, der reichen Freunden von Turnovskýs gehört – mit hübschem Park –, dort würde ich mein Gepäck deponieren & dann von dort aus Leute in London & in der Umgebung besuchen. Von Bonn aus werde ich an diese Leute schreiben. Zimmer in London sind sehr teuer. Sie erwarten mich. Das ist ein jüdisches Ehepaar aus Prag, das in den letzten 30 Jahren in Indien war und das jetzt diesen schönen Besitz (ich sah Bilder davon) bei London erworben hat. Das sind Leute, die von sich selber sagen, dass sie so viel Geld haben, dass sie nicht wüssten, was sie damit anstellen sollten. Deshalb möchte ich am Anfang nicht bei ihnen leben bis ich klarer sehe, hoffend, dass sie auszuhalten sind. – Nun zu hier: Josephine, Andreas, Maritschi (die zu Besuch ist) sind wirklich sehr freundlich & liebenswürdig; sie scheinen entzückt zu sein, mich zu sehen, ich muss ihnen alles über Prag etc. erzählen. Andreas geht morgen nach Weiden, um zu versuchen, mein Geld in Deutsche Mark zu wechseln, was schwierig ist, weil niemand es haben will. Hier lebt noch ein Sohn, 20 Jahre alt, der ein wenig stumpfsinnig wirkt & der die Schule aufgegeben hat, er arbeitet in einer Autowerkstatt, die Tochter lebt nicht hier. Josephine & Maritschi sehen beide sehr alt und abgehärmt aus. Andreas ist ganz lebendig & sieht gut aus. Alle sind schrecklich fromm. Vor & nach den Mahlzeiten steht man mit dem Rücken zum Tisch!, starrt mit leerem Blick in den Raum & alle, auch der Sohn, sprechen laut & mit kräftiger Stimme ein Gebet.

Schreibe bald & schreibe gleich. Auch Max. Ich habe zu erwähnen vergessen, dass Paleček sehr freundlich & gefällig war, indem er mir anbot, in meiner Abwesenheit auf alles ein Auge zu haben. Ich gab ihm eine General-Vollmacht und er hat von mir einen Brief, in dem ich feststelle, dass ich endlich meinen Pass bekommen habe und dass ich reisen werde, aber bald zurückkomme. Ich gab ihm 5000 Kč. In diesen Tagen muss er nach Janowitz kommen für drei Tage, um das Land zu übernehmen (50 ha), weil sie jetzt die nationale Verwaltung durchführen. Ich bin neugierig, wie er es schafft, den Hof zu halten. Ich würde gerne wissen, warum sie mir den Hof bis jetzt gelassen haben, obwohl ich den Boden nicht selber bestelle. Aber die Felder, die sie unter den Menschen verteilten, sind vom Staat wieder zurückgenommen worden; vielleicht werden sie jetzt auch meinen Hof Podolí wegnehmen. Was ein Segen wäre, denn diese 20 ha zahlen sich nie aus & das würde endlose Schwierigkeiten schaffen. Die Brüder Dercsery haben 2 Jahre Gefängnis bekommen (Zwangsarbeit), weil sie den Boden nicht selber bestellen! Was Max's Geschäfte betrifft, hat sich nichts verändert, Paleček heißt Nejman's Taktik ausdrücklich gut, Dinge immer auf die lange Bank zu schieben, so dass die Verstaatlichung nie zu einem Ende kommt. – Otti haben sie alles abgenommen, sehr wahrscheinlich auch die 50 ha, weil der Sohn von Hanuš im Gefängnis sitzt, weil er eine Bemerkung gegen die Kommunisten gemacht hat. Das Schloss wurde einem kommunistischen Parteitag geschenkt & das ganze Inventar, die Bücher, Bilder, die Möbel, die Sammlungen bekam die nationale Verwaltung der Kulturkommission, Otto darf nichts berühren, selbst wenn es sein Eigentum bleibt. – Otti wird verletzt sein, dass ich mich nicht von ihm verabschiedet habe. Auch er hat einen Brief bekommen, den Turnovský in Prag aufgegeben hat, dass ich meinen Pass erhalten habe; aber natürlich konnte er das nicht glauben, aber ich musste auf Menschen bauen, die glaubten, dass ich ihn bekommen habe.

Gott schütze Euch. Alles Liebe von einer glücklichen

S

Wenn Ihr Polla etwas mitteilen wollt – Geldsachen etc. –, schreibt an mich per Adresse Edi in Bonn, es wird von dort mit Kurierpost an Merens geschickt & sie geben es ihr dann weiter. Ich kann auch über die Frankfurter britische Visaabteilung über Kurier an Adrian schreiben. Es sieht so aus, als hätte Euer Bischof 100 Dollar geraubt. Ich habe das alles erledigt, aber in Frankfurt.

Eine Tochter von Klemens K. hat gerade »schwarz« in Bayern geheiratet. Ihr habt keine Ahnung, wieviele Menschen täglich, manchmal in ganzen Gruppen, die Grenze passieren. Während der Manöver, die nahe der bayerischen Grenze abgehalten wurden, waren es ganze Heerscharen von Offizieren und Soldaten mit ihren Waffen & allem möglichen.

Ich soll Euch sehr herzlich grüßen von den Schwestern. Josephine wollte seit ewigen Zeiten schreiben, aber sie findet keine Zeit, aber wenn Ihr schreibt, wird sie sofort antworten. Ich sah Paleček am Tag vor meiner Abreise, er kam grade aus den Ferien zurück und schien heiter & fröhlich, war aber geschockt, als ich ihm vom armen Wagner erzählte.

[169] Kreisnationalausschuss an Sidonie Nádherná, Vrochotovy Janovice Gerichtsbeschluss 2.12.1949 (Okresní úřad Benešov)

Kreisnationalausschuss Votice

Der Kreisnationalausschuss in Votice faßte in Übereinstimmung mit §3 und Beilage C, pol. 231 Regierungsverordnung Nr. 116/1949 am 2. Dezember 1949 über den Vorschlag des Nationalausschusses in Vrchotovy Janovice folgenden

Beschluss:

Sidonie Nádherná, geb. am 1.12.1885 in Vrchotovy Janovice, Kreis Votice wohnhaft in Votice, z.Zt unbekannten Aufenthaltes, fällt unter die Bestimmung des §3 Absatz 1 Lit.a des Dekrets des Präsidenten der Republik Nr.12/45 und ihr landwirtschaftlicher Besitz wird konfisziert für die Zwecke der Bodenreform.

Begründung

Bei der Entscheidung über den Vorschlag des Ortsnationalausschuss in Vrchotovy Janovice stellte der Kreisnationalausschuss in Votice im Falle von Sidonie Nádherná fest, dass die Obengenannte als Eigentümerin des Großgrundbesitzes in Vrchotovy Janovice Anfang 1944 bei der Gelegenheit des Umzuges ihrer Schlosseinrichtung und Effekten die anwesenden deutschen Gendarmen die tschechischen Angestellten zwangen, ihre Arbeitskraft im Interesse des schnelleren Umzuges von Sidonie Nádherná zu überfordern, wobei der tschechische Angestellte Václav Prachař, als er die über seine Kräfte gehende Arbeit ablehnte, von einem deutschen Gendarmen geohrfeigt wurde.

Die Zeugen, František Venclík, Josef Uher und Václav Prachař sagten übereinstimmend aus, dass sie gezwungen waren, Möbel und andere Gegenstände, die für den Umzug bestimmt waren und die durch ihr Gewicht über ihre Kräfte gingen, zu transportieren, was auch der Leiter des Umzuges Antonín Chytráček bestätigte. Sie taten es nur unter dem Zwang und aus Angst vor Sidonie Nádherná und deren Kontakte zu den anwesenden deutschen Gendarmen. Dabei wurde Václav Prachař, der es ablehnte, alleine schwere Möbelstücke zu tragen, weil es über seine Kräfte ging, von einem deutschen Gendarmen geohrfeigt, wie man durch die Zeugenaussage von ihm und Josef Uher feststellte.

Die diese Tatsachen bestreitende Aussage von Sidonie Nádherná, hat der Kreisnationalausschuss angesichts der Aussagen der obengenannten Zeugen keinen Grund zu glauben.

In der festgestellten Handlung Sidonie Nádhernás sieht demnach der Kreisnationalausschuss in Votice die aktive Unterstützung der Okkupanten im Sinne der Bestimmung § 3 Abs. 1 lit.a. des Dekrets des Präsidenten der Republik Nr. 12/1945 und entschied deswegen wie oben aufgeführt.

Gegen diesen Entschluss kann man innerhalb der 15 Tage nach der Zustellung bei dem Bezirksnationalausschuss im Kreisnationalausschuss in Votice Berufung einlegen. Die Berufung hat nach § 77 Abs. 2 Regierungsverordnung Nr. 8/1928 Sb keine aufschiebende Wirkung, da die sofortige Wirkung durch das dringende öffentliche Interesse begründet ist.

1950

Der Tod. Die zweite Enteignung. Am 22.5.1950 teilt das Landwirtschaftsministerium dem Ortsnationalausschuss in Vrchotovy Janovice mit, dass die Zuteilung des konfiszierten Schlossobjektes in Vrchotovy Janovice bevorstehe. Das Ministerium bittet um Mitteilung, ob öffentliche Institutionen Interesse am Schloss für kulturelle oder soziale Zwecke hätten und stellt fest: Das Gebäude stehe unter Denkmalschutz und es sei im Interesse des staatlichen Denkmalschutzes, das Objekt so schnell wie möglich zuzuteilen, es zu sichern und in gutem Zustand zu erhalten. Das Ministerium bitte deshalb, diesem Vorgang ungeteilte Aufmerksamkeit zu widmen. Der denkbare neue Besitzer müsse bei der Übernahme des Objekts eine angemessene Nutzung und Erhaltung garantieren. Am 6.6.1950 übernimmt der vom Landwirtschafsministerium beauftragte Vertreter des Bezirksarchivs der Staatsforste, Professor Josef Hanesch, die Archivbestände im Schloss: Das waren 22 Kisten, ein Koffer und eine Reihe unverpackter Archivalien (z. B. gerahmte Fotografien u.a. von Karl Kraus, Rainer Maria Rilke, Adolf Loos, Mechtilde Lichnowsky) zur Verwahrung im Archiv der Direktion der Staatsforste in Orlík an der Moldau. Erst 1971 können diese Archivalien, die als besitzloses Gut der Außenstelle des Staatsarchivs Prag in Beneschau zugestellt worden sind, als Teile der Janowitzer Schlosseinrichtung erkannt und mit dem Archiv ehemaliger Großgrundbesitz, dem Velkostatek Vrchotovy Janovice im Oblastní archív Benešov, der damaligen Außenstelle von Prag, zugeschlagen werden.

[170] Totenschein für Sidonie Nádherný
verstorben am 30.9.1950

Beglaubte Abschrift über das Eintreten des Todes
Ausgefertigt vom Standesamt
Somerset Haus, London
Laufende Nummer P. A. S. 180514/51
Registerdistrikt Uxbrigde
1950 TOD im Unterdistrikt von Uxbrigde in der Grafschaft Middlesex

No.	Wann und wo gestorben	Name and Vorname	Geschlecht	Alter	Rang oder Beruf
81	Dreissigster September 1950 Harefield Hospital Uxbridge U. D.	Sidonie Nadherny	weiblich	64 Jahre	16 Gladhow Gardens S. W. 5 Witwe (Weitere Einzelheiten unbekannt)

Todesursache	Unterschrift, Beschreibung Wohnort zu unterrichten	Wann registriert	Unterschrift Standesamt
1a. Lungenkarzinom Bestätigt durch M. Seymonds M. S.	Nigel Law veranlasst die Verbrennung des Körpers High Trees St. Peter Chalfont	Zweiten Oktober 1950	H. M. Finch Standes-beamter

Am 19.1.1951 werden bei einem Termin in Schloss Vrchotovy Janovice in Anwesenheit der Vertreter des Nationalen Denkmalfonds, des Kreisnationalausschusses Votice, des Ortsnationalausschusses Vrchotovy Janovice und des Kastellans Bedřich Klement, Richtlinien für den Umgang mit den im Schloss befindlichen Gegenständen festgelegt. Das Mobiliar und die vorhandenen Bilder sollten inventarisiert werden; die kleineren Gegenstände wie Geschirr im verpackten Zustand bis zur Ankunft der Vertreter der Nationalen Kulturkommission belassen werden.

Die Kulturkommission wird aufgefordert, die Aussortierung wertvoller Gegenstände und Kulturgüter aus dem Bestand durchzuführen und diese zu übernehmen. Den Rest der Gegenstände will der Ortsnationalausschuss Janovice übernehmen bzw. erwerben und an Interessenten aus der Gemeinde, insbesondere aber an Mitglieder der Bauerngenossenschaft veräußern.

In einem Schreiben vom 20.1.1951 teilt der Bezirksnationalausschuss in Prag der Bezirksprokuratur in Votice mit, dass »die Konfiszierung des Eigentums von Sidonie Nádherná, ausgesprochen durch den Beschluss des Kreisnationalausschusses in Votice am 3.1.1950 durch den Beschluss des Bezirksnationalausschusses in Prag vom 15.11.1950 endgültig aufgehoben werde aufgrund des mangelnden Tatbestandes, der die Anwendung des Dekrets Nr. 12/45 begründen würde«.

Das landwirtschaftliche Eigentum der S. Nádherná umfasste nach der Ersten Bodenreform noch 1918 700 ha. Aufgrund der Revision der Ersten Bodenreform nach dem Gesetz Nr. 142/47 wurden aus diesem Besitz zugeteilt:

172 ha kleinen Landwirten, 36 ha der Staatlichen Maschinenstation in Křešice; 38 ha den Staatsgütern; 405 ha der Forstgenossenschaft, 15 ha sozialen Institutionen (Schloss mit Park). Insgesamt 666 ha.

Der Rest von nicht ganz 50 ha wird der Eigentümerin belassen. Nach der Veröffentlichung des später rückgängig gemachten Beschlusses über die Konfiszierung durch den Kreisnationalausschuss in Votice, erarbeitet die zuständige Bauernkommision einen Vorschlag für die Parzellierung auch für diese restliche Nutzfläche. Dieser Vorschlag wird noch nicht durch den Kreisnationalausschuss bewilligt, aber die genannten Zuteilungsbegünstigten bewirtschafteten inzwischen bereits die ihnen in Aussicht gestellten Grundstücke.

Am 25.4.1951 überträgt das Landwirtschaftsministerium dem Ortsnationalausschuss Votice das Schloss Vrchotovy Janovice aus dem ehemaligen Besitz von Sidonie Nádherná. Das öffentliche Interesse verlange, heißt es in der Mitteilung des Ministeriums, dass im Schloss eventuell befindliches historisch und kulturell wertvolles Inventar in gutem Zustand erhalten, gepflegt und gesichert werde. Die Nationale Kulturkommission besitze das Recht zur Kontrolle, ob der Verwalter diese Bedingungen erfülle; er habe die Möglichkeit, diese Entscheidung über die Zuteilung zu revidieren.

Danach wird das Schlossgebäude zum Teil als Lager des Mittelböhmischen Textilgroßhandels, zu einem anderen Teil als Depositum des Kreisarchivs genutzt.

[171] Kreisgericht Votice ./. Sidonie Nádherná-Thunová wegen der Straftat des Verlassens der Republik
Gerichtsbeschluss 28.12.1951

Das Kreisgericht in Votice Abt. 2 fasste in der Strafsache gegen Sidonie Nádherná-Thunová für die Straftat des Verlassens der Republik nach §95 Abs. 1. des Strafgesetzbuches folgenden

Beschluss:

Das Strafverfahren gegen die Beschuldigte Sidonie Nádherná-Thunová wird nach § 166 Absatz 1. Lit. c /tr.4. eingestellt

Begründung

Der Kreisstaatsanwalt hatte gegen Sidonie Nádherná-Thunová die Anklage erhoben wegen der Straftat des Verlassens der Republik nach §95 Abs 1. des Strafgesetzbuches, die sie dadurch beging, dass sie zu einer nicht festzustellenden Zeit ohne Genehmigung das Gebiet der Tschechoslowakischen Republik verlassen hat und nach Großbritannien geflüchtet ist.

Nach der Information des Justizministeriums in Prag vom 13. Dezember 1951 Nr. 16.892/51-III7§ starb nach der Mitteilung der Verwaltung des Harefield Hospitals Sidonie Nádherná-Thunová am 30. September 1951 ohne irgendwelche Gegenstände zu hinterlassen.

Infolge dieser Feststellung hat das Gericht das Strafverfahren nach der Bestimmung § 166 Abs. 1. lit.c/ tr.c eingestellt, weil die Beschuldigte gestorben ist.

Gegen diesen Beschluss kann man innerhalb von drei Tagen bei diesem Gericht eine Beschwerde einlegen, adressiert an das Bezirksgericht in Prag.

Votice, am 28. Dezember 1951

Nach der Verstaatlichung des Schlosses und der Güter von Janowitz, 1951, überlässt der Kreis-Nationalausschuss Votice das Schloss und die wirtschaftlichen Gebäude dem Ortsnationalausschuss zur Nutzung durch die landwirtschaftliche Genossenschaft (JZD); das Schloss selbst wird von dem Betrieb Středočeský velkoobchod oděvním zbožím (Mittelböhmischer Großhandel mit Bekleidung) als Lager genutzt.

Im Jahr 1957 befindet sich das Schloss in ruinösem Zustand: Die Decken des Westflügels sind eingebrochen; die Dächer sind undicht; der von Dallinger ausgemalte Plafond über dem Stiegenhaus bricht herunter, die Brücke zum Schlosshof ist eingestürzt. Die Großhandelsfirma räumt das Gebäude. Auf der Suche nach geeigneten Depositorien entscheidet sich der damalige Leiter der Wirtschaftsabteilung des Nationalmuseums in Prag, der Rundfunkjournalist und Schriftsteller Otto Janka (1930-2009), der die »literarische Vergangenheit« von Janowitz kannte, das Schloss am 30.10.1957 vom Kreisnationalausschuss zu erwerben, es zu restaurieren und als Lager für Mobiliar und die archäologischen Sammlungen des Nationalmuseums zu nutzen.

Der Schlosspark – fast zwanzig Jahre sich selber überlassen zu einem wild wuchernden Wald aufgewachsen, dessen Mauern von den Militärfahrzeugen überrollt, zum Teil eingestürzt oder von der Natur zurückerorbert waren – wird in den Jahren 1958 bis 1961 unter Leitung von Josef Nitka vom Tschechischen Nationalmuseum Prag restauriert und in der Folge durch den Kreiskonservator Bohumil Janiček mit vielen Freiwilligen zwischen 1967 und 1981 gepflegt.

1958 richtet der Buchhistoriker Bohumír Lifka (* 1900), der die Bibliothek des Schlosses gerettet hat, im Auftrag des Nationalmuseums eine Ausstellung in Janowitz ein, die an einige herausragende Gestalten der deutschen Literatur aus Böhmen und Österreich, an Rainer Maria Rilke, Karl Kraus, Georg Trakl, Richard Schaukal und Hugo von Hofmannsthal mit Exemplaren aus der Schlossbibliothek erinnert. 1964 bis 1975 stellen Pravoslav Kneidl (1927-2003) und Jitka Šimaková-Přerovská Rainer Maria Rilke und seine Beziehungen zu Janowitz in einer weiteren Ausstellung im Schloss vor. In den Räumen der Schlossbibliothek und in einem weiteren Kabinett erinnert seit 1985 eine Ausstellung an Rilke und Kraus und ihre Beziehung zu Vrchotovy Janovice; sie ist nach dem Entwurf von M. Čejka unter Mitarbeit der Abteilung für wissenschaftliche Aufklärung des Nationalmuseums Prag eingerichtet worden. Am 25.5.1999 werden die sterblichen Überreste Sidonie Nádhernýs, die 1950 in Denham in England begraben worden war, im Familiengrab im Park von Janowitz beigesetzt. Im Jahr 2000 verständigen sich der Beauftragte der Bundesregierung für Angelegenheiten der Kultur der Bundesrepublik Deutschland, Michael Naumann, und der Kulturminister der Tschechischen Republik, Pavel Dostál, Park und Schloss Janowitz in den kommenden Jahren zu sanieren. Die Maßnahme kann 2007 abgeschlossen werden. Die Durchführung übernehmen das Národní muzeum Praha und der Adalbert Stifter Verein München.

Im Lauf der Jahre erscheinen eine Reihe selbständiger Veröffentlichungen:

1973 Rainer Maria Rilke, Briefe an Sidonie Nádherný von Borutin. Hrsg. von Bernhard Blume. Frankfurt/Main: Insel 1973

1974 Karl Kraus, Briefe an Sidonie Nádherný von Borutin. 1913 bis 1936. Bd 1 hrsg. von Heinrich Fischer und Michael Lazarus †. Redaktion: Walter Methlagl und Friedrich Pfäfflin. Bd 2 Editorischer Bericht, Bildteil, Erläuterungen von Friedrich Pfäfflin. München: Kösel 1974

1977 Karl Kraus, Briefe an Sidonie Nádherný von Borutin. 1913 bis 1936. Vollständige, neu durchgesehene Ausgabe. Bd 1 hrsg. von Heinrich Fischer † und Michael Lazarus †. Redaktion: Walter Methlagl und Friedrich Pfäfflin. Bd 2 Editorischer Bericht, Bildteil, Anmerkungen von Friedrich Pfäfflin. Redaktionelle Beratung: Walter Methlagl. München: Deutscher Taschenbuch Verlag 1977 (dtv Bibliothek)

1980 Otto Janka, Karel Kraus a Vrchotovy Janovice. (Karl Kraus und Janowitz). (Praha: Národní muzeum v Praze 1980)

1986 Otto Janka/Helga Turková, Rilke & Kraus & Vrchotovy Janovice. (Rilke, Kraus und Janowitz). (Praha: Národní muzeum v Praze 1986)

1994 Jiří Tywoniak, Janovický zámek v kulturních dějinách. (Schloß Janowitz in der Kulturgeschichte) (Praha: Sborník Společnosti R.M. Rilka 1994)

1995 Sidonie Nádherný, Chronik über Vrchotovy Janovice. Nach dem Typoskript aus dem Nachlass hrsg. mit Vor- und Nachbemerkungen von Friedrich Pfäfflin (Marbach: Privatdruck 1995)

1996 Lubomír Sršeň, Vztah Maxe Švabinského k Sidonii Nádherné a k jejím bratrům ve světle písemných a ikonografických pramenů. (Die Beziehung Max Švabinskýs zu Sidonie Nádherný und ihren Brüdern aus der Sicht schriftlicher und ikonographischer Quellen). In: Sborník Národního muzea v Praze/Acta Musei Nationalis Pragae. Redaktor: Helga Turková. Řada C Literární Historie Svazek XLI- 1996- Číslo 1-4

1998 Otto Janka, Nádherná Sidonie. Příběh poslední šlechtické majitelky zámku Vrchotovy Janovice (Praha: Národní muzeum Nakladatelství Elka Press 1998)

1998 Sidonie Nádherná, Kronika Vrchotových Janovic. Z německého orginálu Chronik über Vrchotovy Janovice vydaného Friedrichem Pfäfflinem přeložila Alena Bláhová. Praha: Dauphin 1998

1999 Jarmila Kutová/Jan Vokolek, Průvodce. Zámecký Park ve Vrchotových Janovicích. (Der Schlosspark von Janowitz). Praha: Národní muzeum 1999

2000 Robert Sak/Zdeněk Bezecný, Dáma z rajského ostrova. Sidonie Nádherná a její svět (Die Dame von der Pardiesinsel). Praha: Mladá fronta 2000

2000 Karl Kraus in Janowitz. Bearbeitet von Alena Bláhová und Friedrich Pfäfflin/Karl Kraus ve Vrchotových Janovicích. Zpracovali Alena Bláhová a Friedrich Pfäfflin. Marbach: Deutsche Schillergesellschaft 2000 (Marbacher Magazin 91)

2001 Zámecký park ve Vrchotových Janovicích. Sborník z odborného semináře konaného ve dnech 13. a 14. června 2000 v Praze a Vrchotových Janovivích/Schlosspark Janowitz. Sammelband mit Beiträgen des Fachseminars in Prag und Vrchotovy Janovice am 13. und 14. Juni 2000. Tschechisch und deutsch. [Veranstaltet vom Nationalmuseum Prag und Adalbert Stifter Verein München]. Hrsg. vom Nationalmuseum Prag. Paha 2001: Tiskárna Libertas a.s.

2001/2002 Katalog Zámecké knihovny Vrchotovy Janovice. (Katalog der Schlossbibliothek Janowitz). 2 Bde. In: Sborník národního muzea v Praze/Acta Musei Nationalis Prace. Redaktor: Helga Turková. Nr. XLVI-2001. 1-4 und XLVII. 2002, 1-4

2002 Elke Lorenz, »Sei Ich ihr, sei mein Bote«. Der Briefwechsel zwischen Sidonie Nádherný und Albert Bloch (München: iudicium 2002)

2003 Alena Wagnerová, Das Leben der Sidonie Nádherný. Eine Biographie (Hamburg: Europäische Verlagsanstalt 2003)

2004 Karl Kraus, Wiese im Park. Gedichte an Sidonie Nádherný. Hrsg. von Friedrich Pfäfflin. Frankfurt/Main: Insel (Insel-Bücherei, Bd. 1254)

2005 Kurt Krolop, Die Hörerin als Sprecherin. Sidonie Nádherný und »ihre Sprachlehre«. Warmbronn: Keicher 2005 (Bibliothek Janowitz, Bd. 8)

2006 Karl Kraus, Briefe an Sidonie Nádherný von Borutin. 1913 bis 1936. Auf der Grundlage der Ausgabe von Heinrich Fischer und Michael Lazarus neu hrsg. von Friedrich Pfäfflin. Bd 1: Text. Bd 2: Dokumente und Anmerkungen von Friedrich Pfäfflin. Göttingen: Wallstein 2006 (Bibliothek Janowitz Bd. 6.1 und 6.2)

2007 Rainer Maria Rilke/Sidonie Nádherný, Briefwechsel. 1906 bis 1926. Hrsg. und kommentiert von Joachim W. Storck unter Mitarbeit von Waltraud und Friedrich Pfäfflin. Göttingen: Wallstein 2007 (Bibliothek Janowitz, Bd. 7)

2006 »No news from home«. Sidonie Nádherný, Letters to Princess Gillian Lobkowicz. 1949-1950. (»Keine Nachrichten von zuhause«. Sidonie Nádhernýs Briefe an Fürstin Gillian Lobkowicz). Edited by Friedrich Pfäfflin. Warmbronn: Keicher 2006 (Bibliothek Janowitz, Bd. 10)

2007 Der Park von Janowitz. Mit Exkursionen in die Botanischen Gärten von Purgstall, Pruhonitz, Prag, Wien, München, Raudnitz und Eisenberg. Aus den Tagebüchern des Grafen Herbert Schaffgotsch. 1929-1933. Ausgewählt und hrsg. von Maria Felicitas Plotzek OCD und Friedrich Pfäfflin. Mit Photographien von Herbert Schaffgotsch, Fritz Taussig und Ludwig Trauzettel. Warmbronn. Keicher 2007 (Bibliothek Janowitz, Bd. 15)

2010 Alena Wagnerová, Sidonie Nádherná a konec střední Evropy (Sidonie Nádherná und das Ende von Mitteleuropa) (Praha: Argo 2010)

2013 Alena Wagnerová, Bol lásky prodejné. Ze života Johannese Nádherného a jeho milostných družek. (Der Schmerz der käuflichen Liebe. Aus dem Leben von Johannes Nádherný und seiner Liebesgefährtinnen). Se studií Mileny Lenderové, Prodejná láska v časech barona Nádherného. (Mit einer Studie von Milena Lenderová, Die käufliche Liebe in den Zeiten von Baron Nádherný) (Praha: Argo 2013)

Alena Wagnerová

Der Denkmalpfleger Václav Wagner

Ein Leben für die Harmonie
1893-1962

Václav Wagner gehörte zu den führenden Persönlichkeiten des Denkmalschutzes der Ersten Tschechoslowakischen Republik.

In seinem synthetischen Konzept der Anschauung und Bewertung des kunsthistorischen Objektes entwickelte und vertrat er die Gegenposition zu der damals führenden positivistischen Wiener Schule, wie sie der bekannte österreichische Kunsthistoriker und Denkmalpfleger Alois Riegl (1885-1905) propagierte und die auch in der Tschechoslowakei zahlreiche Anhänger hatte. Während Riegl im Denkmal primär ein historisches Dokument einer vergangenen Epoche sah, das in seinem ursprünglichen überlieferten Zustand erhalten bleiben muss, (›Der Moderne Denkmalkultus: Sein Wesen und seine Entstehung‹. Wien: Braumüller 1903), bestand Wagner darauf, neben Geschichte und historischer Bedeutung eines Denkmals auch dessen emotionale und ästhetische Qualitäten und seine Rolle in einem gegebenen Bauensemble zu würdigen. Mit seinen bahnbrechenden Arbeiten über die historischen Stadtquartiere von Tábor/Tabor (Praha: F. Topič 1924), Domažlice/Taus, Pardubice/Pardubitz (Praha: Nakladatelství Vyšehrad 1943), Soběslav/Sobieslau (1947) und Klatovy/Klattau (Praha: Pražské nakladatelství V. Poláčka 1948) legte er die Grundlagen des nach dem Zweiten Weltkrieg in der Tschechoslowakei praktizierten Konzepts der denkmal-geschützten Stadtensembles. An der Durchsetzung solcher Einsichten konnte er sich, 1950 in einem politischen Prozess zu sechzehn Jahren Zuchthaus verurteilt, allerdings nicht mehr beteiligen. Mehr oder weniger anonymisiert, wirkten aber seine Gedanken in der tschechischen Denkmalpflege weiter, und Václav Wagner zählte nach wie vor zu ihren prägenden Geistern.

Geboren wurde Václav Wagner am 8. November 1893 in Câmpulung/Langenau, einer kleinen rumänischen Stadt in der damals zu der k.u.k. Monarchie gehörenden südlichen Bukowina, wo sein Vater, Robert Wagner, als Oberkommissar der Kreishauptmannschaft diente. Nach dem frühen Tod des Vaters im Jahre 1899 kehrte seine Witwe, Zdenka, geborene Fischerová mit dem Sohn in ihre südböhmische Heimat, nach Pacov/Patzau zurück. Ihre Familie zählte dort zu den angesehenen Bürgern der Stadt. Die harmonische Landschaft der Umgebung, die kulturellen Interessen der Familie und die enge Beziehung zu der Mutter, die in der Erziehung des Sohnes den Sinn ihres Lebens fand, haben den heranwachsenden Knaben geprägt.

Nach Abschluss der Grundschule in Pacov zog die Mutter mit dem Sohn 1904 in die »Hussitenstadt« Tábor, wo er das Gymnasium absolvierte. Hier festigten sich seine Interessen an der Kulturgeschichte und der bildenden Kunst. Als Praktikant im örtlichen Museum sammelte er erste Erfahrungen mit dem Schutz historischer Denkmäler. Er überlegte in dieser Zeit allerdings auch die Laufbahn eines Konzertpianisten zu wählen. Das Interesse an der Kunstgeschichte erwies sich letztlich als stärker, und nach der Matura, 1912, begann Václav Wagner das Studium der klassischen Archäologie und Kunstgeschichte an der Prager Karls-Universität. Die Mutter zog mit dem Sohn in die Hauptstadt. Seine starke Kurzsichtigkeit bewahrte ihn vor dem Militärdienst. Als untauglich attestiert, konnte er sein Studium auch nach dem Ausbruch des Ersten Weltkrieges fortsetzen. Nach der Dissertation, 1917, unter dem Titel ›Orests Entsühnung in der griechischen bildenden Kunst‹ / ›Očištění Oresteiovo v řeckém výtvarném umění‹, arbeitete er vorübergehend am Archäologischen Institut der Universität sowie am Museum des Unternehmers und Mäzens Jindřich Waldes (1876-1941) in Prag.

1919 wurde Václav Wagner eine Stelle in der tschechischen Abteilung des neu entstandenen Amtes für Denkmalschutz angeboten. Hier fand er nicht nur seine Lebensstellung, sondern auch seine Lebensaufgabe. Durch seine profunden Kenntnisse, seine umfassende Bildung mit einem breiten kulturellen Horizont, durch Idealismus, Engagement, Pflichtbewusstsein und wissenschaftliches Ethos wurde Dr. Václav Wagner bald zu einem unentbehrlichen Mitarbeiter des Amtes.

Václav Wagner auf dem Balkon seiner Wohnung in Prag (zwanziger Jahre) (Památník národního písemnictví Praha, Literární archív).

Wissenschaftliche Kompetenz war allerdings nur ein Teil seiner Persönlichkeit. Václav Wagner war auch ein musischer Mensch; während seines ganzen Lebens schrieb er Gedichte und fand in der lyrischen Reflexion die Möglichkeit des inneren Ausgleichs. Sie blieben allerdings sein Privatissimum. An seine Überlegungen, sich der Musik zu verschreiben, sei nur erinnert. Diese beiden Komponenten von Wagners Persönlichkeit, die wissenschaftliche und die musische, fanden ihre Summa in seiner tiefen Religiosität, die er als Demut des Geistes vor der Schöpfung lebte. Zum Teil der Schöpfung gehörte für ihn auch die Kunst. Durch seinen Beruf gewöhnt an den Umgang mit gehobenen gesellschaftlichen Kreisen blieb Wagner bescheiden in seinen Lebensansprüchen. Genüsse des Geistes bedeuteten ihm mehr als die Genüsse des Lebens. Diese Haltung gab ihm später, in der Zeit seiner Haft, die Kraft mit den kargen, unwürdigen Bedingungen des Gefängnisalltags fertigzuwerden.

Zu Wagners Spezialgebiet wurde die Kunst des Barocks. Die Ergebnisse seiner Arbeit publizierte er in zahlreichen Vorträgen und Artikeln sowohl in Fach- als auch Kulturzeitschriften.

Außerdem wirkte er als Lehrbeauftragter auf dem Lehrstuhl für Kunstgeschichte an der Karls-Universität, wo er die Vorlesungen über die Grundfragen der Denkmalpflege einführte.

In den 1930er Jahren begann Václav Wagner sich kritisch mit dem in der Zeit populären, an Alois Riegl orientierten, positivistischen Verständnis der Denkmalpflege auseinanderzusetzen. Die Analyse des Denkmals und seiner Veränderungen während seiner Geschichte, die zur Konservierung des Erhaltungszustandes führte, ohne die künstlerischen Qualitäten zu beachten und zu berücksichtigen, reichte ihm nicht aus. Für Václav Wagner war das Kunstdenkmal vor allem Träger einer geistigen Substanz. In seiner konkreten Form, bestimmt durch die Gegebenheiten der Zeit seiner Entstehung, kam das allgemein Menschliche zum Ausdruck und zum Tragen. So entwickelte er im Laufe der dreißiger Jahre seine synthetische Methode des Denkmalschutzes, für die eine Analyse des Werkes nur eine Vorstufe der Gesamtschau bildete. Václav Wagner stützte sich dabei nicht nur auf seine eigenen praktischen Erfahrungen, sondern knüpfte vor allem an die damals aktuelle breite Strömung des ganzheitlichen Denkens in der Philosophie und in den Geisteswissenschaften an. Er orientierte sich dabei an dem Holismus des südafrikanischen Philosophen und Staatsmannes Jan Christiaan Smuts (1870-1950), dem Neorealismus des britischen Philosophen und Mathematikers Alfred North Whitehead (1861-1947) und dem Strukturalismus des tschechischen Slawisten und Literaturwissenschaftlers Jan Mukařovský (1891-1975). Ihre Thesen wurden im tschechischen intellektuellen Milieu, insbesondere aber im Prager Linguistischen Kreis intensiv diskutiert. Interessante Ansätze brachten in diese Diskussion auch zwei Naturwissenschaftler ein, Jan Bělehrádek (1896-1980) und Ferdinand Herčík (1905-1966). Das Gemeinsame dieser unterschiedlichen Denkansätze war das aristotelische Verständnis der Ganzheit eines Organismus oder eines Objekts als einer neuen Qualität, die mehr ist als die Summa ihrer Teile. In die Kunsttheorie und Denkmalpflege übertragen, bedeutete die synthetische Methode ein neues Verständnis der Arbeit des Restaurators im Sinne der Erneuerung der ursprünglichen ästhetischen Wirkung des Werkes, bei

Ölgemälden z.B. durch das Abtragen der Firnis, was Riegl strikt ablehnte, und der die Konservierung des erhaltenen Zustandes und aller entstandenen Schäden zuließ. Bei den Baudenkmälern führte der synthetische Ansatz zu der Betonung der Ensemblequalitäten des einzelnen Denkmals in seiner historischen wie auch natürlichen Umgebung. Das Ziel der Denkmalpflege war für Wagner nicht »die Inventarisierung der Gedanken und Formen der Vergangenheit, sondern das Leben heute, gestützt auf die Vergangenheit und gerichtet auf die Zukunft«. In Anlehnung an den Linguisten Mukařovský und den Kunsthistoriker Václav Vilém Štech (1885-1974) hat er dann Ende der dreißiger Jahre sein denkmalschützerisches Credo formuliert:

»Die Kunstwerke aller Zeiten enthalten für den heutigen Menschen eine lebendige Energie, die auf eine Konstante, die allgemeingültige Grundbeschaffenheit des Menschen hinweist. Die Kunstgeschichte sucht im Werk und hinter dem Werk den Menschen, die Gesellschaft, die Menschlichkeit. ... Das Kunstwerk interessiert uns als ein lebendiger Organismus und nicht als durch die Weiterentwicklung überholtes Dokument. Was uns am Werk erregt ist das Dauerhafte, nicht seine zeitlichen Eigenschaften.«

Das aristotelische Ganzheitsprinzip manifestierte sich für Wagner in der »Dreifaltigkeit« der Ordnung, der Harmonie und des Rhythmus, angelegt in den Grundlagen der geistigen Struktur der Gegenwart.

Wagners synthetischer Ansatz stieß auf Zustimmung bei vielen tschechischen Denkmalschützern, vor allem beim Direktor der Nationalgalerie, dem Experten und Sammler moderner französischer Kunst Vincenc Kramář (1877-1960) und seinem jungen Mitarbeiter, dem später in der Welt bekannten Restaurator Bohuslav Slánský (1900-1980); Wagner erfuhr aber auch Ablehnung und herbe Kritik von den Anhängern der Riegl'schen Schule, insbesondere durch den Kunsthistoriker und Begründer der tschechischen Denkmalpflege Zdeněk Wirth (1878-1961).

Die synthetische Methode in der Denkmalpflege stellte Václav Wagner in den Jahren 1940-1943 in einer Reihe von Vorträgen im Prager Institut für Städtebau vor, die gesammelt in dem Buch

›Das Kunstwerk in der Vergangenheit und dessen Pflege‹/›Umělecké dílo minulosti a jeho ochrana‹ (Prag: Vladimír Žikeš 1946) erschienen sind.

Im Jahre 1940 wurde Václav Wagner zum Direktor des Denkmalamtes ernannt, Anfang 1942 aber im Rahmen der »Reorganisation« des Amtes von der Okkupationsmacht abgesetzt. An seiner Stelle wurde sein Kollege Wilhelm Turnwald (1909-1984) aus der deutschen Abteilung zum Direktor des Denkmalamtes ernannt. 1944 übernahm das Amt sein anderer deutscher Kollege, der Kunsthistoriker und Denkmalpfleger Ing. Karl Kühn (1884-1945), dem der Leser der Briefe von Sidonie Nádherná an Václav Wagner in Situationen begegnen kann, in denen sich der Eindruck verfestigt, er habe der Erhaltung von Schloss und Park Janowitz nicht die erste Priorität einräumen wollen.

In dieser für Václav Wagner politisch schwierigen Zeit, kurz nach dem Tode seiner Mutter, lernte er die Schlossherrin von Vrchotovy Janovice/Janowitz, Sidonie Baronin Nádherná von Borutín kennen. Möglicherweise waren sich beide schon vorher einmal begegnet, im Zusammenhang mit der großen Ausstellung des böhmischen Barock im Jahre 1938, auf der auch Ausstellungsstücke aus dem Janowitzer Schloss gezeigt worden waren. 1940 war Václav Wagners großer Tafelband tschechisch und deutsch erschienen, ›Barock v Čechách‹/›Barock in Böhmen‹ (Prag: Vladimír Žikes), dessen Fotografien in Zusammenarbeit mit Jaromír Korecký (1910-2004) entstanden, den Wagner bald in Janowitz einführte.

Die Verbindung zu Wagner stellte sehr wahrscheinlich die Kunsthistorikerin Anna Masaryková (1911-1996) her, die Enkelin des Präsidenten Tomáš Garrigue Masaryk (1850-1937). Mit der Familie Masaryk war Sidonie Nádherná möglicherweise durch Karl Kraus oder durch die gemeinsame Freundin, Gräfin Mary Dobrženský (1888-1970), in Verbindung gekommen. Der Präsident gehörte früh schon zu den Lesern und Bewunderern der Zeitschrift ›Die Fackel‹ und für Ende 1921 ist ein Besuch von Kraus beim Präsidenten auf dem Hradschin verbürgt.

Zwischen Sidonie Nádherná und Václav Wagner entwickelte sich rasch eine Art Seelenverwandtschaft. Sidonie Nádherná empfand, was Václav Wagner in seinen Arbeiten präzise formulierte und zu begründen wusste. Für beide war Schönheit auch eine ethische Kategorie, der man in seinem Tun verpflichtet sei. Und dieses Tun verstanden beide als Hilfeleistung, das in allen Dingen schlafende Lied zum Leben zu erwecken. Liest man in dem aus Wagners Nachlass überlieferten Vortrag ›Ästhetische Kriterien bei der Landschaftsgestaltung‹ den kritischen Absatz über die Rhythmusstörung bei nur nach bloß technischem Verstand durchgeführten Bachregulierungen, wird man an die gelungene, naturnahe Gestaltung des Verlaufs des Janowitzer Baches durch den Schlosspark erinnert:

»Stellen wir uns das langsam sich vertiefende Tal eines Gebirgsbaches vor, das deutliche Stufen des felsigen Untergrunds aufweist, die auch unter dem Waldbestand sichtbar und insbesondere an dem betreffenden Wasserlauf bemerkbar sind.

Der Bach weist in dem Herabfließen von Stufe zu Stufe einen Rhythmus auf, den wir musikalisch in Sechzehntelnoten beim Fallen des Wassers ausdrücken könnten, der dann beim Fließen über die abgestuften Flächen von halben und ganzen Noten abgelöst wird. Die Bachregulierung vermindert das Gefälle des Bachbettes und schließt in einen festen Rahmen die Ränder des Gewässers, die wir in ihrem jungfräulichen Zustand Ufer nennen. Das bedeutet, dass der Wasserlauf aus der Verwandtschaft mit der Landschaft ausgeschlossen wurde, dass er arhythmisch oder, im Falle einer anderen Umgestaltung, sogar antirhythmisch geworden ist, im Widerspruch zur Landschaft, in der es insgesamt zum Glück nicht gelungen ist, den steigenden oder fallenden Rhythmus zu zerstören. Es ist dasselbe, wie wenn im Orchester etwa die zweiten Violinen versagen, den Einsatz überhaupt verpassen, oder falsch einsetzen und gegen den Rhythmus spielen, wie wir alle es bei den Volksmusikanten auf dem Lande kennen … Mit den Fragen des Rhythmus hängt auch in hohem Maße die Anwendung von harten Steinen oder Betonumrahmungen des regulierten Wasserlaufes in einem sandigen Flachland zusammen, wo das Wasser früher nur mit Sand, Gras und Kieselsteinen spielte …«

Sidonie Nádherná suchte Rat und Hilfe beim Denkmalpfleger ursprünglich in einem ganz konkreten, für sie dringenden Anliegen auf: Sie wollte die Ablieferung der Glocken aus der Kapelle des Janowitzer Schlosses verhindern; sie bat Václav Wagner, ihr dabei zu helfen. In diesem Fall ist ihm Hilfe nicht gelungen und die Glocken wurden abgeholt. Aber von den wertvollen historischen Glocken aus den böhmischen Kirchen, die schon in Prag auf der Sammelstelle zum Abtransport ins Reich versammelt waren, hatte er, buchstäblich im letzten Augenblick, doch fast alle retten können.

Bald ging es aber in Janowitz um mehr als historisch wertvolle Glocken: Das Gebiet zwischen Moldau und deren Nebenfluss Sázava, zwischen den Bahnlinien Praha-Olbramovice und Olbramovice-Sedlčany sollte in fünf Etappen in einem Truppenübungsplatz der Waffen-SS verwandelt werden. Wie alle Dörfer und Städte in diesem Gebiet erwartete auch das Janowitzer Schloss das gleiche Schicksal: geräumt und der Waffen-SS zur Verfügung gestellt zu werden. Dies wollte aber Sidonie Nádherná um keinen Preis zulassen, und in dem Kampf um die Rettung des Schlosses nur mit dem Standesbewusstsein einer Adeligen gewappnet, fand sie in Václav Wagner einen unermündlichen Helfer. Denn es ging hier letztlich um mehr als um ein Schloss oder einem Besitz. Was hier in der Tat bedroht war, waren die Werte der europäischen Kultur selbst, die das Schloss, der Park und letztlich die ganze Kulturlandschaft Mittelböhmens mit ihren von Menschen geschaffenen, gewachsenen Strukturen symbolisierte und die jetzt der Zerstörung durch die nationalsozialistische Barbarei preisgegeben werden sollten. Sich gegen das Unausweichliche zu wehren, betrachtete Sidonie Nádherná als ihre moralische Pflicht der Schönheit gegenüber, wie sie es ausdrückte. Und Václav Wagner war bereit, unauffällig und unspektakulär diesen vergeblichen Kampf zusammen mit ihr zu führen und nicht zu kapitulieren, wie stark die Sorgen der Baronin seine Zeit auch beanspruchten.

Dass Václav Wagner in dieser Zeit in Verbindung mit dem tschechischen Widerstand stand, Informationen über Kulturschäden, Konfiskationen und Requirierungen von Kunstgegenständen im Protektorat sammelte, die er über Mittelsmänner an die Exilregierung in London weitergab und die Ausfuhr von Kunst aus dem jüdischen Besitz zu verhindern suchte, wird Sidonie Nádherná nicht gewusst haben. Und Václav Wagner konnte nicht ahnen, dass die Hilfe für den von der Gestapo gesuchten František Urban, den er zuerst in seiner Wohnung versteckte und dem er dann durch seine Verbindung zu Pater Walter Marek ein Versteck in der Probstei in Litomyšl/ Leitomischl besorgte, für ihn nach dem Krieg zum Verhängnis werden sollte.

Wie formal korrekt auch die Beziehung zwischen Sidonie Nádherná und Václav Wagner war und blieb, sie bekam in dieser Zeit, der durch den Krieg und Okkupation verdunkelten Lebenshorizonte, auch eine neue Bedeutung. Aus der anfänglichen Seelenverwandtschaft wurde eine Wertegemeinschaft in der sich zwei Menschen gegenseitig zu lebenden Garanten der Werte wurden, die für sie lebenswichtig und lebensnotwendig waren und die auch nach dem Krieg in der Zeit des Vormarsches der Kommunistischen Partei immer mehr an Gültigkeit verloren haben. »Als ich Sie wieder gesehen habe, hatte ich das Gefühl, Ihnen danken zu müssen für Ihre Existenz«, schrieb Václav Wagner an Sidonie Nádherná im Sommer 1947.

Sidonie Nádherná war nicht die einzige Frau, mit der Václav Wagner freundschaftliche Beziehungen unterhielt. Er suchte die Gesellschaft gebildeter Frauen. So verbanden ihn enge Freundschaften mit der Schriftstellerin und Kunsthistorikerin Alžběta Birnbaumová (1898-1967) und, vor allem seit den dreißiger Jahren, mit der klassischen Archäologin und Kunstkritikerin Růžena Vacková (1901-1982), die auch zu den katholisch orientierten intellektuellen Kreisen der Ersten Republik gehörte. Wegen ihrer illegalen Tätigkeit wurde sie 1943 verhaftet und 1945 zum Tode verurteilt. Nur die Wirren des Kriegsendes verhinderten die Vollstreckung des Urteils. 1946 wurde Růžena Vacková als eine der ersten Professorinnen an die Karls-Universität berufen.

Václav Wagner wurde nach dem Ende der deutschen Okkupation wieder als Direktor des Tschechischen Denkmalamtes in Prag eingesetzt. Er war Sidonie Nádherná bei der Restaurierung des von der Waffen-SS verlassenen Schlosses, das dann die Rote Armee und schließlich tschechische Truppen besetzt hielten, nach Kräften behilflich. Ihre Briefe sprechen von den

Schwierigkeiten, den baulichen Notwendigkeiten, den finanziellen Beschränkungen, zu denen bald politische Obstruktionen kamen. Wagner setzte sich vielerorts, besonders in den Grenzgebieten, für die Rettung der historischen Denkmäler ein – und er machte sich dadurch missliebig.

Die Situation im Lande änderte sich zusehends, so wie die Kommunistische Partei nach dem Wahlsieg 1946 zu dem wichtigsten Machtfaktor in der Nachkriegstschechoslowakei wurde. Bereits in dieser Zeit, bevor sie im Februar 1948 die Macht übernahm, begann die Demontage Václav Wagners als Fachmann, an der sich die Anhänger der Riegl'schen Schule beteiligten, allen voran der Kunsthistoriker und Denkmalpfleger Zdeněk Wirth. Wagner persönlich wurde der Kollaboration mit den Okkupanten verdächtigt; er musste sich – wie übrigens auch Sidonie Nádherná – gerichtlich gegen solche Unterstellungen wehren; seine synthetische Methode des Denkmalschutzes wurde als eine Episode aus der Zeit der deutschen Okkupation abgetan.

Knapp einen Monat nach der kommunistischen Machtübernahme, am 20.3.1948, wurde Václav Wagner in seinem Amt als Direktor des Denkmalamtes abgesetzt. Er wurde beurlaubt. Die Ablösung war für ihn ein schwerer Schlag, der nicht ohne gesundheitliche Folgen blieb. So ließ sich der erst 55-jährige ein paar Monate später in den Ruhestand versetzen.

In seiner Funktion als Direktor des Staatlichen Denkmalamtes hatte Václav Wagner vielfache Verbindungen mit kirchlichen Würdenträgern und Diplomaten unterhalten. Zu seinen Aufgaben hatte es u. a. gehört, die Mitglieder des diplomatischen Korps mit den Kulturdenkmälern des Landes bekannt zu machen. So war er auch mit dem amerikanischen Botschafter Laurence Steinhardt (1892-1950) bekannt geworden, der zwischen 1945 und 1948 in Prag tätig war, nachdem er auf seinem früheren Posten, in Budapest, viele Menschen vor der Deportation in die Lager des Ostens hatte bewahren können. Steinhardt hatte Wagner gleich nach der kommunistischen Machtübernahme die Emigration nahegelegt und ihm sogar eine Stelle in einem Museum in Boston in Aussicht gestellt. Wagner wollte aber nicht emigrieren. Diese Kontakte waren der Staatssicherheit nicht entgangen.

Im Frühjahr 1948 hatte sich der katholische Pfarrer aus Litomyšl/Leitomischl, Walter Marek, an Václav Wagner mit der Bitte gewandt, ihm Verbindungen zu westlichen Diplomaten zu verschaffen. Weil Wagner Walter Marek aus der Okkupationszeit kannte, als er den von der Gestapo gesuchten František Urban bei sich aufgenommen hatte, fühlte er sich zur Hilfe verpflichtet. Durch Walter Marek lernte er den Juristen und Sekretär der katholischen Volkspartei, Bedřich Hostička, kennen, der eine gesamteuropäische christliche Bewegung gründen wollte: Sie sollte nach dem – damals bald erwarteten – Sturz der kommunistischen Regime in Osteuropa mit der Hilfe des Westens eine Alternative zum Kommunismus anbieten. Deshalb suchte Hostička Verbindungen mit dem hohen katholischen Klerus. Auch hier war ihm Wagner behilflich. Hostička plante nun allerdings Aktionen, die über den bloßen Gedankenaustausch mit Geistlichen hinausgingen: Etwa die Entführung des für den Inlandsgeheimdienst zuständigen Innenministers Václav Nosek (1892-1955), 1945-1955 Mitglied des Präsidiums des Zentralkomitees der KPTsch. Václav Wagner widersetzte sich, ebenso wie der Erzbischof Josef Beran (1888-1969), solchen abenteuerlichen, unrealistischen Plänen. Er wurde aber allein schon durch seine Vermittlungstätigkeit von Kontakten in die als illegal geltenden Handlungen gegen das Regime verstrickt.

Wagner war sich der wachsenden Gefahr, in der er sich befand, durchaus bewusst; er entschied sich schließlich doch zu emigrieren. Zu spät. Er wurde am 16.8.1949 in einer Polizeiaktion gegen die sogenannte »Gruppe Mitte« verhaftet, zu der, nach dem durch die Staatssicherheit vorbereiteten politischen Prozess, auch die 1950 zum Tode verurteilte Milada Horáková (1901 bis 1950) gehören sollte. Die Anklage lautete: Versuch der Zersetzung und Zerstörung der sozialistischen Gesellschaftsordnung.

Einen Tag vor der Verhaftung, am 15.8.1949, hatte Sidonie Nádherná aus dem sicher nicht zufällig gewählten Refugium im osttschechischen Adlergebirge Wagner ein Treffen für die nächsten Tage in Prag vorgeschlagen. Als sie von seiner Verhaftung erfuhr, wird ihr klar gewesen sein: ein weiteres Warten auf eine genehmigte Ausreise war nicht tunlich. Sie versteckte sich in der Wohnung ihrer Freunde, des holländischen Diplomaten Alfred Merens (1899-1977) und seiner Frau in Prag, und brach von dort aus am 7.9.1949 nach Eger auf. In der Nacht von Samstag auf Sonntag, 9./10. September, überschritt sie, von einem ortsansässigen Kenner geführt, die tschechisch-bayerische Grenze zwischen Eger und Waldsassen.

Während der monatelangen Verhöre brach Václav Wagner mehrmals zusammen. Nach ihrem Abschluss reichten die Polizeibeamten seine Akte an die Staatsanwaltschaft weiter mit dem Vermerk: »Es ist wichtig Dr. Wagner sehr korrekt zu behandeln, nicht wie einen Verbrecher, sondern wie einen Verführten. Bei den Verhören empfiehlt es sich einen freundlichen Ton zu wählen. Im anderen Fall beschränkt sich seine Antwort auf ja und nein, gegebenenfalls antwortet er überhaupt nicht.«

In einem durch die Staatssicherheit inszenierten, von dem Schauprozess gegen Milada Horáková abgetrennten »kleineren« Verfahren wurde Václav Wagner als »Führer einer illegalen Gruppe« nach dem Gesetz zum Schutz der Republik wegen Hochverrats und der Spionage für eine fremde Macht zu sechzehn Jahren Zuchthaus verurteilt. Zusammen mit ihm waren noch zwei Männer und eine Frau aus der sogenannten illegalen Gruppe zu geringeren Strafen verurteilt. Der Musikologe, Organist und Orgelspezialist Dr. Ladislav Vachulka (1910-1986), den Wagner auch nach Janowitz zur Begutachtung der Orgel in der Schlosskapelle empfohlen hatte, wurde aus Mangel an Beweisen freigesprochen. Wagners Vermögen wurde konfisziert, seine Bibliothek dem Tschechischen Nationalmuseum übergeben, sein Archiv dem Denkmal des tschechischen Schrifttums/Památník národního písemnictví auf dem Strahov.

Zwei Jahre später, 1952/1953, wurde im Zusammenhang mit dem Strafverfahren gegen den Leitmeritzer Bischof Štěpán Trochta (1905-1974) auch Růžena Vacková (1901-1982) verhaftet und in einem Schauprozess zu zweiundzwanzig Jahren Zuchthaus verurteilt.

Die ersten beiden Jahre verbrachte Václav Wagner in der berüchtigten Strafanstalt Mírov/Mürau in Ostböhmen. Bei der Verlegung in das Gefängnis Leopoldov/Leopoldstadt in der westlichen Slowakei am 2.5.1952 antwortete er auf die Frage, ob er sich schuldig fühle, mit »nein«. Er gab zu Protokoll, dass er nach seiner Überzeugung der Gesellschaft keinen Schaden zugefügt habe. Worüber er sich beschwerte, war der drohende Verlust des Augenlichts wegen fehlender fachlicher Behandlung. Seine Antworten im Fragebogen machen den Eindruck, dass Wagner unter den schweren Lebensbedingungen des Gefängnisses doch sein inneres Gleichgewicht gefunden hatte, einen modus vivendi, der es ihm ermöglichte, seine Menschenwürde nicht zu verlieren. Wagners Mithäftlinge erinnerten sich später an ihn als einen fröhlichen und freundlichen Menschen mit ausgezeichnetem Gedächtnis, der wunderbar erzählen konnte. Dabei muss man bedenken, dass die Mehrheit der Insassen der Gefängnisse in dieser Zeit nicht Kriminelle waren, sondern politische Gefangene, Priester, Mönche und andere kirchliche Würdenträger, Intellektuelle oder Politiker aus den bürgerlichen Parteien; dazu kamen missliebige Kommunisten, Kollaborateure und wegen Kriegsverbrechen verurteilte Deutsche. Die Leitung des Gefängnisses attestierte Wagner am 18.1.1954 gute Führung, Disziplin, soziales Gefühl und Kameradschaftlichkeit. Weiterhin hielt man ihn jedoch für einen Feind der volksdemokratischen Ordnung.

Wagners Gesundheit verschlechterte sich zunehmend. Er musste etwa viermal ins Krankenhaus eingeliefert werden; er war arbeitsunfähig. Auch sein Augenlicht verschlechterte sich weiter. Dieser Umstand veranlasste die Gefängnisverwaltung im Januar 1955 für Strafunterbrechung aus Gesundheitsgründen oder die Begnadigung durch den Präsidenten der Republik zu plädieren. Der Gefangene selbst habe nicht um Gnade gebeten, wird in der Eingabe vermerkt. Die Gefängnisleitung bestätigte, um dem Antrag mehr Gewicht zu verleihen, eine positive Veränderung seiner politischen Ansichten. Offensichtlich hatte die Gefängnisleitung kein Interesse an einem nicht arbeitsfähigen kränklichen, alten Mann hinter Gittern. Das legt auch ein ärztliches Attest nahe, in dem Wagners Gesundheitszustand ganz offensichtlich dramatisch dargestellt wurde. Inzwischen hatte sich – nach Stalins Tod am 5.3.1953 und dem XX. Parteitag der

KPdSU vom Februar 1956 – auch die politische Situation verändert. In einer mehrstündigen, geheim gehaltenen Rede hatte Nikita Chruschtschow die »Säuberungen« in den dreißiger Jahren benannt und verurteilt. Ein erstes, noch zaghaftes Nachdenken über die Urteile aus der Zeit des stalinistischen Terrors setzte auch in Prag ein. Nicht ausgeschlossen ist, dass bei den Bemühungen um Wagners Entlassung auch slowakisch-tschechische Animositäten eine Rolle gespielt haben.

Wagner selbst verfolgte die Bemühungen um seine Freilassung mit ambivalenten Gefühlen. Er hatte sich mit dem Leben im Gefängnis in seiner Bescheidenheit abgefunden. In Prag hatte er niemanden – nur zwei ältere Tanten, die ihn gelegentlich im Gefängnis besucht hatten: Er fürchtete sich davor, ihnen als arbeitsunfähig und fast blind zu Last zu fallen.

Die Angelegenheit zog sich hin. Ende Juni 1955 sollte Wagner aufgrund der Entscheidung der Staatsanwaltschaft in Nitra/Neutra entlassen werden und wegen seines Gesundheitszustandes mit einem Krankenwagen der Strafanstalt nach Prag gebracht werden. Der Krankenwagen war aber in Reparatur und Václav Wagner war einverstanden, in Leopoldov zu bleiben bis eine Überführung möglich wäre. Denn, wie es in einem Aktenvermerk heißt, er fühle »sich im Gefängnis wohl und strebt nicht die Freiheit an, weil er keine Verwandte mehr hat«. So blieb Wagner freiwillig noch fast ein ganzes Jahr im Gefängnis bis der Krankenwagen repariert war und er am 6.7.1956 entlassen werden konnte. Einen Monat später wurde ihm der Rest der Strafe erlassen.

Das letzte ärztliche Attest, erstellt vom Gefängnisarzt Dušan Milotínský, der vermutlich ein Mithäftling war, bescheinigte dem Kranken eine Netzhautablösung, eine Thrombose der Gehirnvene mit der Folge der Lähmung der rechten Körperhälfte, Rheumatismus, Arteriosklerose, Lungenemphysem. Es unterstrich, dass der sich verschlechternde Gesundheitszustand eine unmittelbare Lebensgefahr für den Häftling darstelle.

Václav Wagner lebte nach seiner Entlassung aus der Haft noch sechs Jahre. Eine Bleibe fand er in der Blindenanstalt Horní Palata im Prager Stadtteil Smíchov. Regelmäßig traf er sich im Café

Slávia mit den ihm verbliebenen Freunden, mit dem bekannten Kunsthistoriker Hugo Rokyta, dessen Handbuch der Denkmäler und Gedenkstätten europäischer Kulturbeziehungen in den böhmischen Ländern 1970 erstmals erschien (Salzburg: St. Peter); er traf sich mit Alžběta Birnbaumová und anderen, die ihm die Möglichkeit vermittelten, kleine literarische Beiträge für kunsthistorische Zeitschriften zu schreiben, die meistens sein Großneffe Jaroslav Wagner unter seinem Namen erscheinen ließ. Růžena Vacková traf er nicht mehr: Sie wurde erst 1965, nach siebzehn Jahren Gefängnis, entlassen und später rehabilitiert. 1977 unterzeichnete sie die Charta 77.

Auf der Treppe zum Café Slávia erlitt Václav Wagner am 20.3.1962 einen Herzinfarkt, dem er am folgenden Tag erlag. Beerdigt wurde er im Familiengrab in Pacov/Patzau. Die Kunsthistoriker Jakub Pavel (1906-1974), Viktor Kotrba (1906-1973) und der Historiker und Archäologe Rudolf Turek (1910-1991) erinnerten an den Verstorbenen mit Nachrufen in kunsthistorischen Zeitschriften. In späteren Jahren tauchte der Name Václav Wagner in der Fachpresse auf, insbesondere in Arbeiten des Kunsthistorikers Ivo Hlobil (*1942).

Im Jahre 2000 wurde Václav Wagner *in memoriam* mit dem Staatspreis des Kultusministeriums für seine Verdienste um die Denkmalpflege ausgezeichnet.

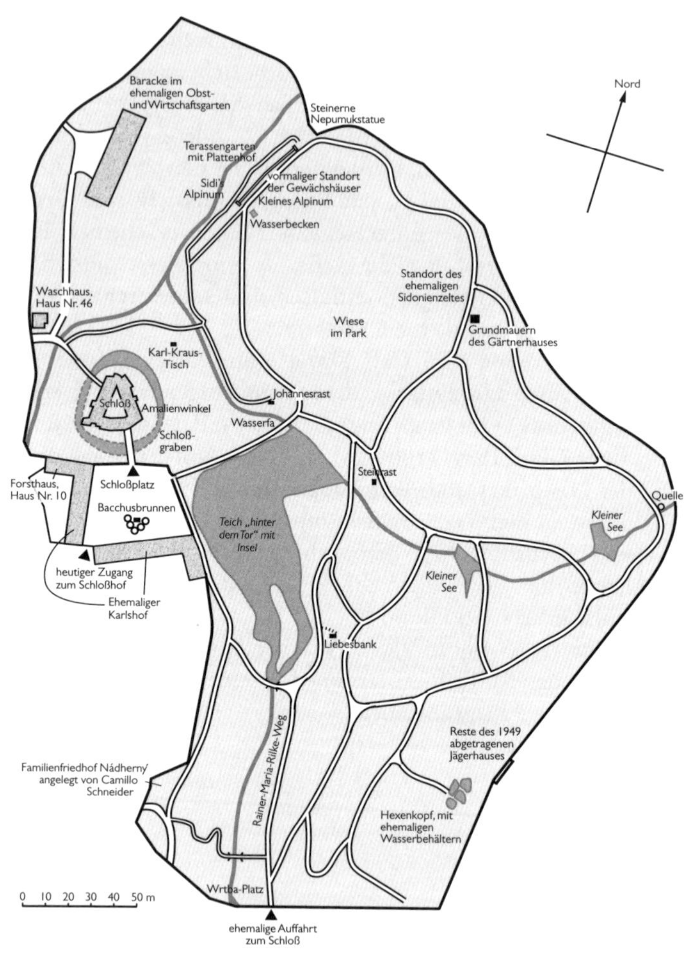

Schloss und Park Janowitz.

Anmerkungen

Von Václav Wagner ist nur *ein* Gegenbrief – neben zwei Briefentwürfen in seinem Nachlass – erhalten geblieben. Sidonie Nádherný wird seine Briefe vernichtet haben, wie das mit Václav Wagner besprochen war. Die Entwürfe sind in den Anmerkungen nach Maßgabe zitiert. Bestätigungen für Briefe Wagners, die immer nur mit »nicht überliefert« zu beschreiben gewesen wären, wurden in den Anmerkungen unterlassen.

1942

[1] 10.1.1942 ***A[nna] M[asaryková]:*** (1911-1996), Kunsthistorikerin, Enkelin des tschechischen Staatspräsidenten Tomáš Garrique Masaryk (1850-1937) und seiner Frau Charlotte; Tochter des Malers Herbert Masaryk (1880-1915). Die Bekanntschaft Sidonie Nádhernýs mit der Familie Masaryk könnte durch die Freundin Mary Gräfin Dobrženský gestiftet worden sein, aber auch Karl Kraus stand mit dem Staatspräsidenten Masaryk, einem Leser der ›Fackel‹, in respektvoller Beziehung. – ***Glocken:*** Zur Beschlagnahmung der Glocken, vgl. ›Kommt die Arbeit nicht zu Dir‹. Praha: Kancelář pro oběti nacismu Česko-německého fondu budoucnosti, 2003, darin: Radek Lunga, ›Verlauf und Charakter der Beschlagnahme tschechischer Glocken im Zweiten Weltkrieg‹, S. 266-273. – ***noch im Amt:*** Václav Wagner wurde 1942 durch den deutschen Kollegen, Wilhelm Turnwald (1909-1984), im Amt des Direktors im Staatlichen Amt für Denkmalpflege abgelöst, 1944-1945 durch Karl Friedrich Kühn. Wagner hatte im Denkmalamt seit 1919 gearbeitet. Zu der Ausstellung Prager Barock, veranstaltet im Mai 1938 im Waldstein-Palais, steuerte Sidonie Nádherný einige Leihgaben bei.

[2] 25.1.1942 ***Geländer des Balcons:*** Mit Steingeländern gesicherte Veranden auf der Ostseite des Schlosses Janowitz. – ***Verlassenschaftsschuld:*** Erbschaftssteuer, die nach dem Tod ihres Zwillingsbruders Karl, 1931, fällig geworden war; er starb, ohne ein Testament zu hinterlassen.

[3] 10.2.1942 ***Bodenamte:*** im Tschechoslowakischen Landwirtschaftsministerium, Abteilung IX: Amt mit rund 700 tschechischen Mitarbeitern zur Verwahrung der Grundbücher und Akten der Bodenreform von 1919. Diese Behörde wurde von dem »SS-Kommando Bodenamt«, bestehend aus SD, RuSHA und Staatspolizei, bereits zwei Monate nach der Errichtung des Protektorats kontrolliert. Die Vorstellungen des Reichsministers für Ernährung und Landwirtschaft und Reichsbauernführers Walther Darré, der die Siedlungspolitik unter agrarischen und ernährungspolitischen Kriterien betrieben hatte, wurden durch die »volkstumspolitische Neuordnung« von Heydrich und RuSHA ersetzt. Vgl. Isabel Heinemann, »Rasse, Siedlung, deutsches Blut« (Göttingen: Wallstein [2]2003, S. 131-133). – ***Stübel:*** Nicht ermittelt.

[4] **3.3.1942** ***Heydrich:*** Reinhard Tristan Eugen Heydrich (Halle 1904 bis Prag 1942) war, nach der Beurlaubung des Reichsprotektors von Böhmen und Mähren (seit 1939), des ehemaligen Reichsaußenministers (1932 bis 1938) Konstantin von Neurath (1873-1956), am 27.9.1941 in Prag eingetroffen und zum Stellvertretenden Reichsprotektor ernannt worden, unter Beibehaltung seiner Funktion als Chef des Reichssicherheitshauptamtes, das auf der Wannsee-Konferenz am 20.1.1942 die sogenannte »Endlösung der europäischen Judenfrage« durchgesetzt hatte. Heydrich war maßgeblich an der »Germanisierungspolitik« des Protektorats beteiligt, die eine finanzielle und kulturelle Unterstützung der deutschen Minderheit, die Entrechtung der Tschechen, Arisierung jüdischen Besitzes und ursprünglich auch die Enteignung von Kirchengütern zum Ziele hatte. Er verhängte das Standrecht und verfolgte Juden und Tschechen mit drakonischen Maßnahmen. Am 6.10.1941 wurde in einem Aktenvermerk des Befehlshabers der Sicherheitspolizei und des SD festgehalten, der SS-Obergruppenführer wolle Generalmajor Rudolf Toussaint (1891-1968), den Wehrmachtsbefehlshaber beim Reichsprotektorat Böhmen und Mähren, am 8. Oktober »wegen der beabsichtigten Durchführung von Wehrmachtssiedlungen im Protektorat ... ansprechen«, d.h. Heydrich versuchte die vorbereitete Germanisierungspolitik zügig umzusetzen: Er wollte »um die Truppenübungsplätze und Kasernenanlagen deutsche Siedlungszonen« anlegen. »Vom OKW ist geplant, die Durchführung der Siedlung der Siedlungsgesellschaft des Reichsführers-SS, der deutschen Ansiedlungsgesellschaft zu übertragen.« Am 27.5.1942 wurde Heydrich auf der Fahrt von seinem Wohnsitz, dem sog. Unteren Schloss in Jungfern-Breschan/Panenské Břežany, nach Prag von Mitgliedern der tschechoslowakischen Fallschirmjägergruppe Silver B im offenen Wagen mit einer Maschinenpistole und einer Handgranate angegriffen. Das Attentat gelang: Heydrich starb am 4.6.1942 an den Folgen des Anschlags in Prag. Dem Attentat, von der Exilregierung in London vorbereitet, stand der tschechische Widerstand wegen zu erwartender Vergeltungsmaßnahmen reserviert gegenüber. – ***Dr. Münnel oder Männel:*** Nicht ermittelt.

[5] **5.3.1942** Die Berliner Adjutantur unterrichtete SS-Obersturmbannführer Dr. Robert Gies, den Personalreferenten von Frank in Prag in einer gleichlautenden Mitteilung. – ***SS. U.Stuf. Barnekow:*** SS-Untersturmführer; vergleichbar mit dem Rang eines Leutnants. – ***Gruf. Frank:*** SS-Gruppenführer Karl Hermann Frank (Karlsbad/Karlovy Vary 1898 bis Prag, hingerichtet 1946), Buchhändler. Nach dem Ersten Weltkrieg Mitglied des DNSAP, seit 1934 Mitglied der Sudetendeutschen Heimatfront, der späteren Sudetendeutschen Partei (SdP); seit 1935 für die SdP im Parlament. 18.3.1939 Staatssekretär beim Protektor Böhmen und Mähren und SS-Gruppenführer, Höherer SS- und Polizeiführer in Böhmen und Mähren; 21.6.1943 SS-Obergruppenführer; 30.8.1943 Deutscher Staatsminister für Böhmen und Mähren »im Range eines Reichsministers«, am 1.7.1944 zum General der Waffen-SS und Polizei ernannt. Camill Hoffmann (1878-1944), der langjährige Presseattaché der Prager Gesandtschaft in Berlin, notierte am 13.4.1939 in seinem ›Politischen Tagebuch‹ (Hoffmann, S. 258): Frank, »der ehemalige radikale spiritus rector Henleins«, soll »die Versöhnung zwischen Tschechen und Deutschen herbeiführen. Die Tschechen empfinden das als Hohn.« Frank war Heinrich Himmlers williges Objekt in der Besatzungs- und Germanisierungspolitik des Protektorats: Frank wird 1945 von den Amerikanern an die tschechoslowakische Justiz überstellt, zum Tode verurteilt und am 22.5.1946 im Gefängnis Prag-Pankrac öffentlich hingerichtet. – ***Krueger:*** Walter Krüger (Straßburg 1890 – Litauen, Suizid 22.5.1945) seit 30.1.1942 SS-Gruppenführer und Generalleutnant der Waffen-SS. War seit Oktober 1940 im SS-Führungshauptamt in Berlin tätig, von 18.8. bis 16.11.1941 Inspekteur der Infanterie im SS-Führungshauptamt und gleichzeitig Kommandeur der SS-Polizei-Division. Übernahm 1942 das Kommando der SS-Panzergrenadierdivision »Das Reich«. – ***Werth:*** Nicht ermittelt.

[6] **7.3.1942** ***Himmler:*** Heinrich Luitpold Himmler (1900-1945), Landwirt; Reichsführer-SS und Chef der Deutschen Polizei; einer der Hauptverantwortlichen für den Holocaust und zahlreiche Kriegsverbrechen während des Zweiten Weltkrieges. – ***Blitz-FS:*** Blitz-Fernschreiben. Telegraphische Übermittlung von Nachrichten durch elektrische Signale.

[7] **11.3.1942** ***v. Treuenfeld:*** SS-Brigadeführer Karl von Treuenfeld (1885-1946); 1.12.1941-26.8.1942 Befehlshaber der Waffen-SS im Protektorat Böhmen und Mähren. – ***OKW:*** Oberkommando der Wehrmacht. Seit der Blomberg-Fritsch-Krise in den Jahren 1938-1945 höchste deutsche militärische Planungs- und Verwaltungsbehörde; (Haupt)Sitz in Wünsdorf bei Zossen; Feldstaffeln an den jeweiligen Standorten des

Führerhauptquartiers. – *Gruf. Juettner:* Hans Jüttner (1894-1965), seit Sommer 1940 Chef des SS-Führungshauptamtes unter Einschluss der Verantwortung für Konzentrationslager im Reichsgebiet. Seit Juni 1942 SS-Obergruppenführer und Generalleutnant der Waffen-SS; am 30.1.1943 Chef des SS-Hauptamtes.

[10] **28.3.1942** ***Rat Dr. Ševčík:*** JUDr. František Ševčík (* 1895); Konzipist im Außenministerium der ČSR; Konsul in Moskau. Nach der Auflösung des Außenministeriums in der Folge der deutschen Besetzung Fachrat im Innenministerium; seit Herbst 1940 Leiter des Aussiedlungsamtes Rokycany/Rokitzan. Nach Kriegsende Wiedereintritt in die Dienste des Außenministeriums. 1946 Generalkonsul der ČSR in Paris: Weil er dem Rückruf nach Prag am 1.6.1948 nicht Folge leistete, Entlassung aus dem Auswärtigen Dienst. Weitere Daten waren nicht zu ermitteln. (Ministerstvo vnitra, poštovní schránka/Archiv des Innenministeriums der Tschechischen Republik, Prag).

[12] **29.4.1942** ***Dr. Šrajer:*** JUDr. Jiří Georg Šrajer (1913-?), seit 30.3.1937 in den Diensten des Landesamtes, Prag, Abt. kirchliche Angelegenheiten; zwischen 27.10.1937 und Februar 1939 in Turnov/Turnau; Rückkehr nach Prag; Kommissar-Prüfung; Versetzung nach Rokycany/Rokitzan; seit Oktober 1940 Konzipist der neu gegründeten Aussiedlungskanzlei in Rokycany unter der Leitung von Dr. František Ševčík; Oktober 1941 Stellvertreter Ševčíks. März 1942-April 1944 Leiter des Aussiedlungsamtes in Benešov/Beneschau. Nach Dokumenten, die sich im Ministerstvo vnitra, poštovní schránka/Archiv des Innenministeriums der Tschechischen Republik, Prag, erhalten haben, versuchte Šrajer mit seinen Beamten, den Ausgesiedelten nach Kräften beizustehen, ihnen neue Arbeitsplätze zu verschaffen, um sie vor Zwangsverpflichtungen im Protektorat bzw. vor Zwangsarbeit in der deutschen Rüstungsindustrie im Reich zu schützen. Er opponierte gegen die Germanisierung der tschechischen Nation und war ständigen Pressionen von Seiten der SS ausgesetzt. Von 1.5.1944 bis 4.7.1944 Stellvertretender Leiter des Bezirksamtes Tábor/Tabor, wobei er durch Krankmeldungen Obstruktion leistete. Vom 15.1.1945 bis 4.3.1945 amtlicher Leiter des Aussiedlungsamtes von Čerčany. Schwere Erkrankung. Im März 1946 wurde Šrajer vom Bezirksgericht Tábor wegen Mitgliedschaft in der faschistischen Organisation Vlajka, wegen der Zusammenarbeit mit deutschen Behörden in der Zeit der hohen Bedrohung der Republik und Verletzung des Nationalstolzes (Dekret des Präsidenten Nr. 105, 1945) angeklagt. Er wurde in allen Anklagepunkten freigesprochen. Als Šrajer 1947 seine Wiedereinstellung in den Staatsdienst beantragte, wurde sein

Fall am 12.7.1948 von der Revisionskommission erneut überprüft; die Ergebnisse bestätigten das Verfahren vom März 1946 in allen Punkten. Weitere Daten waren nicht zu ermitteln.

[14] **20.5.1942** ***Lokalzug Olbramovice – Sedlčany:*** Vrchotovy Janovice war von Prag aus über die Strecke Benešov/Beneschau – Tábor/Tabor mit Umsteigen in Olbramowitz auf die nach Westen abzweigende Nebenstrecke nach Seltschan zu erreichen. – ***niederschmetterndem Dokument:*** Über die Abgabe der Glocken der Nádherný'schen Hauskapelle, vgl. Anm. zu [1]. – ***Graf z Wrtby, 1688:*** Vrchotovy Janovice mit den Gütern Braštice und Křešice gehörte in den Jahren 1603 bis 1807 den Herren, seit 1624 den Grafen z Wrtby. Der Stifter der Glocke war František Graf v. Wrtby (1714-1791); vgl. Nádherný, Chronik, S. 23 f.

[15] **21./22.7.1942** ***Besuch:*** am 31.5.1942. – ***kleine Schmuckstücke:*** Sidonie Nádherný war seit dem Tod ihres Bruders Karl (1885-1931), der ohne ein Testament zu hinterlassen nach einer Blinddarmoperation verstorben war, durch die zu erlegende Erbschaftssteuer in permanenten Geldnöten. Einem undatierten Briefentwurf für eine Antwort bedankte sich Wagner für den Aufenthalt im »lieben Janowitz« und teilte mit, die drei Schmuckstücke würden »hier in Prag auf 180 000 K abgeschätzt«. Er riet jedoch, weitere Angebote abzuwarten. Wagner kündigte auch eine »Bestätigung wegen des Hundes, des unglücklichen Bobby« an, der gerettet sei, wenn er auf »Schußknälle«, also auf Schüsse mit Flucht reagiere. – ***Oberförster:*** Jaroslav Žák (Ptenín 22.12.1894 – Beneschau 5.6.1943). Angestellter der Gutsverwaltung Janowitz. – ***v[an] Dyck:*** Sidonie Nádherný erwähnte ein von ihrem Bruder Johannes (1884-1913) 1908 in der Galerie Hošek, Prag, erworbenes, dem flämischen Maler Anthonis van Dyck (1599-1641) zugeschriebenes Porträt, über dessen Provenienz und Verbleib Näheres nicht zu ermitteln war. Vgl. Nádherný, Chronik, S. 38.

[16] **4./5.8.1942** ***Kalod:*** Kaladey/Koloděje nad Lužnicí, Ortsteil der Stadt Moldauthein/Týn nad Vltavou im Tschech. Budweis/České Budějovice. Die dortigen Schlossherrn Wratislaw von Mistrowicz waren weitläufig mit Sidonie Nádherný verwandt. – ***meine Cousine:*** Leopoldine, genannt Dinka Nádherný von Borutín, geb. Freiin von Ringhoffer (1878-1945), die Frau ihres Vetters Dr. jur. Erwin Nádherný von Borutín (1876-1944) in Chotovin/Chotoviny. – ***Chotovin:*** Schloss (1770-1780) und Schlossgut mit 19 ha großem Schlosspark, 10 km nördlich von Tábor, seit 1806 im Besitz der Nádherný. – ***Offiziere:*** Die deutschen Besatzungstruppen suchten Unterkünfte für Offiziere. – ***Bobby:*** Sidonie Nádherný, eine Hundenärrin, die noch in den dreißiger Jahren vier Hunde verschiedener Rassen um sich versammelt hatte, war nur der 1940 erworbene

Leonberger »Bobby« geblieben. Sie hatte ihn nach dem 1917 verstorbenen Leonberger wiederum »Bobby« genannt. Vgl. das Gedicht von Karl Kraus, ›Als Bobby starb. 22. Februar 1917‹, in: Kraus, Schriften 9, 116f.

[17] **8./9.8.1942** ***Gefahr:*** Für Hunde bestand Futterrationierung. – ***Karl Kraus:*** Die Freundschaft mit Karl Kraus (1874-1936) währte, mit Unterbrechungen, von 1913 bis zu seinem Tod, am 12.6.1936. Vgl. Kraus, Briefe.

[18] **15.8.1942** ***Graf Othmar Kolowrat:*** (1891-1966) Othmar genannt Otti Graf von Kolowrat-Krakowský-Liebsteinský, Jugendfreund Sidonie Nádhernýs; lebte unverheiratet auf der Fideikommiss-Herrschaft Schloss Reichenau/Rychnov nad Kněžnou. – ***Abschätzung:*** geplanter Verkauf von Schmuck, s. Anm. zu [15]. – ***Bestätigung wegen der Hunde:*** s. Anm. zu [17].

[19] **1.10.1942** ***Namenstag:*** Václav, d.h. Wenzel, der böhmische Landespatron: Sein Namenstag ist der 28. September, der »St. Wenzel-Tag«, an dem 935 Fürst Wenzel nach der Legende von seinem Bruder Boleslaw ermordet wurde. Seit dem Jahre 2000 ist der 28. September Staatsfeiertag.

[20] **8.10.1942** ***Bestätigung:*** für die Notwendigkeit, den Leonberger »Bobby« als Wachhund zu halten. – ***bedrückend:*** Anspielung auf Wagners Situation im Amt für Denkmalpflege, s. Alena Wagnerová, S. 250. – ***Architekt Korecký:*** Ing. Arch. Miroslav Korecký (1910-2004); er hatte einen Teil der Aufnahmen für das im folgenden Brief erwähnte Buch ›Barock in Böhmen‹ gemacht.

[21] **17.10.1942** ***Welch eine Überraschung!:*** Hervorgegangen aus einer im Jahr 1938 von der »Umělecká beseda« veranstalteten Ausstellung über Prager Barock war der Band: Václav Wagner: Barok v Čechách (Praha: Vladimír Žikeš 1940) erschienen. Auf Tafel 41 ist das Treppenhaus des Schlosses Vrchotovy Janovice abgebildet. – Die deutsche Ausgabe ›Barock in Böhmen‹ vermerkt: »Dieses Buch erschien im Jänner 1940 in einer einmaligen Auflage von insgesamt 500 Exemplaren. Ins Deutsche übertragen von Dr. Gerhard Thomas. Gedruckt in der Buchdruckerei »Politika« in Prag für Vladimír Žikeš Kunstverlag, Prag I. Národní tř. 19.« – ***zum Essen:*** Die Ernährung in Prag war weit schwieriger als auf dem Land; deshalb die ausdrückliche Einladung. – ***Abfischungen:*** Das Allodialgut Janowitz/Vrchotovy Janovice hatte in der Zeit seiner größten Ausdehnung vor der Ersten Tschechoslowakischen Bodenreform von 1919 bei rund 1000 ha Grundfläche 30 ha Teiche zur Karpfenzucht, die von den Geschwistern mit einem angestellten Fischmeister in eigener Regie bewirtschaftet wurden.

[23] 1./2.11.1942 *55. Lebensjahr:* Sidonie Nádherný wurde am 1.12.1942 siebenundfünfzig Jahre alt. – ***Schmuck:*** s. Anm. zu [15].

[24] 15.11.1942 ***Rettung:*** Die im vorausgehenden Brief erbetene Sicherung von zwei Dienstmädchen.

[25] 20.11.1942 ***Tode meines Zwillingsbruders:*** Karl Baron Nádherný von Borutín (auch Carl, Charley oder Charlie genannt), der ältere Zwillingsbruder, der seit 1910 zunächst zur Unterstützung seines Bruder Johannes, nach dessen Tod, 1913, allein den verpachteten Besitz verwaltete, war am 18.9.1931 in Prag in der Folge einer Blinddarmoperation gestorben. – ***Zum 1. Mal ohne … Engländerin:*** Mary Cooney (1855 bis 1942), von den Geschwistern Nádherný liebevoll May-May genannt, war von 1884-1903 als Kinderfrau, von 1905 bis zu ihrem Tod am 11.1.1942 als Gesellschafterin und »mütterliche Freundin« im Hause. In ihren letzten Jahren lebte sie in Prag, wurde dann aber am 6.6.1939 zum Sterben nach Janowitz zurückgebracht. Mary Cooney wurde neben dem Familienfriedhof im Janowitzer Park begraben. – ***Devise:*** Ignorieren von Allem. – ***in den ersten Jahren:*** Sidonie Nádherný war bis Mitte der Dreißiger Jahre durch Europa, Nordafrika und den Vorderen Orient auf Reisen, vor allem über die Weihnachtstage. – ***Buchhalter:*** Václav Nejman (*1900; lebte bis in die siebziger Jahre); seit 15.3.1922 Adjunkt im Lobkowicz'schen Schloss Bilín; dann in anderen »Wirtschaftsposten« der fürstlichen Verwaltung; seit 5.11.1938 Wirtschaftskontrolleur in Hochchlumetz/Vysoký Chlumec, dabei vom 1.5.1938-30.9.1945 Rechnungsführer der dortigen Brauerei. Von 1.3.1948-1950 Leiter der Nationalverwaltung/Národní správa des enteigneten Lobkowicz'schen Besitzes. (Freundliche Auskunft von Dr. Eduard Mikušek, Archivdirektion Leitmeritz). – ***Max Lobkowicz:*** Max [Maximilian Fürst] Lobkowicz (1888-1967), seit 1920, nach dem Verzicht seines Bruders Ferdinand, Vorstand des Familienfideikommisses; seit 1920 Diplomat der Ersten Tschechoslowakischen Republik; seit 1924 verheiratet mit Gillian Hope Somerville of Drishane (1890-1982); 1939 enteignet durch die deutschen Besatzer; Mitglied der tschechischen Exilregierung in London; Sommer 1945 erster Besuch in der ČSR; Botschafter in London; 1947 kurze Rückkehr; emigrierte am 10.3.1948 erneut in die USA und wurde durch die Bodenreform erneut enteignet. – ***Zwangsverwaltung … Enteignern:*** Rechnungsführer in der vormals Lobkowicz'schen Brauerei, s. oben. – ***Kinskys aus Kostelec:*** Franz Joseph Graf Kinský (1879 bis 1973) und seine Frau Marie Pauline geb. Gräfin Bellegarde (1888-1953); Adlerkosteletz/Kostelec befand sich seit 1796 im Besitz der Familie, die 1829-1833 am westlichen Stadtrand ein neues Schloss im Empirestil

errichten ließ. Der erwähnte Othmar Graf Kolowrat-Krakowský-Liebsteinský war Nachbar der Kinskýs, s. Anm. zu [18]; seine Mitteilungen ließen sich nicht bestätigen. Franz Kinský hatte sich 1938 und 1939 politisch exponiert und gegen Vorstellungen protestiert, der Adel des Landes sei deutsch, was seine Verfolgung durch deutsche Behörden zur Folge hatte, die aber erst im Herbst 1943 zu den hier angedeuteten Vorkommnissen führten: Kinský hatte am 17.9.1938, wenige Tage vor dem Münchner Abkommen vom 29. September, an der Spitze einer Delegation tschechischer Adliger dem Präsidenten Edvard Beneš auf der Prager Burg die Solidarität des Adels versichert und bekundet, im Namen »von Mitgliedern der alten Geschlechter unseres Heimatlandes ... der Verletzung der alten Grenzen unseres Staates entgegenzutreten«. Die Kundgebung, von Karl Schwarzenberg verfasst, schloss »die böhmischen Deutschen« mit ein. Beneš trat am 5.10.1938 zurück und flog am 7. Oktober ins Exil nach London. Im September 1939 übergab Kinský Emil Hácha – dem am 30.11.1938 noch demokratisch gewählten 3. Präsidenten der Tschechoslowakei, seit 16.3.1939 Staatspräsident des vom Deutschen Reich besetzten »Reichsprotektorat Böhmen und Mähren« – einen von Hugo Strachwitz und Franz/František Schwarzenberg ausgearbeiteten weiteren Brief, der im Namen »der Angehörigen der hier ansässigen Adelsfamilien das Recht« einforderte, »sich zur tschechischen Nation zu bekennen, mit der ihre Vorfahren über Generationen hinweg lebten, Rechte und Pflichten, Gutes und Böses teilend, auch wenn diese Familien in der männlichen Linie nicht immer tschechischen Ursprungs waren.« War der Brief für Beneš noch von zwölf Familien unterschrieben worden, so bekannten sich jetzt Vertreter von 31 Familien zu dieser Erklärung, darunter die Familien Belcredi, Bubna von Lititz, Colloredo-Mannsfeld, Czernin, Dobrženský, Kerrsenbrock, Kinský, Kolowrat-Krakowský, Lobkowicz, Mensdorff-Pouilly, Mladota, Nádherný, Palffy, Schönborn, Schwarzenberg, Strachwitz, Thun-Hohenstein und Wratislaw von Mitrowicz. – Franz Kinský wurde »im Herbst 1943 ... von der Gestapo verhaftet, überstand ein brutales Verhör im Prager Palais Petschek, dem Sitz der Gestapo, war sechs Monate in Prag inhaftiert und ein Jahr im Zuchthaus Gollnow bei Stettin ... Dreimal hintereinander erkrankte er an Lungenentzündung ... Nach vielen Interventionen« hatte seine Frau »es erreicht, dass der todkranke Graf aus dem Gefängnis entlassen wurde, in dessen Nordflügel die Unterzeichner Czernin und Rohan weiterhin festgehalten wurden. Das war eine Woche vor dem 20. Juli 1944, dem Tag des fehlgeschlagenen Attentatsversuchs auf Adolf Hitler ...«

(Kinský I, in: Vladimir Votýpka, Böhmischer Adel. Familiengeschichten. Wien, Köln, Weimar: Böhlau 2007, S. 191-194).

[27] **7./8.12.1942** ***Orgel:*** in der Nádherný'schen Schlosskapelle.

[28] **23.–26.12.1942** ***Dr. Vachulka:*** PhDr. Ladislav Vachulka (Köszeg/Ungarn 1910 – Prag 1986), Professor für Orgel am Prager Konservatorium; Komponist, Musiktheoretiker. War nach dem Krieg Stellvertretender Direktor der Schallplattenwerke Supraphon in Prag; Vachulka wurde im Oktober 1950 in dem Prozess gegen Václav Wagner und Genossen wegen Kontakten zu ausländischen Diplomaten und der katholischen Opposition gegen das kommunistische Regime angeklagt, aber freigesprochen. – ***Soběslav:*** Sobieslau; Rosenbergische Stadt, 17 km südlich von Tábor, mit bedeutenden gotischen Baudenkmälern; Renaissance- und barocke Bürgerhäuser. – ***Olbramovice:*** Olbramowitz, Umsteigebahnhof zur Lokalbahn nach Janowitz auf der Strecke Prag – Beneschau – Tabor. – ***Tabor:*** Tábor; Bezirksstadt, die Stadt der Hussiten, benannt nach dem biblischen Berg Tabor mit umfangreichen, teils unterirdischen Fortifikationen. Jan Huss-Denkmal von František Bílek. – ***Chýnov:*** Ehemals schwarzenbergische Stadt, 10 km östlich von Tábor; Geburtsort des Bildhauers und Graphikers Bílek, der dort sein Sommeratelier hatte. – ***Bileks Atelier:*** František Bílek (* Chýnov 6.11.1872) war am 13.10.1941 in Chýnov gestorben; zu seinen Bewunderern zählte Franz Kafka, der Ende Juli 1922 an Max Brod geschrieben hatte: »Ich denke seit jeher an ihn mit großer Bewunderung.«

[29] **31.12.1942** ***Dank:*** nach dem Aufenthalt Václav Wagners über die Weihnachtstage 1942 in Janowitz. – ***Photographien von Loos:*** Der Architekt Adolf Loos (1870-1933), ein naher Freund von Karl Kraus, war früh schon über dessen Beziehung zu Sidonie Nádherný ins Bild gesetzt worden: Vermutlich war er Zeuge der ersten Begegnung am 8.9.1913 im Hotel Imperial in Wien; jedenfalls lud er Sidonie Nádherný und Karl Kraus am Tag darauf zu einem Gabelfrühstück in seine Wohnung ein und verbrachte zusammen mit Kraus Weihnachten 1913 auf Schloss Janowitz. Weitere Begegnungen mit Sidonie Nádherný in Wien, Tirol und in der Schweiz sind überliefert. – Ob es sich um Porträtaufnahmen oder Fotos seiner Bauwerke handelte, war nicht auszumachen. Vgl. Kraus, Briefe, Bd 2, passim.

1943

[30] 3.1.1943 *der theuren Verstorbenen:* Bezieht sich auf die Auflösung der Wohnungseinrichtung der verstorbenen Mutter von Václav Wagner in Prag; sie hatte die Aufnahme von Untermietern zur Folge, s. B [37]. – *Zimmern meiner Brüder:* Der Bruder Johannes Nádherný, der Erstgeborene, der am 28.5.1913 in München aus dem Leben geschieden war, bewohnte in der Beletage das westlichste Zimmer 34 mit Blick auf den Schlosshof; Karl Nádherný, der am 18.9.1931 nach einer Blinddarmoperation in Prag gestorben war, bewohnte das darüber liegende Zimmer 53 in der 2. Etage. – *Bauinventar:* Inventar der Sidonie Nádherný gehörenden Gebäude für die steuerliche Betriebsprüfung; s. Anm. Rokahr, zu [54]. – *Wrtby u. Wratislaw-Schriften:* Die Herren von Wrtby (seit 1624 Grafen von Wrtby) besaßen Schloss Janowitz mit wechselnden Ländereien in den Jahren 1603-1807, die Reichsgrafen Wratislaw von Mitrowicz von 1807-1872; vgl. Nádherný, Chronik, S.22-31. – *Chronik:* Im Typoskript der vom 4.-31.1.1934 niedergeschriebenen Geschichte von Janowitz die handschriftliche Einfügung, die eben diese Sachverhalte festhielt; vgl. Nádherný, Chronik, S. 26.

[31] 5.1.1943 *Baronin Mladota's:* Rosa von Mladota geb. von Lumbe (1889-1977), Witwe des am 13.9.1937 bei einem Autounfall ums Leben gekommenen Olivier Mladota v. Solopisk (1884-1937), Herr auf dem wenige Kilometer westlich von Janowitz gelegenen Schloss Roth Hrádek/Červený Hrádek, war Repräsentant der Automobilfabrik Tatra. – *Schwestern:* Von den acht Kindern Franz und Zdenka v. Lumbes, wohnten die Töchter Josephine gen. Joža v. Lumbe (* 1882) und Christiane (* 1883) verh. Siegl in Wien. – *Großmutter und Schwester (Thun):* Anna Gräfin von Thun und Hohenstein (1812-1885) mit der früh verstorbenen Schwester Anna von Lumbe (1876-1899). – *Clarot:* vermutlich der österreichische Maler, der Porträtist Alexander Clarot (1796-1842). – *Hořejš:* Prager Galerist Hošek, bei dem Johannes Nádherný das Van Dyck zugeschriebene Gemälde erworben hatte. – *Ihrem Amt gegenüber:* heute: Staatliches Amt für Denkmalpflege im Palais Ledebour in den Palastgärten unter dem Hradschin. – *Auersperghaus:* Prag I, Malá Strana, Valdštejnské náměstí 1/16; 1628-1840 im Besitz der Familie Clary und Aldringen; 1840-1902 im Besitz der Familie Auersperg. – *Červený Hrádek:* das Rote Schloss, Roth Hrádek, der Familie Mladota von Solopisk zwischen Amschelberg/Kosova Hora und Seltschan/Sedlčany.

[32] 7.1.1943 *Dr Hrdlička:* Josef Hrdlička (* 1899); mit der Firma Srb und Štys in der Rüstungsindustrie tätig, deren Arbeit er 1940 den deutschen Behörden antrug mit dem Gesuch zur Gründung eines Instituts für geo-

metrische Optik. Dem tschechoslowakischen Staatsbürger wurde dieser Antrag versagt. Seit Mitte 1941 Mitarbeiter des optischen Labors der Firma Eta, die gleichfalls für die deutsche Rüstungsindustrie tätig war. 1946 Prüfung seiner Person durch die Kommission der nationalen Zuverlässigkeit des Kultusministeriums. Das Verfahren wurde am 24.3.1947 auf Vorschlag der Technischen Universität eingestellt. Der Nachweis eines Vergehens gegen das Dekret des Präsidenten (Nr. 105, 1945: Vergehen gegen den Nationalstolz) war nicht zu belegen. Weitere Daten waren nicht zu ermitteln. (Ministerstvo vnitra, poštovní schránka/Archiv des Innenministeriums der Tschechischen Republik, Prag). – ***Obersektionsrat Dr Bláha:*** nicht ermittelt. – ***Dr. Šrajer.*** s. Anm.zu [12]. – ***Kammwald:*** Der im Kreis Příbram zwischen den Städten Příbram/Pribram, Hořovice/Hirschowitz, Rokycany/Rokitzan und Brdywald/Kammwald liegende, 260 qkm große Truppenübungsplatz war 1930 als Artillerieschießplatz angelegt worden. 1939 wurde Kammwald von der Wehrmacht übernommen. Das 1880 von Hieronymus Graf Colloredo-Mannsfeld errichtete Jagdschlösschen Tři Trubky, das die Präsidenten Tomáš G. Masaryk und Edvard Beneš gelegentlich genutzt hatten, diente nach 1939 Generalfeldmarschall Walther von Brauchitsch (1881-1948) als Jagdgebiet. – ***Dr Bähr:*** Karl Hans Bähr, Mitarbeiter des Bodenamts; Näheres nicht ermittelt.

[34] **20.1.1943** ***Beiliegendes:*** vermutlich Durchschläge der Mitteilungen an die Steuerkommission.

[35] **21.1.1943** ***Rekurs:*** österr., Rechtsmittel gegen die Beschlussform verwaltungsbehördlicher Verfügungen, hier also gegen die Festsetzungen der Steuerkommission.

[36] **22.1.1943** Der Brief wird deutsch mit tschechischer Übersetzung eingereicht. – Ein Beispiel für die Prosa im Umgang mit der Steuerbehörde muss genügen! – ***Voluptuar:*** österr., Qualifikation einer Tätigkeit, eines Engagements als Liebhaberei, das steuerlich keine Berücksichtigung finden kann.

[37] **5.2.1943** ***Steinmetz:*** der vermutlich die Balkongeländer wiederherstellen sollte. – ***Schrift über unsere liebe Orgel:*** nicht überliefert. – ***K[ilian] I[gnaz] Dienzenhofer:*** Spross der berühmten Baumeisterfamilie des 17. und 18. Jahrhunderts, die in Süddeutschland, Österreich und Böhmen wirkte: Kilian Ignaz Dientzenhofer (1689-1971) vollendete den von seinem Vater begonnenen Bau der Nikolauskirche auf der Kleinseite in Prag, baute um 1730 St. Johann am Felsen ebd., 1732/35 St. Maria Magdalena in Karlsbad, 1730 die Villa Amerika in Prag u. a.. – ***Zdenka Thun:*** nicht ermittelt.

[39] 11.3.1943 *Prag:* Eintrag im Taschenkalender: »14. März. Fuhr um 5 Uhr nach Prag – das erste Mal seit drei Jahren. Übernachtete im Hotel Graf. – 15. März zu Matina, der Kronen machte und einen Zahn oben links bohrte. Aß bei ihm zu Mittag und zu Abend, zum Tee bei Wagner. Kleine Erledigungen. 16. März Matina zog den Zahn oben links. Mittagessen mit Dinka, Besuch bei Wagner im Denkmalamt. Packen, Abreise vom Hotel um 4, nahm den Personenzug, um ½ 8 Uhr zurück. Das Arbeitsamt möchte wissen, warum ich zwei Haushaltshilfen habe. – ***ganz Ohr:*** Sie hörte ausländische Rundfunksender. – ***Bau-Inventar:*** s. Anm. zu [54].

[40] 13.3.1943 **Zur Datierung:** Es ist unwahrscheinlich, daß Sidonie Nádherný bereits vor der am 13.3.1942 festgelegten ›Kundmachung‹, s. [8], von der geplanten Anlage eines Truppenübungsplatzes Nachricht hatte, die sie veranlasst haben könnte, das Schloss unter Denkmalschutz stellen zu lassen. Allerdings schreibt sie am 11. März, sie müsse in den nächsten drei Tagen nach Prag, wo es zu einer persönlichen Begegnung mit Dr. Wagner gekommen war, s. Anm. zu [39]. Dieser Brief war vor der Reise geschrieben, als schriftliche »Bestätigung« des schriftlich fixierten Denkmalschutzes für das »Stiegenhaus« von Theodor Dallinger (1762). – ***SS u. Hitlerjugend:*** Für Sidonie Nádherný waren diese Namen identisch mit den deutschen Okkupanten. Die SS legte den Truppenübungsplatz an; Zone II wurde für die erste Aprilhälfte 1943 requiriert. Die »Hitler-Jugend«, gegründet auf dem 2. Reichsparteitag der NSDAP in Weimar am 3./4.7.1926 wurde seit 1.12.1936 von einem Parteiverband zu einem staatlichen Jugendverband umgewandelt, in dem nach einem entsprechenden Gesetz vom 25.3.1939 die Zwangsmitgliedschaft eingeführt wurde. Sie hatte auf die Anlage des Truppenübungsplatzes keinen Einfluss.

[41] 2.4.1943 *SS-Hauptsturmführers von und zu der Tann:* Otto Hermann Freiherr von und zu der Tann aus der II. Linie (ehemals vom Roten Schloss) der Tann-Rathsamshausen (1886-1945; am 3.10.1949 für tot erklärt durch Beschluss der AG. Eisenach; Zentrale Stelle der Landesjustizverwaltungen Ludwigsburg, Bd II, Bl. 201 bis 402), Kaufmann; seit 1939 Hauptmann der Gendarmerie; dann SS-Sturmbannführer der Reserve; SS-Mitglieds-Nr. 228.459. Kommandeur einer SS-Sturmabteilung; 1941-1942 Kommandeur des SS-Truppenübungsplatzes Heidelager bei Debica/Südostpolen; seit Ende Oktober 1941 dort als Vertreter des Kommandeurs des SS-Bataillons. In Debica wegen Korruption abgelöst: Ermittlungsverfahren wegen Straftaten gegen Juden in den Jahren 1941 bis 1943. In Debica befand sich ein großes Ghetto. Seit 20.4.1943 in »unbekannter Dienststellung« auf dem »SS-Truppenübungsplatz Beneschau/ Böhmen mit Standort Seltschan/ Sedlčany. Die Gefangenen Alexej Stepa-

novic Solohub (Häftlingsnummer 12 840) und Tadeusz Putavsky (Häftlingsnummer 32 096) beschrieben von der Tann in einem Bericht über Vorgänge in den Lagern Vrchotovy Janovice und Křepenice: »le Commandant von der Tann, probablement le commandant local, a été connu pour sa brutalité et après le commencement de l'épidémie du typhus, il a voulu éviter des désagréments survenus en fusillant tous les prisonniers du camp de concentration.« (KZ-Gedenkstätte Flossenbürg).

[44] **19.4.1943** ***Oberführer Karasch:*** Alfred Karrasch (* 1889), SS-Oberführer, seit Juli 1942 SS-Brigadeführer und Generalmajor der Polizei, seit November 1944 Generalmajor der Waffen-SS. Am 26.7.1942 Nachfolger des Generalmajor der Polizei und Befehlshaber der Waffen-SS im Protektorat Böhmen und Mähren Karl von Treuenfeld. Er ist vom 20.6.1942 bis 20.7.1942 und vom 7.10.1942 bis 8.5.1945 Kommandeur des SS-Truppenübungsplatzes »Beneschau/Böhmen«. Vom 20.7.1942 bis 1.10.1942 ist SS-Oberführer Johann von Feil Kommandeur. – ***SS-Obersturmführer Wieland:*** nicht ermittelt. – ***Hauptsturmführer Löhnert:*** Dr. med. Camillo Löhnert (* 1886). Juli 1937-1940 Hauptsturmführer beim Stab des SS-Hauptführungsamts Berlin; 1943/1944 Korpsveterinär beim VI. Waffen-Armeekorps der Waffen-SS. 1944 bis 8.5.1945 Veterinärführer beim Befehlshaber der Waffen-SS in Böhmen und Mähren. – ***Dr. Karl Bähr:*** s. Anm. zu [32].

[45] **25./26.4.1943** ***Haltestelle:*** Haltestelle der Lokalbahn Olbramowitz – Seltschan. Eintrag im Taschenkalender: »24. April Ostern! Keine Prozession, ein windiger, regnerischer, trauriger Tag. Erwartete Dr. Wagner, der nicht kam. ... Fühle mich sehr einsam und verlassen.«. – ***Magnolien, Prunus und Rhododendron:*** Der Park von Janowitz war berühmt für das sorgfältig komponierte Farbspiel der Rhododendren-Blüte; dazu kamen Magnolien, der Schlehdorn und die weiter unten erwähnten Azaleen. – ***Friedhofstür:*** die südliche Parkpforte nahe dem Familienfriedhof. – ***Odyssee:*** Eine Polizeirazzia hatte eine Reise von Prag aus verhindert. – ***Dr. Matina:*** Vincenc Jan Matina (1882-1967), Prager Zahnarzt; Dichter; mit Sidonie Nádherný befreundet. In Sidonie Nádhernýs Bibliothek befanden sich die Bände ›Nálady a obrázky‹ (Praha 1931); zusammen mit A. P. Šlechta, ›Dějiny českých Mutinů a Mutinů z rodinné kroniky Mutinů Maršovských‹ (Praha 1932); ›Maloskalské motivy (Praha 1932); ›Velk´dobs. Epigramy‹ (Praha 1934); ›Maloskalské písně‹ (Praha 1935); ›Naše bolesti. Epigramy‹ (Praha 1935); ›Z těžkých dob‹ (Praha 1938); ›Očima dítěte, Verše‹ (Turnov 1942), verzeichnet in: Eva Stejskalová, Katalog Zámecké Knihovny Vrchotovy Janovice, 1. Díl, in: Sborník Národního muzea v Praze, XLVI, 2001, 1-4 (Praha 2001), S. 72f, 75, 94. –

Radios ... zur Kurzwellen-Amputation: zur Verhinderung des Abhörens von »Feindsendern«.

[46] 2.5.1943 *Samstag den 8.:* Eintrag im Taschenkalender: »8. Mai Dr. Wagner kam um 12. 9. Mai Dr. Wagner reiste am Abend wieder ab.« – ***Friedhofstür:*** Sidonie Nádherný erwartete Dr. Wagner und Architekt Miroslav Korecký am südlichen Parkausgang nahe dem Familienfriedhof. Eintrag im Taschenkalender: »2 Soldaten schauten sich im Park um.«

[47] 6.5.1943 *und – umdrehen!:* Die Postkarte zeigt das Porträt, das der tschechische Maler und Graphiker Max Švabinský (1873-1962), den damals eine leidenschaftliche Beziehung mit Sidonie Nádherný verbunden hatte, 1907 von ihr zeichnete. 1908 entstand ein Porträt in Öl.

[48] 15.5.1943 *Jagdreviere:* Eintrag im Taschenkalender: »14. Mai Nachricht, dass die SS alle Jagdreviere übernommen habe. – ... Matina kam am Abend. Otti half im Garten beim Büsche schneiden etc. ... 17. Mai Matina reiste ab.« – ***nördlich des Bahngeleises:*** Die südliche Grenze des Truppenübungsplatzes bildeten die Gleise der Lokalbahn Olbramowitz/Olbramovice – Seltschan/Sedlčany. Sidonie Nádhernýs Güter Janowitz/Janovice, Brastisch/Braštice und Podolí lagen innerhalb der militärisch zu besetzenden Zone; ihr Hof Voračice grenzte südwestlich an den Truppenübungsplatz und lag außerhalb des Platzgebietes, wurde aber zeitweilig auch enteignet. – ***Neveklov:*** In Neweklau, dem zentralen Ort innerhalb des Truppenübungsplatzes Beneschau befand sich die Verwaltung der landwirtschaftlichen und forstwirtschaftlichen Nutzung des Platzes. – ***Cousine:*** Dr. Blažková [?]. – ***O. Kolowrat:*** s. Anm. zu [18].

[49] 20.5.1943 *erwarte ich Sie mit grosser Freude:* Eintrag im Taschenkalender: »23. Mai Dr. Wagner kam mit seiner Cousine für einen Tag, zum Tee Mucki«, d.i. Jan Mladota.

[50] 28.5.1943 *Fieberrausch:* Zwischen dem 23.5. und dem 12.6.1943 tägliche Eintragungen im Taschenkalender über den Verlauf der schweren Lungenentzündung. – ***Žák:*** s. Anm. zu [15]. Zwischen dem 25.5. und dem 1. Juni Einträge im Taschenkalender über die schwere Erkrankung Žáks. Am 5. Juni: »Erneut Fieber. Die Nachricht, dass Žák gestern abend im Krankenhaus in Beneschau starb. Blieb zuhause.«

[51] Ohne Datum *»über Gräber vorwärts«:* Diese Sentenz hat sich zwar Goethe nach dem Tod seines Sohnes August für die Rückkehr ins Leben verordnet, aber Alfred Rosenberg, einer der Ideologen der NS-Ideologie, übernahm diese Durchhalteparole im Zweiten Weltkrieg aus ganz anderen Motiven. – ***Mensdorffs!:*** Graf Franz (1897-1991) und Gräfin Terezie,

genannt Sita geb. Gräfin Sternberg (1902-1985) von Mensdorff-Pouilly wurden gezwungen, binnen 14 Tagen Schloss Jemniště, 10 km östlich von Beneschau, zu räumen, weil Oskar Danek van Esse, der reichsdeutsche Gründer der CKD Werke, seinen Besitz, Schloss Tloskau/Tloskov bei Neveklov, dem zentralen Ort des Truppenübungsplatzes, zu räumen hatte. Als »Reichsdeutscher Staatsangehöriger« hatte von Esse Anspruch auf Entschädigung. Und er beanspruchte Jemniště. Die Räumung von Jemniště gelang unter Mühen ins Schloss Tschechisch Sternberg/Český Sternberk und des Schlösschen Podlesi bei Postubitz/Postupice. Jemniště wurde 1945 von russischen Truppen erobert, verwüstet, und trotz der Proteste der Familie Mensdorff-Pouilly vom Staat konfisziert. 1995 wurde es an die Familie Sternberg restituiert und sorgfältig renoviert. – ***Nachfolger:*** Oskar Danek van Esse. – ***2 Freunde tot:*** nicht ermittelt. – ***Viehstallungen:*** Die an den Schlosshof auf der Südseite angrenzenden Gebäude des Karlshofes, die auf der Nordseite bis dahin fensterlos waren. – ***Leitungsdrähte:*** Vrchotovy Janovice wurde 1938 an das öffentliche Elektrizitätsnetz angeschlossen, nicht aber das Schloss, s. [116]. – ***Baracken im Dorfe:*** Zur Unterbringung der in Janowitz zu stationierenden Mannschaften wurden landwirtschaftliche Gebäude requiriert. – ***Auerhan:*** Forstrat Jaroslav Auerhan (* 1887), als Sohn des königl. Oberförsters Jan Auerhan und seiner Frau Johanna in Lestina/Leština bei Humpoletz/Humpolec geboren; sein älterer Bruder Jan wurde am 9.6.1942 nach dem Attentat auf Heydrich erschossen. Sidonie Nádherný versuchte, mit dem Forstaufsichtsamt in Prag unter Auerhan eine Wiederbesetzung der Forstmeisterstelle während der Protektoratszeit zu vermeiden, um sich keinen Mitarbeiter einzuhandeln, der etwa den deutschen Behörden hörig war, nachdem sich die Waffen-SS bereits das Jagdrecht für ein Gebiet angeeignet hatte, das noch Privateigentum war. Auerhan besuchte Janowitz bereits am 30./31. April. Eintrag im Taschenkalender: »Forstrat Auerhahn [!] kam zum Abendessen und blieb über Nacht … zum Mittagessen Auerhahn, dann reiste er ab.« – ***Kor[ecký]:*** Miroslav Korecký, s. Anm. zu [20]. – ***Dr. Blatžková:*** Blažková, s. Anm. zu [48].

[52] 29.5.1943 ***infeziösen [!] Lungenentzündungen:*** Vermutlich handelte es sich um eine kruppöse Lungenentzündung mit Schüttelfrost, hohem Fieber und Bruststichen, bei dem die hohe Temperatur 7-11 Tage anhielt und dann in einer Krise abfiel. – ***Direktor Schneider:*** Dr. rer. oec. Viktor Schneider (1899-1948), vom 1.1.1928-30.8.1940 Direktor des Lobkowicz'schen Großgrundbesitzes in Raudnitz/Roudnice, wozu Hochchlumec/Vysocký Chlumec gehörte. Max Lobkowicz hatte Schneider beauftragt, Sidonie Nádherný in der Güterverwaltung beizustehen, woran sie sich schon in einem Tagebucheintrag vom 6.3.1934 dankbar erinnerte; vgl. Kraus, Briefe, Bd 2, S. 702. Schneider lebte später in Prag und lehrte als Dozent an der Landwirtschaftlichen Hochschule. (Freundliche Auskunft von Dr. Eduard Mikušek, Archivdirektion Leitmeritz). – ***Weinberger Krankenhaus:*** Vinohradská nemocnice im Prager Stadtteil Vršovice. – ***Auerhahn:*** Jaroslav Auerhan, s. Anm. zu [51]. – ***Bruder des Erschossenen:*** Jan Auerhan (1880-1942), Rechtsanwalt und Schriftsteller, Präsident des Statischen Amtes in Prag, war der Bruder von Jaroslav Auerhan. Er war, wie oben erwähnt, am 9. Juni, dem Tag von Heydrichs Beisetzung, erschossen worden. Tags darauf wurde der Ort Liditz/Lidice bei Kladno zerstört, die Männer wurden erschossen, die Frauen nach Ravensbrück deportiert; die Kinder wurden zum Teil zur Adoption freigegeben, andere wurden ermordet. Am 24. Juni wurde der Weiler Lezaky/Ležáky im Bezirk Chrudim, in dem die tschechische Fallschirmjägergruppe Silver B, die das Attentat auf Heydrich durchführte, seit Anfang 1943 Unterschlupf gefunden hatte, dem Erdboden gleichgemacht. Adolf Hitler hatte am Tag des Attentats, am 27. Mai, angeordnet, 10 000 »verdächtige« Tschechen »oder solche, die politisch etwas auf dem Kerbholz haben«, zu erschießen. Himmler handelte ihn auf 100 sofort zu exekutierende Menschen herunter. Tatsächlich wurden über 2 300 Personen erschossen, davon 477 wegen »Gutheißung des Attentats«. – ***einer sterbend, einer mit Herz-Trombose:*** Jaroslav Žák starb am 5. Juni; Direktor Schneider war ins Weinberger Krankenhaus in Prag eingeliefert worden. – ***Vlasta:*** Zigarettenmarke.

[53] 31.5.1943 *die alte Dame:* nicht ermittelt. – ***auf d[er] Kampa:*** Halbinsel an der Moldau nahe der Karlsbrücke, durch den Čertovka/Teufelsbach von der Kleinseite getrennt. – ***Kosová Hora … Sedlčany:*** Amschelberg und Seltschan, zwei Orte westlich von Janowitz, die außerhalb des geplanten Truppenübungsplatzes lagen. In Sedlčany war zeitweilig das Aussiedleramt angesiedelt.

[54] Ohne Datum: Dienstag nachts *Heger:* Forstaufseher. – ***Janíček:*** Der Forstadjunkt Bohumil Janíček war neben den Herren Dvořák und Vácha Forstaufseher im Nádherný'schen Forstdienst unter Žák, der ihn, nach der Erinnerung von Ladislav Marvan, dem Sohn des Nádherný'schen Fischmeisters, für Verhandlungen mit Sidonie Nádherný gerne vorgeschickt haben soll, weil er ihrem Temperament besser gewachsen war. – ***Advokaten Dr. Hásek:*** Rechtsanwalt in Prag. Nicht ermittelt. – ***Pascher!:*** Adolf Pascher (1881 - Freitod 7.5.1945), Botaniker, seit 1912 a.o. Professor an der Deutschen [Karls-] Universität Prag, seit 1927 Titularprofessor, 1933 Professor, Vorstand des Botanischen Instituts und Direktor des Botanischen Gartens der Deutschen Universität Prag; Sidonie Nádherný hatte den Botanischen Garten 1930 zusammen mit Herbert Graf Schaffgotsch besucht und Pascher persönlich kennengelernt. Bedeutender Algensystematiker. Hrsg. der vielbändigen ›Süßwasserflora Deutschlands, Österreichs und der Schweiz‹ (1913ff); Mithrsg. der ›Beihefte zum Botanischen Centralblatt‹ (1930ff) und des ›Archiv für Protistenkunde‹ (1918-1939). In der Folge des Münchner Abkommens stellte sich »Pascher auf die Seite der deutschen Nationalisten«, zählte indes andrerseits im Mai 1944 im Prager Amt des Sicherheitsdienstes zur »Gruppe der Unzuverlässigen« [Professoren der Naturwissenschaftlichen Fakultät]. – Vgl. H. Riedl, Adolf Pascher, in: Österreichisches Biographisches Lexikon, 1815-1950, Bd. 7 (Lfg. 34, 1977), S. 330; Jan Janko, Adolf Pascher (1881-1945) Botaniker. Zum tragischen Schicksal eines »völkischen« Gelehrten, in: Monika Gletter [Hrsg.], Prager Professoren zwischen Wissenschaft und Praxis. 1938-1948. Essen: Klartext 2001 (Veröffentlichungen des Instituts für Kultur und Geschichte der Deutschen im östlichen Europa .17), S. 513-524. – ***Brief an »Elsa«:*** Elsa Bruckmann (1865-1946), Tochter des Fürsten Theodor Cantacuzène (1841–1895) und der Caroline, geb. Gräfin Deym von Střítež (1842-1921), war eine Cousine Sidonie Nádhernýs, denn die Schwester ihres Vaters, Viktoria Nádherný, war mit einem Fürsten (Konstantin) Cantacuzène (Cantacuzino) verheiratet. Im November 1893 war sie in Wien dem jungen Hugo von Hofmannsthal vorgestellt worden; vgl. ›Hofmannsthals Egeria. Elsa Prinzessin Cantacuzène, später verheiratete Bruckmann, im Briefwechsel mit dem Dichter vom 24. November 1893 bis zum 10. Januar 1894 in Wien‹, mitgeteilt von Klaus E. Bohnenkamp, in: Hofmannsthal-Jahrbuch zur europäischen Moderne, 18/2010, S. 9-104. Elsa Cantacuzène hatte im September 1897 Janowitz besucht, was ein Aquarell des Schlosses belegt; 1898 heiratete sie den Münchner Verleger Hugo Bruckmann (1863-1941). – Berühmt wurde Elsa Bruckmanns Salon in der Nymphenburger Straße, seit 1908 im Prinz-Georg-Palais am Münchner Karolinenplatz 5; sie zog Wissenschaftler, Architekten, Künstler und Schriftsteller an, unter ihnen Heinrich Wölfflin und Hugo von Tschudi, Richard Riemerschmid und Paul Ludwig Troost, Thomas Mann, Harry Graf Kessler, Max Reinhardt, Rudolf Kassner, Rudolf Alexander Schröder, Rainer Maria Rilke, Stefan George, Karl Wolfskehl, Ludwig Klages und Alfred Schuler. In den Jahren 1911/12 war auch Sidonie Nádherný gelegentlich dort zu Gast. – Der Sohn von Elsa Bruckmanns Schwester Maria geb. Cantacuzène, war Norbert von

Hellingrath (1888-1916), der Entdecker der späten Hymnen und Pindar-Übertragungen Friedrich Hölderlins, den George 1910 eingeladen hatte, seinen spektakulären Fund in den ›Blättern für die Kunst‹ und in ihrem Verlag vorzustellen. – Seit 1920 verkehrten in diesem Salon auch Adolf Hitler, Rudolf Heß und Alfred von Rosenberg. Bruckmann, der Kunstverleger und Besitzer der ›Münchner Neuesten Nachrichten‹ und der ›Süddeutschen Monatshefte‹, gehörte seit dieser Zeit zum persönlichen Freundeskreis Adolf Hitlers, dessen politische Anfänge er auch mitfinanzierte. Als Hitler im Dezember 1924 aus der Festung Landsberg entlassen wurde, nahm sich Elsa Bruckmann seiner an; gemeinsam mit Helene Bechstein, der Gattin des Klavierbauers, soll sie ihm Grundsätze der gesellschaftlichen Etikette beigebracht haben. Bruckmann und seine Frau hatten die NSDAP-Mitgliedsnummern 91 und 92; er war MdR der NSDAP, später Mitglied des Senats der Reichskulturkammer. Elsa Bruckmann war Reichsführerin der deutschen und österreichischen Künstlerinnen und Kunstfreundinnen. – ***Regie-Übernahme in Voračice:*** Bis zum Frühjahr 1944 unterlag das außerhalb des Truppenübungsplatzes liegende Hofgut Voračice/Woraschitz der Zwangsverwaltung durch die SS. – ***Rokahr:*** Sidonie Nádherný am 12.3.1943 im Taschenkalender: »Schloß heute Nacht die schöne deutsche Übersetzung des Bauinventars der Meierhöfe für Rokahr ab.« Zusammenhang nicht ermittelt. – ***Paar:*** Gemeint ist die Familie der Grafen Paar, berühmt durch den Goethe-Freund Johann Baptist Graf von Paar (1780-1839), das literarische Vorbild für den Grafen in Mörikes ›Mozart auf der Reise nach Prag‹; vgl. Rokyta, Böhmen, S. 18f. Seit 1715 waren die Paars durch die Heirat von Marie Therese von Sternberg mit dem Grafen Leopold von Paar im Besitz des Burgfleckens und des Schlosses Bechyně/Bechin im Bezirk Tábor. Letzter Besitzer war Karl Johann Wenzel/Karel Jan Václav Graf Paar. Die »brenzlige [!] Lage« muss ungeklärt bleiben. Das Schloss wurde 1948 enteignet, war bis 1989 Erholungsheim der Akademie der Wissenschaft und wurde 1998 an die Familie restituiert. – ***Marvan:*** Ladislav Marvan, s. Anm. zu [54]. – ***Rom:*** Maria Cristina, genannt Cricri Fantechi geb. Guicciardini, die Tochter von Sidonie Nádhernýs florentiner Verlobtem Carlo Graf Guicciardini (1875-1927), lebte mit ihrem Mann, dem Rechtsanwalt Augusto Fantecchi in Rom. – ***2 Čechen sahen mich wütend an:*** Solche Situationen könnten nach dem Krieg den Vorwurf der Kollaboration mit den Deutschen befördert haben. – ***SS Stempel:*** Die SS requirierte den Besitz der tschechischen Bevölkerung, als handle es sich um eine Selbstverständlichkeit. – ***auf mein Schwein wurde*** *vergessen!:* österr. und böhm. umgangssprachliche Wendung für: mein Schwein wurde vergessen.

[55] 3.6.1943 *verbrennen:* aus Sicherheitsgründen, weil Wagner vertrauliche Mitteilungen weitergegeben hatte. – *arme alte Dame:* die in Brief [53] erwähnte alte Dame [?]. – **Kommission**: zur genauen Erfassung der Besitztümer der Auszuraubenden.

[56] 5.6.1943 *....torben:* Oberförster Žák war am 5.6.1943 im Krankenhaus Beneschau seiner Krankheit erlegen; s. Anm. zu [15]. – *Nachricht:* über den erwarteten Besuch von Jaroslav Auerhan.

[58] 6.6.1943 *Nächtliche Stunde:* Gedicht von Karl Kraus. Erstdruck in: Die Fackel 622-631 v. Mitte Juni 1923, S. 150; ›Worte in Versen‹ VII, Wien: Verlag ›Die Fackel‹ 1923, S. 10. – *Wir Vögel, vor den Göttern erwacht:* Fünfte und letzte Strophe des Gedichts ›Die Nachtigall‹ von Karl Kraus, das nicht in der ›Fackel‹ gedruckt wurde, und den VII. Band der ›Worte in Versen‹ eröffnete: Wien: Verlag ›Die Fackel‹ 1923, S. 7. – *12. Juni:* Karl Kraus war am 12.6.1936 in Wien gestorben. – *»Ô l'immortelle ardeur des chercheurs et des sages – «:* Zeile aus dem Gedicht ›Les penseurs‹ von Emile Verhaeren, in: ›Le Multiple Splendeur. Poèmes‹. Paris: Société du Mercure de France MCMVII, Sidonie Nádherný in Janowitz übergeben mit der Widmung von Rainer Maria Rilke: »Mit den Grüssen der Ville-Lumière. Janovic, am zweiten Nov. 1907. Rainer Maria Rilke.« (vgl. Pfäfflin, Collection, S. 389). – *»Leur geste solitaire ...«:* Zeilen aus dem Gedicht ›Les élus‹ von Emile Verhaeren, ebda. – *»Homme, tout affronter ...«:* Zeilen aus dem Gedicht ›Les Rêves‹ von Emile Verhaeren, ebda; Übersetzung von Stefan Zweig: »Alles bestehen, Mensch, bedeutet mehr als es verstehn. | Des Lebens Stufe steigt nicht nieder, nein, sie steigt empor, | Ein prunkend Stiegenwerk, das Fackeln stolz umwehn.« Emile Verhaeren: Hymnen an das Leben. Deutsche Nachdichtung von Stefan Zweig. Leipzig: Insel [1912] (Insel-Bücherei, Nr. 5), S.17ff. – *Revenge:* engl., Rache; gemeint wohl: Gegengabe, mit der man sich revanchiert. – *die Ihrigen:* Václav Wagner hat Gedichte geschrieben, aber wohl nie an eine Veröffentlichung gedacht. – *Sedl[čany], Hradek und Kosová Hora:* Sedlčany, Červený Hrádek/das Rote Schloss der Mladotas und Amschelberg. Das Schloss (1844) wurde von der SS nicht enteignet, wohl aber Kosová Hora/Amschelberg mit seiner jüdischen Gemeinde. Das 1948 enteignete Červený Hrádek diente der Stadt Sedlčany als Heimatmuseum und als Archiv des Bezirksnationalausschusses (Okresní národní výbor) in Příbram. 1989 wurde das baulich heruntergekommene Anwesen an die Familie Jan und Henriette Mladota geb. von und zu Goldegg und Lindenburg (* 1924) zurückgegeben, die es bis 1992 sorgfältig renovieren ließen. – *Bahn oder neue Strasse:* Grenze wurde die Bahnlinie. – *Mlad[ota]:* Johann/Jan gen. Mucki Baron Mladota von Solopisk (1917-2001), der mit seiner seit 1937 verwitweten Mutter Rosa Mladota geb. v. Lumbe im Schloss Červený Hrádek wohnte. – *»Homme, tout affronter vaut mieux que tout comprendre;«:* Diese Sentenz aus Emile Verhaerens Gedicht ›Les Rêves‹ fand im Französischen fast sprichwörtlich Verwendung.

[60] **8.6.1943** *Bienert:* Richard Bienert (1881-1949), Innenminister der Protektoratsregierung unter Emil Hácha, 1942-1945; vom 19.1.-5.5.1945 Premierminister; danach festgenommen, verurteilt und bis Mai 1947 inhaftiert. – *Kanzlei des Staatspräsidenten:* Emil Hácha (1872-1945), vom 15.3.1939 bis Mai 1945 Staatspräsident des Reichsprotektorats Böhmen und Mähren. – *Sekretariat des Vorsitzenden der Regierung:* von Januar 1942 bis Januar 1945: Jaroslav Krejcička (1892-1956). – *Präsidien aller Ministerien:* Im Reichsprotektorat bestanden neun Ministerien, mit »autonomer Verwaltung«, Rechtsprechung und Kultur. Die Außenpolitik und die Landesverteidigung lagen beim Reichsprotektor als dem Repräsentanten des Führers und Reichskanzlers. – *Reichsprotektor in Böhmen und Mähren:* Das Amt des Stellvertretenden Reichsprotektors übte Karl Daluege (1897-1946) nach dem Tod von Heydrich aus; er erlitt im Mai 1943 einen Herzinfarkt und wurde im August 1943 durch Wilhelm Frick (1877-1946), den im August 1943 abberufenen deutschen Innenminister abgelöst; Frick übernahm als Reichsminister ohne Geschäftsbereich das Amt des Reichsprotektors für Böhmen und Mähren bis Kriegsende, ohne großen politischen Einfluss zu haben. – *SS-Brigadeführer und Generalmajor der Polizei Reinefarth:* Heinrich, genannt Heinz Reinefarth (1903-1979), 1942 Generalinspekteur der Verwaltung im Protektorat Böhmen und Mähren; 1944 als Höherer SS- und Polizeiführer Warthe verantwortlich für Massenerschießungen bei der Niederschlagung des Warschauer Aufstandes. Seit 1951 Bürgermeister in Sylt/Westerland; 1962 Mitglied des Landtags in Schleswig-Holstein. – *Oberlandräte:* die 26 Oberlandräte waren dem Reichsprotektor unmittelbar nachgeordnet. – *Generalkommandanten der Protektoratspolizei:* Befehlshaber der Ordnungspolizei Prag war vom 22.8.1941-1.9.1943 Generalleutnant der Ordnungspolizei Paul Riege (1888-1980), deren Mitglieder nach dem Attentat auf Heydrich am Massaker von Lidice beteiligt waren. Rieges Nachfolger war bis 1.2.1945 SS-Gruppenführer und Generalleutnant der Polizei Ernst Hitzegrad (1889-1976). – *die Inspekteure der Uniformierten und Nichtuninformierten Protektoratspolizei:* in Böhmen Paul Bachren; SS-Brigadeführer und, seit 30.1.1944 Generalmajor der

Polizei Anton Diermann (* 1989); Oberst Hirschfeld. In Mähren SS-Standartenführer und Oberst der Gendarmerie Georg Attenberger (* 1897); Josef Fleischmann: ein Träger dieses Namens erscheint als Mitarbeiter von Julius Streichers antisemitischem Hetzblatt ›Der Stürmer‹.

[61] Juni 1943 [?] *Sekretär Walter:* Mitarbeiter der Staatlichen Forstverwaltung [?], der Vorschläge für die Nachfolge des Oberförster Žák machte. – ***Antonín Polák:*** nicht ermittelt. – ***Nížkov bei Německý Brod:*** Nischkau bei Deutschbrod in Ostböhmen, seit 1945 in »Havlíčkův Brod« nach dem 1856 verstorbenen Schriftsteller Karel Havlíček-Borovský umbenannt. – ***Graf Khevenhüller in Komorní Hrádek an der Sázava:*** Anton 7. Fürst zu Khevenhüller-Metsch (1873-1945), verheiratet mit Gabrielle Victoria geb. Mensdorff-Pouilly (1893-1972), beide in Wien gebürtig, in deren Wiener Stadtpalais Sidonie Nádherný Mitte der Dreißiger Jahre öfters abstieg, besaßen die Fideikommisherrschaft Kammerburg in Chocerad/Chocerady in der Bezirkshauptmannschaft Böhm. Brod, Beneschau/Benešov und Ziskau/Žiškov mit großen Waldungen, in denen, nach Tittel (1906) zehn Revierjäger, Unterjäger, Forstadjunkte unter einem Forstmeister und einem Forstingenieur arbeiteten. – ***aus dem Ausland:*** gemeint ist die Ersetzung eines Tschechen durch einen Deutschen. – ***Alois Kultic ... Josef Sevcík ... Josef Hamerský:*** nicht ermittelt. – ***Potštejn:*** Beliebte Sommerfrische bei Wildenschwert/Ústi nad Orlicí an der Wilden Adler im Vorland des Adlergebirges, die auch Wagner immer wieder aufsuchte. Er wohnte in der »Villa des Herrn Oberst«. – Auf dem barocken Schloss Pottenstein lebte die seit 1915 verwitwete Gräfin Mary Dobrženský geb. Gräfin von Wenckheim (1888-1970), eine Freundin von Sidonie Nádherný, Mechtilde Lichnowsky (1879-1958) und Karl Kraus (1874-1936).

[63] 10.6.1943 *Sekretär Walter:* s. Anm. zu [62]. – ***Č. Hrádek:*** Červený Hrádek, s. Anm. zu [31]. – ***Janovice vor April:*** Vrchotovy Janovice wird in der V. Abteilung im Februar, das Schloss bis 15.3.1944 evakuiert. – ***Franzi Schwarzenberg:*** Dr. Franz, genannt František Prinz Schwarzenberg (Prag 24.3.1913 – Unzmarkt 9.3.1992), Großgrundbesitzer, hatte nach dem auf dem Rathaus in Janowitz geführten ›Übernachtungsbuch Janowitz 1939-1944‹ / ›Přihlašovací kniha příchozích do obce‹ vom 16./17. Juni in Janowitz übernachtet. (Statní oblastní archiv u Praze/Statní okreskní archiv Benešov, Pod Lihovarem 2145, CZ 25601 Benešov). – ***Dr. Matina:*** s. Anm. zu [45].

[64] 17.6.1943 *Vot[ice]:* Wotitz, ostsüdöstlich von Janowitz außerhalb des geplanten Truppenübungsplatzes gelegen. – ***Vys. Chlumec:*** In Vysoký Chlumec/Hoch Chlumetz, 6 km südlich von Sedlčany/Seltschan, einem

Marktflecken mit Burg aus dem 14. Jahrhundert, die sich von 1474-1939 im Besitz der Familie Lobkowicz befand, ist heute nach Enteignungen durch die Protektoratsverwaltung und die Bodenreform von 1948 wieder eine Lobkowicz'sche Brauerei.

[65] 25.6.1943 ***Namenstages:*** Sidonie Nádherný feierte ihren Namenstag – Zdenka – am 25. Juni. – ***Vater:*** Carl Ritter Nádherný von Borutin (1849-Janowitz 26.3.1895). – ***»Fischerin du kleine ...«:*** Solo aus der Operette ›Inkognito‹ (1887) von Ludolf Waldmann (1840-1919). – ***Kundmachungen:*** über die Räumung der Städte und Dörfer. – ***Rychnov:*** Fideikommissherrschaft Reichenau an der Knezna des Grafen Othmar Kolowrat-Krakowský-Liebsteinský mit 7200 ha. Rychnov nad Kněžnou liegt etwa 10 km nördlich von Potštejn, wo Václav Wagner Ferien machte.

[66] 2.7.1943 ***Evakuierung der Stadt:*** Ein Stadtviertel der Kreis- und ehemaligen Garnisonsstadt Beneschau/Benešov, 37 km südlich von Prag, wurde seit dem Tag zuvor in die Bezirke Tábor, Příbram, České Budějovice, Strakonice, Pelhřimov zu Teilen evakuiert, also südlich und westlich des Truppenübungsplatzes.

[67] 3.7.1943 ***Dr. Pavlík:*** der örtliche Arzt [?].

[68] 3.7.1943 ***Kundmachung:*** Plakatanschlag mit der Ankündigung der Räumung im Frühjahr 1944. – ***Plan:*** vermutlich handelte es sich um Vorhaben, ihren beweglichen Besitz auf verschiedene Orte außerhalb des Truppenübungsplatzes zu verteilen. – ***Hradek:*** Roth Hrádek, s. Anm. zu [31].

[69] 15.7.1943 ***SS-Obersturmführer Dr. Wildner:*** Dr. Hans Wildner (* Elbogen/Loket 28.9.1909), bekannte sich auf seinem Personalbogen für die Bestellung als »Der Regierungskommissar für die ausgesiedelten Gemeinden des SS-Tr.Üb.Pl. Beneschau« am 1.5.1943 durch die Bezirksbehörde Beneschau mit Wohnsitz in Networschitz/Netvořice als »gottgl[äubig]«, »verheiratet«, »deutsch«; er sei früher Mitglied der »Sudetendeutschen Partei« gewesen, jetzt gehöre er der NSDAP an (Státní ústřední archív v Praze; MV-NR, 1936-1948, i č. 2945, sign. B 8109, k. 4954). – Sidonie Nádhernýs Eintrag im Taschenkalender: 14./15. Juli: »Aufregender Tag. Die SS legte fest, dass kein Holz geschlagen werden dürfe, denn sie würden bald alles übernehmen und ich müsse dann gehen etc. Ich packte die ganze Nacht. Dann kam das Bodenamt und teilte mit, dass ab Morgen zwei Mann hier im Schloss übernachten würden. Nejman war nachmittags hier. ... 15. Juli Am Morgen Rosl [Mladota]. Ich habe die ganze Nacht gepackt, schickte 2 Koffer an Dinka, packte wieder die

Nacht durch, um die Teppiche wegzuschicken. Der Bodenamt-Nejman erneut hier.«

[70] 17.7.1943 ***Príbram und Doberschisch:*** Die Städte Přibram und Dobříš liegen jenseits der Moldau und damit außerhalb des Truppenübungsplatzes; sie wurden nicht evakuiert.

[71] 23./24.7.1943 ***Bestätigung:*** vermutlich eine zurückdatierte »Bestätigung« über die Denkmalwürdigkeit der Janowitzer Sammlungen. Václav Wagner hatte Sidonie Nádherný am 17./18. Juli besucht, Korecký war am 18. dazugekommen: »Dr. Wagner kam. Ich besprach mit ihm meinen Brief an Elsa Bruckmann.« – ***Karmelitská:*** Karmelitergasse 545 auf der Prager Kleinseite. – ***Kamenic [nad Lipou]:*** Kamenitz an der Linde, im Bezirk Pilgram/Pelhřimov. – ***Soběslav:*** s. Anm. zu [28]. – ***Geym.:*** Baron Richard von Geymüller (1894-1965), Schweizer Bürger, übernahm Schloss Kamenitz an der Linde 1923. Geymüller wurde 1946 enteignet, am 22.12.1949 auf der Grundlage eines schweizerisch-tschechoslowakischen Abkommens aber entschädigt. Geymüller versuchte dennoch, sich das Schloss restituieren zu lassen, was als Betrug gewertet wurde. Geymüller galt in den Augen der tschechoslowakischen Behörden als Kollaborateur mit den deutschen Besatzern. – Das Schloss wird Kindererholungsheim. – Schloss Kamenitz an der Linde gehörte für wenige Jahre dem Urgroßvater von Sidonie Nádherný, dem Prager Bürger Johann Nádherný (1772-1860), der 1838 von Kaiser Ferdinand I. mit dem Titel »Edler von« in den österreichischen Adelsstand erhoben wurde; er errichtete 1799 ein Eisenwerk, förderte Acker- und Obstbau sowie Forstkulturen, verkaufte den Besitz aber schon 1805 wieder. 1806-1811 war Kamenitz im Besitz von Rilkes Urgroßvater Johann Joseph Rilke (1744-1842), was Rainer Maria Rilke nach seinem ersten Besuch in Janowitz am 1.11.1907 gegenüber seiner Frau, Clara Rilke, ausdrücklich hervorhob. – ***Gattin:*** Maria Elisabeth von Geymüller geb. von Twickel (1904-1994); Tochter von Ferdinand Baron von Twickel und Sidonia geb. Gräfin von und zu Arco-Zinneberg, also einer weitläufig Verwandten von Sidonie Nádhernýs Freundin Mechtilde Lichnowsky geb. Gräfin Arco-Zinneberg. – ***Bechyně:*** s. Anm. zu [54]. – ***Táborer Gegend u. die Sobešlaver:*** lagen außerhalb des Truppenübungsplatzes. – ***Die d[eutschen] Gendarmen:*** Eintrag im Taschenkalender: »Die 2 Gendarmen fangen meine Fische; sie schießen auf sie. Ich habe zusammen mit Marvan ihre Angeln an mich genommen. Dr. Hašek kam zum Mittagessen.« – ***Der Herr vom Bodenamt:*** Herr Meier, tschechischer Mitarbeiter mit zwei Begleitern des dem Prager Innenministerium unterstellten Bodenamts, die Sidonie

Nádherný im Schloss hatte unterbringen müssen. – ***Krempel:*** Vorstand des Arbeitsamtes in Beneschau. – ***»O glücklich, wer noch hoffen kann ...«:*** Goethe, ›Faust‹ I, ›Vor dem Tor‹, Z. 1064-1067. – ***Ihr Citat:*** nicht überliefert.

[72] 4.8.1943 ***Bestätigung:*** zur Sicherung ihrer beweglichen Habe [?] und die Sicherung des Parks als denkmalwürdige, schützenswerte Einrichtung [?]. – ***Dokument von Prof. Pascher:*** s. Anm. zu [54]. Aus dem Nachlass von Gillian Lobkowicz hat der Hrsg. im Dezember 1974 das folgende, vermutlich unvollständig überlieferte Gutachten ohne Datum und Unterschrift in einem Typoskript-Durchschlag übernommen. Festzustellen ist dabei die allzu vertrauliche Benennung der Besitzerin (»Sidi«!), die deutsche Ortsbezeichnung (»Janowitz«) in einem englisch geschriebenen »Gutachten«, das, nach den folgenden Briefen [73 und 74] vermutet werden kann, von Sidonie Nádherný selber aufgesetzt wurde:

»Professor Dr. A. Pascher,
director of the Botanical gardens of the
German Charles-University, Prague.
THE PARK OF THE JANOWITZ CASTLE.

Owner: The Baroness Sidi Nadherny, Janowitz, Czechoslovakia.

The park (42 acres) surrounding the Janowitz castle contains extremly lovely pleasure grounds with many flowering shrubs and rare perennials. Their value is all the more important, as from the scientific and landscape point of view the cultivation of shrubs and flowers has greatly deteriorated in these days. I need only draw attention to the once famous Pruhonic Park.

Notwithstanding exceeding difficulties and regardless of great financial sacrifices, the owner of this park has with remarklably subtle understanding and feeling for landscape-formation and as a rare gardener herself maintained it, attended to it and has continually improved it, resulting in something unique in this country.

I have had frequently the opportunity to visit it and to admire everything in detail. First one remains impressed with the example of remarkably beautiful, sensitive landscape-gardening, then one is struck at the abundance and variety of species here assembled, leaving also the purely scientific botanist interested to the highest degree. The garden contains plants, which cannot be cultivated in botanical gardens, either for lack of room or of the necessary conditions. We see there many plants, difficult to cultivate and which only succeded with expierienced gardeners.«

[74] 21.8.1943 ***Polička:*** Politschka, Kleinstadt an der böhmisch-mährischen Grenze, westlich von Svitavy/Zwittau, mit Stadtbefestigungen der königlichen Stadt aus dem 13. Jahrhundert und Basteien vom Ende des 15. Jahrhunderts. – ***Beilage:*** der Denkmalschutzbrief [?]. – ***Pascher:*** s. Anm. zu [54].

[75] 30.8.1943 *Č[eská] Třeb[ová]:* Die Bezirksstadt Böhmisch-Trübau im Osten Mährens, nördlich von Svitavy gelegen; Wagner besuchte den Ort vermutlich von Politschka aus. – ***Kor[ecký]:*** s. Anm. zu [20]. – ***Pascher:*** s. Anm. zu [54]; möglicherweise handelte es sich bei dem »beigeschlossenen Vorschlag« um den Text unter Anm. [72]. – ***Pr[inz] Schwarzenberg:*** s. Anm. zu [63]. Franz/František Prinz zu Schwarzenberg, bis 1939 persönlicher Sekretär des Präsidenten der Protektoratsregierung, Emil Hácha; weigerte sich, auf Hitler den Treueeid zu schwören und hielt im Juni 1939 eine berühmte Radioansprache, in der er die Einheit der Nation beschwor. Schwarzenberg schloss sich dem tschechischen Widerstand an und hielt die Verbindung zur tschechoslowakischen Exilregierung unter Edvard Beneš in London. »Fr. Schwarzenberg kam zum Dinner und zum Tee; erzählte wie er Nalžovice hatte verlassen müssen, das die SS übernommen hat«, notierte Sidonie Nádherný im Taschenkalender. Das frühbarocke Schlösschen Nalžovice, 6 km nördlich von Sedlčany, lag innerhalb des SS-Truppenübungsplatzes. Es war seit 1931 in Schwarzenbergischem Besitz und wurde 1939 beschlagnahmt. Im Schloss und im benachbarten Chlum war eine Abteilung der SS-Gerichtsbarkeit mit Gefängnis untergebracht. Ab September 1943 wurde hier die (einzige) SS-Fallschirmjäger-Luftlandeeinheit, das Bataillon 500 (später SS-Fallschirmjäger-Bataillon 600), als »Bewährungseinheit« (Strafbataillon) der Waffen-SS aus straffällig gewordenen SS-Angehörigen aufgebaut und im Herbst 1944 mit 691 Mann in Serbien gegen Titos jugoslawische Befreiungsarmee eingesetzt. 1945 wurde Schloss Nalžovice restituiert; 1948 erneut enteignet: Heim für behinderte Mädchen; nach 1989 restituiert, nun vom Bezirk Mittelböhmen erworben und als Heim weitergeführt. – Seit 23.5.1944 war Schwarzenberg verheiratet mit Amalie Prinzessin von Lobkowicz (1921-1992). 1945-1948 Botschafter der Tschechoslowakischen Republik beim Vatikan in Rom; nach dem Februar 1948 Emigration in die Vereinigten Staaten: Professor für Geschichtswissenschaften an der Loyola Universität in Chicago. Kehrte 1979 nach Österreich zurück; seine Frau lebte als Witwe bis zu ihrem Tod im Schwarzenbergpalais in Wien. Vgl. u. a. die Biographie: Vladimír Škutina, Český šlechtic František

Schwarzenberg (Praha: Rozmluvy 1990). – *Krempel:* s. Anm. zu [71]. – *Vlašim:* Wlaschim, Stadt östlich von Benešov/Beneschau; Schloss und Schlosspark seit 1775 im Besitz der Fürsten Auersperg. – Die Munitionsfabrik Sellier & Bellot war 1935 gegründet worden.

[76] **14.9.1943** *Apparat:* Photoapparat. Václav Wagner war vom 4./5. September in Janowitz gewesen; dabei wurde offensichtlich der Brief an Elsa Bruckmann besprochen, den Sidonie Nádherný am 15. September absandte. Eintrag im Taschenkalender: »Schrieb an Elsa Bruckmann wegen einer Intervention bei Hitler für Janowitz.« Aus der glühenden Hitler-Verehrerin Elsa Bruckmann, die »Wolf«, den Retter und Befreier Deutschlands zwei Tage nach seiner Entlassung aus der Festung Landsberg, am 23. Dezember 1924, in ihren berühmten Münchner Salon am Karolinenlatz eingeladen hatte, war nun, zwanzig Jahre später, eine Skeptikerin geworden. Die Greuel der Verfolgungen und die Schrecken des Krieges liessen sich nicht mehr allein aus Hitlers korrupter Umgebung erklären (»wenn das der Führer wüßte!«). Sie konnte sich nicht mehr darauf berufen, dass sie Hitler stets »unwillkommene Wahrheiten« entgegen gehalten hatte. Als Hitler im Frühjahr 1942 der Witwe Bruckmann einen Kondolenzbesuch abstattete – Hugo Bruckmann war am 3. September 1941 gestorben – beklagte er vor allem den »Tod der beiden einzigen Menschen« *seiner* Umgebung, an denen er innerlich gehangen habe: »Dr. Todt ist tot und Heß ist mir davongeflogen.« Rudolf Heß' Englandflug wurde von der NS-Presse als Tat eines Irrsinnigen bezeichnet. – Zum Freundeskreis Bruckmann gehörte auch Ulrich von Hassel, einer der führenden Männer des Widerstands gegen Adolf Hitler. Es ist wahrscheinlich, dass Elsa Bruckmann im Frühsommer 1944 durch Hassell in die Attentatspläne gegen Hitler eingeweiht worden wurde. Die erbetene Hilfe zur Rettung von Schloss Janowitz war zu diesem Zeitpunkt aussichtslos geworden (Bohnenkamp, Bruckmann, S. 56-59).

[77] **23.9.1943** *Cousine:* Die oben bereits erwähnte Frau Dr. Blažková [?]. – *Pascher:* s. Anm. zu [54]. – *Korecký:* s. Anm. zu [20].

[78] **24.9.1943** *Beilage:* Beilage vom Denkmalamt über das Schloss. – *Köchin:* Frau Spryslová, die Frau des Gutsverwalters.

[79] **28.9.1943** *Glückwünsche:* zu Wagners Namenstag, dem St. Wenzel-Tag, s. Anm. [19].

[80] **6.10.1943** *die Höfe:* Janowitz mit dem Gut Karlshof und dem Hofgut Podolí bei Křečice. Eintrag im Taschenkalender: »Besuch der SS, um Schloss und Park zu inspizieren.« – *Herr Mikesch:* Ein aus dem Sudetenland stammender Mitarbeiter des Bodenamts; seine Herkunft machte ihn

in den Augen der Schlossherrin suspekt. Seine Versprechungen und Zusagen erwiesen sich in der Folge auch als wenig haltbar. – ***Ihr u. Paschers Gutachten:*** Das Gutachten von Wagner ist nicht überliefert; Paschers Gutachten steht in der Anm. zu [72]. – ***Gummiwagen u. Ochsen:*** Ochsengespann vor einem mit luftbereiften Pritschenwagen. – ***Wunsch des Führers:*** Der Wunsch des Führers und Reichskanzlers Adolf Hitler war, Kunstschätze zu rauben und zu zerstören, wo immer er sie fand. – ***Neffe in Chotoviny:*** Ing. Maria *Erwin* Wenzel Nádherný von Borutin (1909-1985), seit 1942 verheiratet mit Sophie Freiin Saurma von und zu Jeltsch (* 1918) aus Sterzendorf/Schlesien, »einer Reichsdeutschen«, was ihn, trotz seiner Unterstützung des tschechoslowakischen Widerstands gegen die Okkupanten, nach 1945 dem Vorwurf aussetzte, in der »Zeit der erhöhten Bedrohung der Republik« mit den Deutschen kollaboriert zu haben; s. Anm. zu [133]. – ***fehlender Pachtzins:*** Der Janowitzer Gutsbetrieb war seit 1885 an Ferdinand Oppenheimer verpachtet, der sich 1887 erschoss; jetzt übernahm Sidonies Vater, Karl Nádherný, die Landwirtschaft selber; er starb 46-jährig an den Folgen einer Lungenentzündung im Frühjahr 1895. Seit 1.4.1897 war der Gutsbetrieb an Emanuel Pešek († 1916) verpachtet, dem sein Sohn, Artur Pešek (* 11.11.1883) in der Pacht der Ländereien folgte; vgl. Nádherný, Chronik, S. 72f. Der Gutsbetrieb stand seit März 1939 unter Zwangsverwaltung.

[81] 12.10.1943 ***den Herrn:*** Herrn Mikesch vom Bodenamt, der seinen Besuch bei Václav Wagner für Montag am 11. Oktober in Prag angekündigt hatte; s. [80]. – ***Pilgram:*** Pelhřimov, Bezirkshauptstadt, etwa 50 km östlich von Tábor, von Prager Bischöfen in der 2. Hälfte des 13. Jahrhunderts gegründet.

[82] 16.10.1943 Kühn: Professor Dr. Karl Friedrich Kühn (Trautenau/Trutnov 1884 – Prag 1945), Dr. Ing., 1930 a.o. Prof. an der Deutschen Technischen Hochschule Prag; 1931 Honorar-Dozent an der Akademie der bildenden Künste Brünn; 1935 o. Prof. an der Technischen Hochschule Brünn; »während des Krieges« Landeskonservator, 1944-1945 Leiter des Staatlichen Amtes für Denkmalpflege in Prag als Nachfolger von Wilhelm Turnwald. Veröffentlichungen zu kunsthistorischen und denkmalpflegerischen Fragen in Böhmen (Österreichisches Biographisches Lexikon, 1815-1950, S. 322).

[84] 29.10.1943 ***zu vernichten:*** Es war verabredet, Briefe zu vernichten, um sie nicht in falsche Hände geraten zu lassen. – ***noch einige Jahre als Eigentum:*** Sidonie Nádherný war 58, als sie solche Erwägungen anstellte. – ***G[rä]fin Mary Dob[ržensk]ý]:*** s. Anm. zu [61]. Sie hatte 1940 die ungarische Staatsbürgerschaft (wieder) angenommen und übersiedelte nach Ungarn, woher sie kam: Nach dem Krieg bemühte sie sich um eine Ausreise in die Schweiz und lebte 1948/49 in England. – ***ein Sohn geboren:*** Wenzel/Václav XIII Antonín Graf Dobrženský (* 9.10.1943) wurde in Schloss Pottenstein geboren. – ***ihr Sohn:*** Franz Spiridion Heinrich, genannt Toschi/Toši, Graf Dobrženský (1915-1978) hatte am 7.9.1942 Eugenie Clothilde, genannt Genhilde, Gräfin Kinský v. Wchinitz und Tettau (* 1925) geheiratet. – Vermutlich im August 1953 schrieb Mechtilde Lichnowsky aus London an ihre Tochter Leonore Gräfin Lichnowsky über die inzwischen in England lebende Mary Gräfin Dobrženský: »Mary Dobrženský fliegt heute nach der Schweiz zu Sohn und Schwiegertochter und 2 Buben. Ihr Sohn ist heute ebenso unmöglich wie immer, aber sie hat jetzt den Mutterkomplex bekommen, nach Jahren von Ärger, weil er Nazi war. Das ist auch wahrscheinlich der Grund, weshalb man ihn hier nicht weiter arbeiten läßt.« 1946 war noch in Pottenstein ein zweiter Sohn, Heinrich VIII Otmar, zur Welt gekommen. – ***Frau Pröschel:*** Hermine Maria Pröschel geb. Kunz, geschiedene Pröschel (1885 – nach 1948), Hausdame auf Schloss Pottenstein; am 10.8.1944 erhielt Frau Pröschel die amtliche Erlaubnis zur Ausreise nach Ungarn, wo sie wieder mit Gräfin Mary Dobrženský zusammentraf. Nach deren Ausreise aus Ungarn suchte Frau Pröschel 1946 und 1948 wieder um die tschechoslowakische Staatsbürgerschaft nach.

[86] 9.12.1943 ***Erwin:*** Erwin Nádherný von Borutín, s. Anm. zu [16]. – ***Vlašská:*** Welsche Gasse. Prager Stadtwohnung der Chotoviner Familie Nádherný auf der Prager Kleinseite; in der benachbarten Vlašská 19/347 am Fuße des Laurenziberges befindet sich das Palais Lobkowicz – heute die Botschaft der Bundesrepublik Deutschland. – ***alten Tante nach Jistebnice:*** Wilhelmine Nádherný von Borutín ((1856-1950), seit 1925 Witwe von Othmar Freiherr Nádherný von Borutín (1840-1925) auf dem südlich von Janowitz gelegenen Schloss Jistebnitz (mit den Gütern Medřice und Vlásenice), das sich seit 1829 im Besitz der Familie befand. – Tábor oder Soběslav waren von Jistebnice nicht zu erreichen. – ***Leitspruch:*** s. B [20] und [25].

[87] 12.12.1943 ***Dr. Matina:*** Sidonie Nádhernýs Zahnarzt, s. Anm. zu [45]. Eintrag im Taschenkalender: 12. Dezember »Aus Berlin kamen einige SS-Leute, um sich im Park umzuschauen.« 15. Dezember »Prag. Dinka getroffen. Zuerst zu Matina, Einkaufen, Tee bei Wagner, Abendessen bei Matina.«

[88] 18.12.1943 ***Fiedler:*** SS-Sturmbannführer d.R. Hans Fiedler (* 1905), SS-Nummer 279 444; EK I 1.6.1943; 44. Panzer-Grenadier-Division Wallenstein; Führer des Wirtschafts- und Verwaltungswesens in der SS-

Standortverwaltung des »Truppenübungsplatzes Beneschau« bzw. »Böhmen«. Eintrag im Taschenkalender: 16. Dezember »Ein Soldat vermaß alle Räume zur Aufnahme von Truppen.« 17. Dezember »Gendarmen vermassen Räume.«

[89] 19.12.1943 ***Weihnachten in Tabor:*** s. B [86].

[90] 23.12.1943 ***Truppenunterbringung in Schloss Janowitz-Markt:*** Erneuter Beleg für die beliebigen Aussagen örtlicher »Entscheidungsträger«: Entschieden wurde spontan nach Lage der Dinge, mit dem Verweis auf »Berlin«. – ***Weisner:*** nicht ermittelt.

[91] 27.12.1943 ***Unsicherheit:*** Verweise auf Entscheidungen durch »Berlin« sind das System. – ***Prof: Kühn:*** s. Anm. zu [82]. – ***Holzfiguren am Stiegenhaus:*** Das Treppenhaus, von Franz Ernst Graf z Wrtby im Rokokostil erbaut, wurde mit »Holzfiguren und Statuetten« seines »Kammerbildhauers«, von dem aus Pilsen stammenden und in Beneschau verstorbenen Lazarus Widmann (um 1700-1747/1756), ausgeschmückt: mit den vier Jahreszeiten, dem Atlas und anderen mythologischen Themen. Vgl. Nádherný, Chronik, S. 50; Abb. S. 77. Widmann war berühmt für seine Kleinplastiken in Alabaster und Elfenbein. Er hatte u. a. den Hauptaltar der Beneschauer St. Anna-Kirche geschaffen (1747) und den Altar der Schlosskapelle Konopište. Aus seiner Werkstatt stammte die 1994 aus der Janowitzer Martinskirche gestohlene Skulptur der Hl. Ludmilla, die im Mai 2000 aufgefunden und an den Prager Erzbischof wieder zurückgegeben werden konnte. Weitere Arbeiten in der Umgebung von Pilsen/Plzeň: Altar in der Kreuzerhöhungskapelle im Lobkowicz'schen Schloss Krimitz/Křimice (1740), mythologische Figuren im dortigen Schlosspark; 17 Heiligenfiguren für die Mariensäule (1740) in Mies/Stříbro, Nepomukstatue (1721); Altar in St. Peter und Paul beim Schönborn'schen Schloss Unter Lukawitz/Dolní Lukavice; zwei Atlanten vor dem Seeberg'schen Palais von Prichowitz/Příchovice. – ***Speisesaal:*** Der Speisesaal im ersten Stock (Raum 37) ist mit einer »mit Blumen und Früchten bemalten Leinenbespannung« ausgestattet; »daß auf dreien der Felder des Decors sich auch Sardinen, Krebse und Zwetschenknödel befinden, erklärt eine Sage damit, daß Graf z Wrtby angab, aufzumalen, was er gerade an dem Tag esse, daher die Fastenspeisen«; vgl. Nádherný, Chronik, S. 23 f. Die aus der Zeit stammenden Kachelöfen wurden mutwillig beschädigt. – ***Elsa Bruckmann:*** ob sie je zugunsten von Janowitz tätig wurde, darf bezweifelt werden; s. auch Anm. zu [54].

1944

[93] 1.1.1944 ***Schicksal:*** Sidonie Nádhernýs Eintrag auf den letzten Seiten des Jahreskalenders: »Wieder allein in dieser Sylversternacht. … Ein trauriges, ein schlechtes Jahr. Die SS hat mir die Hälfte meines Besitzes genommen, die Höfe, die Wälder, die Fischteiche, Ziegelei, Brennerei und das kommende Jahr bringt mir wahrscheinlich den Verlust von Haus und Garten, vielleicht muss ich selber auch gehen – Ich fühle mich schlecht, allein gelassen und ich habe Sehnsucht nach dem Tod. … Möglicherweise gibt mir die Zwangsverwaltung den Hof Voračice zurück. … Die armen Menschen im Dorf sind verzweifelt. Wir leben ohne Ziel und zittern vor dem, was die nächsten Monate bringen werden. Zum 1. April müssen alle weg. Das russische Zhitomir ist heute gefallen. Die Scharnhorst haben die Engländer vor drei Tagen versenkt.« – ***Freude, schöner Götterfunken:*** Beethovens 9. Sinfonie in d-Moll (op. 125) nach dem Text von Schillers Ode ›An die Freude‹ vom Sommer 1785. Dass Sidonie Nádherný die Sinfonie hörte, ist ein Beleg dafür, dass sie im Schloss, das keinen Stromanschluss hatte, Radio hören konnte. – ***Kinsky u. das arme Chlumec:*** Schloss Karlskrone/Karlova Koruna in Chlumetz an der Cidlina/Chlumec nad Cidlinou wurde 1721-1723 von Franz Ferdinand Fürst Kinský mit dem italienischen Baumeister Giovanni Santini Aichel und František Maximilian Kaňka aus Prag erbaut. Seit dem späten 18. Jahrhundert betrieben die Kinskýs Pferdezucht. – 1943 zerstörte ein Feuer große Teile des Schlosses. Von 1936 bis zur Enteignung, 1948, gehörten Schloss und Gestüt Zdenko Radslav Kinský (1896 bis 1975); er hatte von 1948-1958 als Pferdepfleger auf seinem eigenen Gestüt gearbeitet, emigrierte dann und studierte in Paris Tiermedizin. 1992 wurden Schloss und Gestüt an Zdenko Radlavs Sohn Norbert Kinský restituiert, der in der Tschechoslowakei geblieben war.

[94] 8.1.1944 ***Brief an Sie:*** s. den folgenden Brief.

[95] 8.1.1944 ***der Meierhof:*** Karlshof in Vrchotovy Janovice. – ***Voračice:*** der von Janowitz aus westlich gelegene Nádherný'sche Hof Woraschitz, der außerhalb des Räumungsgebietes lag, blieb ihr schließlich als Auslagerungsort für bewegliche Gegenstände erhalten; sie selber lebte dort in einem Kätnerhäuschen ohne Strom, fließend Wasser und Telefon. Beim Besuch mit Dr. Jiři Tywoniak in diesem Haus am 1.10.1971 wurde der Herausgeber von den Bewohnern vor allem auf die Glastüren mit geschliffenem Glas zwischen den Zimmern hingewiesen sowie auf einen Kachelofen: Diese Einrichtungen sollen auf den Aufenthalt der Baronin zurückgehen. Auch ein Rosenstock, der ein Hundegrab bezeich-

net habe, wurde mit Sidonie Nádhernýs Aufenthalt in Zusammenhang gebracht. – *Gärtner:* Ludwig Povolný, seit Januar 1923 in Diensten von Sidonie Nádherný [?]. – *Cousine in Tábor:* Gemeint war die Táborer Bekannte der Cousine Dinka Nádherný von Borutín, Anm. zu [16]. – *Reichsministers Meissner:* Otto Meißner (1880-1953) war unter Friedrich Ebert, Paul von Hindenburg und schließlich unter Adolf Hitler Leiter des Büros des Reichspräsidenten. 1937 wurde er zum »Staatsminister im Rang eines Reichsministers und Chefs der Präsidialkanzlei des Führers und Reichskanzler« ernannt. – *Elsa Bruckmann:* s. Anm. zu [54]. – *Gutachten:* nicht überliefert. – *auch das von Prof. Pascher:* s. Anm. zu [72].

[96] 10.1.1944 *Sekretär Prokupek:* Ing. F. Prokůpek, Landwirtschaftlicher Sekretär des Bodenamts, Prag. – *SS-Rttf. Dr. Lösch:* Funktion des Rottenführers bei der Standortverwaltung nicht ermittelt. – *Schlosses Konopischt:* Das westlich von Beneschau/Benešov gelegene Schloss Konopište lag innerhalb des Truppenübungsplatzes Böhmen und wurde nun von der SS-Standarte-Ortskommandantur requiriert. – Das im frühen 18. Jahrhundert durch die Grafen z Wrtba barockisierte Gebäude war 1887 vom österreichischen Thronfolger Franz Ferdinand d'Este (1863-1914) erworben und 1889-1894 grundlegend umgebaut worden. Er bewohnte die weit vom Wiener Hof entfernte, geräumige wohnliche Schlossanlage seit 1900 mit seiner Gemahlin, Sophie Gräfin Chotek (1868-1914), seit 1909 Reichsgräfin von Hohenberg. Der Wiener Hof anerkannte diese Verbindung nur als nicht standesgemäße, morganatische Ehe. Die Ermordung des ungeliebten Thronfolgers am 28.6.1914 in Sarajewo war das willkommene Signal für die von den Militärs beratene Politik zu scharfen Forderungen an Serbien, aus der sich der Erste Weltkrieg entwickelte. – *SS-St.O.Kdtr.:* SS-Standortskommandantur. – *Schloss Tloskau:* Tloskov bei Neveklov, s. Anm. Mensdorffs! zu [51]. – *SS-St.O.V.:* SS-Standortsverwaltung.

[97] 13.1.1944 *Mikesch:* s. Anm. zu [80]. Das Gutachten Václav Wagners ist nicht überliefert. – *Was mit mir geschieht:* Die Zwangsverwaltung des Gutes Voračich dauerte an.

[98] 15.1.1944 *Suk's Museum aus Kretschowitz:* Dem Komponisten und Geiger Josef Suk (1894-1935) war in seinem Geburtsort Křečovice, zwischen Seltschan/Selčany und Neveklau/Neveklov, ein Museum eingerichtet worden. Suk war der Schwiegersohn von Antonín Dvořák (1841 bis 1904) und der Großvater des Geigers Josef Suk (1929-2011). Heute ein Nationalmuseum der tschechischen Musik.

[99] 5.2.1944 ***Kommandoamt der Waffen SS:*** Unter der Führung von SS-Obergruppenführer Hans Jüttner, der dem SS-Führungshauptamt vorstand, waren 1942 die Kommandoämter der SS-Verfügungstruppe und der SS-Totenkopf-Verbände im Kommandoamt der Waffen-SS zusammengeführt worden. Es war die mit 45 000 Mitarbeitern besetzte Betriebszentrale. Es war der Motor eines Staats im Staate. – ***Kühn:*** s. Anm. zu [82]. – ***Fiedler:*** s. Anm. zu [88]. – ***Holzskulpturen des Stiegenhauses:*** s. Anm. zu [91]. – ***Kapelle:*** Die nur vom Innenhof des Schlosses zugängliche Kapelle im Nordflügel. – ***Speisesaal … um die Wände zu retten:*** s. Anm. zu [91]. – ***Pascher:*** s. Anm. zu [54]. – ***Waschhaus:*** Nördlich vom Schloss gelegenes kleines Einzelhaus an der Mauer des Parks. – ***Bibliothek:*** Zimmer 40 im Ersten Stock, Nordflügel, Gartenseite. – ***Salon:*** Roter Salon, Zimmer 39 im Ersten Stock, im Nordflügel, Gartenseite. – ***elektr[isches] Licht:*** Erst die SS ließ im Schloss Strom verlegen, s. [116]. Im 2. Stock des Treppenhauses fürchtete Sidonie Nádherný besonders um die Fresken von Franz Theodor Dallinger von 1762; vgl. Nádherný, Chronik, S. 50.

[100] 6.2.1944 ***Schlosses Tloskau:*** s. Anm. Mensdorffs! zu [51].

[101] 10.2.1944 ***Prof. Pascher:*** s. Anm. zu [54]. – ***Kühn:*** s. Anm. zu [82]. – ***elektr[isches] Licht:*** s. Anm. zu [99]. – ***Stiegenhaus:*** s. Anm. zu [91]. – ***Speisesaal:*** s. Anm. zu [91].

[102] 20.2.1944 [?] ***Voračice:*** s. Anm: zu [95]. – ***Speisezimmer bis Bibliothek:*** Sidonie Nádherný hatte zunächst vor, die Räume 37-40 im ersten Stock des Nordflügels abzuschließen, bzw. zu versiegeln: Großer Speisesaal (37), Boudoir (38), Roter Salon (39) und Bibliothek (40). – ***Prof. Kühn:*** s. Anm. zu [82]. – ***Boltes:*** Mitarbeiter des Prager Denkmalamtes [?]; später nannte ihn Sidonie Nádherný Bothe. – ***Holzskulpturen in Stiegenhaus:*** s. Anm. zu [91]. – ***Kachel von Kilian:*** Im Zimmer des Bruders Johannes Nádherný im Ersten Stock (Raum 34); s. Nádherný, Chronik, S. 73, wo berichtet wird, dass die Kilians-Kachel auf dem Dachboden gefunden wurde. – ***tausend Jahre:*** Sarkastische Anspielung auf das tausendjährige Reich.

[103] 21.2.1944 ***ein Herr von der Tann:*** s. Anm. zu [41]. Bemerkenswert ist, daß sich alle Funktionäre in Uniform – Fiedler, Weisner oder von der Tann – als die »maßgebenden Männer« vorstellen: gemeinsam ist ihnen die völlige Unzuverlässigkeit ihrer Zusagen. – ***Holzfiguren am Stiegenhaus:*** s. Anm. zu [91]. – ***Schlosskapelle:*** Vom Innenhof des Schlosses aus zugänglicher Raum. – ***Speisesaal:*** s. Anm. zu [91]. – ***Bibliothek:*** s. Anm. zu [99]. – ***Prof. Kühn:*** s. Anm. zu [82].

[104] **23.2.1944** ***massgebende Kommandant:*** Nicht Freiherr von der Tann war der »massgebende Kommandant«, sondern Kommandeur des »Truppenübungsplatzes Beneschau/Böhmen« war zwischen Juli 1942 und Mai 1945 der SS-Brigadeführer und Generalmajor der Polizei Alfred Karrasch, s. Anm. zu [44]. – ***Holzskulpturen im Stiegenhaus:*** s. Anm. zu [91]. – ***4 Jahreszeiten:*** s. Anm. zu [91]. – ***Woraschitz:*** Voračice, s. Anm: zu [95]. – ***Prof. Kühn:*** s. Anm. zu [82].

[106] **Anfang März 1944** ***Postadresse:*** Sidonie Nádherný rechnete mit dem Umzug zum 15. März; ihre Anschrift war also bis dahin Vrchotovy Janovice, Post Olbramovice; danach Voračice, Post Olbramovice. – ***von der Tann:*** s. Anm. zu [41]. – ***Prof. Kühn:*** s. Anm. zu [82]. – ***Neffen aus Chotov[iny]:*** Maria *Erwin* Wenzel Nadherný, s. Anm. zu [80]. – ***Bothe:*** In B [102] nannte Sidonie Nádherný diesen Mitarbeiter des Denkmalamtes Bolte. – ***Holzfiguren:*** s. Anm. zu [91]. – ***Altar:*** Der Altar der Kapelle ist nie mehr aufgerichtet worden. – ***4 Jahreszeiten:*** s. Anm. zu [91]. – ***Smilkau:*** Smilkov, Gemeinde in der Mittelböhmischen Region Středočeský kraj, seit dem frühen 18. Jahrhundert im Besitz der Familie Woracziczky von Pabienitz. – ***Lobkowicz in Konopišt:*** Schloss Konopischt gehörte vor 1887 der Familie Lobkowicz, davor den Grafen z Wrtba, die Janowitz in den Jahren zwischen 1603 und 1807 besessen hatten. – ***Chotoviny:*** Schloss des Vetters Erwin, s. Anm. zu [16], wohin Sidonie Nádherný Teile der Sammlungen des Schlosses auslagerte. – ***15.:*** Der 15.3.1944 war der um einen halben Monat verlängerte Auszugstermin aus dem Schloss. Nach Sidonie Nádhernýs Beobachtung wurde das Schloss am 1.6.1944 mit Soldaten belegt, s. [115].

[107] **9.3.1944** ***W. Lösch, SS-Uschf:*** Unterscharführer; s. Anm. zu [96]. – ***Prokupek:*** s. Anm. zu [96]. – ***Ing. Amler:*** nicht ermittelt.

[108] **9.3.1944** ***Jarolimek Franz:*** Nach mündlicher Auskunft von Ladislav Marvan, s. Anm. zu [54], stammte Franz Jarolímek aus Österreich. – ***Tischler Hajek Wenzel:*** Nicht ermittelt.
In einem Bericht Šrajers an das Innenministerium vom 11.3.1944 heißt es über die Räumung von Janowitz Markt und Janowitz Dorf:

»Der Stichtag der Uebergabe, bezw. Uebernahme des Schlosses der Baronin Sidonie Nádherná in Janowitz Markt wird erst nach durchgeführter Räumung, d.i. nach dem 15.III.1944, festgesetzt. …

Die Inhaberin des Schlosses in Janowitz Markt, Baronin Sidonie Nádherná hatte zur Durchführung der Räumung ihres Schlosses und zur Wegschaffung der Einrichtung 2 Möbelwagen bestellt, die mit der Abfuhr am Montag dieser Woche [6.3.1944] beginnen sollten. Die bestellten Fahrzeuge kamen jedoch nicht gefahren. Erst Freitag [10.3.1944] ist ein einziger Möbelwagen erschienen. Mit Rücksicht auf diese Tatsache könnte ev. die rechtzeitige Uebersiedlung nicht fristgemäss durchgeführt werden, da die wertvolle bisherige Einrichtung des Schlosses, die vom Denkmalamt gehütet ist, mittels Lastkraftwagen oder sogar mittels Fuhrwerke nicht überführt werden kann. …« (KZ-Gedenkstätte Flossenbürg); vgl. [111].

[110] 31.3.1944 *Dr Šrajer:* s.Anm. zu [9].

[111] 1.4.1944 *SS-St.O.V.-Abt.:* SS-Standortverwaltung Landwirtschaft. – ***Prokůpek:*** nicht ermittelt. – ***Hultsch:*** nicht ermittelt. – ***Mejanar:*** nicht ermittelt. – ***Janícek:*** Bohumil Janíček, s. Anm. zu [54].

[112] 17.4.1944 *Franz Vyhnal:* nicht ermittelt. – *P[ost] Smilkau*: s. Anm. zu [106].

[113] 13.5.1944 *der Maler:* Der Malermeister, der das Schloss für die Aufnahme des SS-Mannsachaften herzurichten hatte. – ***Hof in Regie:*** Voračice war also bis Ende März 1944 von der SS beschlagnahmt. Der Hof hat bis heute eine eigene Bahnstation der Lokalbahn Olbramovice – Sedlčany.

[114] 25.5.1944 *Ausweitung des Truppenübungsplatzes:* Die Vltava/Moldau im Westen, im Norden das Flüsschen Sázava, im Osten die Straße Čerčany – Benešov – Votice und im Süden die Bahnlinie Olbramovice – Sedlčany und die Straße Sedlčany – Přívozec bildeten die Grenzen des Truppenübungsplatzes.

[115] 27.6.1944 *Namenstages:* s. Anm. zu [65]. – ***den Gräbern:*** Im Janowitzer Park befindet sich die von Camillo Schneider angelegte Familiengrabstätte Nádherný mit den Gräbern der Eltern und der beiden unverheiratet gebliebenen Brüder Johannes und Karl; seit 1999 sind dort auch die aus Denham/England überführten sterblichen Überreste von Sidonie Nádherný beigesetzt; daneben das Grab von Mary Cooney, der irischen Amme und späteren Gesellschafterin von Sidonie Nádherný; vgl. Nádherný, Chronik, S. 76. – ***kamen Truppen hin:*** Das Datum des 1. Juni ließ sich nicht verifizieren. – ***Kommandantur in Benešov:*** Kommandeur des Truppenübungsplatzes Böhmen war, in wechselnden Funktionen von 1942 bis 1945, SS-Brigadeführer und Generalmajor der Polizei Alfred Karrasch, s. Anm. zu [44] in Beneschau. – ***Schlossplatz:*** Der Platz auf der Südseite des Schlosses, gerahmt von den Wirtschaftsgebäuden und dem Eingang zum Park. – ***Gedicht nachlesen:*** Die vor ihrer Flucht nach England in der Königlich-Niederländischen Botschaft in Prag eingelagerte Karl Kraus- und Rainer Maria Rilke-Bibliothek, die sich heute als Dauerleihgabe der Königlich Niederländischen Botschaft im Tschechischen Nationalmuseum, Prag, befindet, war also seit März 1944 im Speicher von Voračice untergebracht. – ***Ihre verstorbene Mutter:*** Zdenka Wagnerová.

[116] **Juli 1944** ***SS-Oberscharführer Richter:*** Willibald Richter (1893 bis Weiden/Oberpfalz 16.5.1945). – ***Lindner:*** Helmut Lindner (1909-1961/62); im Zivilberuf Maurer; Lagerältester.

[117] **13.8.1944** ***Spitze abgetragen:*** Nach Auskunft von Ladislav Marvan, s. Anm. zu [54], befand sich dort ein Beobachtungsposten der Flak. – ***elektr[isches] Licht:*** Von dem höher gelegenen Hofgut Olbramovice, das unmittelbar an der durch die Bahnlinie Olbramovice – Selčan bezeichneten Grenze zum Truppenübungsplatz und nur 1½ km von Vrchotovy Janovice entfernt liegt, konnte man Schloss und Ortschaft überblicken. Überraschend scheint freilich, dass die Besatzung im Schloss auf die Verdunklung der Fenster glaubte verzichten zu können. – ***Panzerschule:*** SS-Panzerjäger-Sturmgeschütz-Schule Janowitz. – ***Zuchthäusler, Juden, Mischlinge:*** Die »verbrecherische Gefährlichkeit der Häftlinge« wurde durch solche Charakterisierungen gegenüber der Zivilbevölkerung betont; Rudolf Höß beschrieb in seinen ›Autobiographischen Aufzeichnungen‹, Ziel sei es gewesen, »jegliche Mitleidsregung von vorneherein zu unterdrücken« (Kommandant in Auschwitz. Eingeleitet und kommentiert von Martin Broszat. Stuttgart: Deutsche Verlags-Anstalt 1956, S. 65). – Nach dem Bericht des französischen Lagerhäftlings Alibert Laurent, Häftlingsnummer 12 833 (KZ-Gedenkstätte Flossenbürg), war es allen auf dem Truppenübungsplatz »Böhmen« beschäftigten Personen strengstens untersagt, mit den Häftlingen in Verbindung zu treten, Briefe oder Päckchen aus dem Lager oder ins Lager zu transportieren, den Häftlingen etwas zu überlassen, sich von ihnen etwas geben zu lassen oder ihnen Nahrungsmittel zukommen zu lassen; es war verboten, über das Lager Janowitz und seine Anlage zu sprechen, auch nicht gegenüber Familienangehörigen; Zivilkleider, die eine Flucht der Deportierten erleichtern konnten, durften im Lager nur in geschlossenen und verschlossenen Räumen zurückgelassen werden; die Gefangenen sollten nicht bemitleidet werden, noch sollte man sich von ihnen nicht bemitleiden lassen; Zivil- und Militärpersonen waren unbedingt aufgefordert, Fluchtversuche nicht durch Sorglosigkeit oder Nachlässigkeit zu erleichtern; das Fotografieren der Gefangenen, ihrer Unterkünfte und ihrer Arbeitsplätze war verboten. Es war den Personen, die mit den Gefangenen in Berührung kamen, schließlich untersagt, das Lager durch andere Ausgänge zu verlassen als durch jene, durch die sie eingetreten waren, weil dadurch ein eventuelles Austauschen von Bewacher

und Bewachtem erleichtert werden könne. Die Wache hatte das Recht der Personenkontrolle. Diese Gebots- und Verbotsliste hatte jeder zu unterschreiben, der mit den Gefangenen in Berührung kam, als Bewacher, Arbeitgeber oder Arbeitskollege. Vgl. ›Flossenbürg‹.

[120] **24.12.1944** ***Krankenhaus:*** Sidonie Nádherný hatte sich einen Schenkelhalsbruch zugezogen und lag bis Anfang März im Krankenhaus Beneschau/Benešov. – ***Zigaretten:*** Sidonie Nádherný war Kettenraucherin. – ***Janíček:*** Bohumil Janíček, s. Anm. zu [54]. – ***Sträflingen:*** Häftlinge aus dem KL Vrchotovy Janovice. – ***Miláčov:*** Wald beim Meierhof Podolí, 2 km nördlich von Křešice/Kresitsch; vgl. Nádherný, Chronik, S. 80. – ***unterirdisches Zimmer:*** Versteck des tschechischen Widerstands. Eben die Waldarbeiter könnten eine Erklärung dafür sein, dass das Versteck bisher nicht entdeckt worden war, wenn sie die Versteckten deckten. – ***Köchin:*** Frau Šryslová, s. Anm. zu [78]; vielleicht auch Rùžena Komùrková, die ihr zur Hand ging. – ***das Mädchen:*** Lída Bubnová. – ***General:*** nicht ermittelt. – ***Gefangener hängt am Kirchturm:*** Auf dem Friedhof der Gemeinde Vrchotovy Janovice findet sich das Grab eines französischen Deportierten, Charles Audiffred (1905-1945); ob er der Erhängte war, muss offen bleiben. – Nach dem Bericht von Alibert Laurent, Häftlingsnummer 12833, sowie nach Protokollen französischer und amerikanischer Ermittler und einem Bericht der Ortspolizei vom Vojkov/Wojkau vom 28.6.1945, No. 517/45, lässt sich *ein* Fluchtversuch eines französischen Deportierten, Auguste Zenzen oder Zenzenn (*Chambéry 8.10.1921), Häftlingsnummer 10 272, rekonstruieren. Er floh im August 1944 aus dem KL Vrchotovy Janovice und ergab sich am 27.8.1944 in Křenovice, Gemeinde Bezmiř, einigen Dorfbewohnern, durch Hunger völlig entkräftet. Man sei ihm zur Hilfe gekommen. Er habe erklärt, es sei ihm gleichgültig, was mit ihm geschähe. Der Bürgermeister von Vojkov/Wojkau, Jan Vacek, habe wegen der Androhung der Todesstrafe für Gefangenenhilfe, die tschechische Polizei angewiesen, die deutsche Gendarmerie in Wotitz/Votice von der Anwesenheit des Gefangenen zu verständigen. Sie sei sofort erschienen, habe den Gefangenen Z. unmittelbar nach der Festnahme gefoltert, ihn dann ins Lager Vrchotovy Janovice gebracht, wo ihn der Funktionshäftling und Kapo Müller niedergeschlagen und auf ihm herumgetreten sei (KZ-Gedenkstätte Flossenbürg; Tradition du rapport de la Gendarmerie de Vojkov, le 28.6.1945, No. 517/45). Der russische Gefangene Alexej Štepanovič Solohub, Häftlingsnummer 12 840, nannte Müller einen Berufsmörder. Dann habe man den gefolterten Z. vor einen der Wachtürme der SS aufgestellt, ihm eine Schießscheibe umgehängt, und als er sich nicht mehr

auf den Beinen halten konnte, habe der Kommandant das Feuer auf ihn eröffnen lassen. Der am 28.8.1944 Getötete wurde in einer Häftlingsbaracke auf dem Tisch aufgebahrt und die gefangenen Franzosen mussten die ganze Nacht in der Baracke zum Appell antreten. Er wurde im Friedhof oder im Park nahe der Friedhofsmauer begraben, nach anderen Quellen ins Krematorium nach Prag gebracht. (Traduction du rapport de la Gendarmerie de Vojkov, le 28.6.1945, No. 517/45; KZ-Gedenkstätte Flossenbürg). – ***Soldaten:*** Nicht ermittelt. – ***2 Parasutisten:*** tschechische Fallschirmjäger.

1945

[121] 19.3.1945 ***Anflug:*** Am 14.2.1945 warf die US Air Force infolge eines Navigationsfehlers und schlechter Wetterbedingungen 152 Tonnen Bomben über Wohnvierteln von Prag ab. Sie waren eigentlich für das am Tag vorher in Schutt und Asche gelegte Dresden bestimmt. – ***seit 14 Tagen zu hause:*** Aus dem Beneschauer Krankenhaus entlassen; »zu hause« meinte also in dem Gutshof Voračice und die Gartenarbeit bezog sich auf den kleinen Gemüsegarten, der sie ernähren sollte. – ***G[ra]f Egon Koloworat:*** Egon Graf Kolowrat-Krakowský-Liebsteinský, (* 1889), das neunte von elf Kindern der Reichenauer Kolowrats, während Othmar [Otto] das zehnte war. – ***Mary Dob[rženský]:*** Sie erlebte die Befreiung in Budapest; s. Anm. zu [61]. – ***Gr[rä]fin Pallavicini:*** nicht ermittelt. – ***Die Arme:*** bezieht sich erneut auf die Freundin Mary Dobrženský. – ***Mula Hejdová:*** Mula Helfertová Hejdová, die Schwester des Museologen Jaroslav und des Musikwissenschaftlers Vladimir Helfert (1886-1945). – ***Bruder in Pottenst[ein]:*** Der Museumsmann Jaroslav Helfert (1883 – Potštejn 1972) lebte in den Jahren 1940-1950 in Pottenstein/Potštejn; Helfert leitete in den Jahren 1923-1948 als Direktor das Museum Brünn und arbeitete, seit 1922, zugleich als Lektor an der Masaryk-Universität; 1945 wurde er von den Nationalsozialisten verhaftet und in Theresienstadt inhaftiert; nach seiner Befreiung leitete er in den Jahren 1945-1955 u.a. das Museum von Reichenau an der Kneschna/Rychnov nad Kněžnou. – ***wegen der Frau Pr[öschel]:*** bezieht sich auf den Umgang von Franz Graf Dobrženský mit der Gesellschafterin Hermine Pröschel; s. Anm. zu [84]. – ***Chotěb[oř]:*** Das vormals Kinský'sche Schloss im Böhmisch-Mährischen Hügelland kam 1836 in den Besitz der Grafen Dobrženský; in der barocken, einstöckigen Vierflügelanlage lebte 1945 Johann Josef III. Dobrženský (1870-1947), der seit 1907 mit Gräfin Rosa von und zu Trautmansdorff-Weinberg (1879 bis

1967) verheiratet war. – ***Toši:*** Franz, genannt Toschi Graf Dobřzenský, s. Anm. zu [84]. – ***Glashäuser:*** Gewächshäuser im Park. – ***Taubenhaus, ... Pfirsichhaus:*** Gebäude im Park, die noch auf den Vater Sidonie Nádhernýs zurückgingen. – ***Jeder geht durch:*** Gemeint ist der Park. – Ende des Monats März stand die Rote Armee an der Ostgrenze der Tschechoslowakei. Die Verwirrung in dem bis zum 7.5.1945 von den Alliierten unbesetzten Land war offenbar so groß, dass Sidonie Nádherný erstmals wieder den Park besuchen konnte.

[122] 1.5.1945 *Lindner:* s. Anm. zu [116]. – ***Graun:*** Friedrich-Wilhelm Graun (* 1916), hochdekorierter, nach einer Verwundung beinamputierter SS-Offizier: Graun gab bei seiner Vernehmung »zu den Verhältnissen im KL Dora« in einem Verfahren der Staatsanwaltschaft Köln am 22.1.1963 u.a. an, daß er 1943 verwundet wurde und daß ihm am 19.11.1943 in Shitomir das rechte Bein amputiert worden ist (Zentrale Stelle der Landesjustizverwaltungen Ludwigsburg; Ermittlungsverfahren wegen NS-Verbrechen gegen Friedrich Graun u.a.; Oberstaatsanwalt Dr. Rückerl an Generalstaatsanwalt bei dem Oberlandesgericht Braunschweig, 12.10.1971).

[123] 10.5.1945 Seit 8. Mai 1945 schwiegen die Waffen. Plünderungen waren an der Tagesordnung, wobei eine Unterscheidung zwischen zurückgelassenem Militärgut und dem Besitz der Schlossherrin von Janowitz nicht zu erwarten war, weil Schloss und Park für die Bevölkerung bis zu diesem Zeitpunkt, von den jährlichen Fronleichnamsprozessionen abgesehen, hermetisch abgeschlossen war. Das enteignete Gelände des Truppenübungsplatzes galt als Gebiet, das dem Deutschen Reich gehörte. – ***Nationalausschuß:*** Národní výbory war ein Organ der staatlichen administrativen Verwaltung in der Tschechoslowakei in den Jahren von 1945 bis 1990. Ihre gesetzliche Grundlage war das Dekret des Präsidenten Edvard Beneš und der Exilregierung vom 4.12.1944. Geplant waren die Nationalausschüsse als Instrumente eines demokratischen Willens des Volkes. Nach 1948 wurden sie mehr und mehr Ausführungsorgane des Machtprinzips des demokratischen Zentralismus; sie wurden die Hebel einer politischen Lenkung der Wirtschaft und der ganzen Gesellschaft bis herunter auf die lokale Ebene. Es gab sie auf allen Stufen der Verwaltung als Orts-, Kreis- und Bezirks-Nationalausschüsse. – ***am Nachttisch:*** In dem Kätnerhäuschen in Voračice. – ***Deputatisten:*** František Babický, Pächter oder Betreiber des Hofgutes Voračice, der einen Teil des Pachtzinses durch Nahrungslieferungen abgegolten hat.

[124] **12.5.1945** ***grossen Holzfiguren:*** Die Lazarus Widmann'schen Skulpturen im oberen Treppenhaus des Schlosses, s. Anm. zu [91]. – ***Speisesaal:*** s. Anm. zu [91]. – ***Weinlaubtapete:*** Im Roten Salon von Sidonie Nádherný im Ersten Stock (Raum 39), zwischen Speisesaal und Bibliothek. – ***neue Baracken:*** Für die SS-Mannschaften waren Baracken gebaut worden, die nun leer standen; vgl. die Kartenskizze. Das Außenlager des KZ beim Neuen Teich war abgebrannt, vermutlich nicht zufällig. – ***Staatseigentum:*** Da die Beschlagnahmungen der Besatzer alle Rechts- und Besitzverhältnisse durch Grundbucheintragungen zugunsten des Deutschen Reichs verändert hatten, blieb der tschechslowakischen Verwaltung zunächst nichts anderes übrig, als am Status quo festzuhalten. – ***Kamin aus meinem Salon:*** heute nicht mehr erhalten. – ***Ofen mit der gelben Kachel von Kilian 1730:*** s. Anm. zu [102]. – ***Kühn:*** s. Anm. zu [82].

[125] **26.5.1945** ***Barockaltar:*** s. Abb. des Großen Speisesaals (Raum 37) im Ersten Stock, in Nádherný, Chronik, S. 77. – ***Holitzerporzellan:*** In Holič/Holitsch, früher: Weißkirchen im Nordwesten der heutigen Slowakei nahe der tschechischen Grenze hatte Franz I. Stephan, der Gemahl Maria Theresias 1736 eine Porzellan- und Fayence-Manufaktur begründet, welche die Stadt zu großem Wohlstand führte. – In Nádherný, Chronik, S. 73, S. 76; Abb S. 77, wird zur Herkunft dieser Sammlung mitgeteilt: »Als mein Vater das Schloß kaufte, fand sich wertvolles Altwiener und Meißener Porzellan vor, eine schöne Sammlung Holič …« Um 1930: »Wir sortierten und inventarisierten die reichhaltige Porzellansammlung und vereinten die Holič-Kollektion im Speisezimmer.« – ***Kapelle:*** s. Anm. zu [91]; vgl. Nádherný, Chronik, S. 76. – ***Holzskulpturen:*** s. Anm. zu [91]. – ***Barockofen:*** nicht ermittelt. – ***Ofen im Speisesaal:*** nicht ermittelt. – ***Stofftapeten:*** s. Abb. in Nádherný, Chronik, S. 77. – ***Fischmeister:*** Joseph Marvan, s. Anm. zu [54]. – ***Vojkov:*** Wojkau, Ortschaft in der Nachbarschaft von Voračice an der Straße nach Sedlčany/Seltschan. – ***Dr. Kovárna:*** František Kovárna (1905-1952), Kunsthistoriker, Schriftsteller, lebte während der Okkupation in Bezmíř bei Vojkov; ging 1948 nach Paris ins Exil, 1951 nach New York. – ***Eigentum von M. Lobkovic, Botschafter in London:*** Vgl. Anm. zu [25]. Dass Schloss Janowitz mit Park und Gutsbetrieben dem Fürsten Max Lobkowicz testamentarisch vermacht werden sollte, hat dieser dem Hrsg. am 17.5.1966 bei einer Begegnung in München noch persönlich erzählt. Vgl. Friedrich Pfäfflin, Kansas oder Massachusetts, Janowitz oder vielleicht doch Prag? Die Geschichte vom Auffinden der Briefe [von Karl Kraus an Sidonie Nádherný] und ihrer Veröffentlichung, in: Kraus, Briefe, Bd 2, S. 735-747.

[126] **28./29.5.1945** ***russisch geschriebene Bekanntmachung:*** Zum Schutze des Schlosses durch das Denkmalamt. Nicht überliefert. – ***Heger:*** Bohumil Janíček, s. Anm. zu [54]. – ***Schule:*** Das Volksschulgebäude von Vrchotovy Janovice liegt nur wenige Schritte vom Schlosshof entfernt.

[127] **3.6.1945** ***Holzfiguren:*** s. Anm. zu [91]. – ***bisherigen Verwaltern:*** Dabei dürfte es sich nach Lage der Dinge um die Zwangsverwalter handeln, denn das Gelände des Truppenübungsplatzes war enteignet und damit Staatsbesitz. – ***zwangsverwalteten Güter:*** Gemeint sind vermutlich zwangsverwaltete Güter außerhalb des Truppenübungsplatzes, also etwa die Besitzungen der Lobkowicz und andere, von den Deutschen enteignete Liegenschaften, die an die früheren Besitzer zurückgegeben wurden. – ***Janovice liegt auf der Grenze:*** Die nördlich der Bahnlinie Olbramovice/Olbramowitz – Sedlčany/Seltschan liegenden Ländereien und Teiche, darunter Schloss, Park und Gutswirtschaft, blieben enteignet; der Gutshof Voračice und andere, südlich der Bahnlinie liegende Ländereien waren jetzt wieder in Sidonie Nádhernýs Besitz. – ***Bystřice und Olbramovice:*** Bistritz und Olbramowitz, Orte an der Straße Beneschau – Tabor. Da Wagner bisher stets mit der Bahn gereist war, gab Sidonie Nádherný ihm Anweisungen für die Anfahrt mit dem Auto über Janowitz hinaus nach Voračice. – ***Štětkovice:*** Ein Weiler, etwa 6 km nordöstlich von Voračice. – ***befremdet Sie nicht die deutsche Sprache:*** Wagner schrieb deutsch, nach dem Krieg aber vermutlich tschechisch. – ***Rilke's Sprache:*** Sidonie Nádherný war von 1906 bis zu Rainer Maria Rilkes Tod mit ihm befreundet; er hatte Schloss Janowitz dreimal besucht; vgl. Rilke/Nádherný. – ***Sprache meiner Kindheit:*** Sidonie Nádherný und ihre Brüder waren von der irischen Kinderfrau Mary Cooney, die später ihre Gesellschafterin war, in englischer Sprache erzogen worden.

[129] **25.6.1945** ***geliebten Mutter:*** Zdenka Wagnerová feierte ihren Namenstag gleichfalls am 25. Juni. – ***Unannehmlichkeiten:*** Vgl. Alena Wagnerová, S. 253 – ***Bezirksnationalausschuss:*** s. Anm. zu [123]. – ***am 19.5.45:*** Nicht überliefert.

[130] **28.6.1945** ***Namenstages:*** Sidonie Nádherný feierte den Namenstag am 25. Juni. – ***Max Lobkowicz:*** s. Anm. zu [25]. Lobkowicz, bis zum kommunistischen Putsch 1948 Botschafter der tschechoslowakischen Exilregierung bzw. der Regierung am Hof von St. James, war im Juni 1945 erstmals von London aus für zwei Tage nach Prag und Schloss Raudnitz/Roudnice zurückgekehrt, um sich um seine von den Deutschen enteigneten Besitzungen zu kümmern. Die umfangreichen kunst-

historischen und kulturhistorischen Lobkowicz'schen Sammlungen im Schloss Raudnitz waren in das sogenannte »Führermuseum« Linz verbracht worden. Obwohl Max Lobkowicz die Möglichkeit gehabt hätte, die restituierten und heute im Schloss Nelahozeves/Mühlhausen an der Moldau und im Lobkowicz-Palais auf dem Hradschin verwahrten wertvollen Sammlungen der Familie außer Landes zu bringen, beließ er sie zur Demonstration seines Glaubens an die Lebensfähigkeit der tschechoslowakischen Demokratie im Lande – und wurde im März 1948 erneut enteignet (vgl. William B. Russell, Jr., The Lobkowicz Collections. Six Centuries of Patronage. Nelahozeves Castle: 2000). Bei dieser kurzen Reise hatte Lobkowicz auch Sidonie Nádherný in Janowitz besucht. – ***Hana Beneš:*** (1885-1974), die Gattin von Edvard Beneš, war im englischen Exil Ehrenvorsitzende des Tschechischen Roten Kreuzes gewesen. – ***Frant[išek] Schwarzenberg ... mit seiner Frau:*** s. Anm. zu [75]. Prinz Franz Schwarzenberg und Amalie Franziska geb. Prinzessin Lobkowicz. – ***Bobby's ... unter Denkmalschutz:*** s. B [20]. – ***örtliche Nationalausschuß:*** s. Anm. zu [123]. – ***Bezirksnationalauschuss Votice:*** s. Anm. zu [123]. – ***Waschhaus im Park:*** s. Anm. zu [99]. – ***Wohnung im Haus Nr. 54:*** Ist das 1949 abgetragene Jägerhaus gemeint (?). – ***Landesnationalausschuss:*** s. Anm. zu [123]. – ***wir čech[ischen] Grossgrundbesitzer nicht enteignet:*** im Gegensatz zu den ausländischen bzw. Volksdeutschen. – ***Toši:*** Franz, genannt Toschi Graf Dobrženský, s. Anm. zu [84]. – ***Seine Mutter:*** Mary Gräfin Dobrženský, s. Anm. zu [122]. – ***Fr[au] Prösch[el]:*** Hermine Pröschel, s. Anm. zu [84] und [122]. – ***O. Weiss, Pacov:*** Otto Ritter v. Weiss-Tessbach (Wien 1898 – ermordet bei Patzau 11.5.1945), war Besitzer des Schlosses Pacov/Patzau. – Schloss Patzau wurde um 1880 von dem Wiener Rechtsanwalt Dr. Adolf Weiß, Ritter von Tessbach (1831-1900) erworben, der mit seinem Sohn Adolf II. Ritter v. Weiss-Tessbach und Enkeln Adolf III. (1896-1979) und Otto (1898-1945) eine darin aufgestellte Bibliothek ausbaute. Nach der Ermordung von Otto Weiss übersiedelte die Familie nach Wien; ihr Besitz in der Tschechoslowakei wurde 1945 verstaatlicht. Schloss Těchobuz wurde Kindergenesungsheim und danach Kinderheim. Seit 1966 wird es als Sozialfürsorgeanstalt für geistig Behinderte genutzt. – ***Die Frau:*** Mary Helene Ritter Weiss von Tessbach, geb. Prinzessin de Rohan (Sandown, Isle of Wright 1901 – Wien 1957).

[131] 3.7.1945 ***Sie wiederzusehen:*** Václav Wagner und ein unbekannter Kollege vom Denkmalamt hatten also einen ersten Besuch nach Kriegsende gemacht. – ***Gefangene:*** vermutlich internierte Sudetendeutsche. – ***meinem Neffen:*** Ing. Maria *Erwin* Wenzel Nádherný von Borutín; s. Anm.

zu [80]. – ***Waschhaus:*** s. Anm. zu [99]. – ***Firma Keram[o] in Rakovník:*** Rakonitz; Steinzeughersteller oder -lieferant, z.B. auch für Kachelöfen.

[132] 18.7.1945 ***Archit[ekten]:*** Von Architekt Ingenieur Kříž sind vom Sommer 1945 zwei Postkarten an Sidonie Nádherný überliefert, vom 17.VIII. und vom 26.IX.1945, in denen Nachricht gegeben wird, »dass diese Woche der Kostenvoranschlag fertig sein wird«, der dann »beim Denkmalamt« eingereicht werden könne; fünf Wochen später wird mitgeteilt, »dass wir ungeduldig auf einen Kostenvoranschlag des Installateurs« für die Wasserleitung warten. Kříž handelte also vermutlich mit Zustimmung Wagners, dessen Erwartungen für Zusagen sich nicht erfüllten. – ***in den Sudeten Deutsche verschaffen:*** In der ersten Sitzung der tschechoslowakischen Regierung am 5.4.1945 im russisch besetzten Košice/Kaschau wurde das von Präsident Beneš im Exil vorbereitete ›Kaschauer Programm‹ angenommen, das festlegte: »VIII … Die tschechoslowakische Staatsbürgerschaft der übrigen tschechoslowakischen Bürger deutscher und madjarischer Nationalität wird aufgehoben. … Die Deutschen und Madjaren, welche in das Gebiet der Tschechoslowakei nach München, also seit 1938, eingewandert sind, werden sofort aus der Republik ausgewiesen, soweit sie nicht einem Strafverfahren unterliegen. Eine Ausnahme bilden Personen, welche zugunsten der Tschechoslowakei gearbeitet haben.« Kriegsverbrecher, Verräter und Kollaborateure sollten verurteilt und inhaftiert werden. – ***Meierhof die Reparatur-Werkstätte:*** Offensichtlich wurde die Panzerreparaturwerkstätte in den ehemaligen Wirtschaftsgebäuden des Karlshofes nun weiterhin als Werkstatt genutzt, ohne dass Sidonie Nádherný darauf Einfluss nehmen konnte. Ihr Besitz stand in der Folge der Enteignung durch die SS, möglicherweise aber auch durch Mitwirkung des Nationalausschusses, bis September 1945 unter Nationalverwaltung. In den Wirtschaftsgebäuden waren von der SS Fenster zum Schlosshof im Süden und zur Parkseite im Osten durchgebrochen worden. – ***grossen Teich:*** Oberer Teich hinter dem Tor.

[133] 2.8.1945 ***Schlosses Chotoviny:*** Das Schloss der Verwandten Nádhernýs in Chotovin bei Tabor war nicht geräumt worden; s. Anm. [16]. – ***Porzellan (Holicr!):*** s. Anm. zu [125]. – ***Holzfiguren:*** s. Anm. zu [91]. – ***(ganz unschuldig!) eingesperrten Neffen:*** Ing. Maria *Erwin* Wenzel Nádherný von Borutín, verheiratet mit einer »Reichsdeutschen«, wurde in Tabor festgehalten; s. Anm. zu [80]. – ***meine Cousine:*** Dinka Nádherný von Borutín; s. Anm. zu [80]. – ***Slovaken:*** Die Tschechoslowakei, durch das Münchner Abkommen 1938 in eine föderative »Tschecho-Slowakische Republik« umgewandelt, die den Annexionen des Sudetengebietes und anderer Landesteile entgegenkamen, wurde im Frühjahr 1939 von Hitler unter dem Vorwand, ungarischen Annexionsgelüsten zu entgehen, zur »Unabhängigkeit« von – im NS-Jargon – der »Rest-Tschechei« unter deutschen Direktiven gezwungen. Die Erste Slowakische Republik war 1939 bis Sommer 1944 ein autoritär regierter Satellitenstaat des Deutschen Reiches, der nach dem Slowakischen Nationalaufstand am 29.8.1944 von deutschen Truppen besetzt und Anfang April 1945 von der Roten Armee befreit wurde: Dass nach einem solchen Verlauf der Geschichte Täter verfolgt wurden, politische und unpolitische, liegt nahe.

[134] 11.8.1945 ***Inschrift an den ZNV. Praha:*** Zuschrift an den Zemský národní vybor; Landesnationalausschuss, 1945 hervorgegangen aus dem Tschechischen Nationalrat, in den Jahren 1944/45 das höchste Organ des Tschechoslowakischen Widerstands, amtierte bis in die fünfziger Jahre in Prag (für Böhmen) und Brünn (für Mähren): Im »Dekret des Präsidenten der Republik vom 19.5.1945«, Nr. 5/1945, »über die Ungültigkeit von vermögensrechtlichen Geschäften aus der Zeit der Unfreiheit und über die nationale Verwaltung der Vermögenswerte der Deutschen, Magyaren, Verräter und Kollaboranten und einiger Organisationen und Verbände«. – ***8 Koffer:*** s. B [133]. – ***Architekten Kříž:*** s. Anm. zu [132]. – ***Waschhaus:*** s. Anm. zu [99]. – ***Forstadjunkt:*** Bohumil Janíček, s. Anm. zu [54]. – ***Fr[anz] Schwarzenberg:*** s. Anm. zu [63]. – ***Nationalverwaltung:*** Unter Nationalverwaltung wurde 1945 das Eigentum der Deutschen, der Kollaborateure und das der Kollaboration mit den Deutschen Verdächtigen gestellt. – ***Vys. Chlumec:*** s. Anm. zu [64]; Vysoký-Chlumec/Hochchlumec lag außerhalb des Truppenübungsplatzes, wurde aber vom Deutschen Reich beschlagnahmt, weil Max Lobkowicz der Tschechoslowakischen Exilregierung in London angehörte. – ***Gesandten Max Lobkowicz:*** s. Anm. zu [25].

[135] 10.9.1945 ***Ihr Schloß:*** nicht zu ermitteln. – ***Janovicer Hof:*** Karlshof. – ***nicht bewirtschaften:*** Die Pächterfamilie Pešek war 1942 deportiert worden; bis September 1945 stand der Hof unter Zwangsverwaltung. – ***Deputaten:*** Viele landlose Pächter, Knechte etc. gingen in die von den Deutschen oder Ungarn verlassenenen Grenzgebiete, wo sie landwirtschaftlich nutzbaren Boden zu günstigen Bedingungen erwerben konnten. – ***50 ha lassen:*** Erste Erwähnung der Maßnahme, die durch die Zweite Bodenreform vom 13.8.1947 durchgesetzt wurde, als durch das Konfiskationsgesetz Nr. 142/1947 dem Staat die Enteignung von Grund- und Bodenbesitz über 50 ha erlaubt wurde; Industriebetriebe mit mehr als 200 Mitarbeitern konnten gleichfalls enteignet werden. – ***Architekten***

Kříz: s. Anm. zu [132]. – *Firma Skorkovský:* Dr. ing. Karel Skorkovsky, Bauunternehmer. – *Westsoldaten:* Die im Juli 1941 in England aufgestellte 1. tschechoslowakische gemischte Brigade / 1. československá smíšená brigáda, die nach der Invasion 1944 mit Panzern an den Kämpfen der Alliierten teilnahm. – *Pešek:* s. Anm. zu [80]. – *Waschhaus:* s. Anm. zu [99]. – *Kasernen:* Nach Auskunft von Václav Srdce, Prag, der als noch nicht 17-jähriger am 20.7.1944 mit etwa »60 jüdischen Mischlingen und jüdisch versippten Ariern« zum Bau der Panzerreparaturwerkstätten in Janowitz zwangsverpflichtet worden war, standen die Baracken für Mannschaften der SS-Panzer-Jäger-Sturmgeschütz-Schule im Nordwesten von Janowitz. Sie waren jetzt durch tschechoslowakische Truppen belegt. Vgl. B [137]; weitere Briefe legen nahe, dass im Schloss und seinen Nebengebäuden tschechoslowakische Soldaten einquartiert waren. – *alle Fenster aus der Werkstatt:* s. Anm. zu [132]. – *etwas für Chotovin:* s. Anm. zu [133]. – *Rudé Pr[ávo]:* Was gegen Erwin Nádherný in der kommunistischen Tageszeitung ›Rotes Recht‹ vorgebracht wurde, war nicht zu ermitteln; vermutlich waren es Vorwürfe im Zusammenhang mit Erwin Nádhernýs »reichsdeutscher« Frau. – *Mary Dobr[ženský]:* Mary Gräfin Dobrženský, geb. Gräfin Wenckheim, s. Anm. zu [61]. Die Familie der Grafen Wenckheim hatte ihr Stammschloss in Szabadkígyós, das 1919 ungarisch wurde. Durch ihre Heirat, 1915, hatte sie auch einen tschechoslowakischen Pass bekommen; sie fühlte sich als Tschechslowakin, benutzte aber ihren ungarischen Pass zur Ausreise in die Schweiz, wo sie in den letzten Kriegsjahren [?] beim Internationalen Roten Kreuz tätig war. In Budapest waren während des Krieges ihre Papiere verloren gegangen; sie bemühte sich nun vergeblich um die Wiedereinreise in die Tschechoslowakei und lebte im ungarischen Szèghalom, Komitat Bekés: s. [139]. Die Schwierigkeiten resultierten aus Dekreten des Präsidenten. Auch in Ungarn wurde eine Bodenreform vorbereitet, durch die ihr Besitz auf 100 ha reduziert wurde. – *Aus London … Lobkowicz:* Max Lobkowicz blieb bis zur kommunistischen Machtübernahme, 1948, als Botschafter in London tätig. – *Janovitzer Problem:* Der Zwang zum Verkauf des Karlshofes. – *besucht:* s. Anm. zu [130]. – *ONV Votice:* Okresni národní výbor Votice, Bezirksnationalausschuss Wotitz, s. Anm. zu [123]. – *Er war sichtlich nicht à son aise:* frz.: Es war sichtlich nicht nach seinem Geschmack.

[136] 31.10.1945 [recte: 1.11.1945] *Waschhaus:* s. Anm. zu [99]. – *Gebäude, wo die Kanzlei war:* vermutlich das Gebäude links vom Tor zum Schlosshof. – *Leitung der 2 Höfe:* Voračice und Podolí; der Karls-

hof in Janowitz wurde als Landwirtschaftsbetrieb aufgelöst. – ***Mary Dob[řženský]:*** s. Anm. zu [135]. – ***Cousine Dinka:*** Leopoldine gen. Dinka Nádherný war am 31.10.1945 in Prag gestorben. – ***ihr Sohn:*** Maria *Erwin* Wenzel Nádherný, s. Anm. zu [133].

[137] **25.12.1945** ***Kučera:*** nicht ermittelt. – ***Egon Kolowrat:*** s. Anm. zu [121]. – ***Schloss hell erleuchtet:*** Im Schloss und seinen Nebengebäuden lagen tschechoslowakische Truppen. – ***gemeinsamen Weihnachtens:*** 1942, s. [28]. – ***Staatsbürgerschaft:*** s. Anm. zu [84] und [135].

Verzeichnis der Räume
und der durch die Einquartierung der SS erlittenen Schäden in den Räumen des Schlosses Vrchotovy Janovice.

Aufgenommen am 8. September 1945 (versehen mit dem Stempel Sidonie Nádherná velkostatek Voračice p. Vrchotovy Janovice, bestätigt durch die Unterschrift von des Forstverwalters Bohumil Janíček am 20.8.46.

Quelle: Státní ústřední archív Praha, fond Státní památková správa, složka Vrchotovy Janovice

Erdgeschoss

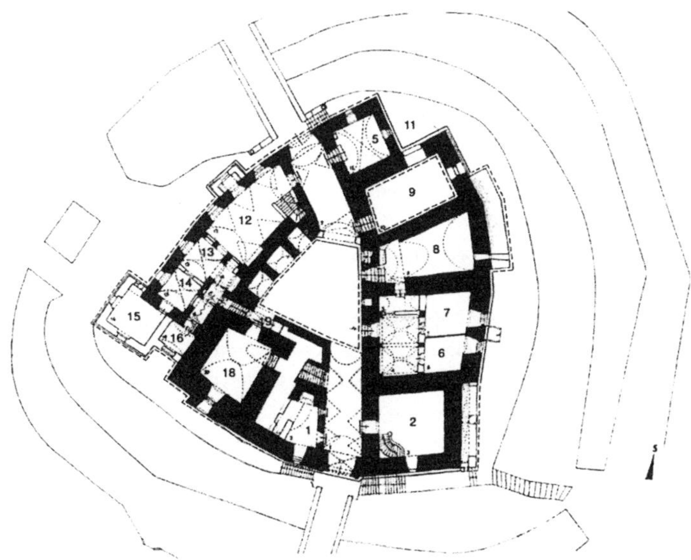

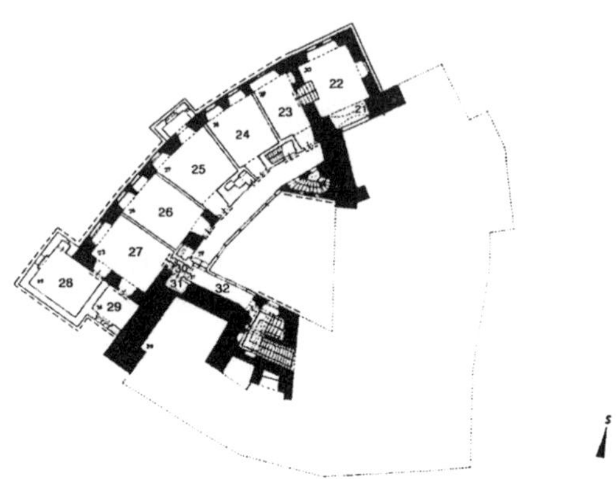

Zwischengeschoß

Grundsätzlich betrifft die Aufzählung der Beschädigungen in allen Räumen die Wände, zum Teil wertvolle Wandanstriche, Parkettböden, die Türen, Fenster, Öfen; bei den einzelnen Zimmern werden nur besondere Schäden oder die Erhaltung insbesondere von Öfen erwähnt:

Nr. 22 *Zimmer neben dem Oratorium:* beschädigte Wände, Böden und Wandanstrich, beschädigter Empireofen [er blieb als einziger bis heute erhalten]

Nr. 23 *Bilderzimmer*

Nr. 24 *Italienisches Zimmer:* historischer Ofen völlig zerstört und abgängig

Nr. 25 *Wladislavszimmer:* beschädigt auch Fensterscheiben, Eichentüre, in der abgetrennten Ecke befindliches WC zerstört

Nr. 26 *Mahagonizimmer*

Zimmer 27–31 bilden ein aus dem Gang zugängliches Appartement – nach Zeitzeugen von Karl Kraus benutzt

Nr. 27 *Spiegelzimmer* – nach Zeitzeugen das Arbeitszimmer von Karl Kraus: übliche Beschädigung, der wertvolle Ofen völlig zerstört

Nr. 28 *Dunkles Zimmer* – nach Zeitzeugen Schlafzimmer von Karl Kraus: in einem kleinen Gewölbe mit Tür befand sich ursprünglich ein WC, völlig zerstört

Nr. 29 *Bad im Mezzanin:* beschädigt; aus dem Bad führte ursprünglich eine Treppe hinunter in Zimmer 30

Nr. 30 *Vorzimmer im Mezzanin in das Spiegelzimmer*

Nr. 31 *Toilette im Mezzanin:* beschädigt, die Toilette völlig zerstört.

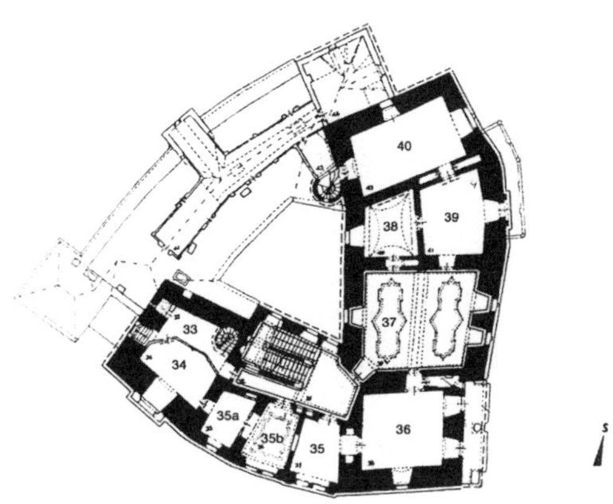

Erste Etage,
wieder übliche Beschädigungen und Zerstörungen

Nr. 33 *Garderobe*

Nr. 34 *Schlafzimmer von Baron Johannes Nádherný:* Tapete und historischer Barockofen mit der Kilianskachel zerstört

Nr. 35 a., b. *Raucherzimmer:* ursprünglich durch einen Vorhang (Tapisserie) geteilt; im Krieg durch eine eingezogene Wand getrennt; die Tapeten und der Wandanstrich wie auch der schöne, historische Ofen aus Kacheln des heiligen Josefs sind zerstört

Nr. 35 (irrtümlich auch als 35 nummeriert [?]) *kleines Speisezimmer:* gewöhnliche Beschädigung auch zweier Wandschränke

Nr. 36 *Försterzimmer:* Zerstörung des Gemäldes und der Tapeten und zweier festeingebauter Regale

Nr. 37 *großes Speisezimmer:* die Tapete und das Gemälde beschädigt [heute als einzige erhalten und renoviert]. Im Verzeichnis wird auch die Beschädigung des Holzaltars und Zerstörung des Spiegels festgehalten

Nr. 38 *Boudoir*

Nr. 39 *roter Salon:* neben anderen Beschädigungen an der Weinlaubtapete wurde auch die Balkontür und der Balkon mitsamt des Geländers beschädigt

Nr. 40 *Bibliothek:* Wände und Wandanstrich beschädigt, historischer Ofen abgängig

Nr. 41–43

Nr. 41 *Vorzimmer mit der Wendeltreppe vom Mezzanin in die II. Etage*

Nr. 42 Lakaienzimmer

Nr. 43 kleiner Speicher

II. Etage,
wieder übliche Beschädigung an Wänden, Anstrich, Böden, Fenstern, Fensterscheiben

Nr. 44 *Eckzimmer:* u.a. zerstörter Ofen und historische Tapete

Nr. 45 *Mittleres Zimmer*

Nr. 46 *Familienzimmer:* in allen drei Zimmern Zerstörung der Tapeten, Decken, Öfen

Nr. 47 *Langer Gang in der* II. *Etage*

Nr. 48 *Badezimmer:* gehörte zu dem Schlafzimmer von Sidonie Nádherný, wohl wie gezeichnet hinter dem Schlafzimmer gelegen; völlige Zerstörung des historischen Wandanstrichs, der Bemalung des Wandschrankes etc.

Nr. 49 *Schlafzimmer von Sidonie Nádherný*, beschädigte Wände, zerstörte Bemalung der Decke, der Wände, der Tür zum Balkon

Nr. 50 *Balkon:* Steinboden beschädigt

Nr. 51 Salon von Sidonie Nádherný: zerstörte Bemalung der Wände und der Decke, Ofen zerstört oder entfernt

Nr. 52 *Spielzimmer:* ähnliche Schäden, der historische Ofen abgängig

Nr. 53 *Schlafzimmer von Karl Nádherný:* die vom Zimmer abgetrennte kleine Diele mit Toilette völlig zerstört

Nr. 54 *Halle,* beschädigter Parkettboden, das Treppenhaus stark beschädigt, die Wände, Statuen, Geländer, Treppenstufen

Nach dem Bericht von 2004 im Supplementum werden in verschiedenen Magazinen etc. Gegenstände aus Janovic zusammengesucht d.h. Glas, Porzellan, Möbel, Bilder, Textilien etc.

…

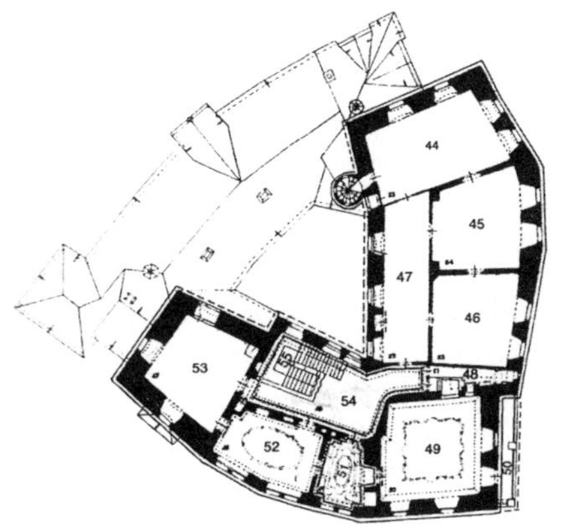

Schloss Janowitz, Raumplan. Erdgeschoss, die Räume 1-18. – Das Zwischengeschoss: Die Räume 22-31 mit dem Korridor [32]: In den Räumen 27-31 wohnte Karl Kraus während seiner Aufenthalte in Janowitz. – Erste Etage: Mit den Räumen von Johannes Nádherný, dem großen Speisezimmer, dem Roten Salon und der Bibliothek. – Zweite Etage: Mit den Räumen 48-51, die Sidonie Nádherný nutzte und dem Schlafzimmer ihres Zwillingsbruders, Karl Nádherný [53].
Reproduziert nach den Aufrissen in dem Tagungsband ›Karl Kraus. Jičínský rodák a světoobčan/In Jičín geboren, in der Welt zu Hause‹. Semily: Státní okresní archív 2004, S. 194 und 199.

1946

[138] **4.2.1946** ***Antrag:*** nicht überliefert. – ***Spiritusbrennerei:*** gehörte zum Karlshof. – ***Koordinierungsausschuss:*** Staatlicher Ausschuss zum Wiederaufbau der zerstörten Dörfer und zur Sicherung der Existenz ihrer Bewohner. – ***Nachbarsgebäude:*** in der ehemaligen Kanzlei, im Waschhaus, im Forsthaus (Haus Nr. 10)? Der Karlshof war also noch immer durch Militär belegt.

[139] **13.2.1946** ***Mary Dobrženský:*** s. Anm. zu [135]. Mary Dobrženský an Helene Kann, 23.9.1946: »Von S[idonie] habe ich schon seit Februar keine Nachrichten erhalten. Ich glaube, sie richtet das Schloss her. Die Küche wandelten die Nazihunde in ein Pissoir um. Alle alten Kachelöfen wurden herausgeschmissen und durch Eiserne ersetzt. Es muss wüst aussehen dort!« (WienBibliothek Wien I.N. 171.264). – ***Dr. Krno:*** JUDr. Ivan Krno (1891-1968), Jurist, tschechoslowakischer Diplomat; 1938 Politischer Direktor des Auswärtigen Amtes der Tschechoslowakei; emigrierte unter dem Namen Ivan Kerno nach Frankreich, wo er sich der französischen Resistance anschloss; 1946-1952 Generalsekretär der Vereinten Nationen; 1948 Emigration in die USA. – ***Livre d'Or der Franzosen:*** Goldenes Buch/Gästebuch? Zusammenhang nicht ermittelt. – ***Proeschelová:*** Hermine Pröschel, s. Anm. zu [84] und [122]. – ***Wirtschaftsverwalter:*** Der Meier für den Hof Voračice sollte also das Kätnerhäuschen beziehen, in dem Sidonie Nádherný seit 1944 wohnte. – ***Forstverwalter:*** Das Forsthaus liegt außerhalb des Schlossareals, unterhalb des Kanzleigebäudes, Haus Nr. 10. – ***General Janáček:*** Josef Janáček (1885-1955), während der Mobilisierung 1938 als Befehlshaber der IV. Division eingesetzt im Altvatergebirge. – ***Bobby:*** s. Anm. zu [16].

[140] **10./11.3.1946** ***Bobby:*** s. B [20]. Der Leonbergerhund Bobby war am 22.2.1946 in Voračice verendet und wohl zunächst dort im Garten begraben worden. – ***Rosl Mladotová:*** Rosa Baronin Mladota, s. Anm. zu [31]. – ***Ivo Sobol in Zagreb:*** Mitglied des Zuchtbuchs für Leonbergerhunde im ehemaligen Jugoslawien, der mit den Hunden »Edda« aus dem Zwinger » v. d. Saale«, Naumburg, ZB 605, und »Bär« (* 1931) aus dem Zwinger »v. Schwarzwaldrand«, Pforzheim, ZB 648, Leonbergerhunde züchtete. Beide Zwinger gehörten zum »Leonberger (Hunde-)Club e. V. im Kartell, Leonberg, Württemberg. – ***Kreisnationalausschuss:*** Okresni národní výbor, s. Anm. zu [123].

[141] **1.3.1946** ***Jan Mrázek:*** (* Jesenice bei Sedlčany 1899-1970), Absolvent des Pomologischen Instituts in Prag, arbeitete etwa seit 1920 als leitender Gärtner bei Louis Nathaniel Freiherrn von Rothschild (1882–1955)

in Weidhofen an der Ybbs; nach dem Anschluß, der Verhaftung und Enteignung Rothschilds kehrte Mrázek nach Jesenice zurück. Sidonie Nádherný korrespondierte mit ihm in den Jahren 1941-1947 gelegentlich über gärtnerische Angelegenheiten; nach 1946 hätte sie ihn gerne als Gärtner angestellt, was an ihren finanziellen Möglichkeiten scheiterte. – ***Bekanntmachung:*** Interpellation der 24 Abgeordneten [?]. – ***Baumeister:*** Architekt Ingenieur Kříž, s. Anm. zu [132]. – ***ONV:*** Okresni národní výbor, der regionale Nationalausschuss auf Kreisebene, s. Anm. zu [123]. – ***Karpfenbrut:*** Die Teichwirtschaft war in Vrchotovy Janovice eine entscheidende Einnahmequelle, s. Anm. zu [23]. – ***Fenster repariert:*** für die abzudeckenden Frühbeete im Gemüsegarten.

[142] 1.4.1946 ***Neufundländer:*** Sidonie Nádherný besaß in den Jahren 1935-1940 einen schwarzen Neufundländer, den sie nach einem 1898 begrabenen Hund der gleichen Rasse »Rover, the black prince« nannte; vgl. das Hundegrab im Park. – ***Gillian Lobkowitz:*** Prinzessin, s. Anm. zu [25]; vgl. Nádherný, News, a.a.O., passim. – ***Otti Kol[owrat]:*** s. Anm. zu [18]. – ***Wrtba Palais:*** Vrtbovský palác, Prag 1, Malá Strana, Karmelitergasse 25/373. Seit 1623 im Besitz der Herren z Wrtby (1624: Grafen z Wrtby), den Besitzern von Schloss Janowitz in den Jahren 1603-1807; s. Nádherný, Chronik, S. 49-53, 62. Barocker Terrassengarten (1720); unter den Plastiken im Treppenaufgang, im Innenhof und im Garten der die Erdkugel tragende Atlas von Mathias Bernhard Braun (1684-1738). Salla terrena mit Fresken von Wenzel Lorenz Reiner (1689-1743). – ***In Janovice:*** Sidonie Nádherný lebte noch immer in Voračice. – ***Cedok:*** Čedok, ein 1920 gegründeter Reisedienstleister für die Tschechoslowakei und das Ausland. – ***In London:*** Der Anschluss des folgenden Textes ist wahrscheinlich, aber nicht völlig gesichert. – ***Auswahl von Rilke-Briefen:*** Rainer Maria Rilke, Selected letters. 1902-1926. London: Macmillan & Co 1946. – ***seinen ersten Besuch in Janovice:*** Der Besuch fand am 2.11.1907 statt, und Rilke beschrieb am 4. November seiner Frau Clara die Ankunft in Janowitz mit den oft zitierten Worten: »Auch von Janovic wäre viel zu erzählen. Schon die Wagenfahrt durch den verglasten harten Herbstnachmittag und das naive Land war so schön. Ich fuhr allein von der Bahn und zur Bahn zurück. Und das war Böhmen, das ich kannte, hügelig wie leichte Musik und auf einmal wieder eben hinter seinen Apfelbäumen, flach ohne viel Horizont und eingeteilt durch die Äcker und Baumreihen wie ein Volkslied von Refrain zu Refrain. Und plötzlich glitt man aus alledem (als führe man mit einem Kahn durchs Wehr) in ein Parktor, und es war Park, alter Park, und kam ganz nahe an einen heran mit seinem feuchten Herbst. Bis nach mehreren Wendungen, Brücken, Durchblicken, durch einen alten Wassergraben abgetrennt, das Schloß aufstieg, als, oben zurückgebogen wie aus Hochmut, mit Fenstern und Wappenschildern ungleichmäßig bedeckt, mit Altanen, Erkern und um Höfe herumgestellt, als sollte sie nie jemand zu sehen bekommen. Die Baronin, die verwitwet ist, blieb (es war Allerseelentag) zurückgezogen; die schöne Baronesse (die wie eine Miniatur aussieht, welche ein Jahr vor der großen Revolution gemacht worden ist, im letzten Augenblick) kam mir mit ihren beiden jungen, sehr sympathischen Brüdern auf der Schloßbrücke entgegen; wir gingen durch den Park; als es schon dämmerte, durch das merkwürdige Schloß (mit einem unvergeßlichen Speisesaal), während zwei Diener mit schweren Silberleuchtern in die tiefen Gemächer wie in Höfe hineinleuchteten. So blieben wir ganz unter uns und (was bei der Kürze der Zeit besonders angenehm war) tranken schließlich Tee (wozu es Ananasscheiben gab) und waren gerne beisammen, jeder des anderen froh. Es war ein bißchen wie eine Kindergesellschaft, nur daß es keine Großen gab und man die Spielzeugschachteln innerlich aus- und einpackte. Dabei ergab sich im Gespräch das Merkwürdige, daß Kamenitz an der Linde, das Schloß in Böhmen, welches unserem Urgroßvater gehörte, zu einer anderen Zeit (vielleicht hernach) Eigentum eines Ahnen dieser Nadhernys war; eines direkten Vorfahren.« – Zum ersten Besuch Rilkes in Janowitz vgl. auch das Gedicht ›Die Anfahrt‹, handschriftlich mit der Bemerkung »Au Château de Janowitz en Bohème« ergänzt im Exemplar für Baladine Klossowski, in: R. M. Rilke, Der neuen Gedichte anderer Teil. Leipzig: Insel 1908, S. 97 (Exemplar der Bibliotheca Bodmeriana, Cologny). – ***kolaborieren[!]:*** Sidonie Nádherný sah sich in zunehmendem Maße des Vorwurfs der Kollaboration mit den Deutschen Besatzern ausgesetzt, mit denen sie in ihrer Sprache redete und die ihr 1944 einen späteren Übersiedlungstermin nach Voračice als dem übrigen Dorf eingeräumt hatten. – ***Im Anfang war das Wort:*** Joh. 1, 1. – ***»Der grosse Hund ist tot. O Herz steh still, …«:*** Die ersten beiden Strophen des Gedichts von Karl Kraus ›Als Bobby starb. (22. Februar 1917)‹. – ***alte Grabstein aus Janovice:*** Im Park von Janowitz liegen am Weg zu den Familiengräbern und um diese kreuzförmige Grabanlage herum mehrere Hundegräber, die mit Steinen bezeichnet sind. Bobby wurde also später unter dem Stein des 1917 verendeten Leonbergers begraben [?].

[143] 13.8.1946 ***František Novák:*** Nicht ermittelt. – ***am 14. Juni und am 8. Juli:*** Die Briefe sind nicht überliefert. – ***Haus Nr. 10:*** Forsthaus. Die Aufnahme des in der folgenden Anmerkung genannten Lehrerehepaars Emanuel (*1920) und Milada Pechan geb. Hrubantová (* 1923) wurde

dennoch durchgesetzt. – *Haus Nr. 49:* Um welches Haus es sich handelt, war nicht festzustellen.

[144] **1.9.1946** *Wohnung von Herrn Pešek:* Pächterwohnung des Karlshofes am Schlosshof; s. Anm. zu [80]. – *Janíček:* Bohumil Janíček, s. Anm. zu [54], machte am 1.10.1971 gegenüber dem Herausgeber, übersetzt von Jiří Tywoniak, folgende Angaben, die damals aufgezeichnet wurden: »Ist seit 1940 in Diensten N's. Leitete nach eigenen Angaben den Umzug von J[anovice] nach V[oračice]. Beschreibt Bibliothek [des Schlosses] als großen Raum, der an allen Seiten, über eingebauten Schubschränken, bis an die Decke mit Büchern gefüllt war. Alle Materialien sind lt. diesem Förster, der auch Schaffner auf dem Gut war, ins Schloss zurückgebracht worden. Nur Teile ließ sich die Baronin ins Forthaus bringen, das sie mit dem Lehrer des Dorfes und seiner Frau [Emanuel und Milada Pechan], der Kammerfrau Clementine [Johanna gen. Anni Klement, Haushaltshilfe, und ihrem italienischen Ehemann, Bedřich Klement [† Janowitz 1971], einem Koch, später auch als »Kastellan« erwähnt] und dem Leiter des Táborer Textillagers teilte, das im Schloss eingerichtet war. Nachdem bekannt wurde, dass S. N. gestorben war – ihre Flucht blieb unbekannt, überall war man der Meinung, sie sei legal ausgereist – wurden Schlossmöbel vom Staat konfisziert – offensichtlich war also den offiziellen Stellen doch bekannt, dass die Ausreise illegal war, so dass der Wunsch S. N.s nicht erfüllt werden konnte, die Möbel einem Museum [Pacov] bei Tábor zu übergeben. Den Hofarbeitern in Voračice habe S. N. Max Lobkowicz als Erben vorgestellt. Das müsste also zwischen 1945 und 1948 gewesen sein. Er erzählte auch, S. N. sei eine starke Raucherin gewesen (100 Zig[aretten] am Tage)«. – *als Gärtner:* das gelang nicht, s. B [150]. – *Waschküche:* s. Anm. zu [99]. – *Oberwachtmeister Mika … Elektrotechniker Zajíček:* nicht ermittelt. – *Abschub unserer Deutschen:* Kriegsgefangene oder Sudetendeutsche als Erntehelfer in Voračice [?]. – *Schweine aus Roudnice:* Schneider, der Domänenverwalter der Lobkowicz'schen Güter, hatte von Schloss Raudnitz a.d. Elbe, dem Hauptsitz der Verwaltung, diese Überführung veranlasst, um das Hofgut Voračice wieder produktiv werden zu lassen. – *Sokol:* Patriotischer Turnverein.

[145] **2.10.1946** *als Gärtner:* Das Vorhaben kam nicht zustande, s. B [150]. – *Alpinum:* Herbert Graf Schaffgotsch (1860-1943), Schlossherr im niederösterreichischen Purgstall, der von Camillo Schneider geschätzte Pflanzenfreund und Kenner der Alpenflora, hatte in den Jahren 1929-1932 für die von ihm verehrte Sidonie Nádherný zunächst das »Kleine Alpinum an der Glashauswand«, dem Gewächshaus, im Jano-

witzer Park angelegt, zwischen Juni und Oktober 1932 dann ein großes Alpinum. – ***Glashäuser:*** Gewächshäuser hinter dem Terrassengarten im Park. – ***Arbeiter:*** Sie waren in die von den Volksdeutschen verlassenen Grenzgebiete abgewandert, s. Anm. zu [135]. – ***Fenster:*** Fenster der Gewächshäuser. – ***Abfischungen:*** s. Anm. zu [22]. – ***Černohorský oder Budil:*** Namen von Ochsen, die in Voračice standen [?]. – ***Schaffer:*** österr. für Aufseher, Hofverwalter. – ***Ihr Arbeitgeber:*** nicht ermittelt. – ***sein alter Arbeitgeber:*** Maria *Erwin* Wenzel Nádherný, s. Anm. zu [133] – ***Louis Rotschild:*** Louis Nathaniel Freiherr von Rothschild, s. Anm. zu [141]. – ***Herriot, geborene Auersperg:*** 1946 heiratete Rothschild die Gräfin Hildegard Johanna von Auersperg (1895-1981), mit der er in East Barnard, Vermont, und in England lebte.

[146] 20.11.1946 *Gärtner:* Jan Mrázek; s. den Brief [150] v. 12.1.1947, in dem Sidonie Nádherný erklärte, sie habe den Gärtner aus Geldmangel nicht anstellen können. – ***Rothschild:*** Louis Nathaniel Freiherr von Rothschild, s. Anm. zu [141]. – ***Jílové:*** Eulau im Kreis Tetschen/Děčín.

[147] Ohne Datum ***beschlagnahmten Gutshof:*** Bezog sich vermutlich auf offene oder verdeckte Vorwürfe, sich bei den Deutschen Vorteile für den beschlagnahmten Karlshof und das Schloss erwirkt zu haben. Das halbierte Einkommen erklärt sich aus der Unmöglichkeit, die im Truppenübungsplatz liegenden Ländereien landwirtschaftlich zu nutzen. – Dass der Eber ihres Pächters Pešeks »gerettet« werden konnte, hing vermutlich mit dem Umstand zusammen, dass dieses Tier im Dorf »gebraucht« wurde.

1947

[148] 2.1.1947 ***Subvention:*** zur Wiederherstellung von Schloss und Park. – ***Architekt Něšněra:*** war offenbar im Auftrag des Landesdenkmalamts tätig. – ***Živnobanka:*** Gewerbebank. – ***Teppichen in Chotoviny:*** Auch die ins Schloss Chotovin ausgelagerten Teppiche waren beschädigt, vernichtet oder gestohlen worden. – ***FNO:*** Fond národní obnovy/Fonds der nationalen Erneuerung. Gesetz vom 14.2.1947 über einige Grundsätze für die Aufteilung des Feindvermögens, das nach dem Dekret des Präsidenten der Republik vom 25.10.1945, Nr. 108, eingenommen wurde. – ***NPF:*** Národní pozemkový fond/Nationaler Bodenfonds. Dekret des Präsidenten der Republik vom 21.6.1945, Slg. Nr. 12, über die »Konfiskation und beschleunigte Aufteilung des landwirtschaftlichen Vermögens der Deutschen, Madjaren, wie auch der Verräter und Feinde des tschechischen und des slowakischen Volkes.« Es sah in einer Präambel eine Bodenreform unter politischen Gesichtspunkten vor: »Um dem Rufe der tschechischen und slowakischen Bauern und Landlosen nach einer konsequenten Verwirklichung einer neuen Bodenreform entgegenzukommen und geleitet vor allem von dem Streben, ein für allemal den tschechischen und slowakischen Boden aus den Händen der fremden deutschen und madjarischen Gutsbesitzer wie auch aus den Händen der Verräter der Republik zu nehmen und ihn in die Hände des tschechischen und slowakischen Bauerntums und der Landlosen zu geben, bestimme ich auf Vorschlag der Regierung: …« »Verräter und Feinde der Republik, gleichgültig welcher Nationalität und Staatsangehörigkeit,« waren diejenigen, »die diese Feindschaft vor allem während der Krise und des Krieges in den Jahren 1938 bis 1945 bekundet haben …« – ***Dr. Kalmünzer:*** Rechtsanwalt in Tábor [?].

[149] 8.1.1947 ***Ministerium für Schulwesen und Aufklärung:*** Die Überweisung dieser Geldsumme verzögerte sich; Belege dafür, dass die gesamte Summe ausbezahlt wurde, sind nicht vorhanden.

[150] 12.1.1947 ***Staatlichen Amt für Denkmalschutz:*** Die Entscheidungen zwischen diesem Amt, dem örtlichen Nationalausschuss und dem auf Kreis- und nationaler Ebene tätigen Ausschuss scheinen zu Widersprüchen eingeladen zu haben: Sidonie Nádherný hatte sich gegen die Einrichtung elektrischer Leitungen im Schloss ausgesprochen, die nun aber, aus Gründen des Brandschutzes, verlangt worden waren, wobei das Denkmalamt die zunächst zugesagten Kosten abwies. – ***Architek[ten] Kříž:*** s. Anm. zu [132]. – ***Nešněra:*** s. Anm. zu [148].

[151] 29.1.1947 ***im tschechischen Rundfunk:*** nicht ermittelt. – ***die Stimme Václavs:*** Anspielung auf die Gleichheit der Nachnamen bei Václav Wagner und Richard Wagner.

[152] 22.5.1947 ***Dr. Volek:*** nicht ermittelt. – ***englischen Botschaft Mr. Heyno mit Gattin:*** Vgl. die beabsichtigte Einsetzung der Britischen Botschaft als Erbe für Janowitz, s. Anm. zu [125]. – ***Nichols:*** Botschaftsangehörige. Nicht ermittelt.

[153] 25.6.1947 ***Tag voll Erinnerungen:*** Václav Wagners verstorbene Mutter, Zdenka Wagnerová, und Sidonie Nádherný begingen am 25. Juni ihren Namenstag. – ***Zum Namenstag:*** Das Akrostichon auf den Namen SIDONIE, ›Zum Namenstag‹, hatte Karl Kraus am 24./25. Juni [1916] in Janowitz geschrieben. Er hatte die Tage vom 22.-29. Juni und vom 4. bis 21. Juli 1916 dort verbracht. – Textvariante in der 3. Zeile vor dem ersten Druck in ›Worte in Versen‹ II, S. 38; vgl. Karl Kraus, Wiese, S. 21 und 112.

[154] ohne Datum *in Goethes Sprache:* Reaktion auf B [127]. – *Arbeit:* s. B [150]. – *Janíček:* Bohumil Janíček, s. Anm. zu [54]. – *den Brief vielleicht vernichten?:* Die Briefe zu vernichten, war die Verabredung in der Protektoratszeit; Sidonie Nádherný empfand die Jahre der kommunistischen Regierung als neue Unsicherheit.

[155] 31.7.1947 In sieben Beilagen spezifizierte Sidonie Nádherný die Verlustposten und benannte Zeugen der Vorgänge. – *Gesetzes Nr. 131/36:* Sidonie Nádherný berief sich auf ein Gesetz der Ersten Republik, das tschechoslowakische »Staatsverteidigungsgesetz« vom 13.5.1936, das am 14.4.1961 durch das »Gesetz über die Verteidigung der tschechoslowakischen sozialistischen Republik« abgelöst wurde. Über eine Kompensation der Schäden ist nichts bekannt. *Automobile:* Sidonie Nádherný besaß einen Peugeot und einen Tatra. – *Fische:* Gestohlen wurden 3.364 kg Karpfen. – *Dekret 54/45:* Dekret des Präsidenten, »Meldepflicht und Feststellung von sowohl Kriegs- als auch von außergewöhnlichen Schäden … Dieses Dekret schaffte den juristischen Grund, um die Kriegsschäden zum Zweck der Reparationenfeststellung und späteren Entschädigung aufzulisten. Die Meldefrist der Kriegsschäden endete zwar am 29. September 1945, konnte aber in nachweislich begründeten Fällen verlängert werden.« Die Kriegsverluste wurden auf ca. 20 Milliarden US-Dollar veranschlagt, berechnet auf das Jahr 1938.

[156] 4.8.1947 *Erzbischof:* Josef Beran (1888-1969) war von Papst Pius XII 1946 nach Haft und Lagerhaft im Gefängnis Pankrác, in der Kleinen Festung in Theresienstadt und im KL Dachau zum Erzbischof von Prag ernannt worden. Václav Wagner kannte ihn vermutlich persönlich, s. Alena Wagnerová, S. 255. 1949-1963 ordneten die Kommunisten Hausarrest gegen ihn an, erlaubten aber 1965 seine Ausreise nach Rom, wo er starb und begraben wurde. – *Nešnera:* s. Anm. zu [148]. – *Wandmalerei:* Bei der Restaurierung in den Jahren 2006/2007 wurden in der Kapelle Fresken freigelegt. – *Orgel:* s. Anm. zu [27]. – *Mladota in Č[ervena] Hrádek:* s. Anm. zu [31]. Sidonie Nádherný hatte also auch Auslagerungen in das Rote Schloss der Mladotas vorgenommen, das zwar von den deutschen Besatzern unbehelligt blieb, von der Roten Armee aber nach Auskunft von Jan Mladota gegenüber dem Hrsg. binnen weniger Wochen vollkommen ruiniert wurde. – *Dr. Vachulka:* s. Anm. zu [28]. – *Bibliothekkästen:* Bücherregale.

[157] 14.8.1947 *Freundin in Bayern:* Maria Magarita Hedwig, genannt Mimi Freifrau von Falkenhausen, geb. Gräfin Schaffgotsch gen. Semperfrei v. u. zu Kynast (1889-1969), die Tochter von Herbert Graf Schaffgotsch, der mit Sidonie Nádherný befreundet war und in den frühen

Dreißiger Jahren »Sidi's Alpinum« im Park von Janowitz angelegt hatte; Maria Magarita war seit 8.6.1914 verheiratet mit Ernst Carl Freiherr von Falkenhausen-Friedenthal: Das sind die Eltern des unten genannten Gotthard Freiherrn von Falkenhausen. – ***amerik[anischen] Legation:*** US-amerikanische diplomatische Vertretung; Wagner war mit dem US-Botschafter in Prag, Laurence Steinhardt (1892-1950), persönlich bekannt, s. Alena Wagnerova, S. 254. – ***amerikan[ischen] Hauptquartier:*** In Heidelberg befand sich seit Sommer 1946 das »headquarter of the commander-in-chief of the American occupying forces in Germany and of the U.S. Army in Europe«. – ***Metzgermeister Frey ... Heidelberg:*** Frey, Ecke Plöck 93/Friedrichstraße 15, Heidelberg züchtete bis in die 50er Jahre Leonberger; nach der Erinnerung von Renate Freifrau von Falkenhausen bat Theo Frey telefonisch immer wieder, den rasch wachsenden Leonberger abzuholen. – ***Baron Falkenhausen:*** Gotthard Freiherr von Falkenhausen (1920-2004), damals Student der Medizin in Frankfurt/Main, besorgte den Leonbergerrüden für Sidonie Nádherný; das junge Tier konnte aus heute nicht mehr zu klärenden Gründen nicht nach Janowitz gebracht werden und so wurde es wieder verkauft. (Freundliche Auskunft von Renate Freifrau von Falkenhausen.) – ***pedigree:*** Ahnentafel, Zuchtbucheintrag.

[158] 1.9.1947 ***Nešněra:*** s. Anm. zu [148]. – ***250.000 Kc:*** s. B. [150]. – ***Orgel:*** s. Anm. zu [27].

[159] 13.10.1947 ***Dr. Vachulka:*** s. Anm. zu [28]. – ***Gutachten:*** nicht überliefert. – ***Erzbischof:*** s. Anm. zu [156]. – ***Nešněra:*** s. Anm. zu [148]. – ***Gebäude im Hof kaufen:*** Sidonie Nádherný verhinderte den Kauf. – ***Zweijahresplan:*** Regierungsbeschluss vom 10.1.1947 unter Klement Gottwald zur Remigration und Reintegration von Auslandstschechoslowaken und Slowaken zur Stärkung der Wirtschaft; vor allem sollten die von den Vertriebenen verlassenen grenznahen Siedlungsgebiete und die aufgelassenen Truppenübungsplätze wirtschaftlich gefördert werden. – ***Min. der Industrie:*** Das Ministerium für Industrie, Handel und Gewerbe hatte schon im englischen Exil im Mai 1944 zusammen mit anderen einen Rahmen zur Sicherstellung und Konfiskation feindlichen Vermögens auf dem Gebiet der Tschechoslowakei nach dem Kriege vorbereitet, das dann im Juni 1945 vom Ministerium des Innern vorgelegt und vom Präsidenten am 14.8.1945 unterschrieben wurde. Vgl. Deutschsprachige Minderheiten 1945. Ein europäischer Vergleich. Hrsg. von Manfred Kittel, Horst Möller u.a. (München: Oldenburg 2006, S. 121). – ***Fabrikfenster:*** Gemeint sind die nach der Parkseite und dem Schlosshof herausgebrochenen Fenster der Wirtschaftsgebäude des Karlshofes; die auf den Schlosshof gehenden Hofgebäude hoffte Sidonie Nádherný wieder »landwirtschaftlich« zu nutzen.

[160] 7.11.1947 ***Orgel:*** s. Anm. zu [27]. – ***Abfischen:*** der Karpfenteiche.

[161] 23.12.1947 ***Geburtstag:*** Der 1.12.1947 war Sidonie Nádhernýs 62. Geburtstag. – ***meine jetzige Wohnung:*** Haus Nr. 10, zwischen Wirtschaftsgebäude und Schloss gelegen. – ***keine Gedichte:*** s. Anm. zu [58]. – ***Max Lobkow[icz]:*** Es war die zweite Reise in die ČSR zur Sicherung seiner von den deutschen Okkupanten beschlagnahmten Güter. Bei der kommunistischen Machtübernahme im Februar 1948 wurde Lobkowicz' Besitz aufs neue enteignet. Am 10.3.1948 emigrierte er in die Vereinigten Staaten, wo Gillian Lobkowicz mit den Söhnen Martin (* 1928), Dominik (* 1930) und Oliver (* 1934) lebte. – ***Trockenheit:*** Wegen der ungewöhnlichlichen Trockenheit im Winter 1946/47 entwickelte sich der Sommer 1947 zu einem Dürrejahr, in dem z.T. bis zu 40% weniger Niederschlag fiel als in sonstigen Jahren fiel.

1948

[162] 4.2.1948 ***Fotoapparat:*** s. Anm. zu [76]. – ***Něšněra:*** s. Anm. zu [148]. – ***4 Photographien aus dem Park:*** s. die zwei Abbildungen auf S. 217 – ***was sie tun:*** Hinweis auf den sich vorbereitenden »Sieg« der kommunistischen Februarrevolution, die Proklamation der ČSSR, der Cechoslovakischen Sozialistischen Republik, die durch den Staatsstreich am 25.2.1948 vollzogen wurde. Dazu kamen vermutlich politische Auseinandersetzungen Wagners in seinem Amt; er wurde am 20.3.1948 als Direktor abgelöst. – ***Schriftstellerin Fürstin Lichnowsky:*** Mechtilde Lichnowsky (1879-1958), seit 1918 mit Karl Kraus, Sidonie Nádherný und Mary Dobrženský befreundet, war nach dem Zweiten Weltkrieg als Witwe ihres zweiten Mannes, Ralph Peto, nach London übergesiedelt. – Das Briefzitat gab Sidonie Nádherný englisch wieder. – ***Max Lobk[owicz]:*** s. Anm. zu [161]. – ***wie Kopecký damit prahlt***: Václav Kopecký (1897-1961), ursprünglich Journalist; einer der einflussreichsten kommunistischen Politiker und Ideologen der Partei in der Tschechoslowakei; seit 1945 Minister in verschiedenen Funktionen, 1955 bis zu seinem Tod Stellvertretender Ministerpräsident. – ***Verzeichnis:*** Anspielung auf die Anlage eines Bestandsverzeichnisses der enteigneten Güter [?]. – ***Vysoký Chlumec:*** s. Anm. zu [64] und [134]; Schloss, Domäne und Brauerei wurden erneut enteignet.

[163] **26.3.1948** Aus dem Tschechischen übersetzt von Martin Turnovský, Wien. – ***Nach reiflicher Überlegung:*** Was am 26.5.1945, B [125], noch Gewissheit war, dass Janowitz »nach meinem Tod … das Eigentum von M. Lobkovic, Botschafter in London wird«, war nach der sog. Februarrevolution und dem rätselhaften Tod des Außenministers der Prager Regierung, Jan Masaryk (1886 – Prag 10.3.1948) unrealistisch geworden. – ***JUDr. Jan Turnovský:*** Johann Turnovský (Prag 4.2.1894 bis Prag 23.6.1963); von 1932 bis August 1936 in Verbindung mit Dr. Oskar Samek, der juristische Berater und Prozessbevollmächtigte von Karl Kraus in Prag, vor allem im Streit um den Auslieferungsvertrag für den Verlag ›Die Fackel‹ 1934ff mit dem Melantrich-Verlag, Prag, sowie bei juristischen Auseinandersetzungen mit politischen Gegnern. Johann Turnovský und seine Frau Ilse, geb. Schwarz (Kalksburg/Siebenbürgen 31.1.1895 – Prag 13.12.1983) blieben bis zur Flucht Sidonie Nádhernýs im September 1949 ihre wichtigsten Gesprächspartner in Prag. Ihnen vertraute sie auch die weit über 1000 Briefe, Postkarten und Telegramme an, die Karl Kraus in den Jahren 1913 bis 1936 an sie geschrieben hatte. – ***Ehrung des Andenkens an … Karl Kraus:*** Mit ihm war Sidonie Nádherný von September 1913 bis zu seinem Tod am 12.6.1936 in einer leidenschaftlichen, von Spannungen und Entfremdungen begleiteten Beziehung verbunden. – ***Dr. Oskar Samek:*** Rechtsanwalt (Wien 31.1.1889 – New York 28.1.1959); 1922-1936 Rechtsberater und Nachlassverwalter von Karl Kraus, als Verehrer ohne Vergütung tätig, der gemeinsam mit Sidonie Nádherný die Kosten der Nachlassveröffentlichung des Bandes ›Die Sprache‹ (Wien: Verlag Die Fackel 1937) trug. Samek in einem Schriftsatz für die Auseinandersetzung mit dem Pegasus Verlag, Zürich, am 26.12.1949: »Ich habe das kleine Vermögen, das Kraus besaß, verwaltet. Als die Hitlergefahr näher rückte, habe ich den größten Teil desselben in der Schweiz angelegt, von wo es später zur Auszahlung der Legate zurückbeordert werden musste. Ich bin im ersten Satz des Testamentes von Karl Kraus zum Testamentsvollstrecker bestellt worden. Er hat mir die Hälfte seiner Büchersammlung vermacht. Eine Geldzuwendung an mich kam im Hinblick auf meine damaligen Vermögensverhältnisse nicht in Betracht. … Auch die mir hinterlassenen Bücher habe ich nicht meiner Bibliothek einverleibt, sondern in einem Kraus-Gedenktzimmer [!] in meinem Hause, das ich seinem Arbeitszimmer möglichst genau nachbilden ließ, gelassen. Die Kosten der Adaptierung dieses Zimmers habe ich allein getragen und es unentgeltlich zur Verfügung gestellt. Auch alle anderen Personen haben die Gegenstände des Arbeitszimmers, mit denen sie bedacht waren, dort

gelassen. Dieses Kraus-Gedenktzimmer war als Grundstock für ein späteres Kraus-Museum geplant. Nach meiner Auswanderung wurde es von der Gestapo zerstört.« Von der Einrichtung dieses Zimmers ist in einem Brief von Helene Kann an Germaine Goblot am 19.6.1936 die Rede; Vgl. Pfäfflin, Von Karla, S. 4-8. Im September 1938 verließ Samek Österreich und wanderte in die Vereinigten Staaten aus. – ***Alle Ansprüche:*** In den unklaren Bestimmungen seines Testaments vom 27./28.8.1935, revidiert am 19./20.2.1936, die sich aus einer politisch bedrängten Lage und ihren Auswirkungen erklären, legte Karl Kraus fest: »Der Ertrag meiner sämtlichen (inkl. aller vorhandenen Hefte der Fackel) gehört zu 30% den Herausgebern [?], zu 20% den Familien JAHODA und SIEGEL (die die Auslieferung) auszuliefern hat), zu 25% Sidonie NADHERNY und zu 25% Frau Helene KANN, der auch Manuscripte und sonstige Dokumente für das Archiv zu überlassen wird [!]. ... Von den Geldern, die Dr. SAMEK verwaltet (Sparkasse etz.) gehört ein Drittel NEDHERNY [!], ein Drittel Frau Helene KANN. ... Das Album von JANOVICE, die Landschaften von JANOVICE und die Bilder von Sidonie NADHERNY, das silberne Cigarettenetui, die Papierschere mit Goldgriff, der Spazierstock für Sidonie NADHERNY. ... Die Bücher sollen zur Hälfte Dr. Oskar SAMEK gehören, die andere Hälfte ist zwischen Sidonie NADHERNY, Hel. KANN, [und zahlreichen anderen] aufzuteilen.« – ***dem britischen Staat:*** Sidonie Nádherný war befreundet mit Adrian McLaughlin, dem Vize-Consul und Dritten Sekretär der Britischen Botschaft in Prag, über den sie auch ihre Emigrationspläne den Freunden in Deutschland und England mitteilte. Er wurde am 18.6.1950 von der Tschechoslowakischen Regierung aufgefordert, das Land binnen 14 Tagen zu verlassen. Seine Ausweisung stand, so die Begründung, im Zusammenhang mit der Unterstützung, die er 13 wegen Verrat und Spionage angeklagten Tschechen gewährt habe. (Sunday Times: ›To Quit Prague‹ / Sunday Morning Herald: ›Czeck ban U.K. Official‹, 18.6.1950). – ***Haus Nr. 10:*** s. Anm. zu [161].

[164] 11.8.1948 ***Gillian:*** Gillian Prinzessin Lobkowicz, die Gemahlin von Max Lobkowicz; s. Anm. zu [25]. – ***working permit:*** Arbeitserlaubnis. – ***Anton Chlumetzky:*** Anton Johann Peter von Chlumecký (Kunín 12.10.1913 – Toronto 28.10.2002), vermutlich der Sohn von Sidonie Nádhernýs Freunden, Moritz Chlumetzky-Bauer (1882-1945) und Gretel, geb. Edle von Remiz (1886-1973), die im Juli 1938 nach einem Zusammensein mit Sidonie Nádherný über Belgien nach England emigriert waren. – ***Mrs. McLaughlin's Sohn:*** der oben erwähnte Adrian McLaughlin. – ***»Craythornes«, New Romney, Kent:*** Ferienhaussiedlung. – ***Mary***

Jane Cooney aus Kengh: s. Anm. zu [25]. Die »Verlassenschaftssache« war eine Fiktion, um die Ausreise zu erreichen.

[165] 17.9.1948 ***Dekrets des Präsidenten der Republik Nr. 138/45:*** Über die Bestrafung von Vergehen gegen die nationale Ehre. Das waren ergänzende Regelungen zur »Verfolgung von Verbrechen gegen den Staat, von Verbrechen gegen Personen oder das Vermögen sowie von Denunziationsverbrechen, die in der Zeit der erhöhten Bedrohung der Republik begangen worden waren«. Sie waren den außerordentlichen Volksgerichten der Nationalausschüsse übertragen. – ***Prachař:*** nicht ermittelt; Bewohner von Vrchotovy Janovice [?]. – ***B. Janíček:*** Bohumil Janíček, der Forstadjunkt und Verwalter seit 1940, s. Anm. zu [54]. – ***J. Uher ... J. Novák:*** Bewohner von Vrchotovy Janovice? – ***ZNV:*** s. Anm. zu [134]. – ***JUDr. V. Růžek:*** nicht ermittelt.

1949

[166] 16.2.1949 ***Schenkungsvertrag:*** Der Schenkungsvertrag vom 26.12.1948/12.2.1949 konnte trotz mehrfacher Anfragen beim Museum Pacov/Patzau nicht eingesehen werden. Es liegt nahe, dass er nicht vollzogen werden konnte. Von der Schlossbibliothek, die nach Voračice ausgelagert war, ist in dem hier vorliegenden Schreiben nicht die Rede. Die Karl Kraus und Rainer Maria Rilke betreffenden Teile waren jedenfalls von 1949 bis 1996 in der Königlich Niederländischen Botschaft, Prag, verwahrt worden: Sidonie Nádherný war mit dem Botschafter Allard Merens (1899-1977) und seiner Frau befreundet. Merens vertrat sein Land 1945-1949 in der ČSR. Vgl. das Verzeichnis der Widmungsexemplare von Rainer Maria Rilke und Karl Kraus, in: Pfäfflin, Collection. – ***Jana Klementová:*** Johanna gen. Anni Klement, s. Anm. zu [144]. – ***Josef Marvan:*** s. Anm. zu [54].

[167] 15.8.1949 ***Deštné v. Orl.:*** Deštné v Orlických horách/Deschne im Adlergebirge, 936 ü.d.M. – ***Freitagabend:*** 20.8.1949. Am 16.8.1949 war Václav Wagner in Prag verhaftet worden, was alle Verabredungen und Pläne verändert haben dürfte. – ***Hotel Sok. domov:*** Hotel Sokolský domov; Hotel hinter dem ehemaligen Zeughaus in der Všehrdova ulice. Vgl. Nádherny, News, S. 8, 39. – ***Remb. Kerss.:*** Dr. jur. Rembert Graf von Korff, gen. Schmissing-Kerssenbrock (1887-1958), verheiratet mit einer jüngeren Schwester von Max Lobkowicz, Prinzessin Leopoldine, genannt Polla (1891-1981). – ***Hotel Šerlišský mlýn:*** Šerlišský Mlýn in Deštné v Orlických horách. – ***Otti K.:*** Othmar Graf Kolowrat-Krakowský, s. Anm. zu [18]. Othmar Kolowrat besuchte Sidonie

Nádherný am 17.8.1949 aus dem nahegelegenen Reichenau und hat sie gewarnt, nachdem Wagner verhaftet worden war. – ***wir:*** Wer sich hinter diesem Plural verbarg, war nicht zu ermitteln.

[168] 12.9.1949 Aus dem Englischen übersetzt vom Hrsg. – ***Gillian und lieber Max:*** Gillian und Max Lobkowicz, s. Anm. zu [25]. – ***Burg Wernberg:*** Burg bei Weiden in der Oberpfalz; die den Leuchtenbergern im frühen 13. Jahrhundert zugeschriebene Gründung wurde nach vielen Besitzerwechseln 1918 für 175 000 Mark an den königlich-sächsischen Rentmeister Andreas Graf Schall-Riaucour verkauft, dessen Nachkommen das historische Bauwerk bis 1992 nutzten. Nach zeitweiligem Besitz der Marktgemeinde Wernberg heute wieder Privatbesitz. – ***Pass:*** Sidonie Nádherný spricht hier mehrfach von einem »Immigration«-Passport, den sie erreichen wollte. Gemeint war ein Pass zur Emigration. – ***Anwalt:*** nicht ermittelt. – ***Diplomat:*** Sidonie Nadherný verfügte über holländische, britische und vermutlich auch amerikanische Diplomaten-Beziehungen in Prag. – ***die Dame:*** Anna Šorková/Anna Schornstein. Karl Kraus hat nach der Überlieferung in der Familie Anna Šorková als »gebildete und intelligente« Dame besonders geschätzt. Kraus bedachte das Paar in seinem Testament mit einem »Andenken«. Sidonie Nádherný lebte nach der Erinnerung von Jan Faktor von Januar bis Juni 1949 im Nordwestzimmer des 1. Stocks im Hause Šorková Na baště sv. Ludmily 18/244 in Prag 6, Hradčany. – ***kommunistischen Lehrer:*** Emanuel und Malida Pechan, s. Anm. zu [143]; Pechan unterrichtete seit 1948 an der Bürgerschule in Janowitz. Pechan gehörte für den Hrsg. zu den ergiebigen Lokalhistorikern von Janowitz und der Familie Nádherný. – ***italienischer Koch & seine Frau:*** Bedřich († 1971) und Johanna (Anni) Klement: Er war Italiener, verständigte sich nur in seiner Muttersprache, während sie die Hausarbeit machte. Er hatte 1928-1945 bei Siemens in Prag gearbeitet. – ***Patzau:*** Pacov, s. B [166]. – ***ein neues Gesetz:*** Das drei Wochen nach der kommunistischen Machtübernahme verabschiedete Bodenreformgesetz 46/1948 schrieb fest: »Der Boden gehört dem, der ihn bearbeitet.« – ***Polla & Rembert:*** s. Anm. zu [167]. – ***Baumgarten:*** der älteste Prager Park, angelegt unter Rudolf II., nördlich vom Belvedere mit der ehemaligen Sommerresidenz des Statthalters. – ***Otti:*** Othmar Kolowrat-Liebsteinský, s. Anm. zu [18]. – ***Dr. Turnovský:*** s. Anm. zu [163]. – ***Adrian:*** Adrian McLaughlin, Vizekonsul und Dritter Sekretär der Britischen Botschaft in Prag. – ***Merens:*** Allard Merens, s. Anm. zu [166]; über seine später erwähnte Tätigkeit in Bonn war nichts zu ermitteln. – ***Dr. Wagner:*** Václav Wagner wurde am 16.8.1949 verhaftet. – ***SNB-Mann:*** Sbor národní bezpečnosti, Angehöriger des »Korps für nationale Sicherheit«. – *Waldsassen:* Stadt in der Oberpfalz, etwa 15 km von Eger entfernt, mit Zisterzienserabtei seit 1133. – *Kathedrale:* Stiftsbasilika der Zisterzienserinnen-Abtei. – *Hotel:* »Gasthaus zum Kloster« gegenüber der Klosterkirche. – *»Sudetendeutscher«:* Für eine Tschechin war das 1950 das Synonym für jene Volksdeutschen, die die Erste Tschechoslowakische Republik zerstört hatten, weil die Mehrheit – NS-gesteuert – den Anschluss an das Deutsche Reich vorangetrieben hatte. – *Edi in Bonn:* Edi Panhuys, Frau des holländischen Generalkonsuls [?]. – *Josephine:* Josephine Gräfin von Schall-Riaucour geb. Prinzessin Lobkowicz (1897-1972), die jüngste Schwester von Max Lobkowicz. – *Desmonds:* Desmond Somerville (1889-1976), Bruder von Gillian Lobkowicz geb. Somerville, verheiratet mit Moira Burke-Roche (1891-1976), seit 1945 Herr auf House Drishane in Skibbereen/Irland. – *reichen Freunden:* John H. Klein (1892-1974) und seine Frau Lisa geb. Bondy (1895-1970), die sich in der Grafschaft Surrey niedergelassen hatten, nachdem sie als Juden Mitte der dreißiger Jahre aus Prag nach Indien geflohen waren. – *Andreas:* Andreas Graf von Schall-Riaucour (1884-1958), der Mann von Josephine. – *Maritschi:* Maria Rose Gräfin von Schall-Riaucour geb. Prinzessin Lobkowicz (1887-1967), Max Lobkowicz ältere Schwester, seit 1907 verheiratet mit Adam-Ferdinand Graf von Schall-Riaucour (1883-1949). – *Sohn:* Franz Graf von Schall-Riaucour (1929-1994). – *Tochter:* Maria Josephine Gräfin von Schall-Riaucour (* 1922), verheiratet mit Heinrich von Liel (1910-1971). – *Paleček:* Dr. Alois Paleček, Rechtsanwalt, Verwalter der Besitzungen von Max Lobkowicz, der sich jetzt auch der Nádherný'schen Ländereien annahm [?]. – *Podolí:* s. Anm. zu [48]. – *Brüder Dercsery:* Landbesitzer in Janowitz [?]. – *Nejman's:* s. Anm. zu [25]. – *Sohn von Hanuš:* Christoph Graf Kolowrat-Krakowský in Cernikowicz/Černíkovice (1927-1999), Sohn von Hanus Kolowrat-Krakowsky (1879-1955) und Huberta geb. Gräfin Wurmbrand-Stuppach (* 1892). – *Tochter von Klemens K.:* nicht ermittelt.

[169] 2.12.1949 *Kreisnationalausschuß Votice:* Der Kreis-Nationalausschuss und der örtliche Ausschuss von Wotitz widerriefen das Urteil der Straffindungskommission des Kreis-Nationalausschusses von Seltschan vom 17.9.1949, s. [165] und verfügten in Abwesenheit der Beklagten die Enteignung des Besitzes von Sidonie Nádherný wegen einer Ohrfeige, die ein deutscher Polizist angeblich einem tschechischen Hilfstransportarbeiter gegeben hatte. Die Gewaltenteilung zwischen Legislative, Exekutive und Judikative war aufgehoben.

[170] **2.10.1950** Aus dem Englischen übersetzt vom Hrsg. Totenschein des Harefield Hospitals.

[171] **28.12.1951** ***Sidonie Nádherná-Thunová:*** Sidonie Nádherný hatte am 12.4.1920 den Grafen Maximilian Thun-Hohenstein († 12.4.1935) geheiratet, den sie nach wenigen Monaten, im Dezember 1920, wieder verließ. Am 5.3.1934 ließ sie sich scheiden und beantragte gleichzeitig die Erlaubnis, ihren Mädchennamen »Nádherný« wieder zu tragen. – ***am 30. September 1951:*** Sidonie Nádherný war am 30.9.1950 gestorben, und die wenigen Habseligkeiten, die sie hinterlassen hatte, waren an Max und Gillian Lobkowicz gefallen, die seit den späten vierziger Jahren in Dover/Massachusetts lebten.

Literatur & Abkürzungen

[Adam, Arbeiterfrage] Alfons Adam, »Die Arbeiterfrage soll mit Hilfe von KZ-Häftlingen gelöst werden.« Zwangsarbeit in KZ-Außenlagern auf dem Gebiet der heutigen Tschechischen Republik. Berlin: Metropol 2013

Detlef Brandes, »Umvolkung, Umsiedlung, rassische Bestandsaufnahme.« NS-»Volkstumspolitik« in den böhmischen Ländern. München: Oldenbourg 2012

Sona Cervena, Heimweh verboten. Mein Stück Theater- und Weltgeschichte. Brno: Opus musicum 1999

[Flossenbürg] Flossenbürg. Das Konzentrationslager Flossenbürg und seine Außenlager. Hrsg. von Wolfgang Benz und Barbara Distel (München: C.H. Beck 2007) mit den Beiträgen von Jörg Skriebeleit, Flossenbürg – Hauptlager, S. 11-60; Monika Sedláková, Janowitz (Vrchotovy Janovice), S. 152-154; Jörg Skriebeleit, Hradischko (Hradíštko), S. 148-150.

Isabel Heinemann, »Rasse, Siedlung, deutsches Blut«. Das Rasse- und Siedlungshauptamt der SS und die rassenpolitische Neuordnung Europas. Göttingen: Wallstein ²2003 (Moderne Zeit. Neue Forschungen zur Gesellschafts- und Kulturgeschichter des 19. und 20. Jahrhunderts. Bd II. Hrsg. von Ulrich Herbert und Lutz Raphael)

Jan Hertl / Jaroslav Charvát / Josef Petráň / Čeněk Reinštein / Jiří Tywoniak, Podblanicko protí okupsantům. Benešov u Prahy 1966

[Hoffmann] Camill Hoffmann, Politisches Tagebuch. 1932-1939. Hrsg. und kommentiert von Dieter Sudhoff. Klagenfurt: Alekto 1995 (Edition Mnemosyne Bd 4. Hrsg. von Arnim A. Wallas und Primus-Heinz Kucher)

Petr Kos, Vstup zakázán Cvičiště. Postupice: Posázaví o.p.s. 2011.

[Kraus, Briefe] Karl Kraus, Briefe an Sidonie Nádherný von Borutin. 1913 bis 1936. Auf der Grundlage der Ausgabe von Heinrich Fischer und Michael Lazarus neu hrsg. von Friedrich Pfäfflin. Band 1: Text. Band 2: Dokumente und Anmerkungen von Friedrich Pfäfflin. Göttingen: Wallstein Verlag 2005 (Bibliothek Janowitz. Hrsg. von Friedrich Pfäfflin)

[Kraus, Wiese] Karl Kraus, Wiese im Park. Gedichte an Sidonie Nádherný. Hrsg. von Friedrich Pfäfflin. Frankfurt/Main, Leipzig: Insel 2004 (Insel-Bücherei Nr. 1254; Bibliothek Janowitz. Hrsg. von Friedrich Pfäfflin)

Karl Kraus contra … Die Prozeßakten der Kanzlei Oskar Samek in der Wiener Stadt- und Landesbibliothek. Bearbeitet und kommentiert von Hermann Böhm. Bd II 1927-1929; Bd III 1930-1933; Bd IV 1934-1936. Wien: Wiener Stadt- und Landesbibliothek 1995-1997 (Publikationen aus der Wiener Stadt- und Landesbibliothek. Hrsg. von Herwig Würz)

Iva Mrázková, Koncentrační Tábory na Neveklovsku (Bukovany, Bystřice, Křepice, Vrchotovy Janovice). Benešov: Gymnázium 2003

Iva Mrázková, Nevolná identita Sidonie Nádherné [Briefe Sidonie Nádherné an Jan Mrázek 1941-1947], in: Souvislosti – Revue pro literaturu a kulturu 4/2008, S. 119-129

[Nádherný, Chronik] Sidonie Nádherný, Chronik über Vrchotovy Janovice. Nach dem Typoskript aus dem Nachlass hrsg. mit Vor- und Nachbemerkungen von Friedrich Pfäfflin. Stuttgart 1995: Officin Chr. Scheufele; jetzt in: Karl Kraus: Briefe an Sidonie Nádherný von Borutin. 1913-10136. Bd 2. Dokumente und Anmerkungen von Friedrich Pfäfflin. Göttingen: Wallstein 2006 (Bibliothek Janowitz. Hrsg. von Friedrich Pfäfflin)

[Nádherný, News] »No news from home«. Sidonie Nádherný. Letters to Princess Gillian Lobkowicz. 1949-1950. Edited by Friedrich Pfäfflin. Warmbronn: Keicher 2006 (Bibliothek Janowitz. Hrsg. von Friedrich Pfäfflin)

Der Park von Janowitz. Mit Exkursionen in die Botanischen Gärten von Purgstall, Pruhonitz, Prag, Wien, München, Raudnitz und Eisenberg. Aus den Tagebüchern des Grafen Herbert Schaffgotsch. 1929-1933. Ausgewählt und hrsg. von Maria Felicitas Plotzek OCD und Friedrich Pfäfflin. Mit Photographien von Herbert Schaffgotsch, Fritz Taussig und Ludwig Trauzettel. Warmbronn: Keicher 2007 (Bibliothek Janowitz. Hrsg. von Friedrich Pfäfflin)

[Pfäfflin, Collection] Friedrich Pfäfflin, Die »Collection Nádherný«, in: Korrespondenzen. Festschrift für Joachim W. Storck aus Anlaß seines 75. Geburtstages. Hrsg. von Rudi Schweikert in Zusammenarbeit mit Sabine Schmidt. St. Ingbert: Röhrig 1999

[Pfäfflin, Von Karla] Von Karla und den roten Bücherln. Die Rettung des Karl Kraus-Archivs in den Jahren 1936 bis 1939. Helene Kann schreibt an Germaine Goblot. Mitgeteilt von Friedrich Pfäfflin. Marbach: Privatdruck 2010

[Rilke/Nádherný] Rainer Maria Rilke / Sidonie Nádherný von Borutin, Briefwechsel 1906-1926. Hrsg. und kommentiert von Joachim W. Storck unter Mitarbeit von Waltraud und Friedrich Pfäfflin. Göttingen: Wallstein 2007 (Bibliothek Janowitz. Hrsg. von Friedrich Pfäfflin)

Antonín Robek, Lidé bez domova. Praha: Středočeské nakl. a knihkupectví 1980

Hugo Rokyta, Die Böhmischen Länder. Handbuch der Denkmäler und Gedenkstätten europäischer Kulturbeziehungen in den Böhmischen Ländern. Bd: Böhmen. Prag: Vitalis [2]1997. – Bd: Prag: Vitalis [3]1997.

Monika Sedláková, Janowitz (Vrchotovy Janovice), in: Flossenbürg. Das Konzentrationslager Flossenbürg und seine Außenlager. Hrsg. von Wolfgang Benz und Barbara Dienstel. München: C.H. Beck 2007, S. 151-154

Jörg Skriebeleit, Die Außenlager des KZ Flossenbürg in Böhmen, in: Dachauer Hefte. Studien und Dokumente zur Geschichte der nationalsozialistischen Konzentrationslager. Im Auftrag des Comité de Dachau, Brüssel, hrsg. von Wolfgang Benz und Barbara Diestel. 15. Jg. 1999, Heft 15 v. November 1999, S. 197-217

Jörg Skriebeleit, Außenlager Janowitz. Typoskript für das United States Holocaust-Memorial and Museum, Washington (2005)

[Jörg Skriebeleit], KZ-Gedenkstätte Flossenbürg, Konzentrationslager Flossenbürg 1938-1945. Katalog zur ständigen Ausstellung. Göttingen: Wallstein 2008

[Taschenkalender:] Poznámkový Kalendář 1943: Prag: Tschechisches Nationalmuseum. (Es ist nur dieser Jahrgang überliefert; die Einträge in englischer Sprache, übersetzt vom Hrsg.)

Im Totaleinsatz. Zwangsarbeit der tschechischen Bevölkerung für das Dritte Reich / Totální nasazení. Nucená práce českého obyvatelstva pro třeti říši. Hrsg. vom Deutsch-Tschechischen Zukunftsfonds, vertreten durch PhDr. Tomáš Jelinek, Konrad Scharinger und dem Dokumentationszentrum NS-Zwangsabeit Berlin-Schöneweide der Stiftung Topographie des Terrors, vertreten durch Prof. Dr. Andreas Nachama, Dr. Christine Glauning. Prag: Deutsch-Tschechischer Zukunftsfonds 2008

Vrchotovy Janovice. Hrsg. von Olga Čadilová. Prag: Maroli 2001

Václav Wagner, Umělecké dílo minulosti a jeho ochrana [Das Kunstwerk der Vergangenheit und sein Schutz]. Praha Národní památkový ústav 2005

Jan Vajskebr, Nápravné útary SS v Protektorátu Čechy a Morava / Bewährungseinheiten der SS im Protektorat Böhmen und Mähren, in: Hístorie a vojenstvá Heft 1, 2009

Vladimir Votýpka, Böhmischer Adel. Familiengeschichten. Aus dem Tschechischen von Walter und Simin Reichel. Wien, Köln, Weimar: Böhlau 2007

Alena Wagnerová, Das Leben der Sidonie Nádherný. Eine Biographie. Hamburg: Europäische Verlagsanstalt / Sabine Groenewold Verlage 2003

Alena Wagnerová, Bol lásky prodejné. Ze života Johannese Nádherného a jeho milostných družek (Der Schmerz der käuflichen Liebe. Eine Biographie von Johannes Nádherný). Praha: Argo 2013

Zřizování cvičiště zbraní SS Benešov a poválečná obnova území, 1942-1950 [Die Errichtung des SS-Truppenübungsplatzes der Waffen-SS Beneschau und die Nachkriegserneuerung des Gebietes]. Hrsg. von Jaroslava Hoffmannová / Jiřína Junĕcová. Praha: Edice dokumentů z fondů Státního ústředního archivu v Praze 1987

Benutzte Archive

Bundesarchiv, Finkensteinallee 63, 12205 Berlin

Innen Ministerium der Tschechischen Republik/Archiv des Innen Ministeriums, 2. Abteilung, CZ-170 34 Prag 7

KZ-Gedenkstätte Flossenbürg/Stiftung Bayerische Gedenkstätten, Gedächtnisallee 5-7, D-92696 Flossenbürg. – E-Mail: archiv@gedenkstaette-flossenbuerg.de

Okresní archív Benešov: Kreisarchiv Beneschau, Masarykovo náměstí 100 CZ-256 01 Benešov. – E-mail: epodatelna@benesov-city.cz

Památník národního písemnictví: Archiv des Museums der Tschechischen Literatur, Strahovské nádvorí 1, CZ-118 38 Prag 1, Hradschin. – E-Mail: post@pamatnik-np.cz

Národní archiv, Praha 4, Chodevec

Wienbibliothek im Rathaus, Rathaus, A-1082 Wien, Eingang Felderstraße (ab 18.00 Uhr Lichtenfelsgasse), Stiege 6 (Lift), 1. Stock. – E-Mail: post@wienbibliothek.at

Zentrale Stelle der Landesjustizverwaltungen Ludwigsburg zur Aufklärung nationalsozialistischer Verbrechen, Schorndorfer Str. 58, D-71638 Ludwigsburg. – E-Mail: poststelle@zst.justiz.bwl.de

Dank

Erste Hinweise auf die Briefe von Sidonie Nádherný an den Prager Denkmalpfleger Dr. Václav Wagner aus dem Siebenjahr 1942 bis 1949 sind dem Literaturhistoriker und langjährigem wissenschaftlichen Mitarbeiter des Literaturarchivs des Museums der tschechischen Literatur in Prag, CSC Dr. Jaromír Loužil zu danken. In einem Beitrag für die ›Wissenschaftliche Zeitschrift der Universität Halle‹, Jg. XXXXI, 1992, Heft 1, S. 19-29, berichtete er in einem Artikel ›Der Lebensabend der Sidonie Nádherný von Borutin in ihren Briefen an Václav Wagner‹ über diesen Briefbestand im Strahover Literaturarchiv. Damit wurde der Blick auf eine Zeit im Leben der Sidonie Nádherný gelenkt, der außerhalb der inzwischen durch Briefeditionen bekannten Lebensabschnitten lag, ihren Korrespondenzen mit Rainer Maria Rilke, 1906-1926, und Karl Kraus, 1913-1936.

Frau Dr. Eva Wolfová, als Direktorin die Nachfolgerin Loužils im Prager Literaturarchiv, überließ mir im Juni 2000 Kopien der Briefe. Ihre tschechisch geschriebenen Teile setzten dem in dieser Sprache Unbewanderten große Barrieren entgegen. Es bedurfte mancher Hilfen, um einen Überblick über diese Korrespondenz zu gewinnen.

Erste Hilfe leistete Dr. Peter Becher vom Adalbert Stifter Verein München. Er leitete seit 1999 für ein knappes Jahrzehnt auf deutscher Seite jenes Programm, das Staatsminister Michael Naumann und der Kulturminister der Tschechischen Republik, Pavel Dostál, angeregt von Antje Vollmer als Vizepräsidentin des Deutschen Bundestags und von Botschafter Jíří Gruša, beschlossen hatten: Die sorgfältige Instandsetzung eines Ortes der Literatur und der »Gartenschönheit« als ein Zeichen der tschechisch-deutsch-österreichischen Kultur.

Die wissenschaftliche Mitarbeiterin beim Adalbert Stifter Verein in München, Frau Anna Knechtel, M. A., stand mir bei ersten Übersetzungen aus dem Tschechischen bei. Aber bald wurde deutlich, dass es nicht ausreichte, nur die Briefe zu übertragen. Dokumente waren heranzuziehen, um die von Sidonie Nádherný beklagten Vorkommnisse der Anlage des SS-Truppenübungsplatzes und des Außenlagers vom KZ Flossenbürg kennen zu lernen.

In Frankfurt am Main begegnete ich eines Tages Frau Soňa Červená, der großen Mezzosopranistin aus Prag, die über den Bürgermeister von Vrchotovy Janovice, Dr. Josef Kukla, die Bereitstellung umfangreicher Kopien aus dem Prager Innenministerium zur Aussiedlung aus dem Gebiet des SS-Truppenübungsplatzes erreichte. Sie stellte auch die Verbindung zu Frau PhDr. Eva Procházkova im Kreisarchiv von Beneschau her (2001), wo bei Michael Sejk – bei einem Besuch in Beneschau – ergänzende Unterlagen eingesehen und kopiert werden konnten (2007).

Das Gebirge der gesammelten, zu übersetzenden Unterlagen wuchs, wobei in der Regel erst nach einem deutschen Text endgültig entschieden werden konnte, ob das Dokument für Text oder Erläuterung von Belang war. Frau Katarina Ebel, Darmstadt, hatte das Briefwerk inzwischen übertragen, aber ob eine Veröffentlichung lohnend sei, musste lange offen bleiben. Mit Hilfe von Andrej Bažant, Vrchotovy Janovice, versuchte ich mich vorsichtig an der Kommentierung der Briefe (seit 2007).

Ich unternahm in der Folge Reisen in die KZ-Gedenkstätte Flossenbürg (mein Dank gilt Jörg Skriebeleit und Ulrich Fritz), um die Geschichte dieses Janowitzer Außenlagers und seine Auflösung zu erkunden. Dabei wurden mir die Aufnahmen von Václav Srdce, Prag, zugänglich gemacht, die er im Dezember 1944, als 17-jähriger Häftling, nach der Überweisung aus dem jüdischen Sonderlager von Bystřice, in Janowitz gemacht hatte: Srdce arbeitete, wie er mir am 6.4.2009 schrieb, im Munitionslager von Tvoršovice, wo Transporte der SS mit Munition bis zum 5.5.1945 be- oder entladen wurden. – Ich besuchte das Bundesarchiv in Berlin (ich danke Frau Sabine Gresens), um über Arbeiter und Angestellte des Truppenübungsplatzes, die personelle Ausstattung des Bodenamtes Prag in den Akten Reichssicherheitshauptamtes und im SS-Personalamt Einzelheiten zu ermitteln; es bleiben Fragen offen. – Ich korrespondierte mit dem Bundesarchiv, Koblenz, der Stiftung Topographie des Terrors, Berlin, und besuchte die Zentrale Stelle der Landesjustizverwaltung zur Aufklärung nationalsozialistischer Verbrechen in Ludwigsburg; dabei konnte ich Aussagen einiger Häftlinge über die Zustände und die Auflösung des Lagers Janowitz einsehen. – Das Archiv des Innenministeriums der Tschechischen Republik in Prag (Mgr. Antonín Slavíček) erteilte dezidierte Auskünfte über Mitarbeiter des Aussiedlungsamtes. Um Aufklärung über die nach Ungarn geflohene Gräfin Mary Dobrženský bemühte sich Frau Csorba Csilla, die Leiterin des Petőfi Irodalmi Múzeum in Budapest. – Herbert Graf Schaffgotsch hat bei Besuchen in Janowitz 1929/30 Schloss und Park fotografiert und die Aufnahmen in seinem Tagebuch eingefügt. Ich danke Renate Freifrau von Falkenhausen für die Erlaubnis, diese Aufnahmen erneut zu benutzen. Sie konnte auch Auskünfte über Sidonie Nádhernýs vergeblichen Versuch geben, 1947 ein Leonberger-Rüde in Heidelberg für Janowitz zu erwerben.

Erst als ich Frau Dr. Alena Wagnerová für das Vorhaben einnehmen konnte – sie hatte als Biographin von Sidonie Nádherný im Prager Bezirksarchiv die Archivfonds zum Großgrundbesitz Vrchotovy Janovice und der Familie Nádherný durchgearbeitet –, bekam der Plan zur Veröffentlichung eine reale Basis: Sie veränderte als geborene Tschechin die deutsche Optik. Ihr gelang es, Dank eigener archivalischer Forschungen in tschechischen Archiven der Person von Václav Wagner und den Ereignissen vor allem in der Nachkriegszeit eine scharfe Kontur zu geben. Die Namensgleichheit darf übrigens nicht als Beleg für eine Verwandtschaft gedeutet werden. Alena Wagnerová wertete und übertrug unbekannte Gerichtsprotokolle und Dokumente über Wagners Haftzeit (1949-1956) im Nationalarchiv (Frau Dr. Zdenka Kokošková und Frau Dr. Alena Nosková); sie schaffte bisher unbekannte Konzepte von Wagners Briefen an Sidonie Nádherný und die in seinem Nachlass im Literaturarchiv befindlichen Tagebücher und Vortragstexte bei mehreren Aufenthalten in Prag heran. Sie befragte Ohren- und Augenzeugen der Vorgänge in den vierziger Jahren des letzten Jahrhunderts und konnte aus ihrer detaillierten Kenntnis des Nádherný-Nachlasses im Bezirksarchiv in Prag Fehlurteile korrigieren und dem Vorhaben auf entscheidende Weise das Gesicht geben, das diese Geschichte von der Besatzung, Vertreibung, Ausraubung und Enteignung auf eine

Weise erzählt, die in der deutschen Optik bisher kaum wahrgenommen worden ist.

Frau Waltraud Pfäfflin hat die jahrelange Entstehungszeit dieses Manuskripts mit Geduld begleitet, Auswüchse im Manuskript beschnitten und die Korrekturen gelesen. Dafür sei ihr gedankt, wie immer. Thedel v. Wallmoden hat sich dieses Manuskripts freundlich angenommen, unterstützt vom Tschechisch-deutschen Zukunftsfonds, dem die Gutachter Dr. Peter Becher, Prof. Dr. Kurt Krolop und Jan Šícha die Förderung des Manuskriptes dankenswerterweise empfohlen haben. F. P.

Personenregister

Die Zahlen bezeichnen Seitenzahlen. In eckige Klammern gestellte Zahlen weisen Personen nach, die nicht namentlich genannt sind, von denen aber die Rede ist. **Halbfett** gedruckte Seitenzahlen bezeichnen Seiten mit weiterführenden Angaben, z. B. Lebensdaten. Die Zahlen nach A meinen Anmerkungen.